淡江大學中文系主編

晚唐的社會與文化

臺灣學生書局印行

序

龔鵬程

自修習碩士學位，撰寫《孔穎達周易正義研究》以來，我一直在思索唐代的思想文化狀況。其後撰寫博士論文《江西詩社宗派研究》，重點也放在唐宋文化變遷的問題上。我深覺唐代是個迷人的時代，格局開濶，內容複雜。一方面，唐代聲華文教之盛，令人歆羡；但另一方面，它屢經戰亂，外戚、宦官、女主、藩鎮、流盜、外患，各種禍災，可謂一應俱全。南北朝分裂的局面，至此結束；可是統一的結局，竟然是更令後世史官「嗚呼」的五代十國大亂世。是什麼力量，使得大唐帝國開展出三代以下最受推崇的貞觀之治？是什麼方法，使南北朝幾百年分裂的異質文化，得以統一？在什麼情況下，中國由世族貴冑社會，轉換成專制王權與市民社會一體同構的型態？又是因爲什麼理由，唐人對唐文化展開了批判反省，並以此開拓了宋文化的新格局？……這些問題，都不是輕易能夠解答的，就連問題本身，恐怕也充滿了爭議性。然而，無論如何，我覺得，唐代，是關心文化變遷的人所不能不注意的時代；對於文化變遷模式的探究，唐代是最好的試金石，可以檢驗許多理論。

基於這種理解，淡江大學中文系舉辦第三屆「中國社會與文化學術研討會」時，我便建議以「晚唐社會與文化發展」爲主題，仔細討論唐朝末葉的社會狀況與文化變遷問題。

當時毛漢光、劉顯叔、宋德熹諸位先生，正組織了一個聚會，每月討論中古史，名曰

「知幾學會」。他們覺得能花點氣力來探究晚唐社會與文化，亦不無價值，故全力支援淡江中文系，合編了這本論文集。

收在這本論集中的文章，涉及了中晚唐社會文化的一般狀況，如有關晚唐經濟的鹽政與馬匹貿易問題，有關軍事戰略的安全體系問題，有關思想的儒道論著，有關文學藝術的詩、詞、傳奇、書法等，均有專文討論，涵蓋面甚廣。而特別值得注意的，則是許多論文觸探了中晚唐世族結構、官僚體系、地域文化、知識階層之間互動的複雜關聯。對這些關係的研究，當然有助於說明晚唐文化變遷的原因與過程。目前，有關這一部分的研究，顯示在本論文集中的，似乎仍是繼續陳寅恪在《唐代政治史述論稿》中所展示的路向，並予以修正、拓衍、發展之。我自己的研究，則企圖另尋一條觀察唐代社會或重新界定唐代社會之性質的道路。循著這種不同研究方法與路向的相互激盪、合作、對話，相信將更能深入了解唐代這個奇異瑰麗的朝代。

當然，這句話，擴大來看，也未嘗不能說中文學界和歷史學界，長期分疆而治的陋習，必須作點改變了。歷史的關懷，應該是整個人文學的基礎；在歷史學的領域中，也必須涵括歷史的總體性。藉著這本論文集，我們願意重中這個整體合作、創建新人文學的建議。

民國七十九年五月　於淡江中文系

作者名錄（依文章性質爲序）

龔鵬程	淡江大學文學院院長
毛漢光	中研院史語所研究員
宋德熹	東吳大學歷史系講師
郭啓瑞	文化大學歷史系講師
吳光華	輔仁大學歷史系講師
王吉林	文化大學史研所所長
蘇瑩輝	故宮博物院顧問
王怡辰	文化大學史研所碩士
章　群	東吳大學歷史系客座教授
翁同文	東吳大學歷史系教授
程方平	北平教育研究所所長
周益忠	華僑大學副教授

簡恩定　空中大學人文系副教授
陳慶煌　淡江大學中文系副教授
鄭志明　嘉義師院語文系副教授
黃緯中　文化大學史研所博士班

目次

論唐代的文學崇拜與文學社會

龔鵬程

一、進士登第如躍龍門？

大家都曉得，要了解魏晉南北朝，不能不通過九品官人法。同理，要了解唐朝，也必須掌握科舉制度這條線索。門第社會的興衰、王權的轉變、官僚體制的沿革、世風與文學的發展，均得從這條線索上去看。

一般說來，唐代科舉的種類極多❶。但我們談的，通常皆專指其中的進士科。進士科以眾科之一，而得獨占鰲頭，甚且成了唐代科舉的專名，正可以見該科在唐史中的重要性。《唐書》卷四四〈選舉志〉云：「大抵眾科之目，進士尤爲貴。」毫不誇張❷。

《唐摭言》卷七，載元和十一年世咏該年登第者云：「元和天子丙申年，三十三人同得仙；袍似爛銀文似錦，相將白上青天。」進士及第，被看同得仙升天，則世人之艷羨可知。《唐語林》卷八云：「當代以進士登科爲登龍門。」也表達了同樣的社會心理。

朝廷及官僚體系內部，跟社會上的心理，是一致的。〈選舉志〉說進士出身「爲國名臣者，不可勝數」，故「時君篤意，以謂莫此之尚」；《唐摭言》卷一也說縉紳雖位極人臣，不由進士科者終不爲美」。可見主政者與朝廷大臣對進士科也都特別重視❸。

進士科何以有此魅力，令朝野皆爲之歆動呢？

照理說，科舉只是一種選任官吏的制度，一般人均可以通過這個制度，垂直流動地進入官僚體系中，去享受爵祿，拾青紫，得富貴。它如果有什麼迷人的地方，不過如此而已。但這有什麼值得嚮往嗎？就算世俗之人，皆以富貴利祿爲念，看見進士登第，即能平步青雲，不禁心生羨慕。又何以整個朝野都那麼看重它呢？難道一般世俗仰望富貴，而那些已經位極人臣的大官，還看得上這塊入仕出身的敲門磚嗎[4]？

再從制度上說，進士登科眞如登龍門嗎？——依唐朝的考選制度，經過銓選的人員固然可以任用，但不須銓選，也能任用。任用亦不限於有常貢的各科（如秀才、明經、明法、進士……等）出身，無出身者，也照樣可以任用。所以入仕之途極寬，是否爲進士，本無所謂。任官以後，固然屬進士出身者，「爲國名臣，不可勝數」，但同樣的，不由進士出身者，爲國名臣，亦不可勝數。其宦途之順逆，也與是否爲進士出身關係不大。李德裕、元稹這些宰相，就都不是進士出身的。

不只如此。士人進士及第，只不過獲得了一個任官資格。眞要任官，還得再通過吏部的銓選。既要觀察其相貌、言談，又得考試書法、判牘。稱爲「身、言、書、判」。往往有進士出身，試判未入等，就僅能做勘校工作；熬到試判入等後，方能調任爲地方官。故馮浩《玉谿生詩集箋注》曰：「唐士之及第者，未能便釋褐入官，尚有試吏部一關。韓文公三試於吏部無成，則十年猶布衣。且有出身二十年不獲祿者。」[5]

費這麼大氣力，才好不容易可以做個官。但這個官兒有多大呢？據《唐會要》八十〈階〉條所記唐人敍階之法，進士甲等，只能由從九品上起敍；若乙等，則降一等，由從九品下起敍。需知進士甲科之難，直如鳳毛麟角，史傳可查者，只有幾個例子。而竟只有從九品上。這是當時最小的職級，一個普通郡縣公子，若不去參加進士考試，憑資蔭，也可以敍爲八品下。則進士出身敍階之低，可想而知了。

這麼卑微的小官，要從從九品下，靠考績一年一階地往上爬，那麼，他縱使年年績優，也得十六年才能升到從五品下，二十四年才能到從三品。人壽幾何？卻連光祿大夫之位也望不到❻。像孟郊，四十五歲才考中進士，只做過溧陽尉、水陸轉運判官，六十歲試協律郎而卒，官仍在六品以下。李商隱則掙扎奮鬪了一輩子，也只不過幹到正六品上階而已。但他考進士就考了十年。投資如此之大，若僅爲入仕，划算嗎❼？歐陽詹〈上鄭相公書〉自稱他曾「五試於禮部，方售鄉貢進士；四試於吏部，始授四門助教」。但他感嘆道：「噫！四門助教，限以四考，格以五選，十年方易一官也。自茲循資歷級，然後得國子助教。其考選年數又如四門。若如之則二十年矣。自茲循資歷級，然後得太學助教。其考選年數又如太學。若如之則三十年矣。三十年間未離助教之官。人壽百歲，七十者稀！某今四十有加矣，更三十年於此，是一生不覩高衢遠路矣！」（《文粹》卷八七）正是最好的證明。

再說，唐代官吏俸祿甚薄，從九品京官，一年才得祿米五十二斛，根本不足以仰事俯畜。長慶七年一月，戶部侍郞庾敬休奏：「文武九品以上每月料錢一半，合給段疋絲綿等，伏以自冬涉春，久無雨雪，米價少貴，人心未安。」九品以下，其不能安家，更不待言了。因此，從事實上也可以看出進士出身者爵卑祿寡，並不值得世人如此嚮往❽。

何況，官場之實際運作狀況，與檯面上的景觀有時未必相符。唐代進士科第，固然備受朝野尊崇；但官場升遷，靠的往往不是出身，而是關係。如《唐摭言》卷九云鄭隱「素無關外名，是不蹟先達之門，既及第而益孤」，科第又眞能當什麼用？這一點，很多人都看得很清楚。王治然與燕國公書，卽曾指出：「今之得舉者，不以親，則以勢；不以賄，則以交。未必能鳴鼓四科，而裹糧三道。其不得舉者，無媒無黨，有行有才，處卑位之間，仄陋之下，吞聲飲氣，何是算哉？」得第就未必眞憑本事，則進士一科之尊貴性也已有限得很了。既得第，又發現：「正字、校書，不如一縣尉；明經、進士，不如三衛出身。」（同上，卷六）進士畢竟又有什麼用？

《摭言》卷三載：「薛監晚年厄於宦途，嘗策羸赴朝，値新進士榜下，綴行而出。時進士團所由輩數十人，見逢行李蕭條，前導曰：『迴避新郎君！』逢囅然，卽遣一介語之曰：『報道莫貧相！阿婆三五少年時，也曾東塗西抹來。』」對一位進士及第而深知宦途艱難的人來說，以利祿觀點尊崇進士，實在是不値一哂的。

換句話說：從爵祿或做爲一考選人才之辦法等各方面看，進士科都與它所獲得的尊重不相稱。帝王與朝士，在態度上企羨進士，而在實際政治體制及運作中，卻並不太把進士放在眼裏。筆記雜說裏雖也記載不少帝王特別喜歡擢用進士的例子，制度卻是死的，品位高低等差，有一定的任用程序。六品以下之敍加階稱，全憑考績，帝王要施特恩也不可能。故進士入仕之卑與榮耀之大，實在是一鮮明的對比，形成一幅奇異的景觀。

研究唐史者，通常只會盛稱唐人對進士的尊崇，沒有人注意到這個問題。現在，我們則想由這奇怪的現象出發，去解析唐代社會的特質。

二、進士科受尊崇的原因

唐初所設常貢之科，有秀才、明經、明法、進士等等。進士科本不特別尊貴，後來秀才科逐漸廢置，明經之地位降低，才形成進士獨貴的局面。所以進士科之貴，乃是由眾科中競爭來的，且為逐漸發展而成。越到唐代後期，越被世人看重。

造成這一狀況的原因，歷來有幾種看法。一是從制度及其沿革上看，認為明經考帖經，純屬誦記，「大概如兒童挑誦之狀，故自唐以來賤其科」（《通考》）。且考試本身已經是比較容易了，錄取人數又比進士多得多。「每年考試所收入，明經不得超過一百人」（《冊府元龜》卷六四〇〈貢舉部〉），進士則僅二三十人。依考生比例來說，大約明經可達百之十一、二，進士才百分之一、二。凡物，以稀為貴。難考，所以才顯得進士得第是件光榮的事。還有，明經「試義之時，獨令口問，對答之失，覆視無憑」（《唐會要》卷七五），亦不比進士考試嚴格公正。是以開元二十四年以後，「進士漸難」，而地位也越來越高。

第二種看法，不就考試制度去看，而主張進士科之貴，乃帝王提倡的結果。《唐書·選舉志》云：「時君篤意，以謂莫此之尚。」孫棨〈北里志序〉云：「自大中皇帝好儒術，特重科第，……故進士自此尤盛，曠古無儔。」……一類說法，不勝枚舉。特別是唐太宗、武則天、文宗、宣宗幾位，更是屢被提起。

但帝王為何特重進士呢？這仍然需要解釋。於是有些人從制度上說，明經僅試經義，粗通文墨。但唐代中期以後，翰林學士在政治上的重要性提高了，往往代行宰相之權。此位非粗解文義者能够勝任，必須仰賴文士出身的進士翰林，所謂：「至德以後，天下用兵，軍國多務。深謀密詔皆從中出，尤擇名士翰林學士。得先選者，文士爲榮。」（《舊唐書．職官志．翰林院》條）因此這是在唐代中期宰相權轉移及三省制破壞後，爲現實政治之需要而然。

但也有些人，不從這方面想，而著重帝王個人的心理動機。例如指明某些帝王喜好文學，喜歡親近文士。或如《唐摭言》卷一引詩曰：「太宗皇帝眞長策，賺得英雄盡白頭。」認爲太宗是爲了統治的需要，設此妙彀，牢籠天下英才。以對武則天提倡進士科一事的觀察來看，就同時存在這兩種看法。有人認爲武則天是女性，故喜愛文藝，不貴經術。（如沈旣濟云：「太后君天下二十餘年，當時公卿百羣，無不以文章顯。因循遐久，寖以成風。……五尺童子，恥不言文墨焉。」（《通典》卷十五）有人則說她是爲了反抗唐初的「關中本位」政策，才擢拔寒畯，打擊世族功臣勢力，培養出新興的進士階層[9]。

以上這些解釋，均持之有故，然皆言之不成理。

蓋科目之貴賤，與考試之難易，未必有直接的關係。唐初，本以秀才爲最貴，結果造成了秀才科的沒落。因爲考試太難，「舉人憚於方略之科，爲秀才者殆絕，而多趨於明經、進士」（《唐語林》卷八）。永徽二年停了以後，開元二十四年復舉，考試科目就比進士容易得多，「秀才本科無帖經及雜文之限，反易於進士」（《通典》卷十五〈選舉三〉注），但依然興旺不起來。同理，明經是否即比進士易考，恐怕也難說得很。羅龍治曾指出：能考進士的人較多，明經必須通經，故應考者多爲功臣世族子弟，取才不及進士科廣；進士考試只考時務策，能考的人多，故羣趨於此[10]。至於說明經之帖經，如兒童挑誦，則「業進士者之誦《册府》及《秀句》，亦何異於業明經者之誦帖括耶」（呂思勉《隋唐五代史》第二十章）？此外，明經的錄取率高於進士科是事實，但假若我們用今天大專聯考的情況去揣想就知道了：文組的錄取率低、取分高，工組的錄取率高、取分低。但社會上重工呢？還是重文？再說，甲等特考，世所矚目，然與普通考試高等考試比，孰難孰易？因此，從制度面論進士科之漸貴，多屬無根的揣測，缺乏對考試行爲的了解。

把進士科的興盛，歸功於帝王，有點根據，然亦非探本之論。因爲這是局限於從政治力的運作來看文化發展，且把政治力再局限於帝王這一權力之源。殊不知政治只是文化中的一小部分，政治力只是各種文化力、社會力中的一股力量而已。固然在古代王權社會中，帝王對文化發展，頗有影響力，但文化的發展，有時卻是「帝王何有於我哉」。唐代確實有不少帝王，基於不同的原因，對進士科的發達，起了推波助瀾之功。然而，我們能不能反過來看：唐代帝王打壓進士浮華之風的舉措，難道又少了嗎？但這些打壓什麼時候發生了作用？既然壓抑辦不到，爲啥提倡就大獲回響呢？

這顯見整個社會與文化的發展，往往是不因官方意識而轉移的。政府的措施，符合了社會的心理與需求，便廣受贊美；違逆了，則根本達不成什麼效果。我們不能因看到了一些推揚頌美之詞，就眞以爲事情是由主政者推動起來的。

固然唐初之設科取士，確有羈縻天下英傑，並使爵祿貴賤皆由王者出的意味[11]。但說武則天培養新興進士階層，以與世族抗衡，卻毫無根據。因爲帝王可以說：「卿等不貴我官爵耶？」（《唐書・高士廉傳》）迫使大家都來參加科考。卻沒有理由使明經衰而使進士盛；更不會弄到後來，連皇帝自己也羡慕起進士來了。

《唐語林》卷四〈企羡類〉：

宣宗卽位，愛羡進士，每對朝臣問登第與否。有以科名對，必有喜。便問所賦詩賦題，並主司姓名。或有人物優而不中第者，必嘆息久之。嘗於禁中題：「鄉貢進士李道龍」。

前已說過，從世俗企羡富貴的角度、或從官僚體系內部實際的情況看，進士皆不足爲貴。現在，帝王對他自己所創造的進士貴現盛象，居然著迷起來了，寧非怪事？進士之貴盛，倘由於帝王之提倡，則帝王本人難道不知「趙孟能貴之者，趙孟能賤之」，又何企羡之有？

這整個問題，只有一種解釋。帝王富有四海、貴爲天子，他所未能擁有的、值得他企羡的是什麼？這種東西，當然不會是世俗的功名利祿。而整個社會所仰望的，卻正是這種東西，所以縱然進士出身未必便能得意於宦途，也無損於他們對進士的歆動之情。

這東西是什麼呢？就是文學。他們欣賞文學的價值，給予文學家榮耀。正如皇甫湜所說的：「文於一氣間，爲物莫與大」（《題語溪石詩》）。在那種「尚文」的文化環境中，他們使得本來並不尚文的進士科變成了尚文的典型，並由此逐漸看輕了不擅文采的明經科。同時，原來爲政治需要，而吸收幹濟人才的科舉制度，也轉換成爲甄拔文人的典禮。整個社會看重文學的價值，認定了能寫文章的人就是要比光會讀書的人高明，所以明經必不如進士。帝王富有四海，掌握一切權威，但他也不能不羡慕做爲一位文學家所擁有的榮耀。而且他必須配合此一社會動向，因爲反抗也沒什麼用。

三、進士科舉與文學崇拜

從這個觀點看，唐代的進士科舉，就不再只是一項僅對個人有意義的能力測驗，也不再只是附屬於政治體制之下的掄才辦法，而是具有社會儀式化意義的典禮。

這個典禮大致是這樣的：進士放榜後，主辦官員將登第者姓名寫在黃花箋上，派人送去報喜，稱爲「榜帖」，也叫「金花帖子」。登第者獲知消息後，一面將金花帖子寄回家，一面要詣主司謝恩，再進謁宰相，名爲「過堂」。然後等著開曲江宴，去慈恩塔題名。這一套程序，至爲繁複，《唐摭言》卷三載：

> 大凡謝後便往期集院，院內供帳宴饌，卑於輦轂。其日，狀元與同年相見後，便請一人爲錄事，其餘主宴、主酒、主樂、探花、主茶之類，咸以其日辟之。主兩人，一人主飲妓。放榜後，大科頭兩人，常詰旦至期集院。常宴則小科頭主張，大宴則大科頭。縱無宴席，科頭亦逐日請給茶錢。第一部樂官科地每日一千，第二部五百，見燭皆倍，科頭皆重分。

這是剛放榜一段時間的宴樂排場。事實上，「進士及第過堂後，便以騾從，車服侈靡之極。稍不中式，則重加罰金」，他們的宴醵，當然也不會寒酸。據王定保及李肇說，大中咸通以後，這種宴會頗爲侈靡，有專門辦筵席的人在負責，「凡今年才過關宴，已備來年遊宴之費。由是四海之內水陸之珍，靡不畢備」。宴會的名目，有大相識、小相識、聞喜、櫻桃、月燈、打毬、牡丹、看佛牙、關饌等等。負責辦這筵席的，有百多人，每個人都有任務。其奢華闊綽，可想而知。乾符二年有敕，革新及第進士宴會，謂此類宴會，「一春所費，萬餘貫錢」，故規定：「每人不得過一百千，其勾當分手，不得過五十人。」（見《唐大詔令集》卷一〇六）即使如此，仍甚可觀。而這僅是暖身活動而已，眞正的重頭戲是曲江宴：

> 逼曲江大會，則先牒教坊請奏。上御紫雲樓，垂簾觀焉。時或擬作樂，則爲之移日。……敕下後，人置被袋，例以圖障、酒器、錢絹實其中，逢花卽飲。故張籍詩云：「無人不惜花園宿，到處皆携酒器行。」其被袋，狀元、錄事同檢點，缺一則罰金。曲江之宴，行市羅列，長安幾於半空。公卿家率以其日揀選東床，車馬闐塞，莫可殫述。（《摭言》卷三〈散序〉條）
>
> 曲江亭子，……進士關宴，常寄其間。旣徹饌，則移樂泛舟，率爲常例。宴前數日，行市駢闐於江頭。其日，公卿家傾城縱觀於此，有若中東床之選者，十八九鈿車珠鞍，櫛比而至。（〈慈恩寺題名遊賞賦咏雜記〉條）

曲江宴又稱杏園會，是進士登第後的盛會，也是長安城的盛會。新科進士，在這個會上，成了全城人仕注目的焦點。這不僅是進士們的榮寵，更是長安城人民狂歡的佳節。整個過程，充滿了嘉年華會般的氣氛。

這樣子狂歡作樂，傾城縱觀，爲的是什麼呢？難道這不像某種宗教的崇拜儀式嗎？新科進士，再一次印證了存在於社會大眾心目中文學的價值：他們通過公開的儀式，來創作文學作品，然後經由評判（一種文學批評活動），而被選拔出來。新科進士，本身卽爲一「文學獎」的優勝者，他們可獲得羣眾的仰慕、歡呼、官爵，和美女。但這份榮耀並不專屬於他們個人，而是文學的價值與尊貴，通過了他們這些具體的人物，來接受羣眾的歐呼。再一次提醒大家：文章有價，不可輕忽。

文學，就是這個社會集體認可的價值。故科第及官位雖爲王者所授予，但在這個時候，帝王也與羣眾一樣，一齊來觀賞新的英雄、崇拜的主角。他不能不認可這樣的價值，甚至他也想追求這樣的價值，所以宣宗才會在宮中自題「鄉貢進士李道龍」，過過乾癮。帝王之尊，竟對進士企羡至此。若非整個社會都瀰漫在一片「文學崇拜」的氣氛之中，他會幹此勾當嗎？

是的，這是一種文學崇拜，具有宗教慶典般的性質，屬於社會羣體的崇拜。在所有進士科舉的事務中，我們隨處可以看到這種「羣眾性慶典儀式」的痕迹。

例如進士們「互相推敬，謂之『先輩』。俱捷，謂之『同年』。將試各相保，謂之『合保』。羣居而賦，謂之『私試』。激揚聲價，謂之『還往』」（《唐摭言》卷一）。他們之間，就有一種羣體活動的意識。是一夥人，在從事著一場共同的、眾所矚目的演出。

爲什麼說是演出呢？進士登第後，一舉一動，往往「傾城縱觀」。不只曲江宴如此，《唐摭言》載：「咸通十三年三月，新進士集於月燈閣爲蹙鞠之會。擊拂既罷，痛飲於佛閣之上。四面看棚櫛比，悉皆褰去帷箔而縱觀焉。」可見蹙鞠會也是如此。又，關宴亦然。關宴之日，進士們也露棚移樂登鷁首，「羣與方酣」（同上，卷三）。新科進士們的華服、美宴、遊行、歌舞……等等，都是爲了提高觀賞者之樂趣而設計的。

活動爲世所觀瞻，其文章亦輒爲世所傳誦，「頃刻之間，播於人口」（卷十）。

這是登第以後的狀況，然登第前之投謁與考試，也都有此特色。元和中，盧弘正到貢院求試，同華「命供帳，酒饌侈靡於往時，華之寄客畢縱觀於側」（卷二）。貞元中，牛僧儒赴京師謁韓愈、皇甫湜。二人命他在客戶坊僦居，「俟其他適，二公訪之，因大署其門曰：『韓愈、皇甫湜同訪幾官先輩，不遇。』翌日，自遺闕以下，觀者如堵」（卷六）。

以進士科舉爲一國家考試來說，這種現象是無法理解的。考試的私密性與其公平性有密切關係。國家名器，既爲世所尊崇，更要保障其公平性，豈能以干謁投刺、聲氣標榜得之？

殊不知唐之進士科舉，不是普通的考試，它是羣眾性的會集，必須有羣眾的參與與及觀賞。猶如戲劇，進士及舉人們在賣力演出，觀眾看得大樂。他們不但參與了戲劇，也要對戲劇的發展和演員品頭論足，發表意見。故進士登第，除了考官的甄拔之外，還有羣眾的評判，這就是輿論。稱爲聲氣或公論。干謁投刺、聲氣標榜之所以能有效，就是因爲主考官不能不考慮羣眾的評判，總希望能選中大家屬意的人。否則各憑本事，就文論文便是，何必管什麼輿論？要通關節，送錢賄賂便是，何須行卷投文？正因它不是一場行政體制上公平的測驗，而只是一次爲了讓羣眾看得過癮的演出，所以應試者才要賣力地製造他在羣眾間的聲名。李翺〈感知己賦〉盼望能有大官替他「拂拭吹噓」：牛僧孺得到韓愈、皇甫湜的吹噓，立刻「輦轂名士咸往觀焉」（卷七）。升沉互異，其理則一[12]。

由這個意義說，科舉與其說是政府的考試，不如說是民間的評選。故舉人入試，皆挾世譽，不僅由考場定甲乙。且來應考者，也未必是以此求官，而係以此博人贊美。《唐摭言》卷三言盧肇「狀元及第而歸，刺史以下接之」。狀元入仕，也不過從九品；但因爲它是狀元，便能接受刺史的歡呼。《因話錄》也提到一則故事：

> 趙琮妻父爲鍾陵大將，琮以久隨計不第，窮悴甚。妻族相薄，雖妻父母不能不然也。一日軍中高會，川郡請之眷設者，大將家相率列棚以觀之。其妻雖貧，不能無往，然所服故弊，衆以帷隔絕之。

忽然得報，他已及第，「妻之族卽撤去帷障，相與同席，以簪服而慶遺焉」。世之愛羨進士如此，無怪落第舉人張倬要「捧《登科記》頂戴之曰：此千佛名經也」（《唐摭言》卷十）。

但我們要特別注意，進士之貴，非以其能獲得官爵，而是因爲他們用自己的本事，證明了他們是文人。此一證明，需透過考試這一公開的程序。然考試有時僅是補充性的證明，民衆的評判才是最主要的。考試結果若符合了民衆的評判，大家就深慶得人；否則，大家便嗟傷惋惜之，甚至還要懷疑考試的公平性。也就是說，科舉的公正性，不存在於一般意義的考試公正，而在於公衆的認可。故干謁、請託、講關節、結棚造勢等現象，普遍公行，試卷亦不必糊名。後世以此詬病唐人科舉不公，不知其所謂公平公正者，別有所在。否則進士科考，既爲天下仰望，且係國家升進人才之要道，焉能縱容其不公平至此，且行之數百年不予改善？

反過來說，進士得第是尊貴的，但一人若文章佳美，已獲得公衆之認可，考試雖未考上，也不妨礙他的榮耀。甚至會「載應不捷，聲價益振」，「登科之人，賦並無聞；白公之賦，傳於天下」（《唐摭言》卷十）。唐人科舉的公平性就在這裏。故韋莊曾奏請追贈不及第的文人，說：

前件人俱無顯遇，皆有奇才，麗句清辭，遍在時人之口。銜冤抱恨，竟為冥路之塵。但恐憤氣未消，上衝穹昊。伏乞宣賜中書門下，追贈進士及第，各贈補闕、拾遺，見存明代。……俾使已升冤人，皆霑聖澤；後來學者，更厲文風。（同上）

追贈文學家一個進士名號，以符公論，意義即在於補償或平衡考試所造成的不公平。而公平，正是在羣眾這邊的：做為一場羣眾性的文學典禮，當然只有羣眾才能裁判誰得了優勝。

四、文學崇拜諸現象

以上這些羣眾性行為，構成了文學崇拜的具體事實。此一崇拜，屬於社會集體的精神活動。他們把進士登第「神聖化」了。一旦登第，即如白日登仙，可供世俗仰望。而這種進士的神聖性，則建立在文學的價值上。猶如白居易曾經提到的故事：一名妓女向人誇耀：「我誦得白學士〈長恨歌〉，豈同他妓哉？」「由是增價」（〈與元九書〉，《長慶集》卷二十八）。人的價值，附著於文學。

崇拜，不僅是價值上的肯定，更有宗教性的意涵。環繞著崇拜行為，必然會出現一些宗教現象的類簇，諸如偶像崇拜、聖碑、巫術、占卜、獻祭、祈禱、聖址、社團、神話……等等。唐代的情況正是如此。

例如舉人赴考時互相結合，及第後又呼有司爲座主、同榜者爲同年，結合成一團體，這便具有宗教崇拜的教團性質了。這羣人之間，交往及聯結的紐帶、團體中權威地位的分布，均由文學才能與文學作品來構成。而更值得注意的，是文學崇拜若爲一社會集體的活動，則此一教團便不應只限於新科進士之間。應該說，凡具有如進士科第那樣，以文學崇拜類聚的團體，都會否現出同樣的徵象，如《摭言》卷二云：江西鍾傳令公「雖川里白丁，片文隻字求貢於有司者，莫不盡禮接之。主於考試之辰，設會供帳，甲於治平，行鄉飲之禮，常率賓佐臨視，拳拳然有喜色。復大會以餞之，筐篚之外，率皆資以桂玉，解元三十萬，解副二十萬，海送皆不減十萬。」設帳供會，行鄉飲酒之禮，即是一種祭禮行爲；資送錢財，則爲一種獻奉活動。這些活動皆不限於舉人進士，而是廣及一切參與了文學的人士，故雖川里白丁，能以片文隻字參與，便盡禮接待。同理，進士的「教團」，其實也不僅進士們參加，它也顯示了羣眾向文學集中的狀況。進士「教團」不僅供羣眾會集觀賞，教團本身便集合了許多民眾，《摭言》卷三：「所以長安遊手之民，自相鳩集，目爲『進士團』。初則至寡，洎大中、咸通以來，人數頗眾。」可爲佐證。

這些都是羣眾式的崇拜，還有些個人的崇拜活動。

前文曾引《唐摭言》云張倬以《登科記》爲「千佛名經」。同樣的，李洞也曾鑄一銅像，供奉賈島：「戴之巾中，手持念珠，事之如佛。人有喜島詩者，必手錄島詩贈之，叮囑再四曰：『此無異佛經，歸當焚香拜之。』」（又見《北夢瑣言》卷七）這類文人偶像崇拜及作品之聖典崇拜，確屬不折不扣的宗教行爲。而賈島每年除夕將所作詩草焚祭後，和蜜吞服，自稱療其肺腸的做法，也不能說與燒食符籙治病的「服食」信仰無關⑬。

更有甚者，他們把文學作品視同預言讖語，可以預示一個人的生命狀態。如《唐語林》卷二云：「進士李爲作〈淚賦〉及〈輕〉〈薄〉〈暗〉〈小〉四賦。李賀作樂府，多屬意於花草蜂蝶之間。二子竟不遠大。世言文字可以見分命之優劣。」（又見《因話錄》、《唐詩紀事》卷三十三）世謂文字可以見分命之優劣，卽指文字的表現跟作者的命運有同一性，寫出衰颯悲涼的文學作品者，其命運大概也不會很發達⑭。

這類觀念，也影響到人們對進士及第的看法。由於文字表現與人之命運有同一性，故文章好、能考中進士者，乃是命中該有此福分；考不上，或平時文章寫得極好，而臨場竟不能有所表現，亦是命該如此。唐人筆記中言及陰隲果報與功名前定的記載極多，大抵均爲此一觀念的延伸。例如：

一、唐馮藻侍，肅之子，涓之叔父，世有科名。藻文彩不高，酷愛名第，已十五舉。有相識道士謂曰：「先輩此生無名第，但有官職也。」亦未之信。更誓五舉，亦無成。遂三十舉方就仕，歷官卿監，終於騎省。（《北夢瑣言》）

二、貞元中，杜黃裳知舉，試〈珠還合浦賦〉。進士林藻賦成，憑几假寢。夢人謂曰：「君賦甚佳，但恨未敍珠來去之意爾。」藻視其草，乃足四句。其年擢第謝恩。黃裳謂曰：「唯林生敍珠來去之意，若有神助。」（《閩川名士傳》）

三、唐厲元渡江見一婦人尸，收葬之。夜夢在一處，如深山中。明月初上，清風吹衣，遙聞有吹笙聲，音韻縹緲。忽有美女在林下自詠曰：「紫府參差曲，清宵次第聞。」及就試，得〈緱山月夜聞王子晉吹笙〉題。用夢中語作第三第四句，竟以是得

賞，舉進士。人以爲葬婦人之報。（《瑯環記》）

第一例的馮藻，與第二例的林藻，名字相同，命運大不一樣。由第一例我們知道：能否登第，命已前定。由第二例，我們又知道：有時本不能登第，而竟能得中者，係有神助。第三例的情況與第二例相彷，但出於自助式的果報。這裏，我們當注意：三個故事均顯示了不能及第的眞正原因，在於文彩不佳。只是後兩例中，主人翁憑著一種夢寐通神的經驗，化解了命的困局，而事實上也就是讓文章寫得精采了，所以才能及第[15]。

諸如此類有關科舉的神話、傳說，都包含了上述夢、通靈、陰隲果報、命運等宗教質素，環裹著一層神秘的氣氛。使人越來越相信文學是具有神聖性的東西。不僅「良夫之族，未有登是科者，以此慨嘆憤惋。從十歲讀書，學爲文章，手寫之文，過於千卷」（《唐摭言》卷二），而且整個唐代知識分子對「天人之際」的思考，也往往由此導源。

所謂天人之際，指天命與人力之間的關係。《唐摭言》卷四云：「裴晉公質狀眇小，相不入貴。既屢屈於名場，頗亦自惑。會有相者在洛中，大爲縉紳所神。公時造之問命。」唐士既以科名爲命運，則得與不得，皆歸之於命，個人的才力與奮鬪能改變命運嗎？唐代知識份子對此，確實是頗爲困惑的。所以有的人怨誹時命不濟，有的人篤信命運前定。特別是中唐以後，有關天命與人道的討論，甚爲繁賾，多由此引生。故《唐摭言》曰：

論曰：孟軻言，遇不遇，命也。或曰：性能則命通。以此循彼，匪命從於性耶！若乃大者科級，小者等列，當其角逐文場，星馳解試，品第潛方於十哲，春闈斷在於一嗚；奈何取舍之源，殆不踵此！或解元永黜，或高等尋休。黃頗以洪奧文章，蹉跎者一十三載；劉蕡以平漫子弟，汩沒者二十一年。溫岐濫竄於白衣，羅隱負寃於丹桂。由斯言之，可謂命通性能，豈曰性能命通者歟！苟怫於是，何姦宄亂常不有之矣！（卷二〈爲等第後久方及第〉條）

論曰：士之謀身，得之者以才，失之者惟命，達失二揆，宏道要樞，可謂勤於修己者與！苟昧於斯，繫彼能否，臨深履薄，歧路紛如，得之則恃己所長，失之則尤人不盡；干祿之子，能不慎諸！及知命也者，足以引之而排觖望，不足倚之而圖富貴；倚之則事怠，怠則智性昏；引之則感通，通則尤怨弭。故孔孟之言命，蓋阨窮而已矣！有若立身愼行，與聖哲同轍者，則得喪語默，復何蔑芥乎！然士有死而不忘者，恩與知而已矣。包子之誤放，李翺之奏章，足以資笑談，不足以彰事實。有功成身退，冥心希夷者，吾不得而齒矣。（卷八〈入道〉條）

因爲遇不遇的問題，非自己所能掌握，故唐人一般均強調命。命通，方纔性能。並不認爲命能自己創造。這是唐人論命的大原則[16]。但基於此一原則，他們希望人不要恃才，也不要怨人，只要立身修己，盡其在我者，便可無愧。所謂：「炯戒之倫，而窮達不侔者，其惟命歟！苟屈諸道，又何窮達之異致矣！」（同上，卷四）。這當然不是說唐人論命，皆出於科舉的遇與不遇。但科舉是否登第、文士是否能遇知己，是同一個問題；而這個問題，實爲唐人思考「時命」的問題意識出發點之一。且通過這有關天命的思索，文學崇拜也才能涉及存有論的層次，成爲一種眞正的宗教行爲。

因爲一種崇拜，除了儀式、羣聚性慶典、禁忌、偶像祭祀、通靈經驗之外，還關聯著人之存在問題的思索，提供了人在此世的生存之道。

這種生存之道，主要是由於對「文」之神聖性的信仰，確認人若要證明人生果有價值，唯一的途徑，便是去擁抱文、去表現文。藉著與文的聯繫，人也獲得神聖性。具有此一神聖性的人，就不再是一般人了，「聖／俗」的區分，遂由此建立。世俗對文士（聖者），當然只能仰望、企羨、頌嘆，並不斷傳頌聖者所創造的詩文。而一位聖者，既自居於神聖性的擁有者與體現者，則在心態上自將趨於鄙視流俗、高自標置。對於同屬聖者的文士階層，也有同儕意識，視爲同類。但同屬神聖性的掌有者，他們之間卻又常爲了爭辯誰才眞正能體現文、掌握文，而如教士們爭論誰才眞正了解神意或經文那樣，彼此爭鬩、譏嘲。此外，由於世界上俗人較多，文學的神聖性意涵，不見得都能被人認識。或者說，某位文人所體現的那種文學價值，不爲世人所知賞，則文人便不免自艾自怨或怨憤世俗的無知。他必須去尋訪能了解、能聽受福音的人，此卽所謂「求知己」。倘得一人，則文字相知，情逾骨肉，「士有死而不忘者，恩與知而已」；倘不能得到，那又只好憤嫉怨怒一番了。然，能不能遇一知己（包括參加考試時能不能碰上賞識自己文章的考官），正是命的問題。何以有人能遇，有人就偏偏不遇？這豈不要有一形上學的解釋嗎？通過了「命通性能」這類的解釋，才能替這些「以文字爲性命」的文人們提供「勤於修己」「冥心希夷」等等安身立命之道⑰。

五、朝廷對文學崇拜的態度

科舉，是隋唐朝王室爲鞏固其統治，扭轉世族門第勢力，重構社會階層化標準的一種制度。也是爲吏治之需要而建立官僚體系的一種選拔人才制度。但這一制度，其本身卻在王室所無法控制的情況下，逐漸轉變爲文學價值的品評，選拔了一批批文士。《摭言》卷一曰：「元和中，中書舍人李肇撰《國史補。》其略曰：進士爲時所尚久矣，是故俊乂實在其中。由此而出者，終身爲文人。」即顯示了這種進士階層已具體轉化爲一文人階層的狀況⑱。

這種轉化，不但不能說是朝廷所鼓勵、帝王所提倡的，反而應該說是朝廷所不樂見的。從隋代剛剛建立起，即有李諤的上書，主張遏阻這種尚文之風，也有正式禁止文風浮華的詔令：「開皇四年，普詔天下，公私文翰，並宜實錄。其年九月，泗川刺史司馬幼之文表華艷，付所司治罪。」（《隋書・李諤傳》）其後這一模式便不斷上演。唐初所修史籍，無不表達了反對美文的態度，認爲文章寫得太漂亮，會造成壞人心術等後果。唐太宗更曾嘲笑梁武帝、陳後主、隋煬帝等人，「雖有詞藻，終貽後世笑」；又告訴房玄齡說：「比見前後漢史，載錄揚雄〈甘泉〉、〈羽獵〉、司馬相如〈子虛〉、〈上林〉、班固〈兩都〉等賦。此既文體浮華，無益勸誡，何假書之史策？」（皆見《貞觀政要》）可見當時的官方意識，對文學並不鼓勵。

官方態度，主要是站在統治的需要上著眼的，故張昌齡舉進士，王師旦黜之，太宗問他，他就回答：「昌齡等華而少實，其文浮靡，非令器也。取之則後生勸慕，亂陛下風雅。」（《新唐書・張昌齡傳》）帝王本人或朝臣，未必不喜歡文學、未必不擅長文學，但他做爲一執政者，他就不能不從政治上考慮。因此，他如果提倡文學，也不會是因文學有價值或基於對文學之喜愛而提倡。他必須考慮用一文人、倡一文體，在政治上的後果。同樣的，面對社會上熱烈尚文的風氣，他也必須評估其政治效應，而在適當的時機，予以打壓。這就是唐代史官何以總要大聲疾呼不可尚文、朝臣爲何一再上書檢討文風的原因之一。

玄宗〈禁策判不切事宜詔〉說：

> 我國家敦古質，斷浮艷，禮樂詩書，是宏文德，綺羅珠翠，深革弊風。必使情見於詞；不用言浮於行。比來選人試判，舉人對策，剖析案牘，敷陳奏議，多不切事宜，廣張華飾。何大雅之不足，而小能之是銜？自今以後，不得更然。（《全唐文紀事》卷十四）

這是舉人尚未試詩賦時的詔令。舉人試詩賦以後，文華愈甚，批評者也愈多。趙匡〈舉選議〉曰：「國朝舉選，用隋氏之制，歲月既久，其法益訛。……主司褒貶，實在詩賦，務求巧麗，以此爲賢。不惟無益於用，實亦妨其正習。不惟撓其淳和，實又長其佻薄。」柳冕〈與權侍郎書〉曰：「唐承隋制，不改其理，此天所以待聖主正之。何者？進士以詩賦取人，不兌理道。……故吏道之理天下，天下奔競而無廉恥者，以教之者末也。」《玉海》亦引〈儒學傳序〉云：「自楊綰、鄭餘慶、鄭覃等以大儒輔政，議優學科，先經義，黜進士，後文辭。」他們都想改革，但都如《玉海》所說：「亦未能克也。」[19]

有些人把這些抑遏進士與文采的建議，視爲朝中權力鬭爭的一部份，例如揣測鄭覃等人之黜進士，係因鄭覃爲山東經學禮法傳家的舊族，故有意壓抑進士科。《舊唐書》卷一七三〈鄭覃傳〉即持此見解，謂：「覃雖精經義，不能爲文，嫉進士浮華。」故於開成初奏罷進士科⑳。

然此不足以解釋這一問題，因這非私人恩怨或權力鬪爭的問題。鄭覃的建議是：「南北朝多用文華，所以不治。士以才堪卽用，何必文辭。」文宗的回答是：「進士及第人已曾爲川縣官者，方鎭奏署卽可之，餘卽否。」可見君臣間討論的是文士能否承擔政治工作的問題。科舉的目的，在於選拔官僚體系中可用之人，現在卻在選拔文士，故鄭覃質疑的是選人的標準。楊綰、柳冕、趙匡所批評的，也是如此。再看唐文宗的態度：文宗以尊重進士聞名，每試進士，多自出題。披覽試卷，終日忘倦。又命神策軍重淘曲江、昆明兩池，許公卿立亭館，兩軍造紫雲樓、彩霞亭，文宗自題樓額。這一切都表示他極看重進士科舉。然而，他是否欣賞進士之專意文辭呢？那又不然。《新唐書．高鍇傳》載：

> 開成元年春試畢，進呈及第人名。文宗謂侍臣曰：「從前文格非佳，昨出進士題目，是朕出之，所試似勝去年。」鄭覃曰：「陛下改詩賦格調，以正頹俗。然高鍇亦能勵精選士，仰副聖旨。」帝又曰：「近日諸侯奏章，語太浮華，有乖典實，宜罰掌書記，以誡其流。」李石曰：「古人因事爲文，今人以文害事。懲弊抑末，實在盛時。」乃以鍇爲禮部侍郎。……鍇選擢雖多，頗得實才，抑豪華，擢孤進，至今稱之。

文宗宏獎進士科是一回事，改革進士尚文之風又是一回事，這最可以看出主政者對這件事的態度。他親自命題，旨在改變文風。而這種抑壓文華的行動，又不是專門爲著對付進士科：諸侯奏章，太過華美，他也不高興。文宗的態度如此，鄭覃、李石、高鍇的態度，也均是如此。焉能以鄭覃不擅爲文來解說此事？何況，在他們懲抑文華的政策下，受打擊的，並非孤進寒人，而爲豪門世族。益可證明世族爲壓抑進士勢力故主張罷廢進士科的說法，純屬無稽之談。

總之，朝廷中反對進士科者，是因試貴文辭，「無益於政」；其改革，則均希望能使其「有資於用」（趙匡〈舉人條例〉）㉑。在這一立場上，他們不僅批判進士之文藻浮華，對一切公文書，如試判、對策、案牘、奏議，都不希望它寫得太美。

朝廷之意如此，然社會的發展，往往不受官方意識或官方宣傳所左右。進士科仍是尙文，故沈既濟〈詞科論序〉曰：「開元以後，四海晏清。無賢不肖，恥不以文章達。」科舉之名目雖多，以文章達者唯進士科，故進士科獨盛。進士科之所以獨盛，又在於它以文章爲銓衡標準，故想改革它，勿令其尙文，根本不可能。所謂：「幼能就學，皆誦當代之詩；長而博文，不越諸家之集。遞相黨與，用致虛聲，六經則未嘗開卷，三史則同掛壁。」（楊綰〈條奏貢舉疏〉）人人都在爲文學奮鬥。

他們的創作量極爲驚人。《摭言》十二云：「薛保遜好行巨編，自號金剛杵。太和中，貢士不下千餘人，公卿之門，卷軸塡委，率爲閽媼脂燭之費。因之平易者曰：『若薛保遜卷，卽所得倍於常也。』」「劉允章侍郎主文年，榜南院曰：『進士納卷，不得過三軸。』劉子振聞之，故納四十軸。」這些都是行卷或預投公卷。柳宗元曾經抱怨當主考官要看這麼多卷子，至爲辛苦：「今進士歲數百，咸多爲文詞，道古今、角誇麗，務富厚。有司一朝而受者不知幾千萬言，讀不能十一，卽偃仰疲耗，目眩而不欲視、心廢而不欲營。」（〈送節秀才序〉）則此輩文士爲文之勤，可以概見。

他們這麼努力，主要是因爲受到了社會的鼓勵。《雲溪友議》卷中〈辭雍氏〉條載：

崔涯者，吳楚之狂生也。……每題一詩於倡肆，無不誦之衢路。譽之，則車馬繼來；毀之，則盃盤失錯。……篇詞縱逸，貴達欽憚，呼吸風生，暢此時之意也。……崔生之妻，雍氏者，乃揚川摠效之女。……雍族以崔郎甚有詩名，資贍每厚。崔生常於飲食之處，略無禘敬之顏，但呼妻父「雍老」而已。

文士能文，貴達欽憚，妻族資贍，倡肆也要看他的臉色，眞是威風極了。這是新的時代寵貴哩！他曾作詩嘲名妓李端端，說她「鼻似烟窗耳似鐺」。「端端得此詩，憂心如病。使院飲迴，遙見二子躡屐而行，乃道傍再拜競灼曰：『端端祗候三郎、六郎，伏望哀之。』」於是崔涯「又重贈一句粉飾之，於是大賈居豪，競臻其戶」。文士之筆，可畏至此，難怪當時「紅樓以爲倡樂無不畏其嘲謔也」。

文士之品評，所以有威力，是因爲社會上聽從他的評論。大家認爲文字具有神奇的魔力，彷彿只有文字能傳達眞相、宣示眞理。故得其一句之褒，重於華袞；得其一句之貶，嚴於斧鉞。活人爲求生計，來乞文士美言；死人爲博令名，遂也不能不來拜託文人說幾句好話。故《封氏聞見記》卷六〈碑碣〉條說：「近代碑碣稍眾，有力之家，多輦金帛以祈作者。雖人子罔極之心，順情虛飾，遂成風俗。」凡崇功、記德、褒賢、述祖，都得拜託文士動筆。而文士也因此而越發顯得尊貴了。世風如是，朝廷又能奈何？

六、社會對文人的供養

社會上表現對文學的尊重，總不外名利兩途。名，是指某人若被公認爲一能寫文章之人，則他便可獲得「文人」的名號，在社會上處處受人另眼相待，有與一般人不一樣的地位。利，是指具體的「文章有價」。

文學，被視爲是有價值之物。此種價值，與一般價值物（如貨幣財物）不同之處，在於它被認爲具有眞理性與不朽性㉒，故有時非一般價值物所能替代。卽使花錢也買不到。但它既爲一有價之物，則又與其他有價值物有同質性，所以又可以用金錢貨物與之交換。請文人撰文，需付給報酬；好文章，得有好價錢的邏輯，卽在這種狀況下，得以成立。社會人士想得到文人寫的文章，就必須花錢來買；文人則以有價之文，換取有價之財物，以謀生活。如此，便構成了一個相互依存的供需關係。但這種關係，因存有文學價值之尊貴性與不可替代性，故又與一般買賣商業行爲不盡相同：買文章，不叫買文章，而叫「潤筆」。

此一文士撰文以得筆潤的歷史，並不自唐朝始。文人，正式出現於東漢初葉，王充《論衡》中才開始替文人爭地位、辨作用、論價值、談功能。在此之前，自然已有了文學創作，也有了像司馬相如、枚乘、鄒陽一類人，爲帝王之文學侍從。但把這種能寫文章的人，統稱爲一流品、視爲一階層，則自後漢始。這時，文人的服務對象，已不限於君王。《論衡·超奇篇》就談到文人能替地方官員服務：「川郡有憂，能治章上奏，解理結煩，使州郡無事。」不過，川郡有急難的時候畢竟不多，文人的筆總不能閑著，州郡養著這一大批文人也總得找些事來做做，那就只好記功伐石或寫作頌文了。葉昌熾《語石》卷一說：「東漢以後，門生故吏，爲其府主伐石頌德，徧於鄉邑。」正是在這種情況下出現的。

從帝王宮廷，到川郡幕府，文人的服務對象，逐漸擴大、下移。不多久，一般人也可以得到文人的頌文了。只要他能付得起供養文人的代價。這便是「潤筆」的起源，也是文學消費結構的正式建立。

早先，據說漢武帝的陳皇后失寵，「別在長門宮，愁悶悲思。聞蜀郡成都司馬相如天下工爲文，奉黃金百斤，爲相如、文君取酒，因于解悲愁之辭。而相如爲文以悟主上，陳皇后復得親幸」（《文選・長門賦序》）。這個故事大概出於後人依託，且非奉金潤筆，乃是賄賂，算不得是眞正的筆潤。筆潤之風，大概要到漢末才逐漸流行。《日知錄》卷二十一云：「蔡伯喈集中，爲時貴碑誄之作，甚多。皆言不由衷。自非利其潤筆，不致爲此。史傳以其名重，隱而不言耳。文人受賕，豈獨韓愈之諛墓哉？」依史事推測，顧炎武的看法大致不差。

因爲早期能够秉筆爲文者，非朝臣，卽諸侯之門客，如淮南王劉安，便曾招四方遊士、修文學。這些人，就食王門，託迹高宦，替君王頌功記德，乃其本份。後來文人的服務對象下移，與州郡主管仍爲僚屬或師友的關係，也很難談什麼筆潤。但撰文對象繼續下移、繼續擴大；文人本身，成爲《人物志》所說的人流十二業之一，會寫文章成了一種專門的技藝；人人要一篇頌文銘贊時，都想找個能寫文章的人來上一段，那可就不能不談報酬了。恰好那時，社會上最大的問題，就是《潛夫論》所說的「三游：游俠、游士、游宦」。其中，游士浪迹江湖、橐筆謀食，既無一淮南王之類人物，起而收蓄之，那當然也只好讓他們憑本事掙飯吃了。游士能有什麼本事呢？無非是寫寫文章罷了。換句話說，在漢末權威逐漸解體的時代，「供」與「需」兩方面都剛好有此需要，文章有價，鬻文之事遂一拍即定了。

南北朝期間，文士又屬於高門貴族的特產，游士甚少。士不游，則通常就不必賣文。文學可以成爲名公貴胄之間遊賞之資、應酬之媒，而不必成爲一種商品。

入唐以後，科舉行、文學盛，但僧多粥少，士乃又不得不游。加上貴族淩夷，世族逐漸分化解體，受過良好文學教養的世族子弟，流散四方。不僅使得文學藝術普及於社會，也使筆潤的事業，重新激發了活力。

《唐國史補》卷中〈求碑誌救貧〉條載：

> 王仲舒爲郎中，與馬逢友善，每責逢曰：「貧不可堪，何不求碑誌相救？」逢笑曰：「適見人家走馬呼醫，立可待否？」（又見《唐語林》卷六）

所謂「求碑誌救貧」，正表示了文士並無其他的才藝，只能以替人寫碑版掙錢糊口。固然文人的出身仍以進士科最爲尊貴，且入仕之後，衣食問題自然解決。但入仕甚難，遂不能不仰賴社會的供養。顧炎武云：「杜甫作〈八哀詩〉，李邕一篇曰：『干謁滿其門，碑版照四裔，豐屋珊瑚鈎，麒麟織成罽，紫騮隨劍几，義取無虛歲。』劉禹錫祭韓愈文曰：『公鼎侯碑，志隧表阡，一字之價，輦金如山。』可謂發露眞贓者矣。」可見有名文人撰文的收入頗豐，而他們也認爲這些錢是該得的，是「義取」，是人人都可以爭取的。《唐語林》卷一載：「長安中爭爲碑誌，若市賈然。大官薨，其門如市，至有喧競構致，不由喪家者。」更充分說明了在那種社會結構及文人之處境下，文人不得不賴替人作碑誌謀生的窘狀及醜態。

但文人爭著替人寫碑誌「諛墓」的醜態背後，有個深刻的社會心理條件：社會爲什麼要供養文人？爲什麼要文人來寫一篇並無實際作用的虛文以誌墓頌功？爲什麼願意用高價錢來買文章？而這種供需買賣行爲又不是平等的。——事實上找文人寫文章的買主，是文人的衣食父母；以錢貨交換文章，也是公平交易。但「筆潤」一辭卻表明了文人在這場買賣中的優勢地位。是人來求他作文；是「致贈」筆潤，而非買作品；作品雖被買主買去，著作權仍屬作者，文學創作的榮耀永遠無法被買走，作品仍是作者的，所有權不能轉讓。這些，都與實際上是文人「求碑誌相救」的情況逆反。社會上爲何容許甚至樂於進行這麼不公平的買賣？

答案非常明顯：整個社會沈浸在文學崇拜的心理狀態中。他們相信文字具有「不朽」的魔力、比事實更爲眞實；他們對文人心懷敬畏，因爲那是能說出寫出這種奇妙文字的人。因此，一人死亡後，其家人子孫便盼望此人能得一佳傳，爲死者之哀榮；此與爲官者卒後，冀得一美諡，是一樣的。此一傳一諡，便替代了事實，成爲後人認識死者的憑據，且可傳諸久遠。所以，在文字崇拜之中，混雜了「不朽」和「榮耀」的觀念，文字被認爲能替人帶來榮耀，並使其不朽。這不是任何金錢財貨所能買到的，文人對此亦深有體會，且甚爲自負：

> 大官薨。……是時裴均之子將圖不朽，積縑帛萬匹，請於韋相貫之。(貫之) 舉手曰：「寧餓死，不苟爲此也！」(《國史補》卷中〈韋相拒碑誌〉)

《新唐書》卷一六九〈韋貫之傳〉作：「吾寧餓死，豈能爲是哉！」其不苟且如此！《唐語林》卷二又載：「呂溫，祖延之、父渭，俱有盛名，至大官。家世碑誌不假於人，皆子孫自撰，云：欲傳慶善於後嗣，儆文學之荒墜。」他們不願假手別人作傳誌，同樣表現了文人的矜慎與自我期許。

然而，文人是矛盾的。既高自位置，又不能不以此爲衣食。且文章有價，其價也常反映在潤筆費用的多寡上。《語林》卷五：「王縉多與人作碑誌。有送潤筆者，誤致王右丞院，右丞曰：『大作家在那邊！』」王縉是王維之弟，他常替人寫碑版，筆潤高，故王維戲呼他爲大作家。是的，作家之大小，確實常要從筆潤金額上去分。猶如今日報社之稿酬，就不是一律的：大作家，字或數十元；小作家，則僅及其幾分之一或十幾分之一。唐代文人亦常以撰文得金之多自負自喜。如李嶠〈謝撰攀龍臺碑蒙賜物表〉云：「伏奉恩敕，編撰攀龍臺碑文，賜臣物四百段。」張說〈謝賜撰鄭國夫人碑羅絹狀〉云：「合賜卿綵羅二十匹、絹一千匹。」（皆見《全唐文紀事》卷十六）寫篇文章，得絹千匹，比起崔孝公「獻慶雲頌，又賜絹一百匹」，「奉敕撰龍門公宴詩序，賜絹百匹」（顏眞卿〈崔孝公陋室銘記〉），竟多了十倍。無怪乎張說能號稱「大手筆」了。

須知唐代朝士俸祿甚薄，從九品小京官之年入，不過米一二三·六四斛，有時還要折換爲段疋絲棉等實物。寫一文而能得絹數十匹百匹，已經是極好的待遇了，何況千匹？朝廷如此禮遇作家，社會上又常會出現「元和四年，盛修飾安國寺。……承璀奏請學士撰碑文，且曰：臣以排比一萬貫錢充送撰文學士」（同上，卷二十二）的機會，文人安得不努力爭取？前引《語林》說文人爭著替喪家寫墓誌的情況，就是由此形成的。文人之間的嫌隙與磨擦，所謂「喧競搆致」亦由此而生㉓。

如裴度修福先寺，將請白居易撰碑文，皇甫湜就很不高興，說：「某之文，方白之作，自謂瑤琴寶瑟，而比之桑間濮上之音也。」裴度無奈，只好請他寫。寫好後，裴度「以寶馬、名車、繒彩、器玩，約千餘緡，置書命小將就（皇甫湜）第酬之」。其潤敬不可說不厚重了。不料皇甫湜大怒，擲書於地，叱小將曰：「寄謝郎中：何相待之薄也！某之文，非常流之文也。曾與顧況爲集序外，未嘗造次許人。今者請製此碑，蓋受恩深厚爾。其辭約三千餘字，每字三匹絹，更減五分錢不得！」裴度只好如數奉送。《唐闕史》卷上曾記其事，也替他算了算稿酬：「計送九千七百六十有二。」㉔

這件事既有趣又值得分析。皇甫湜是因受裴度之恩厚，才替他寫這篇文章、才向他獅子大開口。若不「受恩深厚」，那還了得？文人之自我矜許、高自標置，於此可以一覽無遺。在文人心中，認爲替你寫文章，是表示看得起你，已經降尊紆貴了。其次，正因爲自我矜許太甚，便鄙薄別人的文章。如皇甫湜薄白居易之文如此，後世看來只覺可笑，他們卻自認爲是不可不爭的文壇地位。《摭言》卷四載：「黃頗師（韓）愈爲文，亦振大名。頗嘗觀盧肇爲碑版，則唾之而去。」亦是同一心理。《全唐文記事》又提到王翊，說他撰文：「每賜予稍緩，翊必揚言曰：『吾賦字字作金聲，何受賜之晚耶？』」（卷四一）寫文章必須有報酬，這報酬還不能太少或太遲，而酬之高低，又反映了文章好壞的程度，似乎是他們這批文人共有的想法。也幸好當時的社會，有此條件，否則像他們這樣的想法與做法，恐怕只好等著餓死，根本不能存活。

七、由文學到反文學

然而，文士之病，也卽在此，早在曹丕《典論．論文》中就說過：「文人相輕，自古而然。」《顏氏家訓．文章篇》也說：「自古文人，多陷輕薄。……每嘗思之，原其所積文章之體，標舉興會，發引性靈，使人矜我。故忽於操持，果於進取。今世文士，此患彌切！一事愜當，一句清巧，神厲九霄，志凌千載，自吟自賞，不覺更有旁人。加以砂礫所傷，慘於矛戟；諷刺之禍，速乎風塵。」論文人之病痛，沒有比這幾句話更深刻的了。

這是感性生命激揚、且執著於文字的結果。生命沈溺於性靈興會之間，又以文字爲一切價值及生命的實踐場，故在文字上略有所成，便自負爲天下一切價值都已被自己掌握了。對別人的生命與文字表現，亦缺乏理性的體察，只隨感性之好惡來對待，甚且根本看不起別人所表現的價值，動輒諷嗤之。這就稱爲「輕薄」。《語林》卷六：

> 劉禹錫云：「韓十八愈，直是太輕薄，謂李二十六程云：『某與丞相崔大羣同年往還，直是聰明過人』，李曰：『何處是過人者？』韓曰：『共愈往還二十餘年，不曾過愈論著文章，此是敏慧過人也。』」（又見劉賓客《嘉話錄》）

這話講得十分刻薄，可見韓愈之矜許，瞧不起崔大羣。韓愈如此，學韓愈的黃頗，瞧不起盧肇；韓愈所喜歡的李賀，瞧不起元稹；韓愈的弟子皇甫湜，瞧不起白居易，自然毫不稀奇。

但此非韓門師弟之專利，《唐書·杜審言傳》卽載：「蘇味道爲天官侍郎，審言豫選試判訖，謂人曰：『蘇味道必死。』人問其故，審言曰：『見吾判卽自當羞死矣！』又嘗謂人曰：『吾之文章，合得屈宋作衙官。』其矜誕如此。」〈鄭仁表傳〉也說：「仁表恃才傲物，人士薄之。自謂門地、人物、文章俱美，嘗曰：天瑞有五色雲，人瑞有鄭仁表。」其輕薄皆不遜於韓愈。故有「開元二十四年，考功員外郎李昂擿進士李權章句疵之，榜於通衢。權亦擿昂詩句之失」（《語林》卷八），「韓翃有寵姬柳氏，翃成名，從辟淄青，置之都下。數歲，寄詩曰：章臺柳，顏色青青今在否？……翃後爲夷門幕府，後生共目爲惡詩，輕之」（《唐詩紀事》卷三十）一類事情出現㉕。

除了高自矜許、諷嗤他人之外，文士干謁，亦多盛爲大言。如員半千〈陳情表〉謂：「若使臣七步成文，一定無改，臣不愧子建。若使臣飛書走檄，援筆立成，臣不愧枚皐。……請陛下召天下才子三五千人，與臣同試詩策判箋表論，勒字數。定一人在臣先者，陛下斬臣頭、粉臣骨，懸於都市，以謝天下才子。……如棄臣微見，卽燒詩書、焚筆硯，獨坐幽巖，看陛下召得何人、舉得何士！」口氣何等矜張！李白上韓荆州書，也自稱「日試萬言，倚馬可待」。這是當時干謁文字的通例，一個比一個自誇得厲害，所謂「一謙三十年」，故牛皮不嫌越吹越大。

大言以動人視聽。若不行，則不妨作怪，以驚世駭俗，以動人視聽。《北夢瑣言》卷十言：「唐咸通中，前進士李昌符有詩名，久不登第，常歲卷軸，怠於裝修。因出一奇，乃作婢僕詩五十首，於公卿間行之，有詩云：『春娘愛上酒家樓，不怕歸遲總不留。推道那家娘子臥，且留教住待梳頭。』又云：『不論秋菊與春花，個個能噇空肚茶。無事莫教頻入庫，一名閑物要步步。』諸篇皆中婢僕之諱。浹旬，京城盛傳其詩篇。」結果就登第了。此所謂用奇出奇。《唐摭言》卷十二〈設奇沽譽〉條同之（另參註46）。

出奇若仍不能沽譽，那就往往出之以「哀鳴」或「忿恚」。《唐文粹》卷八七、八八是自薦文，第八九卷接之以哀鳴及忿恚，正由此故。蓋社會尊崇文藝、禮敬文人，而文人遂亦自居於神聖地位，享受社會的敬禮；偶有拂逆，則忿忿然，認爲社會對不起他，且打心眼底看不起一般非文士的俗人。如「皮日休曾謁歸融尙書，不見。因撰《夾蛇龜賦》，譏其不出頭也。……後爲湖南軍倅，亦甚傲誕，自號『間氣布衣』」（《北夢瑣言》卷七），「羅隱既頻不得意，未免怨望，竟爲貴子弟所排，契闊東歸。黃寇事平，朝賢議欲召之。韋貽範沮之曰：『某曾與之同舟而載，雖未相識，舟人告云：「此有朝官。」羅曰：「是何朝官！我腳夾筆，亦可敵得數輩。」必若登科通籍，吾徒爲粃糠也。』由是不果召」（同上），「韋蟾左丞至長樂驛，見李瑒給事題名，因書其側云：渭水春山照眼明，希仁何事寡詩情？只應學得虞姬婿，書字才能紀姓名」（《摭言》卷三），「賈島狂狷行薄，執政惡之，故不與選。裴晉公於興化作池亭，島詩曰：『破卻千家作一池，不栽桃李種薔薇。薔薇花謝秋風起，荊棘滿庭公始知。』人惡其不遜」（《本事詩》）……等等，其例不可枚舉。韓愈〈集石鼎聯句詩序〉也說：「嘗與文友會宿，……眾度其不能詩，因聯句詠爐中石鼎將以困之。……至彌明，自云：『不善俗書，人多不識。』乃遣人執筆硯，吟曰：『龍頭縮囷蠢，豕腹脹膨脝。』坐客盡驚。會人思竭，不能復續，彌明連促之。坐中有嘆吟者，其聲悽苦，彌明句中侮之曰：『仍於蚯蚓竅，更作蒼蠅聲。』須臾，倚壁睡，鼻息如雷，坐客異且畏之。」文人自高自大，又擅以文字侮弄嘲謔他人，類皆如是。但他雖常看不起別人，卻受不得別人的冷淡，最恨的就是別人看不起他。

這樣的性格，使得文人雖然在共同的文學崇拜中結爲一緊密的團體、形成了屬於同一階層的文人同儕意識，互相交結、唱和、標榜，卻又在文人團體內部傾軋不已，彼此攻訕，誰也看不起誰。每個人都是孤立的神祇，只願單獨享受羣眾的膜拜。《東觀奏記》卷上說李德裕「文學過人，性孤峭，嫉朋黨」，最能說明此一事實㉖。因爲這不是李德裕個人的問題，而是文人普遍的性格。故其齊名唱和者，如韓柳、元白之類，往往不能無嫌隙及彼此爭勝之念。如《北夢瑣言》卷六云：

> 白太傅與元相國友善，以詩道著名，時號元白。……洎自撰墓誌，云與劉夢得爲詩友，殊不言元相公，時人疑其隙終也。

這種懷疑，宋陳振孫謂其爲：「臆度疑似，乃有隙終之論，小人之不樂成人之美如是哉！」㉗的確，元白二人本身未必遂成隙末；然時人既有此疑，說明了什麼？唐人流傳李白嘲杜甫的〈飯顆山頭逢杜甫〉詩，或後來王安石懷疑杜甫〈春日懷李白〉用庾信陰鏗喻李白詩，是譏其才疏。不也都在疑心李杜亦不見得彼此服氣嗎？宋人流傳許多蘇東坡黃山谷相嘲戲及二人暗中較勁的記載，也出於同樣的理由。

既黨同伐異，又孤峭自大，本來也無所謂。但糟糕的是，文士之攻擊同文、凸顯自我，乃是爲了博得別人的贊賞，爭取別人的注意，獨享世人崇拜的眼光。所以他們雖然高自矜許，自謂「文章千古事，得失寸心知」，其實並不能喪失觀眾。整個生命是外化了的，存在的價值不在於我完成了什麼，而在有沒有人能欣賞。不是成就一「價值之自我建立」的人生態度，而是把價值定在他人之認可上。這就是所謂的「求知己」。賈島詩曰：「兩句三年得，一吟雙淚流，知音若不賞，歸臥故山秋。」乃是最典型的表白。

在宗教崇拜中，人需要神、崇拜神，但事實上神也需要人。缺乏了信徒的香火供養，神祇就寂寞了。干謁之風大盛，其內在之心理條件，卽出於此。文士不甘寂寞，或俯循流俗之好惡，以博令譽；或訪求知己，以代揄揚；或故意矯飾、以驚世駭俗，而引起注意。實在沒辦法了，才黯然歸隱，憤世嫉俗，認爲世人都不了解他、都是分不清眞神假神的瞎子，而寄望於後世的知己。

此一行爲邏輯，乃是捨己徇人的。所謂：「古之學者爲己，今之學者爲人。」生命一旦仰賴外在的肯定，行爲一旦祈求他人贊美，主體性便喪失了。爲了博得賞譽、爭奪祭享，文人是會不擇手段的，故顏之推云文人往往「忽於操持，果於進取」。進取，就是指他們常會貪婪地追逐名利，因爲擁有名利才能夠證明他們的生命是價值的。

然此一生命型態，實與市井流俗無異。他們雖高自標置，瞧不起流俗，而史傳所載，種種醜態，如剽竊他人文章以成名、「爭爲碑版若市賈然」、奔走權門、向武則天自薦枕席等等，與市井小人又有何區別㉘？范祖禹《唐鑑》所謂：「君子難於進而果於退，小人不耻於自售而戚於不見，知其進也，無所不至。」（卷一）果於進取的文人，確實是小人型態的。唐代士風之壞，原因在此。而且更不幸的，是一般世俗人，居於世俗的地位，對神聖性價值仍有敬畏仰望之心。文人，則自居於神聖性地位，自已就是神、就是價值之所在，還有什麼值得仰望敬畏？這樣的人，偏偏實際上只是一俗人小人，那就只好是「小人之無忌憚者」

了。此卽是「文人無行」的原因。

《雲溪友議》載：「蕭穎士，旣叨科第，輕時縱酒，不遵名教。」「故荆州杜司空悰，自忠武軍節度使出灃陽。宏詞李宣古者，數陪遊宴，每詼戲於其座。或以鉛粉傅其面，或以輕綃爲其衣。侮慢旣深，杜公不能容忍。」（卷中）㉙這些文人，因爲自覺是文人，擁有特權，故其行爲如此，難怪要引起批評了。如杜悰不再能容忍李宣古，朝廷科舉也對此深懷戒心。文宗元年詔禮部高鍇司貢舉時就如過：「常年宗正寺解送人，恐有浮薄，以忝科名」；

唐人批評科舉選士太注重文學，經常以此爲口實。此卽構成一禮法名教與文士行爲之間的緊張對抗關係。文人無行，但文人自居於神聖者的地位，無行不但不以爲恥，且視禮法名教爲俗物，認爲無行正所以表示名士之風流。不放浪無行一番，不足以表示我是個文人。社會上也常因爲他們是文人，所以便容忍甚至嘉許、贊美這種風流，視爲佳話：某些行爲，一般人做了，必爲人所不齒；但文人做出來，便成爲可欣賞的或可容忍的。前舉李宣古事就是一個例子。杜悰不能容忍李宣古的侮慢，準備處罰他時：

> 使臥宣古於泥中，欲辱之櫝楚也。長林公主聞之，不待穿履，奔出而救之，曰：「尚書不念諸子學，又擬陪李秀才硯席。豈有飲筵，而舉人細過？待士如此，異時那得平陽之譽乎？」遂遣人扶起李秀才，於東院以香水沐浴，更以新衣，卻赴中座。貴主傅旨京兆公，請爲詩，冀彌縫也。……杜公賞詩，賜物十箱。（〈灃陽讌〉條）

因李氏是個文人，於是本來要處罰的，竟反而獲得了賞賜。而這並非特例。《友議》卷中載柳全節，多於妓家飲酒，或三更至暮；又每於酒席上，狂縱日甚，干忤楊尚書汝士。楊不能堪，怒，寄書指責他的座師高鍇，說：「柳棠者，兇悖囂豎，識者惡之。狡過仲容，才非犬子。且膺門之貴，豈宜有此生乎？」。但高鍇仍讓柳棠及第，理由是「不敢蔽才」。楊汝士甚表不滿，又寄書云：

> 興亡之道，孔子先推德行，然後文學焉。吾師垂訓，千古不易，前書云「不敢蔽才」何必一柳棠矣？若以篇章取之，寧失於何植、王條也。（見〈宏農忿〉條）

道德修養、名教禮法、品節操持，與文學家所表現的文人氣質，正面對諍了。換句話說，無論社會上如何尊重文人、崇拜文學，由於文人本身蘊涵有某些感性生命流蕩的弊病，其生命型態又趨於世俗化，陷於輕薄，遂不可避免地要逼出「文學／名教」的衝突。卽使是柳棠自己，也受不了別人像他對待楊汝士那樣對待他[30]。所以越到中晚唐，文學崇拜之風越盛，而對文人不滿、批評其輕薄的論調也越大，認爲文人只是有一技之長、不值得如此崇慕，文學的價值也應貶低在道德與學問之下。二者相激相盪，相扶以長。

八、反文學以昌大文學

《唐語林》卷二云：

文宗嘗欲置詩學士七十二員。學士中有薦人姓名者，宰相楊嗣復曰：「今之能詩，無若賓客分司劉禹錫。」上無言。李珏奏曰：「當今起置詩學士，名稍不佳。況詩人多窮薄之士，昧於識理。今翰林學士皆有文詞，陛下得以覽古今作者，可怡悅其間。有疑，顧問學士可也。陛下昌命王起、許康佐爲侍講，天下謂陛下好古宗儒，敦揚朴厚。臣聞憲宗爲詩，格合前古。當時輕薄之徒，摛章繪句，聱牙崛奇，譏諷時事，爾後鼓扇名聲，謂之元和體。實非聖意好尚如此。今陛下更置詩學士，臣深慮輕薄小人，競爲嘲咏之詞，屬意於雲山草木，亦不謂之開成體乎？玷黯皇化，實非小事。」[31]

李珏的言論，是當時朝野對文人最典型的批評。其重點大抵有二：一是說詩人爲窮薄之士，昧於識理；二是說提倡文學，可能會玷黯皇化。讓我們就這兩方面來分析。——

白居易曾經很自負地說：「天地間有粹靈氣焉，萬類皆得之，而人居多。就中文人得之又居多。」（《文集》卷五九〈故京兆元少尹文集序〉）文人之高貴神聖，其自許如此。楊嗣復說：「唐有天下二百二十載，用文章顯於時，代有其人。然而自成童就傅，以及考終命；解巾筮仕，以及鈞衡師保，造次必於文，視聽必於文。」（《文苑英華》卷七〇七〈權德輿文集序〉）唐代文人地位之高，文學崇拜貫穿於一切人文社會活動中又如此。

然而，由於前文所分析的各種原因，文人在唐，實際遭逢卻並不是那麼泰順崇高。社會上普遍在敬畏、崇敬文人的同時，也批評文人輕薄，批評文人整天哭窮、乞求「知己憐恤」、徇於外物[32]。文人本身，則一再感嘆「文能窮人」「文章憎命達」。白居易〈序洛詩〉云：「世所謂文士多數奇，詩人尤命薄。」孫樵〈與賈希逸書〉亦云：「物之精者，天地所秘惜。……抉而不已，櫝而不知止，不窮則禍，天地仇也。文章亦然。所取者深，其身必窮。」（《文集》卷二）他們雖如此寬慰自己，但文人，多半是只會寫文章而對世事人情無知無能的人，他們的世界就是文字所構築的宇宙，他們的生命則流遁於此一宇宙之中，俯仰歌哭，發引性靈。感性生命之發舒，固然極爲淋漓酣暢，理性化的態度卻明顯地不足，故李珏云詩人窮薄，且昧於識理。

其次，文人的行逕以及文學的功能，往往與名教相悖，是社會上普遍的感覺。李珏站在朝廷主政者的立場，批評文士有玷皇化，不能擔負政治職責，亦理之所固然。蓋「文」與「行」的衝突或緊張關係，在唐代是極容易感受到的。《全唐文》卷四三三有劉嶢〈取士先德行而後才藝疏〉，謂：「國家以禮部爲孝秀之門，考文章於甲乙，故天下響應，驅馳於才藝，不務於德行。」「行有餘力則以學文，今舍其本而循其末。」故建議皇帝先德行而後才藝，以改善風俗。貞元二十一年禮部策問，題目中也有一條說：

> 問：言，身之文也。又曰：灼於中，必文於外。司馬相如、揚雄籍甚漢庭，其文盛矣。或奏琴心而滌器，或贊符命以投閣，其於溺情敗節，又奚事於文章耶？至若孔融禰衡，夸傲於代，禍不旋踵，何可勝言！兩漢亦有質朴敦厚之科、廉清孝順之舉，皆本於行而遺其文，復何如哉？爲辯其說。

顯然題旨就是要應考者從行重於文的角度來立論。可見文士無行，在當時被看成是個大問題[33]。另一個問題，則是這些敗壞風俗的文人所寫的文章，也不利於王化名教。柳冕曾感嘆：「逮德下衰，文章教化，掃地盡矣。」（《全唐文》卷五二七〈答徐州張尚書論文武書〉）又說：「王澤竭而詩不作，騷人起而淫麗興，文與教分而爲二。」（〈答荆南裴尚書論文書〉）他認爲古先聖王之文章，是根本於教化，也以教化爲功能的，可惜後世文人多昧於此義，以致「文多道寡，斯爲藝矣」，文學僅成爲一種技藝而已。尚衡〈文道元龜〉也說：「今之代其多詞士乎！代由尚乎文者，以斯文而欲軌物範衆、經邦敍政，其難致乎化成，悲夫！」（《全唐文》卷三九四）他們都一致主張文學不只是寫出一篇漂亮的文章，「彩飾其字」就够了，還必須是有關於教化的。

這種指責，實不難於理解。因爲文學既具有神聖性，它便有指明眞理的力量與性質。它是文字的構成，但它又具有眞理性，能示人生以準則與方向。方向，就是道；示人生以準則，就是教化的功能。

文學及文人，未能讓人覺得它們已達成了這種功能，人們的文學崇拜便不免減褪了熱情，對文人與文學便不免要抱怨。而文人爲了要重振文學的聲威，自必針對這些批評，努力地將文學與道結合起來，說文學不只是一門技藝，古人的好文章，都是能與道合一的，都是具有教化功能的[34]。例如：

若聖與賢則其書文皆教化之至言也。徒見其纖靡而無根者多紿曰：文與藝。殆乎！（《全唐文》卷六八三獨孤郁〈辯文〉）

汝勿信人號文章爲一藝。夫所謂一藝者，乃時世所好之文，或有盛名而近代者是也。其到古人者，則仁義之辭也，惡得以一藝而名之哉？（李翺《李文公文集》卷八〈寄從弟

正辭書〉）

國家化天下以文明，獎多士以文學，二百餘載，文章煥焉。然則述作之間，久而生弊。……古之爲文者，上以紐王教、繫國風，下以存炯戒、通諷諭。故懲勸善惡之柄，執於文士褒貶之際焉（白居易《長慶集》卷四八〈策林六八議文章〉）

他們不滿於唐代本身的文風，都嚮往文學與道相合、文學能有教化功能的古聖賢之文。在這種情況之下，古文運動便順理成章地出現了。古文運動的主張，諸如強調文以明道、強調「文者，必有諸其中」（韓愈〈答尉遲生書〉），強調「宜師古聖賢人」（〈答劉正夫書〉）等等，雖較集中地出現於韓愈柳宗元等人的言論中，但韓柳等人只是較突出地表現了這一思考路線的代表人物而已。這一條批判近代文人與文學，以重振或保住文學神聖性威望的思潮，乃是中晚唐極普遍的思路㉟。讓我引幾則文獻來證明：

痛罵近代文學之弊者，如李舟〈唐常州刺史獨孤公文集序〉云：「不肖者，得其細者，或附會小說立異端；或彫斲成言，以裨對句，或志近物以玩童心，或順庸聲以諧里耳。其甚者，則矯誣盛德、污衊風教，爲蟲爲蠹、爲妖爲孽，噫！文之弊有至是者，可無痛乎？」他欣賞的，是「能探古人述作之旨，憲章六藝者」。呂溫撰〈人文化成論〉，又痛責：「以章句翰墨爲人文，則陳後主隋煬帝雍容綺靡，洋溢編簡，可曰文思安安矣，何滅亡之速耶？」主張：「文之時義大矣哉！焉可以名數末流、雕蟲小技廁雜其間耶？」（《呂和叔文集》卷十）韋籌〈文之章解〉亦言人文化成，亦云：「使章不自人文也，天下孰觀而孰化？」（《唐文粹》卷四六）這類主張，豈不是皮日休的先聲嗎？《皮氏文藪·卷三·原化》曰：「聖人，其道則存乎言，其言則在乎文。」卷九〈請韓文公配饗太學書〉又稱贊韓愈之文詞「無不裨造化，補時政」。他也稱贊白居易。但理由一樣是：「我愛白樂天，逸才生自然，誰謂辭翰器，乃是經綸賢，欻從深艷詩，作得典誥篇。六身百行足，爲文六藝全。」（卷十〈七愛詩〉）「元白之心，本乎立教。」（《全唐文》卷七九七〈論白居易薦徐凝屈張祜〉）到了《舊唐書》，評元白優劣，亦以「就文觀行，居易爲優」立論。牛希濟〈文章論〉則繼續痛罵：「澆季之下，淫靡之文恣其荒巧之說，失於中正之道。今國朝文士之作，忘於教化之道，以妖艷爲勝，夫子之文章，不可得而見矣，古人之道，殆以中絕。」（《全唐文》卷八四五）……

這些意見，構成了一種時代思潮氣氛，批判近代之文（這個近代，可能卽指唐朝，也可能上推至六朝，更可能是指「唐堯以下」或「三代以降」），希望恢復古代聖賢之文，使文能具教化之道，能以此人文化成天下。古文運動的提倡者，正好以其理論具體說明了這一思考傾向。故李漢云：「文者貫道之器也。不深於斯道，有至焉者否也。」（〈韓昌黎文集序〉）韓愈說：「愈之所志於古者，不惟其辭之好，好其道焉爾。」（〈與李秀才書〉）「學古道則欲兼通其辭，通其辭者本志乎古道者也。」（〈題歐陽生哀辭後〉）李翺也說：「言語不能根教化，是人文之紕繆也。」（〈雜說上〉）

他們都要重振文學的聲威，但採取的是與反對文士者一致的態度，使用的是與批判文學者一樣的理由，他們是反文學以昌大文學。如柳宗元就說文章是末、是藝，爲文者應深植根本，並卽末以操本：「僕之爲文久矣。然心少之，不務也。以爲是特博奕之雄耳。」（《柳先生集》卷三十一〈答吳武陵論非國語書〉）「今之世言士者，先文章。文章，士之末也。然至言存乎其中，卽末而操其本，可十七八，未易忽也。」（卷三十〈與楊京兆憑書〉）「今世因貴辭而矜書，粉澤以爲工，遒密以爲能，不亦外乎？」「聖人之言，期以明道。」（卷三十四〈報崔黯秀才論爲文書〉）「大都文以行爲本，在先誠其中，其外者當先讀六經，次論語孟軻書。」（同上，〈報袁君陳秀才避師名書〉）……這種反文學的論文方式，最典型的例證，就是他的〈非國語〉。〈非國語序〉說得好：「《左氏國語》，其文閎深傑異，固世之所耽嗜而不已也。而其說多誣淫不概於聖。余懼世之學者溺其文采，而淪於是非，是不得由中庸以入堯舜之道，本諸理而作〈非國語〉也」（卷四四），後序又云：「以彼（國語）庸蔽奇怪之語，而黼黻之、金石之，用震曜後世之耳目。而讀者莫之或非，反謂之近經。則知文者可不慎耶？」皆批判文采之美而期以義理之正。以此論文，文遂不僅爲一文學技藝，而應爲見道之言；文人亦不僅爲一能書寫漂亮文章的人，其本身便應是見道之人，是有德行又有能力施教化於天下的人。

如此，則文與行合一、文與教化合一，如顧況云：「文顧行，行顧文，文行相顧，謂之君子之文。」（《全唐文》卷五二九〈文論〉）權德輿云：「貫通之以經術，彌縫之以淵元。其天機與玄解，若汙鼻而斲輪。豈止文也，以宏諸立身，不如是，則非吾黨也。」（《文集》卷三〈醉說〉）文是法言、君子之言，文人卽是君子。

這些君子們，寫文章，但又不只是在寫一漂亮的文章而已，乃是爲了對時代社會有益、對聖賢之道有所發明，故白居易云：「總而言之，爲君爲臣爲民爲物爲事而作，不爲文而作也。」（〈新樂府序〉）韓愈亦自稱：「其所著皆約六經之旨而成文，抑邪與正，辨時俗之所惑。」（〈上宰相書〉）

總之，在一個文學崇拜的社會中，新興的文士階層必須費力地爲自身之價值辯護。他們承認批評者所指陳的各種弊病，但採取一種特殊的論理策略，說：那些毛病，正是「文之弊」；理想的文，則不僅與批評者所期望的名教王化、聖賢之道不相衝突，甚且正是文所應該具有的性質與功能。以此消解批評者的攻擊，也鞏固了文的尊嚴，體現了文學活動的價值、以及未來從事文學創作所應遵循的方向。它能形成一股勢力強大的運動，實非偶然。

九、「道／藝」「文／教」之間

這一運動，是建立在「文」的雙重區分上的。他們必須分辨眞正的文與偏弊之文、高一層的文與低一層的文、古之文與近世之文、聖賢之文與世俗之文、君子之文與小人之文。批判後者而推崇前者，以前者爲遵法之對象。元結〈劉侍御月夜讌會序〉說：「嗚呼！文章道喪久矣。時之作而煩雜過多，歌兒舞女，且相喜愛，繫之風雅，誰道是耶？諸公嘗欲變時俗之淫靡，爲後生之規範。」（《次山文集》卷七）可爲一時實錄[36]。

要達到人文化成的功能，寫出君子之文，作者必須學古、讀書、誠乎其中……，做各種工夫，使自己不只是一個「文人」。這樣的文學區分，以及這種對創作者本身修養上的要求，逐漸扭轉了唐代文人的創作型態，唐代文學那酣暢淋漓、歌舞盡氣，表現出濃厚而強烈感性生命強度的特色，漸漸轉化爲理性的、矜愼的、具深刻歷史文化感的寫作風格，形成了宋代文學發展的基本型態[37]。溷迹於北里南康、與無賴少年同狎歌兒舞女的唐朝文人，逐漸與世俗隔離了，批判流俗成了他們的工作，不染一點塵俗是他們嚮往的境界。這是因爲文學的神聖性增強了，文人的地位也更加尊貴或理性地自尊自重了，所以「雅俗之辨」就變得更重要了。文學批評的標準，也從看重文學技巧，而轉到要求「格高、氣正、體貞、貌古、詞深」上來。皎然《詩式》卽曾列「跌宕格二品」，一是越俗，二是駭俗。另有「淈沒格」，是淡俗，要求似蕩而貞、雖俗而正。只有戲俗是「調笑格」：「此一品非雅作，足以爲談笑之資。」這種逆俗以求高古、求高逸的作風，難道不是中晚唐五代以至宋代文學藝術發展的主調嗎[38]？

這種區分及發展，勢必帶來一種輕視文采的風氣，或者說它本身就是在否定文采華藻之價值的思維中形成的。認爲光會寫一手漂亮的文章還不够，文章除了字面漂亮之外，還得有深刻的內容。而文章要有內容，作者就不能只鍛鍊文字技巧，他必須培養自己豐厚的內涵，以作者內在的人格品質，來保障文章的價值。這是由文字層面再進一步的要求。但這種要求常會倒過來說：文字不重要，內容才重要；只要有好內容，文章自然高妙[39]。

此卽以道廢藝或重道輕藝的走向。皎然《詩式》說「曩者嘗與諸公論康樂爲文，眞於性情，尙於作用，不顧詞采，而風流自然」云云，卽此類想法。柳宗元曾批評某些人因「聖人之言，期以明道」，遂至「學者務求諸道而遺其辭」（〈報崔黯秀才論爲文書〉），大概就是這類想法所形成的流弊。因爲這種重道輕藝的想法，可同時發展成強調作者修養論的文學創作觀，使文學表現出一種不執著於語言文字層面的超越型態；也能發展爲否定文學價值的反文學理論。前者可以宋代江西詩社宗派爲代表；後者則是宋朝道學家普遍的態度，不是說「文似相如只類俳」（呂大臨〈送劉戶曹〉），就是自稱作詩「信手題詩不用工」（邵雍語）。前者固然對文學的發展大有助益，後者卻對文學的生命不無斲傷。而且正因爲這一路思想如此輕蔑文學，也引發了宋明幾百年文學與道學家爭鬩不睦的局面，殃及家國[40]。

以道廢藝之結果如此。反過來看，唐代這一思潮會不會形成另一種極端呢？會的。——

在古文運動中，韓柳其實都是道藝兼及的論理結構。認爲道與辭不可偏廢，且要由辭以通於道，以辭明道。故韓愈在〈答尉遲生書〉中，在強調了「所謂文者，必有諸其中，是故君子愼其實」之後，立刻接之以「體不備不可以成人，辭不足不可以成文」（〈答陳生書〉）。又云：「愈之志在古道，又甚好其言辭」。此與〈答李秀才書〉說：「愈之所志於古者，不惟其辭之好，好其道焉爾。」正是互文見義，足以證明他是辭道兼重的。故〈題歐陽生哀辭後〉說：「學古道則欲兼通其辭，通其辭者本志乎古道者也。」

但是，這種兼通道藝的理論，也很容易滑入獨重辭藝的路子上去。因爲不但通其辭是必須的，志於道仍然只能通過「通其辭」來。於是，一切都仍是辭藝上的事，求道云云，竟成門面語矣。韓愈〈答劉正夫書〉說：

> 漢朝人莫不能爲文，獨司馬相如、太史公、劉向、揚雄爲之最。然則用功深者，其收名也遠。……今後進爲文，能深探而力取之，以古聖賢人爲法者，雖未必皆是，要若有司馬、太史公、劉向、揚雄之徒出，必自於此，不自循常之徒也。若聖人之道不用文則已，用則必尚其能者。……有文字來，誰不爲文？然存於今者，必其能者也。顧常以此爲說耳。（《文集》卷三）

所謂「爲文必尚其能者」，尙文之旨，躍然紙上。且其所效法者，乃是司馬相如、揚雄等。這些人不正是常被取來做爲文人無行之證例的嗎？此卽可以想見韓愈所謂「以古聖賢人爲法」的眞正涵義是什麼了。韓愈弟子皇甫湜說得更清楚：「夫文者非他，言之華者也。」「而以文爲貴者，非他，文則遠，無文卽不遠也。」「夫繪事後素，旣謂之文，豈苟簡而已哉？」「秦漢以來，至今文學之盛，莫如屈原、宋玉、李斯、司馬遷、相如、揚雄之徒，其文皆奇，其傳皆遠。」（《皇甫持正文集》卷四〈答李生第二書〉）他雖然也扯些文章作用在於通顯義理之類話頭，但是，屈宋李斯司馬相如揚雄等人，能算得上是「通至正之理」的人嗎？他與李生辯論道：「生以松柏不艷比文章，此不知類也。凡比必於其倫。松柏可比節操，不可比文章。大人虎變，君子豹變，此文章比也。有以質爲貴者，有以文爲貴者，引茅屋越席，易黼藻玄黃之用，可乎？」（〈與李生〉第三書）更是明顯地把「節操／文」「質／文」對立起來，強調文學作品就是「言之華」、就應該文采美艷。其後孫樵亦教人深思：「鸞鳳之音必傾聽，雷霆之聲必駭心，龍章虎皮是何等物，日月五星是何等象。」（《文集》卷二〈與王霖秀才書〉）

虎豹之異於犬羊者，依他們看，不只是虎豹與犬羊本質不同，更在於其文彩卽已不同了。他們都喜歡引用這個例子來說明文辭的重要性，避免走上重道輕藝的路子上去[41]。此其所以仍爲文學家，而非道學家。

這條脈絡，據孫樵說，是「樵嘗得爲文眞訣於來無擇，來無擇得之皇甫持正，皇甫持正得之於韓吏部」，可算得上是古文家的正統。然其重辭也如此。無怪乎後來清代包世臣要說：

自唐氏有爲古文之學，上者好言道，其次則言法。說者曰：言道者，言之有物者也；

> 言法者，言之有序者也。然道附於事而統於禮，……其離事與禮而虛言道，以張其軍者，自退之始。而子厚和之。至明允、永叔乃用力於推究世事，而子瞻尤爲達者。然門面言道之語，滌除未盡。以致治古文者，一若非言道則無以自尊其文，是非世臣所敢知也。（《藝舟雙楫．與楊季子書》）

韓愈之道求道，乃是在文字上求；後世古文家好講道，也只是門面語，包世臣是看得極爲清楚的。此卽所謂獨重辭藝。這一脈絡的發展，當然也影響深遠。

但不論重道、重藝或兼重道藝，中晚唐之反省文學發展及文人處境者都不能避開「道」的問題。故論文都不能不從聖賢、經典上談下來。這是因爲朝廷官學本以經學爲主，文學既盛，經學遂束諸高閣，明經科之漸衰，只是其中現象之一。批判文學與文士者，往往企圖恢復經學的力量，來修正被文學崇拜弄壞了的社會風氣。如柳冕〈謝杜相公論房杜二相書〉說：「伏維尊經術，卑文士；經術尊則教化美，教化美則文章盛，文章盛則王道興。」（《全唐文》卷五二五）尊經術，正是改善不良社會風氣、打壓文士氣焰的好辦法。但是這不是「經術／文學」對立衝突的問題，柳冕的話講得很明白：他是通過尊崇經術、卑抑文士，來追求文章昌盛的。他這種論文態度，我們在前文已有詳細的說明，乃一時風氣如是[42]。然此一論文方式之可注意者，卽在於如此論文，必然使得經學得以復振。

韓愈〈寄盧仝詩〉云：「先生事業不可量，惟用法律自繩己；春秋三傳束高閣，獨抱遺經究終始。」（《詩集》卷七）盧仝不過一文人耳，韓愈卻誇他能鑽研六經。他自己則更是在六經中「沈浸醲郁，含英咀華」。所以李翺又稱頌他：「六經之風，絕而復新，學者有歸，大變於文。」(《李文公集》卷十六〈祭韓侍郎文〉)認爲他就是通過經學來變革文風的代表人物。後來皮日休則把他跟文中子連起來談，說：

仲尼之道，否於周秦而昏於漢魏，息於晉宋而鬱於陳隋。……夫孟子荀卿，翼傳孔道，以至於文中子。……文中子之道，曠百祀而得室授者，唯昌黎文公之文。(《皮子文藪》卷九〈請韓文公配饗太學書〉)

文中子講經學，但不是直接講經的經生，韓愈也不直接講經學，而是自稱用文章發明六經之道。文中子以禮義爲文，批判文人，韓愈也是如此。故二人確有類似之處。但古文運動之究論經學，並非爲了闡明經義，實乃爲了寫好文章。這一點前文已有剖析，可見它與文中子之學或孔孟之道畢竟仍有距離。而另一個更大的距離，則在於他們常會順著尊經術以求文章盛的思路，再談到「文章盛則王道興」。

在這一思考路向中，文學與王道教化被期待爲合一的。「文以教化、文以明道，既是理想的文學功能。那麼，一位理想的文學家，便在他能寫出好文學作品的同時，也保證了他同時也是一位能擔任政教重任且應該擔任這種職責的人。皮日休云：「所望標文柄，所希持化權。」(《文藪》卷十〈七愛詩〉)即此一理想之說明。

然而，此一先驗的保證，在現實世界卻往往不能實現。文人很難位踞要津、手握天下治化之權。此所以不免時有嗟怨，感傷不遇，嘆惜失位。自覺應該擔任政教重任，卻不能擔任，形成了文人心中最憤懣不平，且恆覺生命未能完成的痛處，影響文人性格最大。因權位乃理所應得之物，自將勇於進取；終究未能持得治化之權，則嘆老嗟卑、鬱鬱憤憤㊸。而且所謂文人之能擔當治化責任，既是先驗的認定，文人遂常常把世事看得太容易了，以爲憑他能寫幾篇文章，就能「致君堯舜上，再使風俗淳」，自高自大，自以爲是，認爲天下之不治，都是由於沒有重用他的緣故。

除了這個問題之外，文人「所希持化權」也可能出現文人依附王權的結果。因爲文人教化風俗的權柄，乃是神聖性的權力。文能明道，文士能寫此明道貫道之文，故其權柄，係因其擁有道，具有能夠明道的能力，而獲得的「道的解釋權」。必須由他們來彰顯道。這是一種類似西洋中古時期教會中傳教士的神聖性權柄，並非世俗的權力地位。

然而，唐代的文人集團卻不比西洋教會，可以形成一獨立於世俗王權之外的神聖性宗教組織，甚至可以對抗或支配王權。唐代的文人階層，基本上卽是在世族結構逐漸崩潰瓦解中出現的知識階層。此一知識階層的出現，與皇室以科舉制度重建了一社會階層化標準，有密切關係，卽所謂：「卿等不貴我官爵耶？」故唐代知識份子，終究很難脫離爵祿、很難脫離皇權體系。卽使隱逸，也是「終南捷徑」的型態。這是唐代知識階層特殊的性格，與其發展之歷史條件有關。這樣的知識階層在一文學崇拜社會中，雖逐漸轉化成文人階層，它與皇權體系的根本關係卻沒什麼變動，不可能形成一股獨立的力量。所以，唐代文人很難反省到風俗教化未必要與皇王治道關聯起來講，文人要表現其教化權力，事實上應該在王權之外建立起一個文化權威的體系，來實施其教化世俗的力量。換句話說，文化教化，是「道」的事；王皇政治，是「勢」的問題。固然道不必非尊於勢不可，但道與勢畢竟不宜混爲一談。

可惜唐代文士們並不做此想。他們認爲近世之文弊與世亂，卽是由於文與教分開了；改革之道，端在文教合一，且均應由王者出。從天寶末年元結〈二風詩論〉開始，便將目光釘在帝王身上，頌堯舜禹殷宗周成王之善，憫太康桀紂周幽赧之惡，欲極帝王理亂之道，繫古人規諷之流（《次山文集》卷一）。尚衡〈文道元龜〉亦期盼文章能「軌物範眾，經邦敍政」。崔元翰〈與常州獨孤及使君書〉則明確地說：「治平之主，必以文德致時雍；其承輔之臣，亦以文事助王政。」「爲天子大臣，明王道斷國論，不通乎文學者則陋矣。」（《全唐文》卷五二三）此與崔祐甫〈齊昭公崔府君集序〉云「國之大臣，業參政本，發揮皇王之道，必由於文」（《全唐文》卷四〇九），顯然都指陳了文學與現實政權緊密的關聯：君王運用文來治國，大臣運用文來輔政。故好的臣工應善屬文，好的君王也必善於運用文。否則，必將使「有國者無以行其刑政」（李舟〈獨孤及文集序〉）。

如此一來，文士們一方面盼望君王右文行政，一方面自己又想成爲掌握「行其刑政」的大臣。把禮樂的教化權柄，跟施政主政的權柄聯結爲一體。劉禹錫〈唐故相國李公集〉云：

> 文之細大，視道行止。故得其位者，文非空言，咸繫於訏謨宥密。庸可不紀？惟唐以神武定天下，羣慝旣聾，驟示以文，韶英之音與鉦鼓相襲。故起文章爲大臣者，魏文貞以諫諍顯，馬高唐以智略奮，岑江陵以潤色聞，無草昧汗馬之勞，而任遇在功臣上，唐之貴文至矣哉！後王纂承，多以文柄付文士。元和初，憲宗遵聖祖故事，視有宰相器者，貯之內庭。由是，釋筆硯而操化權者十八九。（《劉夢得文集》卷二三）

文人而能持化權、爲宰相，實是他們夢寐以求的。他們對自己既有此期待，對君王同樣也希望他能政教合一。韓愈說得非常明白：

> 斯吾所謂道也。堯以是傳之舜，舜以是傳之禹，禹以是傳之湯，湯以是傳之文武周公，文武周公傳之孔子，孔子傳孟軻。……由周公而上，上而爲君，故其事行。由周公而下，下而爲臣，故其說長。（〈原道篇〉）

堯舜禹湯文武周公，都是君，君而行道，是有其位，故其事行。孔子孟子以下，君不行道，得道者皆在下位之人，故只能說說而已。所以他希望君王能效法古先聖王來行道，並公然宣稱：「帝之與王，其名號殊，其所以爲聖一也。」（〈原道篇〉）

如此原道，實在大非孔孟之道。孟子說：「古之賢王好善而忘其勢，古之賢士何獨不然？樂道而忘人之勢，故王公不致敬盡禮，則不得亟見之。見且由不得亟，而況得而臣之乎？」（〈盡心上〉）曾子也說：「晉楚之富，不可及也；彼以其富，我以吾仁。彼以其爵，我以吾義。吾何慊乎哉？」（《孟子．公孫丑下》）。道與勢不是一回事，君王帝皇只是有位，豈能便說他們就是聖人？文人不能自尊其道，不知在道德文化權力上，他們要遠高於君王；反而要依君王臣工之位，來規定行道的職責。實在是豈有此理。孟子說得好：「以位，則子君也，我臣也，何敢友耶？以德，則子事我者也，奚可以與我友？」（〈萬章下〉）臣之對君，理應如此。而君王，也未必有權行禮樂，《中庸》即曾說：「雖有其位，苟無其德，不敢作禮樂焉。」

可惜韓愈等人未能思慮及此。他們講孔孟、講要恢復聖人之道。然而，他忘了孟子曾說過：「孔子賢於堯舜。」（〈公孫丑上〉）做一個文化人，只著眼於君王推動禮樂政刑之利，而感傷孔子以下因未能結合政治權勢故道不能行，實在是短視的。政權屢有更迭，文教禮樂之權卻並不隨帝王朝代而轉移，巴巴地希望藉政權以推展禮樂文教，反而是窄化了文教禮樂的內涵，徒然使禮樂文教成爲政治的工具。其次，儒家傳統上是說：在理想的狀況下，有德者應有位。「孔子當聖王」，「爲天子」（《墨子・公孟篇》引）。現在卻倒過來，說有位者卽有德，君卽是聖；或有位者應有德，王者應施行禮樂文教。這本身卽是傳統儒學之異化，走到它的反面去了[44]。唐朝中葉以後，君權之逐漸集中與加強，以致入宋以後形成那樣的君權政治，雖有其他政治、社會原因及官制之變遷使然，但知識階層文人意識中這種政治態度，恐怕才是最深刻且具關鍵性的力量與原因[45]。

十、社會生活的文學化

總之，在社會文學崇拜中發展起來的唐代文人階層與文學思想，是極複雜的。不僅具體影響著文學活動本身，更影響著整個知識階層和政治行爲。

在這一趨勢中，特別值得注意的，就是類似上文我們所批評的：文學的神聖性權威（皇甫湜〈題浯溪石〉：「文於一氣間，爲物莫與大。」）被等同於世俗政治權威。這顯示了中晚唐文人一種奇怪的處境。卽：他們一方面是絕俗超舉的、神聖性的；但另一方面，他們又同時是世俗的。

前文曾指陳：文人高自標置，瞧不起流俗，但其生命型態卻常是世俗化的。又說文學在中唐以後，力辨雅俗，以求高格，爲其主要趨勢，發展至北宋中葉，遂有「詩到無人愛處工」之說，希望做到「若不食人間煙火語」「筆下無一點俗塵」。然事實上，文學之世俗化亦同時在進行著。在文學家寫作活動中數量最多的，如墓志、贈序、書啟之類，也全是應世諧俗的東西。應接酬酢，往往連篇累牘。這不也都顯示了世俗與絕俗的兩重性嗎？

事實非常明顯：文學，做爲一種崇拜對象，它必須是神聖的、超越世俗的；但正因爲它爲世俗所崇拜，它不能不活在世俗之中，世俗必須參與文學，文學也必須要能讓世俗參與到、體驗到。而也就因爲世俗都努力地去參與、熱衷於體驗文學經驗，文學的活力才能持續，文學崇拜才能深入社會各個階層與角落。

順著這個原理來看文學發展及文人活動，情形就非常清楚了。整個古文運動，是要把文提高到「道」的層次，而其語言策略則是「務去陳言」、或復秦漢之古。這當然表示了他們將文學神聖化的企圖，務求其勿同於時俗㊻。但若細予推敲，所謂「古文」，實在要比駢文更接近自然語言，亦即更接近世俗語言。當時「應事爲俗下文字」的，固然是駢文，然古文運動卻是以比駢文更應世諧俗的方式去改革時文。

這是語言上的狀況，再看文的性質。——依六朝文筆之辨的區分來說，文是「綺縠紛披，宮徵靡曼，脣吻遒會，情靈搖蕩」（《金樓子．立言篇》），「吟咏風謠，流連哀思」；筆則指章奏書表一類應用文字。古文運動，恰好是以六朝之所謂「筆」者，去反對六朝之所謂「文」者。此類文字，不但更便於處理世俗事務，也必須面對世俗事務，因爲它比較上不在於抒發作者之性靈，而在於表達作者對人物世事之觀察與意見、描述作者在社會網絡中活動之痕迹。這種文章，要寫得好，往往不是靠才華與性情，而須仰賴作者對社會、對人情世故的理解，以及如何把這種意見恰到好處地說出來。這與我們在社會上做事時，說話應對必須措辭得宜是一樣的㊼。

論者對於古文運動，不是沒有注意到這以「筆」代「文」的變動，但沒有辦法說明這種轉變顯示了什麼意義。郭紹虞的研究則認爲古文運動既以筆代文，則原先的文便歸之於詩，以致原先的文筆之分，變成了詩文之分㊽。這固然不錯，但是詩也在變。杜甫韓愈以後的詩，也不再是「流連哀思，搖蕩性靈」的型態，而是「博涉世故」（沈德潛《說詩晬語》）的，人情物理，洋溢於筆端，故逐漸發展而出現宋詩㊾。換句話說，詩與文一樣，都在以超越流俗的方式，曲成了文學的世俗化，或者說，他們也同時以更諧應世俗的方式，來超越流俗，達成高雅脫俗的效果㊿。「諧俗」與「脫俗」是同時成立的。

必須如此，文學才可以既是世俗仰望的神聖性事物，又是每個人都能參與的。文人與文學，似乎高高在上，非一般世俗人所能擔任及擁有，故對文人敬畏尊仰，對文學企慕歌頌。可是文學卻不那麼遙遠，它即在人的生活之中，所謂：「自成童就傅，以及考終命，解巾筮仕，以及鈞衡師保，造次必於文，視聽必於文。」文是瀰漫滋潤洋溢於整個社會生活裏的。唐宣宗弔白居易詩曾云當時「童子解吟長恨曲，胡兒能唱琵琶篇」，並說白氏之「文章已滿行人耳」。從《全唐詩》及《唐詩紀事》之類記載中，我們都可以發現：所謂文學，乃是生活中的一部份，不但兒童、胡人能吟唱詩歌，路人解讀文章，作詩文者亦廣及漁、樵、道、釋、閨媛、青樓，甚至神、佛、仙、鬼。文學作品，更可以壽生日、賀誕子、慶佳節、祝新婚、誌吉祥、達禮節、哀喪祭、記壙墓、送遠遊、悲謫居……，用在一切人生社會活動上。

這就叫做社會生活的文學化。

而且：

元稹〈白氏長慶集序〉說過，他和白居易的詩，「巴蜀江楚間洎長安少年，遞相倣效」，

二十年間，禁省觀寺郵候牆壁之上無不書，王公妾婦牛童馬走之口無不道。至於繕寫模勒，衒賣於市井，或持之以交酒茗者，處處皆是。揚越間多作書，模勒樂天及余雜詩，賣於市肆之中也。其甚者，有至於盜竊名姓，苟求自售，雜亂間廁，無可奈何。余嘗於平水市中，見村校諸童，競習歌咏，召而問之，皆對曰：先生教我樂天、微之詩。

白居易給元稹的信上也說：

昨過漢南日，適遇主人集眾樂、娛他賓，諸妓見僕來，指而相顧曰：「此是秦中吟、長恨歌主耳。」自長安抵江西，三四千里，凡鄉校、佛寺、逆旅、行舟之中，往往有題僕詩者。士庶、僧徒、孀婦、處女之口，每每有咏僕詩者。此誠雕蟲之戲，然今時俗所重，正在此耳。（〈與元微之書〉）

漢魏南北朝的文學，主要是貴遊文學，民間則另有民歌。至唐，文學作品才往下浸潤成為社會上一般都可以品賞享用的東西，民間才把文人的作品當成是他們自己的民歌，來傳咏抄

錄。這就是文的世俗化。神聖性的文，降而為世俗可參與之物。白居易元稹的詩，固然是當時被抄錄書寫及傳唱最多的例子，但這並不是特例，故「孤貧者公乘億，賦詩三百首，人多書於屋壁」（《北夢瑣言》卷二），「武元衡善為五言，好事者傳之，被之管弦」（《唐詩紀事》卷三十三），「有周德華者，劉採春女，善歌楊柳枝詞，所唱七八篇，皆名流之咏」（卷四九），《集異記》所載王昌齡、王之渙、高適三人旗亭聽曲事，更是膾炙人口的掌故。此外，如「李賀樂府數十篇，雲韶樂工皆合之管弦」，「李益詩名與賀相埒，每一篇成，樂工爭以賂來取，被之聲歌，供奉天子」……，亦皆足證《苕溪漁隱叢話》所云「當時人之辭為一時所稱者，皆為歌人竊取，播之曲調」，確乎不誣。民間歌咏，皆用詩人之章，事實上等於壓迫民間歌謠的生長與傳佈，轉化了民歌，使其成為文人創作[51]。所以更進一步，就是文人自己來寫這些歌兒酒女的唱詞，壟斷了民歌的創作權，形成了詞的發展；而且，把「伶工之詞」，也逐步轉換成「士大夫之詞」。並以此士大夫文人之詞，做為一個時代的民歌。

換言之，就在民間普遍參與、享用文學之際，整個社會逐漸轉變成一種文學化或文人化的社會。

在這個社會中，有幾種值得注意的徵象。因為文學已不只是一藝術品，更是社會生活的必須品。在一切社會生活中，幾乎處處都得用到文學，家居的廳堂器皿上，要寫著文學作品；個人生命中重要及有意義的事件，如婚、壽、遠行、升官或貶謫、乃至死亡，都得有文學作品來點明其意義；與世交遊，更需藉著文學來溝通。

白居易〈與元九書〉云：「自八九年來，與足下小通則以詩相戒，小窮則以詩相勉，索居則以詩相慰，同處則以詩相娛。」最足以表明詩在人我溝通時的重要中介意義。達成這個意義並不足爲奇，奇特的地方在於：文學成爲人際溝通中最主要的中介之外，又形成了溝通模式的典型化。所謂典型化，是指文學（特別是詩）的溝通，不但成爲人際溝通的基本方式，任何人，不論他是否爲文人，都傾向或擅長採用文學作品來溝通[52]；而且一切溝通，也以文學作品最爲有效，能達成一切其他溝通方式所不能達成的效果。

當時社會上一般人要請文人寫序、贈、哀祭、碑誄、壽賀文字，卽基於此一心理。且任何場合，皆慣常以詩文來表白心曲。故《唐詩紀事》卷四三云：「自丞相以下，出使作牧，二公（郎士元與錢起）無詩祖餞，時論鄙之。」不做詩送人，是要被社會批評的。反之，如韋臯與一女子玉簫談戀愛，玉簫才十幾歲，韋臯與她約會，也要作詩曰「長江不見魚書至，爲遣相思夢入秦」云云（同上，卷四八）。十二、三歲的女孩，能懂得這詩意及典故嗎？大概不太懂。但詩旣被認爲是最好的溝通中介，那當然只好用詩來約會了。杜牧的「婷婷嫋嫋十三餘，荳蔻梢頭二月初」亦是如此。唐人小說載崔護〈題城南詩〉「去年今日此門中，人面桃花相映紅」一詩，更是如此。甚至出現下述狀況：「邯鄲人妓婦李容子，七夕祝織女，作穿針戲。……其夫以爲沈下賢攻文，能創窈窕之思，善感物態。因請撰爲情話，以導所欲。」（《沈下賢集・爲人撰乞巧文序》）詩文是通情之媒、爲傳意之使。此類故事，皆積極強化了文學作品在溝通功能上的地位。

更強的例子，是唐球的故事。唐球隱居於蜀中，曾把詩稿揉成一團，塞入一瓢中，臨病危時，把瓢投入江中，祝曰：「斯文苟不沉沒，得者方知吾苦心耳。」（同上，卷五十）一個人活在封閉的世界中，只好以這種方式去尋求人際的溝通，而這種溝通也被認爲是有效的。同理，更著名的是「紅葉題詩」的掌故。據說一女子幽居深宮，題詩於紅葉上，流入御溝中，爲詩人撿得，乃又作一詩，藉御溝再流入宮中。宮女得詩，悶悶不樂。事聞於上，乃放宮女，使與詩人匹配云[53]。此事唐人筆記中至少有三處記載，不知究爲何人事迹，其事亦未必可信，但詩的神奇溝通能力，卻已具顯無遺。它顯示了詩能穿透空間之阻隔、打通人爲的睽隔。而此一意義，更可由下列事證中看出：

> 柳公權，武宗朝在內庭，上嘗怒一宮嬪久之，旣而復召，謂公權曰：「朕怪此人，若得學士一篇，當釋然矣。」目御前蜀牋數十幅授之。公權略不佇思而成一絕曰：「不分前時忤主恩，已甘寂寞守長門，今朝卻得君王顧，重入椒房拭淚痕。」上大悅，令宮人上前拜謝之。（《唐詩紀事》卷四十）
>
> 崔郊寓居漢上，與姑婢通。其婢端麗，善音律。姑貧，鬻婢於連帥，給錢四十一萬。寵眄彌深。郊思慕無已。其婢因寒食來從事家，値郊立於柳陰，馬上漣泫，誓若山河。崔生贈之以詩曰：「公子王孫逐後塵，綠珠垂淚滴羅巾，侯門一入深如海，從此蕭郎是路人。」或有嫉郊者，寫詩於座，公覩詩，……遂命婢同歸。至於幃幌奩匣，悉爲增飾之。（同上，卷五六）[54]

武宗本怒宮人，得柳公權一詩而解；某婢本來不可能與崔郊結合，但似海侯門，一詩得通。詩之神奇，有如是者[55]。文學作品旣已成爲社會上一般人最基本的、主要的、典型的溝通中介。則文學之應酬作用便相對提高，詩不再只是個人情意的表白或心境的紀述，它必須放入社會人際網絡中起作用，不但一切婚喪喜慶、接應酬酢都用得上它，文學也已成爲社會生活中的一部份，浸潤存在於社會諸生活之中。

例如《唐詩紀事》載：「長慶中，元微之、夢得、韋楚客同會樂天舍，論南朝興廢，各賦金陵懷古詩，劉引滿一盃，飲已即成。」（卷三九）此即所謂文字飲也。陳善《捫蝨新話》雖駁韓愈曰：「韓退之嘲京師富兒：『不解文字飲，惟能醉紅裙。』然余觀退之，亦未能忘情者。退之自有兩侍妾，曰絳桃柳枝。又嘗有詩云：『銀燭未燒窗送曙，金釵半醉坐添香。』此豈空飲文字者？」（卷七）然此文字飲有極可注意者，一、文字飲，大行於文人雅士之間，盃酒酬酢，或口占、或分韻、或傳唱、或聯句、或命題、或行酒令，以爲極樂。在此時，所謂「金陵懷古」，本非至金陵而感懷，乃是酒讌中鬥勝的文字遊戲。這種文人遊戲詼諧，充分發揮了文學的娛樂遊戲（語言遊戲與心靈遊戲）功能，也使得文學作品脫離了「作者感物吟志」的傳統結構，而必須放在文人階層的活動中來了解。二、此類作品及行爲，本身即爲一儀式化的舉動，藉著參與這類活動，人可成爲文人階層中的一份子。而文人階層的同儕意識，也要藉此類活動來培養。另一方面，詩酒吟讌唱和之多，更直接刺激了文學作品的創造[56]。三、這種文人雅戲，本行於文士之間，但正如韓愈詩所示，文人以不能行此文字飲嘲世，世亦逐漸認同並摹擬文人之所爲。漸漸地，賣布的、殺豬的，也都要成立個詩社，來詩酒吟唱一番啦[57]。四、飲酒本與詩歌創作活動無干，但文學普遍化了，浸潤到一切生活裏去了，它們便有關係起來了。

十一、社會階層的文士化

在這種社會活動文學化的風氣裏，所有社會階層，遂都有文士化的傾向。所謂「今之世，言士者，先文章」（柳宗元〈與楊京兆憑書〉），文人成爲社會上一般人的人格典型，文人生活成爲社會生活的模範，文人的價值標準、審美趣味，也成爲大家倣效依歸的對象。特別是原無固定階層的非農非商非工者，如方外僧道和妓女，因其本不特屬於某一階層，故其文士化也就越徹底。

《十國春秋拾遺》嘗感嘆：「近世釋子，多務吟咏，唯贊寧獨以著書立言尊崇儒術爲佛事。」考僧人能詩，六朝即已有之，但那不能顯示六朝僧人已經文士化。和尚的文人化，是唐代的特色。其證例之一，是大批「詩僧」的出現。如皎然、法宣、靈徹、廣宣、法振、法照、貫休、齊己、虛中……等等，不勝枚舉[58]。他們有些還俗，成了重要的詩人，如無本，後成爲賈島；清塞，後成爲周賀[59]。有些有重要的詩學著作，如皎然的《詩式》、虛中的《流類手鑑》。有些本身就是不可忽視的詩家，非附庸風雅者。而無論如何，他們都與文人們交往密切，迭相唱品。如廣宣，與李益、鄭絪、王起、白居易等人都有過從；連韓愈那麼排佛的人，也有〈廣宣上人頻見過詩〉，自謂：「久慚朝士無裨補，空愧高僧數往來，學道窮年何所得，吟詩竟日未能回。」可見詩僧與文士交往，本非傳法，乃是吟詩。故劉夢得曰：「詩僧多出江右，靈一導其源，護國襲之，清江揚其波，法振沿之，如么弦孤韻，瞥入人耳，非大音之樂。獨吳興晝公，能備衆體，澈公承之。至如〈芙蓉園新寺詩〉曰：『經來白馬寺，僧到赤烏年。』〈謫汀川〉云：『青蠅爲弔客，黃犬寄家書。』可謂入作者之域，豈獨雄於詩僧間耶？」（《唐詩紀事》卷七二引）詩僧，本來只是摹倣詩人的文人附屬階層，但逐漸地也被詩人承認了。而事實上，詩僧名爲僧人，其活動卻與文人無大差異，「顏眞卿爲刺史，集文士撰《韻海》，皎然預其論著」，或與文士交遊吟唱，只是其中一端。更値得注意的，是他們雖屬方外，也與文士一樣，遊行干謁，常以文章應制，如文秀，「南僧也，而居長安，以文章應制」；清江、從海、修會等亦皆有應制詩。諸如此類，均可顯示他們文士化之深[60]。

另一個僧徒文士化的證例是：詩文對佛教內部義理表達方式的影響。自唐中葉以後，僧人卽常使用五七言詩作偈作歌，來表達自己對義理之體會及證悟，《景德傳燈錄》卷十一載佛日長老訪杭州徑山洪諲禪師：「師問曰：『伏承長老獨化一方，何以薦遊峰頂？』佛日曰：『朗月當空掛，冰霜不自寒。』師曰『莫卽是長老家風否？』佛日曰：『峭峙萬重關，於中含寶月。』師曰：『此猶是文言！作麼生時長老家風？』」佛日無奈，只好答：「今日賴遇佛日。」此唐昭宗時事，佛日和尙開口閉口就是文言詩句。偏偏洪諲要他直接作答，弄得他極爲尷尬。但接著兩人論道，那就全是五七言詩了。

這種僧徒文士化的風氣，以新興的禪宗最盛。

禪宗初起時，本以「不立文字」爲宗旨，有濃厚的反文字、反知識傾向。且慧能根本不識字，要立文字也不可能。但他由此不識字出發，卻強調一種超越文字的理解。《景德傳燈錄》卷五：「尼遂執卷問師。師曰：『字卽不識，義卽請問。』尼曰：『字且不識，曷能會義？』師曰：『諸佛妙理，非關文字。』」同卷：「學人愚鈍，從來但依文誦念，豈知宗趣？」卷六：「經論是紙墨文字。紙墨文字者俱空。設於聲上建立名句等法，無非是空。」卷七：「至理忘言。」……無不闡發此旨。

然不立文字者，不妨發爲歌咏。同書卷四云仁儉禪師見武則天時，對曰：「老僧持不語戒。」卽告辭出來了。其不落言詮可知。但他第二天就進呈了短歌十九首。同樣的例子是黃檗希運。他曾遇裴休。裴作解義一篇示之，他接過來卽擱到一邊，並教訓裴休云：「若也形於紙墨，何有吾宗？」此言可謂峻厲矣。不料裴休聽了很高興，立刻贈詩一章（見卷九）。這種奇怪的態度，在於他們把詩跟一般語言文字做了區分，故紙筆文字應當捨去，詩卻爲論理證道所必須。但除了這個原因以外，陳尊宿說得好：「路逢劍客須呈劍，不是詩人莫說詩。」（卷十二）喜歡說詩的禪師們，不正是以詩人自居的嗎？

一點也不錯，當時禪師們在上堂、小參、拈古、勘辨時無不假借詩句，流爲風範。唐末法眼文益禪師〈宗門十規論〉甚至將這一風氣化爲規範，說道：

> 稍覩諸方宗匠、參學上流，以歌頌爲等閑，將制作爲末事，任情直吐，多類於野談，率意便成，絕肖於俗語。自謂不拘粗獷，匪擇穢孱。……識者覽之嗤笑，愚者信之流傳，使名理而寖消，累教門之愈薄。不見華嚴萬偈、祖頌千篇，俱爛漫而有文，悉精純而靡染。豈同猥俗，兼糅戲諧？——在後世以作經，在羣口而爲實，亦須稽古，乃要合宜。

他正式提倡禪家尙文、提倡去俗，認爲不尙文可能會使教門淡泊。並引古代佛經爲說。其實偈頌固然是佛家本有之物，如何說偈作頌卻頗有演變。到中唐，偈頌才開始華瞻采藻起來。在六祖慧能時期，偈詩均少詩趣，只有理語；到臨濟與風林之問答時，才全部借詩示法。至於開悟詩，也要到晚唐，才充滿了詩情。而法眼之後，汾陽善昭禪師始創爲頌古，大量運用詩偈，其語錄中，詩偈卽占三分之二。汾陽之後的雪竇重顯，更是以工翰墨著稱，曾追慕詩僧禪月貫休，作詩曰「紅芍葯邊方舞蝶，碧梧桐裏正啼鶯」云云，元朝萬松老人推崇他的頌古詩說：「吾宗有雪竇天童，猶孔門之有游夏。二師頌古之作，猶詩壇之李杜。」（〈與湛然居士書〉）可見禪宗文士化、詩偈主文的趨勢，是逐漸發展而成的。法眼所謂「宗門歌頌，格式多般，或長或短、或今或古，假聲色而顯用。……雖則趣向有異，其奈發興有殊，總揚一大事之因緣，其讚諸佛之三昧，激揚後學，諷刺先賢，主意在文，焉可妄述」云云，確是晚唐禪家普遍的想法[61]。其後乃越演越烈，不能作詩，簡直就不像禪師了。據南懷瑾說：禪師寂滅時以詩示法，「用四言八句，以詩詞格調而唱宗旨。於是宗師授受，用此謂傳法。大慧杲臨滅時，時侍僧了賢請偈，師厲聲曰：『無偈便死不得嗎？』援筆曰：『生也恁麼，死也恁麼，有偈無偈，是什麼熱大？』擲筆而逝。繼此之後，棒喝機鋒爲之稍遏。而以四韻八句傳說，已成慣例，歷至近代叢席，佛之心法不問，徒以紅綾書上偈語，作爲接方丈法使之事，早於彼時階之厲矣」。其影響之深遠，於斯可見[62]。

這種文士化的趨嚮，使得禪宗迅速進入士大夫階層，成爲士大夫文人的夥伴，彼此呼嘘唱和，宗風遂爾大盛。過去解釋這段時期的佛教史，對於天台華嚴諸宗遽衰、禪宗迅速興盛風靡的原因，多偏於政治社會面，例如說中晚唐社會矛盾加劇，故知識份子往往投入佛門，以求出路，或藉以避世啦；說武宗滅佛之後，佛教大受摧殘，獨禪宗不依經論，不立文字，且在南方傳教，得到吳越閩諸國的保護與崇信，故能蓬勃發展啦；說唐代僧侶地主階層之政治經濟勢力不斷擴大，故培養出一批詩僧文化人啦……。要不則從心理狀況上推測禪宗之能迅速興盛，是因禪宗不坐禪、不苦行、不念經，「懶漢加隱士加食客的生活方式」，與士大夫的慾望相符，且替縱情聲色大開了方便之門，故能獲得士大夫之歡迎[63]。諸如此類說法，固非毫無所見，然根本原因，畢竟仍在禪宗之高度文人化。正是因爲這樣的文人化，才使得禪與文人結合成一體，詩與禪、文人生活與禪，成爲普遍而有緊密關係的語句[64]。

倡之文士化如此，道士女冠的情況當然也是如此[65]。至於妓女，那更嚴重了。孫棨《北里志》曾說：「諸妓皆居平康里，舉子、新及第進士、三司幕府但未通朝籍、未値館殿者，咸可就詣。」唐代都會中的妓女，本來就經常與文士來往。爲了生意上的需要，不能不通嫻文人的技倆，而且越通嫻這些技藝，她們的身價就越高，文人就越會以她爲同調，趨之若鶩。

但在這樣一個文學崇拜的社會中，與文士交往或交易的妓女們，並不是站在同等地位上的，白居易描述那位能誦〈長恨歌〉就自認爲要高出儕輩一等的妓女聲口，可以想見妓女們對文學的態度。她們經常要去求文士作詩讓她們配合弦吹，《集異記》載王昌齡、高適、王之渙旗亭貰酒，聞諸妓唱詩，正是當時實景。在文學世界的結構中，作家是生產者，妓女乃是消費者，故在她們知道她們唱的詩就出自這幾位先生手筆後：「諸伶競拜曰：『俗眼不識神仙，乞降清重，俯就筵席。』」對於創作者是極爲仰慕的。不只如此，妓女的聲名，也需要文士揄揚，她們極畏敬文字的魔力。前文曾舉《雲溪友議》載崔涯「每題一詩於倡肆，無不誦之於衢路」，以及他作詩嘲笑名妓李端端，李氏憂惶求乞的例子，亦可見唐代妓女們是如何畏慕文士了。

所以，她們之間有本事的，就會努力練習著使自己成爲文士。如薛濤，她很自負，說：「錦江滑膩峨眉秀，生出文君與薛濤。言語巧偸鸚鵡舌，文章分得鳳凰毛。」由於她有此才藝，故能爭得「掃眉才子知多少」，枇杷門巷、萬里橋邊，才子雲集。套句白居易所述該妓女的話說，正是：「我作得小詩，製得薛濤箋，豈同他妓哉？」「由是增價」！

另一個例子，是劉採春，元稹曾有詩謂採春：「正面偷勻光滑笏，舉止低迴秀媚多。」對她的容貌極爲贊美。但劉採春之眞正吸引元稹者，在藝不在貌，故他說：「更有惱人腸斷處，選詞能唱望夫歌。」見《唐詩紀事》卷三七。同書卷七九又載江淮間妓女徐月英「亦有詩集行於世」。凡此，均可具體看出娼妓文士化的傾向⑯。娼妓與文人，不僅是紅袖添香，抑且已爲文字知己，構成了我國歷史上一段特殊的景觀，影響深遠⑰。

這些影響，今不能具論。但諸如此類事例，實已充分證明了唐代社會階層是在朝文人團體認同並轉化的。方外士及娼優，因其屬於社會結構中之流動者，故文士化最快也最明顯，迅速成爲文人中的次文化團體。至於其他階層，如商人工人及農民，雖不像方外士及娼妓那麼強烈地文人化，但文人，已成爲整個社會的人格典型，文人生活已成爲大家摹仿的對象，文人的價值觀已深深影響著社會上所有的人，他們自然也逐漸地在文人化。《國史補》便提到：「近代有樂妓而工篇什者，成都薛濤；有家僮而善章句者，郭氏奴。」《全唐文紀事》卷九八則引《宛委餘編》載：

> 柳子厚記李赤死廁鬼事，以爲其人慕李白，故名赤，已可笑矣。《霏雪錄》所載：慕太白者，張碧，字太碧；慕樂天者，黃居難，字樂地；又富家子杜四郎，自號荀鴨，以比杜荀鶴。尤可笑也。

所謂「慕」李白、白居易、杜荀鶴等等，代表這些文人已成爲社會上一般人仰望的人格典型，猶如今日社會上瀰漫著金錢崇拜，崇慕王永慶一類富商巨賈，爭讀此類人之傳記、學習賺錢術、夢想發財一樣，唐人是夢想成爲文人才子的。富家子自比於杜荀鶴，自號荀鴨，固然可笑，卻足以顯示整個社會的價值取向。同理，《新五代史‧任圜傳》云：

> 明宗問誰可相者。重誨卽以崔協對。圜前爭曰：「重誨未諳朝廷人物，爲人所賣。天下皆知崔協不識文字，而虛有儀表，號爲『沒字碑』。臣以陛下誤加採擢，無功幸進，比不知書。以臣一人取笑足矣，相位有幾？豈容更益笑端？」

人物，新的標準不是六朝貴族名士的容儀修飾，而是文人的文采斐然。無文采者，卽被人鄙視；若居高位，更成笑柄。任圜的戒愼恐懼，正是因爲感受到了社會的文人期待所構成之壓力。那被譏爲沒字碑的崔協，其實也非不識字人，只是不擅長文學而已。當時罹此惡名者，也不只他一人，《舊五代史‧安叔千傳》云當時謂其爲「安沒字」或「沒字碑」；《唐摭言》《北夢瑣言》亦云趙崇不爲文章，時號沒字碑。可見這是整個時代的風氣；世俗仰望，願爲文人，並嗤人之不能爲文者。時俗如此，胡釘鉸、張打油遂應運而生。每個人都來謅幾句，充爲文人，通俗詩文之大盛，豈不是甚有道理嗎[68]？

十二、文學權威之神秘化

大曆十三年，蘇州虎丘山上有鬼題詩二首，蘇州觀察使李道昌見了，居然去奏報朝廷，朝廷也居然准敕令致祭。後來文人李德裕、皮日休、陸龜蒙都有詩和之。他們都很認眞地在對待這件事，而這件事依我們看，其所和祭者，並非那個鬼，而是鬼題了詩這一點。祭祀的宗教意涵，充份顯示了唐人文學崇拜的性質。不只人要爭著做文人，社會諸階層都在文人化。鬼也會題詩，而文人又與之唱和、甚至朝廷也爲此敕祭，表示對已死文人之尊重。它們表現的，是唐代整個社會氣氛正籠罩在極爲濃厚的文學崇拜之中。否則，就像清朝陳鴻墀那樣，覺得：「此殆出好事者點綴，無足深求，惟當日遽以上聞，致煩敕祭，殊可怪耳。」（《全唐文紀事》卷一百）感到難以理解[69]。

其實何止鬼會作詩？《雲仙雜記》引《清異志》云：「揚州蘇隱夜臥，聞被下有數人，齊唸〈阿房宮賦〉，聲緊而小。急開被視之。無他物，惟得虱十餘，其大如豆。」可見虱子也能欣賞文學。又《玄怪錄》載寶應年間，書生元無有夜入空莊，於月下見四人相與談諧吟詩，一云：「齊紈魯縞如霜雪，寥亮高聲余所發。」二云：「嘉賓良會清夜時，煌煌燈燭我能持。」三云：「清冷之泉候朝汲，桑綆相牽常出入。」四云：「爨薪貯泉相煎熬，充他口腹我爲勞。」四人吟畢，極爲快樂，「觀其自負，則雖阮嗣宗〈咏懷〉，亦若不能加矣」。等到天亮了一看，才知是堂上故杵、燈臺、水桶、破鐺四物。可見這些無生命之物，也是懂得文學、會吟詩的。

《東陽夜怪錄》有一同樣的故事，說彭城秀才成自虛夜入佛廟，見盧倚馬等人，相與談論詩文，一下說「已成惡詩兩篇，對諸作者，輒欲口占」；一下催促「側聆所唸，開洗昏鄙，意爽神清，新製的多，滿座渴咏，豈不能見示三兩首，以沃羣矚」；一下自說「於病中偶有兩篇自述，詩云……」；一下自謙「不覺詩狂所攻，輒汚泥高鑒」；一下嘆嗟「此時則苦吟之矣，諸公皆由老奚詩病又發，如何如何」……。往復酬唱，相與論賞。成自虛正覺得「賞激無限，全忘一夕之苦」時，晨鐘已動，曉色中仔細看去，所謂四人，乃是一病橐馳、一瘁瘠烏驢、一老雞、一大駁貓、一破瓠、一爛斗笠。這篇傳奇，寫文士談詩文時之口胸形態最爲詳盡，而這些文人，卻係病橐蹇驢瓠笠所化。文章是諷世的，寫文人酸氣，入木三分。然亦可見無論有生之物或無生之物，均可成爲文人。

不只鬼物能詩、樂爲文人，天上亦須有文學。《全唐文紀事》卷一〇一言：「邱孟陽有賦名。嘗夢有一官人，延入一第中具飲。其旁几上，有書一卷。孟陽因展讀，謂曰：『斯乃吾所述賦稿，何至茲乎？』其人曰：『昔公焚之時，吾得之矣。』孟陽因求之，答曰：『他日若至衡山，必當奉還。』後官至衡州茶陵令，乞致仕，卒於衡州。今世言焚故書，必毀而後燔之。蓋可信也。」可見文章雖焚了，卻仍能存之於天上。天庭亦貴文，故李商隱又載李賀：

> 忽晝見一緋衣人，駕赤虬，持一版，書若太古篆或霹靂石文者，云當召長吉。長吉了不能讀，欻下榻，叩頭言：「阿嬭老且病，賀不願去。」緋衣人笑曰：「帝成白玉樓，立召爲記。天上差，樂，不苦也」。（〈李賀小傳〉）

《宣室志》亦載此事，云上帝召李賀與文士數輩共爲白瑤宮記；又作凝虛殿，亦命賀等撰樂章。足證天庭也須文士來點染聲華，且天上缺少人才時，還得到人間來徵調高手。同樣的，

《北夢瑣言》載盧山書生張璟，夜宿江廟，廟神找他，「從容云：『有巫立仁者，罪合族誅，廟神爲其分理，奏於嶽神，無人作奏。』璟爲草之，既奏，蒙允，神喜，以白金十餅爲贈」。由於神仙之間審案子也得有篇好文章，故臨時找了個人捉刀。

既然如此，便不免有人寫文章去神仙世界打官司，柳宗元《龍城錄》說：「柳州舊有鬼名五通。余始到，不之信。一日，因發篋易衣，盡爲灰燼。余爲文醮訴於帝。帝懇我心，遂爾龍城絕妖邪之怪，而庶士亦得以寧也。」《龍城錄》係僞書，然此事非不近理者，柳宗元文集有〈愬螭文〉，自稱「零陵城西有螭，室於江。法曹史唐登浴其涯，螭牽以入。一夕，浮水上。吾聞凡山川必有神司之，抑有是耶？於是作〈愬螭〉，投之江」。爲文醮訴於上帝、投訴於神界有司，均可見文能通於幽冥，三界咸貴文學與文人也。更進一步說，此其愬江螭、逐五通，殆與韓愈之驅鱷魚、送窮鬼相似。

韓愈〈鱷魚文〉據說曾發揮了實際效果，潮州眞的永絕鱷魚之患。當時人也眞相信此事，是以其文曾收入新舊《唐書》。但此事甚怪，故後人不能不爲它辯護，說「古者貓虎之類，俱有迎祭；而除治蟲獸黿龜，猶設專官，不以爲物而不教且制也。韓子斯舉，明于古義矣」云云（見何焯《讀書記》）。其實逐鱷的重點，非古代設官除治之義，而在於他是以文逐鱷。這跟什麼教物而治的先王之教毫無關係，乃是一種信仰與巫術，如古之〈詛楚文〉及「投龍」之類，屬於以文字咀咒祈禳的風俗，用一篇文章來祈雨、逐災。韓愈除驅鱷之外，別有〈送窮文〉〈譴瘧鬼〉詩。均屬此等。

但凡巫術，大抵都配有口頭巫詞，以口唸或歌唱或述說表達我們的願望，如召魂巫術要喚名叫魂，詛咒巫術要用語言咒罵對方，祈求巫術口頭表達盼望，驅鬼巫術用凶惡強硬語句威脅邪鬼等。後來除了口頭巫詞之外，也有書寫文字的現象，如在「石敢當」上刻寫著「泰山石敢當」字樣；或書寫神名，如「姜太公在此，百無禁忌」；或書寫巫禱之事，以符籙召喚。不過這些書寫文字都是極爲簡單的，〈送窮〉〈鱷魚〉〈懟蟎〉〈譴瘧〉與它們不同的地方，在於這是用一篇完整的文學作品，來做爲驅鬼辟邪的巫詞。它不是單純的詛咒，也不是簡單的祈願，而是藉著文學作品神奇的溝通能力，在和虐鬼窮鬼鱷魚們打商量、說道理、施恫嚇。而且，依馬凌諾斯基《巫術科學宗教與神話》中的規定，巫術永遠要有一位主持人。這些人或爲巫師或爲家長或爲族長[70]。文學崇拜活動中的巫祭，卻是個別的，卽自己以文學作品來和鬼神溝通：在一種宗教方式中進行此種溝通。例如「唯某年某月，某某以羊一豬一，投惡谿之潭水，以與鱷魚食，而告之曰」，「元和六年正月乙酉晦，主人使奴星，載糗與粻，三揖窮鬼而告之曰」之類。經由這一儀式，宣讀了這篇巫詞，他們便相信鬼神甚至江蟎鱷魚等等，都能了解自己的意思了。

這卽是古文運動後，祭文成爲一種主要文學體裁的原因。韓愈文集才八卷，祭文哀辭與碑誌，就占了三卷以上，其中又有些是祭神、有些是廟碑。且祭文均在「維年月日，韓愈以清酌庶羞之奠，敬祭於某某之靈」的情況下展開。可見文章不只供活人欣賞，還常要跟死人說話。而其所謂神，則有的根本就是他的文人朋友，像柳宗元「賢而有文章」，卒後便成爲柳州羅池神。

祭文與禱詞，被視爲文學作品，或者說文學家的主要工作就是替人寫碑誌祭文、主要作品卽是祭文，社會上又拚命求託文人撰文銘墓，代表了什麼意義呢？一般論古文運動者，都太強調了當時講王道禮義及人文化成的這一面，卻忽略了在文學崇拜之下，濃厚的宗教氣氛所導生的這一大套怪力亂神現象[71]。殊不知所謂怪力亂神也者，正反映了社會集體的價值觀與世界觀[72]。在唐朝那個社會裏，人們普遍相信文章能够溝通幽冥，神人鬼都需要且嚮往文學。誰掌握了對這神聖性事物的控制權，誰就能驅虐、送窮、逐鬼、訴願、告鱷魚，甚或上天作記、入地替鬼神捉刀，取得令人艷羨的地位。

這一地位，係因宗教崇拜而來的神聖性地位。文人，猶如祭師巫祝，能代人祈禳、能與鬼神交談或秉筆供役。具此地位，足資艷羨，且亦足以炫耀，故世俗仰望，連驢駝貓雞甚至斗笠水桶都想成爲文人。

但是，也有不願爲文人者，《北夢瑣言》卷六載：

唐樂安孫氏，進士孟昌期之內子，善爲詩。一旦併焚其集，以爲才思非婦人之事，自是專以婦道內治。

該書作者孫光憲顯然對孫氏此舉甚爲贊賞，故他又舉了一個女子逞其才思而不幸致死的故事說：「臺州盤嶮村有一婦人蕭惟香。有才思，未嫁。於所居窗下與進士王玄宴相對，因奔瑯琊。復淫泆不禁，王捨於逆旅而去。遂私接行客，託身無所。自經而死。店有數百首詩。所謂才思非婦人之事，誠然也哉！」

爲什麼才思非婦人之事呢？孫光憲這個故事是從劉山甫處得來的。劉山甫乃中朝舊族，曾著《金溪閒談》十二卷，屢有奇遇，如曾往福建海口祭神，三奠未終，海中靈怪卽現，非龍非魚，赤鬣黃鱗；又曾題詩北方毘沙門天王寺，夢爲天神所呵，立撤詩牌；又曾見到前文所述那位替廟神作奏而得到獎金的張璟。這樣一位宗教感及經驗極濃的人敍述這則故事，用意何在？

這正是一個宗教學上對神聖性事物控制權的問題。猶如某些社會在進行祭祀儀式時，會禁止婦女參與，因爲婦女象徵「不潔」。男性，透過對婦女即不潔之定義，而獲得了對神聖性事物之控制權，也取得了社會結構上的優越地位73。唐代社會中，欣賞與消費文學並無禁忌，故白居易詩號稱老嫗能解。但創作文學、成爲文人，便涉及性別政治的問題了。有人能欣賞女子之能文，有人則顯得焦慮不安，覺得這是對男性優越地位之挑戰，所以他們倡言「才思非婦人所宜」，並舉出妙擅文藻之女子淪落自殺事，以警惕女界。

也可以說，此舉亦界定了作者與讀者的關係。猶如歐洲裸體畫的藝術中，畫家和觀賞者通常都是男人，女人則被當成繪畫的對象，作爲物（thing）或抽象（abstraction）處理。這種不對等的關係，深植於歐洲文化中，故也結構了許多女人的意識，她們以男人對待她們的方式對待自己。換言之，在欣賞一幅畫時，「理想的」觀看者一般被假設爲男人。即使是一位女子在看裸體女性畫幅時，她也會像男人一樣，注意男性欣賞女性的地方。直到馬內（Manet）以後，現代藝術才開始質疑此一傳統。但是取而代之的卻是畫娼妓。「娼妓變成了二十世紀初前衛派的完美女人」74。

同理，文學作品的理想觀眾是男人；文學，基本上是男人寫給男人看的東西。女人會寫詩文，大概並不被鼓勵，即使寫了，也多半只是在模倣男子的口吻說話。文學作品中呈現的世界觀，主要乃是一男性的世界觀，表達男性對世界的看法與欲求。女人的世界，僅限於閨閣，而閨閣詩在唐代尚未成爲氣候，只寫閨幃也被認爲格局褊小，不入品裁。走出閨閣之外，女性文人如何表達她們對世界的看法呢？這是極其困難的。唐朝文人固不乏女性讀者，作家中也有女人，但文學裏的女性意識迄未出現。文學上性別政治的優越地位仍為男性所壟斷。故唐朝女性之欣賞文學作品與崇拜文人才子，是一而二又二而一的。文人可以因擅長文藻而博得女性青睞——不論是被擇為公卿之東床或暗中情挑懷春少女——用文學來增加他屬於男性的榮耀；女性則只能用文學來顯示她對男子的依戀與嚮往。而這種依戀與嚮往又是極危險的，女子作詩，遂從本質上被懷疑是淫蕩、是需要男人。何況，文人表達情思，旨求知己，婦人女子若未嫁而為此，不免淫奔；若已嫁有夫，卻任由詩文散播，豈非意欲不貞？孫光憲舉的那個蕭惟香故事，要告誡世人者，正是此一道理。

正經女人既不能為文人，有文彩的便只好是不正經的女人了。《北夢瑣言》卷九云：「唐女道魚玄機，字蕙蘭，甚有才思。咸通中，為李億補闕執箕帚。後愛衰下山，隸咸宜觀為女道士。自是縱懷，乃娼婦也。」描述魚玄機「淪落」的過程，堪為有才思女子之寫照。但娼妓能不能有獨立的女性意識呢？批判傳統的前衛學者或藝術家常以逆反心理去看待娼妓，把娼妓神聖化。其實娼妓之依戀依附男人更甚，魚玄機詩所謂：「易求無價寶，難得有情郎。」其無女性意識可知。這類女性詩人愈多，就愈鞏固了男人對女性意識的塑造。

事實上，女性為文作詩，古多有之，漢之班昭蔡文姬、六朝之鮑令暉等，均極著名。即使在唐朝初期，也有徐賢妃、上官婉兒一類作家，主持風雅，故呂溫〈上官昭容書樓歌〉說上官：「自言才藝是天眞，不服丈夫勝婦人。」何以到了唐朝末期竟出現才思非婦人之事的說法呢？文學上女權之衰，正乃由於文學崇拜中男子獨占了祭祀權的緣故。文學被定義為婦人不宜之事了。劉山甫與孫光憲均為此一觀念之傳播者。

然晚唐五代有此觀念者不僅他們兩人。詞的出現，亦可以看成是男性努力塑造女性意識的工程之一。才思非婦人之事，女人家的心思便只好由男人來代說。唐朝那豐富的宮詞閨怨等詩作，卽是代女子說其心中事，詞更是如此。揣摩吻脣、刻畫心曲，更勝過女子自道。而且集中地表現爲情詞艷語，妙於言情。似乎女人就是以其全幅心力在愛戀著男人，其他一切世界物皆不會縈心。而且這種刻畫，也是把女人視爲一對象物，細細寫之，眞有西洋油畫裸女的趣味，溫庭筠詞便是此中代表[75]。但它與南朝宮體詩不同處，在於它不只是男人在看女人，更是在告訴男人：女人在想些什麼，做些什麼。同時也教育了女人該怎樣去辨識女人。經此教育之後，孟昌期的妻子孫氏果然認爲自己寫詩是不對的。才思非婦人之事，整個時代的文學崇拜，卻替婦女塑造了新的神秘「禁忌」。

十三、文學社會的形成

文人角色神聖化、文學力量神秘化、社會階層又都朝文化在發展，使得整個唐代後期，處在一種特殊的情境之中，文學活動浸潤到了一切社會行爲裏去。——由上文的分析，我們可以獲致此一簡單之印象。

過去，我們對唐代社會的觀察，有幾種成說。一是著眼於其統治階層的變動及內部分合關係。例如陳寅恪的唐史研究，認爲唐代前期是以關隴集團爲主的統治，貫徹「關中本位政策」；其後武周興起，乃破壞此一政策，進用新興文人。安史亂後，此類新興階級，又與魏晉南北朝以來傳統舊士族互爭，形成朋黨；與那些漢化不深之蠻夷、及蠻夷化之漢人所組成之閹寺等，則形成鼎足而三的勢力，影響著整個中晚唐政治社會的發展。透過這一分析，陳寅恪也解釋了府兵制、均田制及社會階層產生變化的原因。順著這一理路的研究者很多，雖未必全採陳氏之說，但對於統治階層之社會成分、社會基礎、家族變動、門第消融、進士科舉、牛李黨爭……等問題之探討，業已成爲唐代社會史研究中之基本骨架。且因陳寅恪的理論中涉及了「外族盛衰及外患與內政之關係」，故唐代蕃將、胡人漢化、中國與外族關係等事項，也爲研究唐史者所注目。

另一種研究進路，則側重於經濟面的考察。因爲盛唐以後均田制逐漸崩潰。出現了人口大量流動與土地私有化的狀況，豪富及寺院取得廣大土地，形成大莊園，脫離土地所有的人們則以佃租方式，附屬於地主。這一現象，顯然使中國社會出現了新的結構。但對這新轉變，到底該如何理解，卻仍有許多爭議。有的人認爲莊園經濟之出現，可與歐洲及日本的莊園制度相提並論。有的人則認爲這應視爲奴隸社會結束，封建主義或中世紀農奴制度開始的癥象。也有些人覺得不應過度強調佃農的奴隸性，因爲基本上莊園與佃戶制度是屬於資本主義的。……這些爭論，均涉及所謂「唐宋變革」的問題，肯定唐代、特別是唐代末期，乃中國歷史上社會劇烈轉型的關鍵。但他們似乎也都想把中國史套入馬克斯主義等普遍歷史發展模型裏去[76]。

這兩種唐代社會史的研究，一偏重政治權力關係，一偏重經濟生產關係，爲當前之主要研究路向。避開這兩方面問題，而專力於唐朝思想文化發展之探索者，則尙不成體系，僅零星注意到唐代儒學、佛學、道教諸現象，考察了唐代古文運動與儒學復興的狀況而已。

我們以爲：這些研究均屬偏頗而不通透。一個時代，有它主導的精神與整體社會趨向，政治、經濟、思想等各種社會力，是在這種整體趨向中顯現其互動關係的。政治權力面的解釋，無法說明武周起用新興文人之後，爲何唐室復起，恢復了王權，卻不能改變這一趨向，反而使得盛唐中唐以後文人柄政之勢越演越烈。也無法解說何以文學之盛緣於帝王之提倡，而帝王及朝廷卻無法壓抑文采浮艷之風氣。更不能由此上層政治權力之分配與爭奪關係，來解釋整個社會的結構、階層流動、價值體系……等等。卽使是士族演變的研究，也無法說明士族由經學禮法傳家，轉變爲進士文人科舉的內在原因。經濟面生產關係的討論，預設了普遍世界史的模型，涉及比較歷史的大爭論，其立足點頗堪懷疑。卽使不談這個歷史普遍性與個別性的疑難，它那生產關係「下層基礎」的說辭，實在也很難解釋唐代思想、詩歌等「上層建築」。因爲由莊園、租佃、奴隸等概念，根本無法解說禪宗爲何興起、古文運動之發展、進士科舉之昌盛、士族之崩潰……等現象，其解釋力亦至爲薄弱。

這些研究，似乎都認爲有一種力量足以宰制社會的發展，此一力量，或爲統治階層之權力，或爲經濟。這一是古老統治王權的迷信，爲舊日史家慣用的思考方式；一則是經濟決定論。其實政治或經濟均無此社會支配力，我們也不應在研究社會時，把社會看成從屬者。反之，我們應以社會爲主體。一個「人的社會」，對於社會中人應如何生活，必有一基本看法；對社會中人的價值與地位，也必有一基本判斷；對於社會生活中應追求何種價值、成就何種事物，也必有意見。我們循此類意見與態度去觀察，便能確認該社會之性質，也能說明該社會中政治經濟等社會活動何以會如此、又何以是如此。

此方爲社會本性之研究。在唐朝，社會中人覺得應該怎樣生活呢？無論其社會地位爲何，亦無論其經濟地位爲何，顯然，他們都認爲人應當成爲文人，人生才顯得光采，生活才有趣味有價值。故社會各階層均逐漸在文人化，社會生活逐漸在文學化、文人地位逐漸崇高神聖、文學力量也逐漸神秘化了。本來與之對反的力量或事物，在此趨勢下，亦不得不轉向。例如在宗教活動方面，原本「不立文字」者，成了詩僧；在政治行爲方面，原先是爲統治者尋找同僚的科舉考試，成了徵選文士的大會；在學術文化方面，漢魏南北朝及唐初之經學，至此已將舞臺讓出，由文學獨領風騷。而古文運動，更是一次以文學爲主體，卻帶動了整個社會、政治、思想轉變的運動。這些，都不難看出文學在唐代所占據的統攝地位。

在這個時代，做爲一個文人，當然亦與前朝不同。在漢朝，文人猶如倡優，爲貴族及帝王所畜養。六朝時期文學開始成爲貴族顯示其教養及才華的一種藝能，作品的主要讀者是貴族[77]。而唐朝文人對自己則有了獨立地位的角色覺悟，其作品也不僅爲貴族服務。這一重大轉變，若與西方歷史相對照，我們就曉得其意義頗不尋常了。

西方在文藝復興運動以前，文學與藝術主要是爲教會和貴族服務的，創作必須迎合他們的口味。隨著文藝復興，作家與藝術家地位才開始提高，社會對藝術家的偏見才漸減少。但直到十六世紀，大部份藝術家之地位仍然比較低微，藝術只不過被視爲高級手藝，米開蘭基羅的家庭甚至認爲進入藝術行業是種恥辱。到了啟蒙運動之後，才有較多出身中上階層者成爲專業作家。作家與藝術家之間，才形成一個較統一的文化階層，對其自身地之意識，才比較明晰、比較有自覺。然而，直至十八世紀，藝術家的社會地位仍不是劃一的，也就是說他們並不是以「藝術家」的社會身份及角色獲得尊重，他們仍只能個別地仰賴某些特殊有地位有影響力的個人主顧。得到這樣人的支持或欣賞，他的地位及名聲才能抬高，而不是整個藝術家階層都能得到社會的尊重。要等到整個資產階級成了藝術消費的主顧，成了支持文化的統治階級，藝術才成爲社會普遍的需要，藝術家不平等的待遇才告終止[78]。

但文人對其社會角色及地位之自覺，唐代已經形成了。文人之間，亦已形成了一個統一的文化階層。當時，文士干謁求知己的行爲，固然顯示了作家之名聲與地位，往往仍需取決於有權位有影響力的個人主顧。但是，文人在此時實已獲得社會普遍的崇敬；藝術的消費羣，也不僅是資產階級或統治者，而是整個社會。甚至於，我們可以說，文人並不是獨立於社會各階層外的一羣特殊份子，文學作品也並不是被做爲一審美對象來看待的。社會上每一個人都似乎覺得：人就應該是個文人，社會生活就該是文人式的生活。吟一首詩、寫一篇文章，其實就是生活，猶如喝水或呼吸那樣。

也就是說：在唐朝時，文學及文人創新了整個時代新的習慣、道德和思想方式，顯示了社會的理想和規範，提供了榜樣。一切思想方式、趣味傾向、表達感情的方法及價值標準，都由文學中來。這是一個文學的社會。

就像我們提到六朝，就會想到貴族——清談——名士風流——魏晉風度等之一體性結構；提到唐朝，我們也立刻會想到這特殊的文學社會。唐詩、李杜、古文運動……等，構成了唐代文化那種特殊的氣質，坐者歌而行者舞，充滿著直接感官的觸動、直觀感相的渲染，活潑且有韻律、具象而飛舞。這一「直覺——表現——意象——感情」的結構，正是文學世界的基本特徵。唐朝的時代風格亦即如此。從政治面經濟面甚或中外關係來看，是抓不住這個時代之精神的[79]。

出現這一社會，是中國歷史及文化之特殊性使然。中國本有一個尚文的傳統。「文王既沒，文不在茲乎」，文，關聯著文字、文學與文化。整個人文世界被理解爲一以文字及文學點染與規定的世界。文字與文學這一名言系統，既上通於道，又平鋪展示一社會名教系統。因此，中國人的宗教意識與世界觀，在根本處，即是基於對道、對文字的信仰。名不正，則言不順；言不順，則事不成。名先於事，也比具體的事更重要，因爲事是依名之規定而來的。這種文字崇拜，在歷史的發展中，又逐漸形成文學崇拜，相信「言之不文，行之不遠」有文采之名言，更能達成文字的功能，更能充極盡至地成就文的力量[80]。

這種文學崇拜，不始於唐代，故本文所述唐代某些文學崇拜現象，可能在漢魏六朝甚或先秦也能找到類似的例子。但這適足以說明唐代社會的文學崇拜確有其文化上的原因。而唐代，正是這一文化條件及歷史淵源中，將文學崇拜擴張到一個前所未有的強度，並以此結構了社會文化的各個層面。

何以唐代能達到這個地步？那便不能不從知識階層的演化談起。由社會組織上看，魏晉南北朝是以門第做爲組織基幹和權力組合的社會。唐代的社會階層關係，仍以門第爲主體，但權力組合則已改變，是帝王權威開始替代殘存門第勢力的時代。這時，世族門第本身正在功能分化中，原先那種集血緣族羣、權力政治團體、知識階層等多種社會功能於一體的世族，已逐漸將政治權力拱手讓出，其知識力量也遭到科舉策試的影響而被瓜分。故世族終於沒落，帝王權威開始塑立了新的社會階層化標準。

這時，朝廷欲士「貴我官爵」（《舊唐書・高士廉傳》），特設科舉；科舉又以經義爲主，用以甄拔可以共治天下的人才。實施以後，確實建立了一批有獨立階層的知識份子。這批知識份子，並不確定來自那個階級，門第衣冠與平民均可考試獲雋。理論上說，固然此輩皆將進入官僚體系成爲統治階級，但他們之間卻形成了一種特殊的同儕意識，座主門生及同年同文的聯結，幾乎獨立於王權之外。也就是說，此時已出現既依附於王權又有獨立階層意識的知識份子81。而且，這批知識份子所擁有的知識，主要並非經學或安濟邦國的學問，而是對文字運用的能力。換言之，這時的知識份子，其實即一文人。知識階層，到中唐以後，業已徹底成爲一個文人階層。這個階層既是由社會各階級中人所共組而成，又居政治統治地位；既擁有文字之力量與能力，又占據主要發言位置，他們的態度，自然就成了社會的主導意識。構成文學社會，良有以也82。

附註

1. 林天蔚《隋唐史新論》云有一百零八種之多。我們不敢確定這個數字，因爲唐代科目很多是隨時興廢的，甚難統計。《全唐文紀事》卷十五引《六硯齋二筆》曰：「唐設諸科取士，其名隨時起立，最爲龐雜，今悉錄之：志烈秋霜科。幽素科。詞殫文律科。岳牧科。詞標文苑科。蓄藻麗之思科。抱儒素之業科。臨難不顧徇節寧邦科。長材廣度沈跡下僚科。文藝優長科。絕倫科。拔萃科。疾惡科。龔黃科。才膺管樂科。才高位下科。材堪經邦科。賢良方正科。抱器懷能科。茂才異等科。文以經國科。藏名負俗科。文經邦國科。藻思清華科。興風興化科。道侔伊呂科。手筆俊拔超越輩流科。直言極諫科。哲人奇士逸倫屠釣科。高才沈淪草澤自舉科。才高未達沈迹下僚科。博學宏詞科。多才科。王霸科。知謀將帥科。文詞秀逸科。風雅古調科。詞藻宏麗科。樂道安貧科。諷諫主文科。文詞清麗僚。經學優深科。高蹈邱園科。軍謀越眾科。孝悌力田聞於鄉閭科。博通墳典達於教化科。識洞韜略堪任將帥科。清廉守節政術可稱堪任縣令科。詳明政術可以理人科。才識兼通明於體用科。達於吏理可使從政科。軍謀宏達才任將帥科。詳明吏理達於教化科。凡此皆率意命名，非有別異。亦恐先有欲舉之人，而創名以網之耳。」又，唐文宗〈罷童子科詔〉云：「朝廷設科取士，門目至多，以外更或延引，則為冗長，起今後不得更有聞薦。」唐科目之繁雜可見。

❷ 趙匡〈舉選議〉說：「進士者，時共貴之。主司褒貶，實在詩賦，務求巧麗，以此為賢。」進士本不試賦，調露二年四月，因劉思立之奏，始加試雜文（見《唐要會》）；天寶十二或十三年，始於策外加詩賦各一首（見《舊唐書·玄宗紀》及《新唐書·楊綰傳》）。但也有人說：「開成中，高鍇知舉，內出〈霓裳羽衣曲賦〉〈太學創置石經詩〉。進士試詩賦，自此始也。」（《太平廣記》引《盧氏雜說》）不管如何，進士之逐漸尊貴，是與其試詩賦有密切關係的，越是進士科舉偏重詞華，就越為世所貴。由中唐到晚唐的進士科舉史，可以充份證明這一點。

❸ 《全唐文紀事》卷十五引《涉史隨筆》云：「禮部侍郎楊綰上疏，以為……近世專尚文辭，自隋煬帝始置進士科，……從此積弊轉而成俗。朝之公卿，以此待士；家之長老，以此訓士。」《摭言》卷一：「縉紳雖位極人臣，不由進士者，終不為美。……其負倜儻之才，變通之術，蘇張之辨說，荊聶之膽氣，仲由之武勇，子房之籌畫，宏羊之書計，方朔之詼諧，咸以是而晦之，修身慎行，雖處子不若。其有老死文場者，亦無所恨。」整個社會的成就標準與報酬體系，單一化了。變成只有以文辭進身登第，才是可羡慕的。

❹ 如註❷引《摭言》云縉紳位極人臣者，倘不由進士出身，終屬遺憾。或《唐語林》卷四所載，唐高宗時宰相薛元超說：「吾不才，富貴過人。平生有三恨，始不以進士擢第，不娶五姓女，不得修國史。」若我們把唐人艷羨進士，說成是為了求入仕，得富貴，顯然就不能解釋此一現象了。

❺ 唐人所試判牘，也極重視文采。故《容齋隨筆》云：「唐銓選擇人之法……以判為貴，故無不熟習，而判語必駢儷。今所傳《龍筋鳳髓判》及《白樂天甲乙判》是也。自朝廷至縣邑，莫不皆然，非讀書善文不可也。」趙匡〈選人條例〉亦云：「又約經義，文理宏雅，超然出羣為第一

等。其斷以法理，參以經史，無所虧失，粲然可觀爲第二等。判斷依法，頗有文采爲第三等。頗約法式，直書可否，言雖不文，其理無失爲第四等，此外不收。」

❻ 《全唐文紀事》卷三引《鮚埼亭集》曰：「唐宋時官至五品難，與今日稍不同。」

❼ 唐代文獻中，頗有不少刻意強調進士致身通顯，能迅速位列清要者，如《封氏聞見記》卷三說「當代以登進士爲登龍門。解褐多拜清紫，十數年之間，擬迹廟堂」，《唐語林》卷八說「仕宦自進士而歷清貴，有八儁者，一曰進士出身，制策不入。二曰校書、正字不入。三曰畿輔不入。四曰監察御史、殿中丞不入。五曰拾遺補闕不入。六曰員外郎、郎中不入。七曰中書舍人、給事中不入。八曰中書侍郎、中書令不入。言此八者，尤加儁捷，直登宰相，不要歷綰餘官也」……等。這些說法，皆只能視爲艷羨之詞，而不能據爲證明唐代進士仕路通達的證據。因爲進士出身事實上要上達五品都不很容易，更莫說什麼「直登宰相」了。另參胡寶華〈試論唐代循資制度〉，收入《唐史論叢》第四輯，一九八八，三秦出版社。

❽ 參考楊樹藩《唐代政制史》，民國六三年，正中書局，第三編第三章。

❾ 謂武則天獎進文學進士階層，以打擊唐室原先的統治集團，係陳寅恪說，詳其《唐代政治史述論稿》。牟潤孫曾有〈從唐代初期的政治制度論中國文人政治之形成〉一文，以爲唐太宗採用了南朝後期的官制，在三省制中，文人的責任非常重大，所以重用文人乃是必然的，與人主的好惡沒什麼關係（《注史齋叢稿》，一九八七，北京，中華書局），足可反駁陳說。岑仲勉亦有駁論，見其《隋唐史》。

❿ 楊瑒〈諫限約明經進士疏〉云：「承前以來，制舉遁迹邱園，孝弟力田者或試時務策一道，或通一經。粗明文義，即放出身，亦有與官者。此國家恐其遺才。至於明經、進士，服道日久，請益無倦，經策既廣，文辭極難。」顯然明經與進士都不很容易。

⓫ 見龔鵬程〈唐宋族譜之變遷〉，收入《思想與文化》，民七五，業強出版社。

⑫《通雅》載：「禮部采名，故預投公卷。」科舉的公平性，正建立在羣眾間的名聲上，所以有此制度。考試之前旣已如此，考試後若不符輿情，也往往要謀求補救，如後唐莊宗〈更定符蒙正等及第勑〉云：「禮部所放進士符蒙正等四人，旣慊羣情，實干浮議，近令覆試，俾塞輿言。」《新唐書·高鍇傳》：「試別頭進士明經鄭齊之等十八人，牓出之後，語辭紛競。監察御史姚中立以聞。詔鍇審定。乃昇李景、王淑等，人以爲公。」《舊五代史·周太祖本紀》：「是歲新進士中有李觀者，不當策名，物議諠然。中書門下以觀所試詩賦失韻，勾落姓名。」此皆可見唐之科舉，名爲科考，實近於選舉，登第者皆具有羣眾的民意基礎。詳下文。

⑬李賀詩：「本是張公子，曾名蕚綠華，沈香薰小像，楊柳伴啼鴉。」（〈答贈〉）姚佺云：「或他人愛之，而沈香以薰其像。如呂洞金鑄賈島而呼曰賈島佛者。世上癡人殊不少也。」（〈昌谷集句解定本〉三）

⑭此卽詩讖說。早期的「詩妖」「童謠」說，早已指出了文學能預言未來。但所指多屬國家集體的命運，詩讖預示個人之強弱吉凶，則是唐代發展起來的觀念。

⑮還有一種模式是《雲溪友議》提出的，卷下〈祝墳應〉條載：「里有胡生者，……少爲洗鏡鎪釘之業，倏遇甘菓、名茶、美醞，輒祭於列禦寇之祠壠，以求聰慧。而思學道。歷稔，忽夢一人，刀畫其腹開，以一卷之書，置於心腑。及睡覺，而吟咏之意，皆綺美之詞，所得不由於師友也。」以夢寐通靈的遭遇，獲得了寫作文學的能力。

⑯但這也不是決定論，詳龔鵬程〈唐傳奇的性情與結構〉，收入《中國小說史論叢》。民七三·學生書局。

⑰杜甫〈天末懷李白〉有云：「文章憎命達，魑魅喜人過。」文章憎命達，卽詩能窮人之意。中唐以降，這個命題更是不斷被提出。如白居易〈序洛詩〉：「余歷覽古今歐詩……觀其所自，多因纏寃譴逐、征戍行旅、凍餒病老、存歿別離，情發於中，文形於外。故憤憂怨傷之作，通計古

今，什八九焉。世所謂文士多數奇，詩人尤命薄，於斯見矣！」（《集》卷六一）「殷璠云：高才而無貴位，誠哉是言也。曩劉楨死於文學，左思終於記室，鮑照卒於參軍，今常建亦淪於一尉，悲夫！」（《唐詩紀事》卷三一）即是。詳後文及註㊸。

⑱ 兪樾《茶香室續鈔》卷十：「王鳴盛《蛾術編》云：《松陵集‧陸龜蒙秋試有期因寄襲美詩》題下自注云：時將主試貢士。按：以處士而竟膺主考之聘，宋以後無此事矣。」文人能成爲主考官，足以證明這種科舉根本只是一文學獎性質。

⑲ 貞元十三年十二月，尚書左丞權禮部知貢舉顧少連奏：「伏以取士之科，以明經爲首；教人之本，則義理爲先。」要壓抑文士，提倡經學是個好辦法。另外，則是強調才行比文辭能力更爲重要。貞觀元年，杜如晦卽曾警告，「吏部擇人，唯取言辭刀筆，不悉才行」，會使百姓受害。開耀年間，崔融也說銓簡人才，應「以德行爲上，功狀次之」。垂拱中，魏元同奏：「今用刀筆以量才，案簿書而察行，法令之弊，由來久矣。」天寶十年劉迺也說：「判之在文，至局促者。夫銓者必以崇文冠首，媒耀爲賢，斯固士之醜行，君子所病。」故建議：「先咨以政事，次徵以文學。」（《唐會要》卷七四）此議之前，已有勑云：「吏部取人，必限書判。且文學政事，本自異科，求備一人，百中無一；況古來良宰，豈必文人？」但風氣並未改善。故劉迺文議云云。

⑳ 陳寅恪對中晚唐政局的分析，便全由此處著眼。但我以爲陳氏的解說是不能成立的。

㉑ 天授三年薛謙光上書曰：「朝廷以茲（文學）擢士，故文章日煩，其政日亂。……不以指實爲本，而以虛浮爲貴。……察其行而度其才，則人品於茲見矣。徇己之心切，則至公之理乖；貪仕之性彰，則廉潔之風薄。……若使文擅清奇，便充甲第；藻思微滅，旋卽告歸。以此收人，恐乖事實。」（《會要》卷七六）

㉒ 文之不朽及其能傳示眞理的性質，詳龔鵬程〈典範轉移的革命——五四文學改革的性質與意義〉，《聯合文學》四三期，收入《五四後文化的省思》，民國七八年，金楓出版社。

㉓

一、唐代筆潤的狀況，另參《全唐文紀事》卷一二一引《容齋隨筆》。

二、文人寫篇文章，酬賞一萬貫，這樣的潤例高不高呢？我們且做個比較。——許國霖《敦煌雜錄》中收有〈寫經生〉詩，云：「書寫今日了，因何不送錢？誰家無賴漢，廻面不相看。」唐人做功德，常聘人寫經。此寫經生寫好了卻未拿到錢，故大發脾氣。但他能拿到多少錢呢？令狐陀咒爲她亡夫所寫的《大涅槃經》題記曾記載：「《大涅槃經》一部三十吊。《法華經》一部十吊。《大方廣經》一部三吊。〈藥師經〉一部一吊。」據此看來，差不多抄一卷經只能拿到一吊錢。抄四十卷的《大涅槃經》還得打個折扣，只能拿得三十吊。宋初，據曾敏行《獨醒雜志》說：「國初江西用鐵錢，嘗見玉笥山梁觀所藏經卷尾有題字云：『太平興國三年太歲戊寅，新淦縣揚名鄉胡某，使鐵錢一百二十貫足陌，寫經六十卷。』」這個價錢就比唐朝高了。但無論怎麼說，一吊錢寫一卷經或兩貫錢抄一卷經，跟「排比一萬貫錢充送撰文學士」比，簡直就有天壤之別。文人撰文，筆潤之豐如此。

㉔

一、《唐詩紀事》卷三五：「湜不善詩，退之詩曰：『皇甫作詩止睡昏，辭誇出眞遂上焚。要余和贈怪又煩，雖欲悔舌不可捫。』言其語怪而好譏罵也。」皇甫湜之好譏罵可見。但其性格不好是一回事，社會風氣也縱容了他如此做。《全唐文紀事》卷一〇三說：「唐人極重潤筆，韓昌黎以諛墓聱人金帛無算；白樂天與元微之歡好，視兄弟無間，及銘元墓，猶酬以臧獲輿馬綾帛銀案玉帶，價值六七萬。則皇甫湜責裴晉公福先寺碑，多至九千縑，不爲過矣。宋太宗時，凡勑製文字，皆欽定潤筆之數，不移檄督之，蓋仍唐之習也。」

二、中唐貞元元和之際，白居易、元稹、劉禹錫、白行簡、李公佐等應爲一文學集團；韓愈、孟郊、張籍、李翺、皇甫湜、黃頗、李賀等則爲另一集團。柳宗元依違於二者之間，與劉禹錫的政治關係較密切，而與韓愈的文學關係較密切。韓愈集團中人對白居易等人所代表的文學風氣，似不甚以爲然。除了皇甫湜如此瞧不起白居易之外，李賀也曾給元稹難堪，《劇談錄》載〈元相國謁李賀〉條可證。劉禹錫則批評韓愈輕薄，白居易也有詩謂韓愈服硫磺致疾。《白孔六帖》又載韓愈有寵妾柳枝，後踰垣遁去事；好奇，登華山，發狂慟哭事。韓愈〈平淮西碑〉後拽倒而代之以段文昌碑，劉禹錫《嘉話錄》云段碑「文勢也甚善」，「別是一家之美」，態度就與李商隱〈韓碑〉、或後例韓愈地位鞏固後宋人的評價不同，劉氏又云：「柳八駁韓十八〈平淮西碑〉云：『左餐右粥，何如我平淮西雅云仰父俯子？』禹錫曰：『美憲宗俯下之道盡矣。』柳曰：『韓碑兼有帽子，使我為之，便說用兵討叛矣。』」（《語林》卷二）對韓碑並不服氣。

㉕ 依韓愈之描述，時人對李杜也有很多批評，所謂「那知羣兒愚，故用相謗傷」。而韓愈本人也難逃被人譏評的命運，司空圖云：「愚嘗覽韓吏部歌詩累百篇……其次皇甫祠部文集外所作……今於華下，方得柳詩……固非瑣瑣者輕可擬其優劣。……噫！後之學者褊淺，片詞隻句，未能自辨，已側目相詆訾矣，痛哉！因題柳集之末，庶俾後之詮評者，罔惑偏說以蓋其全云。」（《唐詩紀事》卷三四）

㉖ 這「朋黨」不能解釋為專指牛僧孺黨，而是泛指文人的一般習性。長慶元年三月詔：「國家設文學之科，本求實才，苟容僥倖，則異至公。訪聞近日浮薄之徒，扇為朋黨，謂之關節，干擾主司。每歲第名，無不先定。」開成元年十月中書門下亦奏：「朝廷設文學之科，以求髦俊。……其江湖之士，則以封壤接近，素所諳知者為保。如有缺孝弟之行，資朋黨之勢，迹由邪徑，言涉多端者，並不在就試之列。」（《會要》卷七六）朋黨，皆指文士結黨標榜的活動。

㉗ 見陳振孫《白文公年譜》。《唐語林校證》，一九八七，北京中華書局，頁五八八引。又，此事《全唐文紀事》卷八七另有考證，可參閱。

㉘ 剽竊盜用他人文章，如李播「以郎中典蘄州，有李生攜詩謁之，播曰：此吾未第時行卷也。李白：頃於京師書肆百錢得此，遊江淮間二十餘年矣」（《唐詩紀事》卷四七），「揚衡，初隱盧山，有盜其文登第者，衡因詣闕，亦登第。見其人，盛怒曰：一一鶴聲飛上天在否？答曰：此句

知兄最惜，不敢偷。衡笑曰：猶可恕也」（卷五一），崔君出牧衢川，有一士投贄。公閱其文數十篇，皆公所製也。密語曰：「非秀才之文。」（《唐文紀事》卷九）皆可見一時風氣。

㉙《國史補》卷中：「崔膺性狂率，張建封愛其文，引爲客。隨建封行營。夜中大叫驚軍。軍士皆怒，欲食其肉。建封藏之。」亦此類也。

㉚同書載：柳裳在杜悰高鍇交惡後，往依劍川王使君。王使君飲酒先歸憩歇。命其子招待柳裳。但王氏子恃酒，對柳裳很不禮貌。柳裳大怒，說：「畫師之子，安得無禮先輩乎？」王氏子聞之，乃說：「我大似尊賢，尊師幸不喧酗耳！」柳裳益怒，遂叱咤而散。

㉛許多史學家都認爲唐代尚文之風有其制度上的原因。有些人從早期制度的淵源上著眼，認爲唐人承襲了南朝的制度，在三省制中文人特別重要，故形成了朝廷尚文之風，如注九所引牟潤孫文，即持此觀點。另有些人則從中唐宰相權力旁落、翰林學士地位凸顯的狀況來設想，認爲中唐以後朝廷中文人勢力之膨脹，關鍵在此。這些想法都很有意思，但都不是重點。唐初所設文學之官、立崇文之館，固然鼓吹風雅，其實仍然意存教化；中書舍人固多文學之士，但其意識亦以政治爲依歸，《唐會要》卷六五秘書省部，載貞觀七年九月廿三日，太宗言曾戲作艷詩，虞世南即進表勸諫曰：「聖作雖工，體制非雅，上之所好，下必隨之，此文一行，恐致風靡，輕薄成俗，非爲國之利。」堅不奉詔，並以死諫爲辭。這件事充分證明了在唐初的文人學士心態實不同於梁陳文人。至於說中唐以後翰林學士之漸掌權柄，情況從同。由李珏的言論中就可以看出來：李珏不贊成文人，卻頗欣賞翰林學士。翰林學士雖亦「皆有文詞」，卻不能與一般文人等量齊觀，因爲他們是文人又非文人。這種文人的兩類區分，在唐代是極爲普遍的看法，詳後文。所以說，只將唐人尚文的原因推溯到官制上，並非探本之論，亦忽略了實際的狀況。

㉜楊綰〈條奏貢舉疏〉云：文士「爭尙文詞，互相矜衒。……祖習旣深，奔競爲務，矜藝者無愧色，勇進者但欲凌人，以毀讟爲常談，以向背爲己任。投刺干謁，驅馳於要津；露才揚己，喧勝於當

代。」（《全唐文》卷三三一）賈至議其疏，亦以其說爲然（卷三六八）。其餘類似批評，不勝枚舉。

㉝ 身爲文家的李華，也曾感慨世風不競，希望作者能：「文顧行，行顧文，此其與於古歟！」（《全唐文》卷三一五）

㉞ 李舟〈唐常州刺史獨孤公文集序〉記載他父親哀嘆獨孤及等人早逝時，曾說：「豈天之未欲振斯文耶？」振斯文，正是他們共同的願望。

㉟ 白居易曾用了個生動的譬況：「稂莠秕稗生於穀，反害穀者也。淫辭麗藻生於文，反傷文者也。故農者耘稂莠、簸秕稗，所以養穀也。王者刪淫辭、削麗藻，所以養文也。」（《文集》卷四八、《策林》六十八）

㊱ 所謂歌兒舞女且相喜愛，是指文士溺於聲色歌伎。一般認爲唐代文學與歌伎關係甚爲密切，此乃文士情欲生命放縱的結果。

㊲ 唐型文化與宋型文化的區分，詳龔鵬程〈宋詩的基本風貌——知性的反省〉，收入《文學與美學》，民七四，業強出版社。

㊳ 皎然《詩式・明勢》云：「高手述作，如……古今逸格，皆造其極矣。」逸格的提出，乃是中晚唐文學藝術共同的走向。詩如此，書法與繪畫則李嗣眞已提出逸品，張彥遠、黃休復繼續強調，影響深遠。文章方面也一樣，強調「曷可俯仰於俗，囂囂爲多言之徒哉」（張籍〈上韓愈書〉）。

㊴ 另一種危機則是：形式與內容兩分之後，常把形式視爲表達內容的工具。文以明道，乃進一步發展爲「文以載道」。把文字形式譬喻成車子，用車子來載負內容（道），傳遞給讀者。這是一種反文學的觀點，文學只有工具性價值。但從另一方面說，此亦形成了宋代得忘言的文學思考路向。詳龔鵬程《江西詩社宗派研究》，民七二年，臺北，文史哲，頁一八八。

㊵ 黃明理《「晚明文人」型態之研究》第三章，曾對宋代以下文人與道學的爭執，做了一些考察，可以參看（七八年師範大學國文研究所碩士論文）。

㊶李翱〈答朱載言書〉亦云：「仲尼曰：『言之無文，行之不遠。』子貢曰：『文猶質也，質猶文也，虎豹之鞟，猶犬羊之鞟。』此之謂也。」「義雖深、理雖當，詞不工者不成文。」（卷六）

㊷從陳寅恪以後，論唐史者，喜歡從「經學／文學」、「世族／文士」的對立格局中觀察唐代後期政治的發展。這一粗糙的分析架構，理應放棄了。

㊸一、劉禹錫〈彭陽唱和集引〉云：「丞相彭陽公，由貢士，以文章爲羽翼，怒飛於冥冥；及貴爲元老，以篇咏佐琴壺，取適乎閑讌。……鄙人少時，亦嘗以詞藝梯而航之。中途見險，流落不試，而胸中之氣伊鬱蜿蜒，泄爲章句，以遣愁沮。……雖窮達異趣，而音英同。」（《外集》卷九）文人之窮與達，視官爵而定，劉氏之言，已明白說出了他們把文章做爲敲門磚的作用。

二、文人未必能「由篇章以躋貴仕」（劉禹錫〈董氏武陵集序〉），是一事實。當時文人既多怨悱，故又特別注意文人不偶之事，輒將失意文人引爲同調，如白居易〈與元九書〉云：「詩人多蹇，如陳子昂、杜甫，各授一拾遺，而迍剝至死。李白、孟浩然輩，不及一命，窮悴終身。近日孟郊六十，終試協律。張籍五十，未離一太祝。」孫樵〈與賈希逸書〉云：「文章，所取者深，其身必窮。六經作，孔子削迹不粒矣。……元結以〈浯溪碣〉窮，陳拾遺以〈感遇〉窮，王勃以〈宣尼廟碑〉窮，玉川子以〈月蝕詩〉窮，杜甫、李白、王江寧，皆相望於窮者也。」其實盧仝王勃之窮，另有原因，文章並非直接因素，但在當時的思考模式下，遂全歸諸文章憎命了。當時他們甚至造構了一些文人因詩文被擯見絀的故事。另詳註㊺。

三、中唐以後發展出「詩文窮而後工」之說，具體地解釋了文人不偶的原因，並增強了文人的自尊，故提出後即大爲風行。另詳張健〈詩窮而後工說之探究〉，收入《中國文學批評論集》，民六八，天華，頁一二三—九三。但該文有些意見與本文並不一致。

四、「詩窮而後工」觀念之興起，代表中國文學觀之大轉變。早期一般認爲文學與時代治亂盛衰及文人之遭際是一致的，盛世之文學爲正、爲盛；衰世之音，則爲變、爲衰。遭際好的文人，寫出來的作品也必然雍容平和，評價也高；反而是遭遇不好的文人，作品多衰颯淒苦之聲，被認爲不值得效法。現在卻倒過來，說文人窮，文章才能寫得好，做大官而能寫出好作品的很少。文學作品的內容，竟也以嘆老嗟卑爲常態了。

㊹ 嚴復曾有〈闢韓〉一文，對韓愈的君臣觀大爲撻伐。

㊺ 社會原因，是世族社會瓦解後，君權不再有一穩固的社會階層予以抗衡。政治原因，是唐代末期的藩鎭之亂，使得地方分權不再受到支持。官制上的原因，則是唐中期以後三省制破壞，宰相備位而已，翰林學士逐漸成爲政治運作的核心，但翰林學士等是皇帝的秘書，權力乃逐漸集中於帝王一人。

㊻ 韓愈〈題歐陽生哀辭後〉云：「愈之爲古文，豈獨取其句讀不類於今者耶？」古文運動之古文，固不僅是一種句讀不類於時文的文章；但在其語言策略上，正是要寫一種句讀不類於時的文章。這種策略，實有標新立異的心理在，刻意爲之，使與時異，故〈答劉正夫書〉云：「夫百物，朝夕所見者，人皆不注視也；及覩其異者，則共觀而言之。夫文，豈異於是乎？……若皆與世浮沈，不自樹立，雖不爲當時所怪，亦必無後世之傳世。」

㊼ 《紅樓夢》第五回描寫秦可卿領著賈寶玉去一間房子裏憩息，屋裏掛著一幅對聯：「世事洞明皆學問，人情練達卽文章。」這是後來社會上極爲通行的對聯，文章與人情練達的關係，這幅對聯講得最清楚了。

㊽ 見郭紹虞〈試論古文運動——兼談從文筆之分到詩文之分的關鍵〉，收入《照隅室古典文學論集》，民七四，丹青公司重印本，頁四九一—五二一。

㊾ 杜甫詩被後世某些復古派批評爲變體，理由亦卽在此。另詳龔鵬程《江西詩社宗派研究》對唐詩轉變到宋詩的分析，民七二，文史哲，頁一〇七—一〇九、一六一、一七一—一七二。

㊿ 一、曲成，是用《莊子·天下篇》「人皆求福，己獨曲全」，「範圍天地而不過，曲成萬物而不

遺」之意。曲成曲全，謂以不求而得成全某事。

二、古文運動，以更接近世俗的方法，達成高雅的效能。柯慶明〈從韓柳文論唐代古文運動的美學意義〉一文論之甚詳。他認為古文運動者往往脫離了駢文原有華靡典麗的美感範疇，觸及卑下俚俗、甚至臭腐的經驗意象，並用心於物態人情的刻劃與描寫，以致形成一種令人驚異的「奇怪之辭」，且又由此引伸出雅正的教化功能與主題，以蘄文章有益於世（《第一屆國際唐代學術會議論文集》，民七八，學生）。這個分析是準確的。但他說如此形成的，是一種介乎高雅與卑俗之間的「中間文體」。中間文體一詞，恐不足以涵括這既高雅又世俗、既卑俗又脫俗的文體與運動趨嚮。它是不落兩邊，卻又不離兩邊的，超俗與卑俗同時存在。而且，此一狀況又不僅古文運動如此，我們能不能試想一下：古文運動批判了「取青媲白」的駢偶對仗，五代卻出現了家家戶戶要招貼在門窗上的對聯，專以「錦心繡口，宮沈羽振」為職事。而民間彈唱寶卷，也多出之以駢四儷六。高雅與卑俗的兩重性，構成了甚中極為複雜的關係。

51 另參龔鵬程〈另一種詩：雜事詩的性質與發展〉註⑯，收入《文化·文學與美學》。

52 劉禹錫曾說：「文之神妙，咏而為詩。」（《集》卷二三〈盧公集紀〉）白居易也說：「文之神妙，莫先於詩。」（《集》卷六十〈劉白唱和集解〉）論文學功能，常舉詩為例，正由於有這個原因。

53 見《北夢瑣言》卷九、《全唐詩紀事》卷七八。時間分別是天寶末年、宣宗朝及僖宗朝。又見《雲溪友議》、《本事詩》、《青瑣高議前集》、《詩話總龜》前二三。類似的例子則是僖宗時賜戰士袍，而宮人在袍中藏一金鎖，鎖上題詩的故事，亦見《唐詩紀事》卷七八。

54 以詩遣返姬人之例，又見《唐詩紀事》卷八十〈不知名〉條。大抵此類事迹，均係同一心理狀況及社會條件下之產物，故可能是妻為夫所棄，因詩得合；或妾為人所奪，因詩遺歸。總之，不外凸顯詩的神奇溝通力量而已。不煩類舉。

55 相反的，也有些以詩見絕的例子，如孟浩然、趙嘏即是。《北夢瑣言》卷七：「孟浩然與李太白交遊。一日，玄宗召李入對，因從容說及孟浩然。上令急召賜對，俾口進佳句，孟浩然誦詩曰：

『不才明主棄，多病故人疎。』上意不悅。由是不降恩澤。宣宗索趙嘏詩，其卷首有〈題秦皇詩〉，其略云：『徒知六國隨斤斧，莫有羣儒定是非。』上不悅。」這類例子，與李商隱之不見諒於令狐綯，是因爲寫了「郎君官貴施行馬，東閣無因得再窺」，溫庭筠之得罪令狐綯是寫了「中書堂內坐將軍」等詩……一類掌故，均難視爲信史，諸家考辨甚詳。蓋此等詩之本事，皆讀詩者揣想作者平生遭際，而從詩歌中附會出來的。不過，其事迹雖屬附會，卻仍顯示了時人特殊的想法：一個人之不能發達，如果是由詩來的，那就沒話說了，也沒辦法解救了。另詳註㊸。

㊻ 在此當注意二事：一爲唱和詩之大盛。二爲文人創作時，不僅是一個人感物吟志，更是人在文人團體中創作。在這個團體中娛樂戲謔，全仗詩文，故詩文的諧謔遊戲性質也得以充分發揮。我曾輯宋人詩話中記載晚唐五代人嘲戲詩句甚多，可以見一時風氣。如五代《花間集》這樣的作品，就應該放入這一風氣與脈絡中來觀察。另參龔鵬程《論李商隱的櫻桃詩——假擬、代言、戲謔詩體與抒情傳統間的糾葛》，《書目季刊》二三卷一期。

㊼ 詩社的發展，以及它普及到社會各階層中去，成爲各「社」「會」的典範，詳見《江西詩社宗派研究》卷二，頁九六—一〇二；卷三，頁二二一—二二七。其中也談到了詩社吟會的宗教性質，以及屠夫和當舖夥計入詩社吟詩的事。

㊽ 晚淸有些人，如王闓運沈曾植，特別推崇六朝僧人支遁等，評價在唐朝詩僧齊己貫休等人之上。這涉及評價問題，姑置不論。然有一二僧人能作詩、能參與文士雅集，並不能說明所謂「社會階層文人化」的問題。這裏指的，是整個階層之行爲模式、價值標準、羣體認同之轉移的現象。何況，六朝之社會典型人物是名士，文采風流只是名士的一種行爲及能力表現；六朝僧人能詩，意義與唐代出現的大批詩僧，全然不同。故六朝無詩僧，有之，自晚唐始。

㊾ 相反的，也頗有些本屬文人卻出家爲僧之例，故辛文房《唐才子傳》卷三云：「有顚頓文場之人，憔悴江海之客，往往裂冠裳，拔繪紱，杳然高邁，雲集蕭齋，一食自甘，方袍便足。」

60 錢鍾書曾說：「僧以詩名，若齊己、貫休、惠崇、道潛、惠洪等，有風月情，無蔬筍氣，貌爲緇流，實非禪子。使蓄髮加巾，則與返初服之無本賈島、清塞周朴、惠銛、葛天民輩無異。例如《瀛奎律髓》卷四七謂惠洪虛憍之氣掬，自是士人詩；《弇川讀書後》卷六謂洪覺範乃一削髮苦吟之措大。固不能以禪悅道腴苛求諸詩家矣。」（《談藝錄》）所謂詩僧，不只是說他們是一些會做詩的和尚，更由於他們的詩以及由詩中表現出來的人生觀世界觀，純然無異於文人。所以他們只是一羣出了家的文人而已。

61 我曾將《傳燈錄》中諸歌偈錄出詳考之，發現這種詩化文藻化的傾向，是越晚越濃厚。而早期許多具有詩歌型式的偈語，大抵也是後來增飾的結果。朱熹〈釋氏論〉說得好：「佛書本皆胡語，譯而通之，則以數字爲中國之一字，或以一字而爲中國之數字。而今其所謂偈者，句齊字偶，了無餘欠。至於所謂二十八祖傳法之所爲者，則又頗協中國音韻，或用唐詩聲律。自其曹之稍黠者，如惠洪輩，則已能知其謬而強爲說以文之。顧衣冠、通古今、號爲士大夫如楊大年蘇子由者，反不悟而筆之於書也。」（《文集．別集》卷八）

62 見南氏《禪海蠡測》禪宗之演變章。又，黃宗羲〈定林禪師詩序〉謂：「寒山拾得村墅屋壁所抄之物，豈可與皎然、靈澈絜其笙簧？然而皎靈一生學問，不堪向天台炙手。則知飾聲成文、雕音作蔚者，非禪家本色也。」（《南雷文約》卷四）這話有點道理，詩僧本係詩人，不能以禪以佛的標準來要求。且禪師與詩人本非一家，應有所區分。然，正如以上所述，禪宗到後來事實上有嚴重文人化的傾向，不立文字者，寖假而出現了《石門文字禪》。至南宋詩禪合一之說大盛以後，禪宗做爲佛教中一派門的意義便幾乎消失了。禪宗之衰，卽衰於其極度文人化之後。這是禪宗到南宋以後衰落的重要原因。

63 以上這些，均屬習見之說，近孫昌武《唐代文學與佛教》，一九八五，陝西人民出版社，葛兆光《禪宗與中國文化》，民七八，里仁重排本，仍持上述觀點。故禪宗之文人化，向來未被注意，甚且經常反過來，大談禪宗如何影響了文人。所見只有鑒安〈試論唐末以後的禪風——讀《碧岩錄》〉一文，對禪之文士化稍有描述（收入《現代佛教學術叢刊》二《禪學論文集》，民六五，大乘出版社）。

64 我們認爲禪宗在慧能之後，仍繼續在發展，其發展基本上朝兩個方向，一是對於上層士大夫階層，禪宗在教義上廣泛吸收了《易經》與老莊，使得禪宗道家化了，例如石頭希遷仿《周易參同契》而作〈參同契〉、雪峰義存玄學式的禪學，以及曹洞宗六爻攝義、五位君臣諸說等等，均可看出這一趨嚮。而在表現上，禪宗又充分地文人化，由老莊的藝術精神轉手，綰接了禪與文士之間原有的差異。至於對下層普通民眾，禪宗則是朝道教化之方向發展的。阿部肇一《中國禪宗史——南宗禪成立以後的政治社會史的考證》（關世謙譯，民七七，東大）第二章對此曾有說明。

65 在此僅舉一例：《宣和書譜》曾言晚唐最著名的道士杜光庭「初意喜讀經史，工詞章翰墨之學」，後因科舉不中，棄而入道，成就極大，「扶宗立教，海內一人而已」。但他畢竟仍是個文人，「喜自錄所爲詩文，而字皆楷書，人爭得之」。道士之文人化、女冠之喜歡交結文士，皆可緣此線索觀察。此不具論。又，道教本身即具有強烈的文字崇拜性格，與禪宗不同。值得注意。

66 參《北夢瑣言》卷九。

67 妓女有文人化的傾向，文人也有女性崇拜的狀況，兩者互動，另外又羼雜有俠客崇拜。這幾方面複雜的關係，龔鵬程〈俠骨與柔情——論近代中國知識份子的生命型態〉（《中國學術年刊》第十一期，民七九）有初步的探討。

68 一、《北夢瑣言》卷七：「唐盧延讓業詩，二十五舉，方登一第。卷中有句云：『狐衝官道過，狗觸店門開。』租庸張濬（一作『相』）親見此事每稱賞之。又有『餓貓臨鼠穴，饞犬舐魚砧』之句，爲成中令汭見賞。又有『粟爆燒氈破，貓跳觸鼎翻』句，爲王先主建所賞，嘗謂人曰：『平生投謁公卿，不意得力於貓兒狗子也。』人聞而笑之。」「進士李洞慕賈島，欲鑄而頂戴，嘗念『賈島佛』，而其詩體又僻于賈。復有包賀者，多為麄鄙之句，至於『苦竹筍抽青橛子，石榴樹掛小瓶兒』。又云：『霧是山巾子，船為水靸鞋。』又云：『棹搖船掠鬢，風動竹搥胸。』雖好事託以成之，亦空穴來風之義也。盧延讓哭邊將詩曰：『自是硇砂發，非干礮石傷。牒多身上職，盌大背邊瘡。』人謂此是『打脊詩』也。世傳逸詩云：『䆫下有時留客宿，室中無事伴僧眠。』號曰『自落便宜詩』。顧況著作披道服在茅山，有一秀才行吟曰：『駐馬上山阿。』久思不得，顧曰：『何道「風來屎氣多」？』秀才云：『賢莫無禮。』顧曰：『是況。』其人慚惕而退。」通俗詩文之大盛，表現在兩個方面，一是社會各階層人都來作詩文，詩文即不能不表現為通俗；二是文士寫作，也有通俗化的傾向，如此處所舉諸詩例，作者皆係秀才進士，然其詩實粗俗無比。這是因為他們所面對的讀者多屬世俗人士的緣故。只有這些半通不通、便宜混扯的詩文，才更容易獲得並不眞懂文學卻又好附庸風雅之社會大眾所喜愛。

二、鄭振鐸（西諦）《中國俗文學史》第五章曾說：「唐末，通俗詩忽行於世。」並舉了許多例子。馬積高《賦史》（一九八七，上海古籍）第八章也提到唐末的俗賦。此時為何忽然流行通俗詩文呢？原因要從以上這一脈絡來了解。

69 又見《唐詩紀事》卷三四李道昌條。

70 參見宋兆麟《巫與巫術》，一九八九，四川民族出版社，第六章第二節。又《容齋續筆》云：「唐宣宗時，有文士王振，自稱紫邏山人。有〈送窮辭〉一篇，引韓吏部為說，其意亦工。」

71 其實「文以載道」或韓愈所說的文能達道、明道、貫道云云，固指先王之道，但這個道並不只有歷史意義，而更是扣住形上道體來說的。故此「道」有本質、永恆、本體、最高善等涵義。文字與道體連結為一，作者通過文字，即可上通貫達於道體。這亦可顯現其宗教性。

72 中唐以後，文人對神異世界及宇宙形上問題的關切，詳龔鵬程〈唐傳奇的性情與結構〉註⑯引。

73 參見R．M基辛《文化、社會、個人》，甘華鳴等譯，一九八八，遼寧人民出版社，第十二章第三節。

(74) 見約翰·柏格《看的方法——繪畫與社會關係七講》，陳志梧譯，民七八，明文書局，第三講。

(75) 註(74)所引書提到歐洲油畫中對「蘇珊納和老人」（Susannah and the Elders）這一主題的處理，在丁多列托（Tintoretto）的畫裏，蘇珊納正看著鏡中的自己。作者說：「鏡子的眞正功能，在於用來使女人假裝不知道她將自己處理爲一個景象。」所謂景象（sight），意指女人不但是一對象，且是一特殊的視覺對象。而把女人當主要成景象，正是歐洲油畫的特色之一。詞在這一點上，與油畫有驚人的相似性，其重要之處，不只是題材之雷同，而是對於「注視女性」的高度興趣。早期詞作的文類特徵，除了聲腔格律之外，正在於這種把女人當做景象的某些準則和通套上。特別是溫庭筠，王國維曾以「畫屏金鷓鴣」喻其詞，那種設色濃重、客觀描繪，類不出乎綺怨的作風，豈非油畫之同調？其名作〈菩薩蠻〉第一闋亦有「照花前後鏡，花面交相映」之句，女性在詞中被當做景象來處理，是毫無疑義的。

(76) 詳《劍橋中國史》第三冊〈隋唐篇·緒論〉第三節。

(77) 漢代後期文學寫作狀況之發展，詳龔鵬程〈論作者〉，收入《中國文學批評》，民七九，學生書局。

(78) 詳阿諾德·豪澤爾《藝術社會學》，居延安譯，民七七，雅典出版社，第二章。

(79) 唐代文化的精神，詳見註⑦所引龔鵬程文。

(80) 關於中國文化中「主文」的傳統，詳龔鵬程〈說「文」解「字」——中國文學藝術發展的結構〉，收入《文學批評的視野》，民七九，大安出版社。又，參註㉒。

(81) 唐代門第世族的結構功能分化、及知識階層的興起，另詳註⑪(57)所引龔鵬程書。

(82) 唐代知識階層如何轉換成一文人階層，以及此一狀況對中國宋元明清學術文化發展之影響；文學崇拜環境中，文學與諸藝術之關係，與唐代思想之發展又有何關聯等問題，本文俱未及詳，請俟後論。

論安史亂後河北地區之社會與文化

——舉在籍大士族爲例

毛漢光

在中古時期，全國級大士族有崔、盧、李、鄭、王等五姓七望，他們透過互婚關係，以五姓七望四十四子著房構成一個婚姻圈[1]，這些人當時被稱爲山東大士族，其社會地位非常崇高[2]。山東大士族之中的著房在隋唐時漸漸設「新貫」於兩京[3]，經過十幾代之長期中央化之後，這些大士族著房之地方代表性質漸漸褪色，中央官僚性質日增。但是，這些大士族的族人非常眾多，不可能皆住兩京爲官，居住在原籍的旁支族人仍然是大多數。本文舉河北地區博陵崔氏、清河崔氏、范陽盧氏、趙郡李氏等大族爲例，探討這個距離政治、文化中心稍遠、長期在強藩統治之下、胡人甚多的河北地區，其醞釀出的社會與文化如何。本文取材於墓誌銘，這是本人在彙編附考唐代墓誌銘時爬梳出來的，唯由於在原籍者例子不多，本人雖以史學暨社會科學之理論與方法勉力分析，但終難於以一葉知秋，文中許多解釋，謹提供學界參考，並非定論。

有關河北地區社會及文化二端，前輩學者陳寅恪先生曾引述杜牧《樊川集》九〈唐故范陽盧秀才墓誌〉之首段，如下：「秀才盧生，名霈，字子中，自天寶後三代或仕燕，或仕趙，兩地皆多良田畜馬。生年二十，未知古有人曰周公、孔夫子者；擊毬飲酒，馬射走兔，語言習尚，無非攻守戰鬬之事。」陳先生以此例說明在文化方面「以見當時大唐帝國版圖以內實有截然不同之二分域」❹，誠是。然〈盧秀才誌〉全文實透露了多項信息，卽就社會與文化角度而言，亦可增閱其他墓誌，作更詳細推敲。〈盧秀才誌〉全文如下：

秀才盧生，名霈，字子中，自天寶後三代或仕燕，或仕趙，兩地皆多良田畜馬。生年二十，未知古有人曰周公、孔夫子者；擊毬飲酒，馬射走兔，語言習尚，無非攻守戰鬬之事。

鎮州有儒者黃建，鎮人敬之，呼爲先生，建因語生以先王儒學之道，因復曰：「自河而南，有土地數萬里，可如燕、趙比者百數十處。有西京、東京，西京有天子，公卿士人畦居兩京間，皆億萬家，萬國皆持其土產，出其珍異，時節朝貢，一取約束，無禁限疑忌，廣大寬易，嬉遊終日。但能爲先王儒學之道，可得其公卿之位，顯榮富貴，流及子孫，至老不見戰爭殺戮。」生立悟其言，卽陰約母弟雲竊家駿馬，日馳三百里，夜抵襄國界，捨馬步行徑入王屋山，請詣道士觀。道士憐之，置之外門廡下，席地而處，始聞《孝經》、《論語》。布褐不襪，捽草爲茹，或竟日不得食，如此凡十年。年三十，有文有學，日閑習人事，誠敬通達，汝、洛間士人稍稍知之。

開成三年，來京師舉進士，於羣輩中酋酋然，凡曰進士知名者多趨之，願與之爲交。生嘗曰：「丈夫一日得志，天子召座於前，以笏畫地，取山東一百二十城，唯我知其甚易耳！」因言燕、趙間山川夷險，教令、風俗、人情之所短長，三十年來王師攻擊利與不利，其所來由，明白如彩畫，一一可以目覩。

開成四年，客遊代州南歸，某月日，於晉州霍邑縣界，晝日，盜殺之。京師名進士聞之，多有哭者，資其弟雲至霍邑，取生喪來長安。以某年月日，葬於城南某鄉里，其所資費，皆出於交遊間。曾祖昌嗣，涿州刺史；祖顗，易州長史；父勸，鎮州石邑令。某常以生之材節，薦生於公卿間，聞生之死，哭之，因誌其墓。

按范陽盧氏著房爲盧子遷之四子❺，卽《新唐書》卷七十三上〈宰相世系表〉三上・范陽盧氏條：「子遷，青州刺史固安惠侯。四子：陽烏、敏、昶、尚之，號『四房盧氏』。」查《新唐書》盧氏世系表中並無盧秀才（霈）及其父、祖、曾祖之名，盧霈應不屬於這『四房盧氏』著房。誌中稱盧霈之「曾祖昌嗣，涿州刺史；祖顗，易州長史；父勸，鎭州石邑令。」又云「自天寶後三代或仕燕，或仕趙，兩地皆多良田畜馬。」其爲范陽盧氏，亦非冒牌貨。最大的可能性是這一支爲范陽盧氏之旁支，他們是居住在原籍之族人。從其官宦州郡縣及其良田畜馬而觀之，則屬地方豪強。當士族在魏晉南北朝初興之時，有的兄弟或堂兄弟在京師入仕，有的兄弟或堂兄弟在原籍居住；在中央任官者可在政治上保障原籍利益，而原籍則提供經濟及社會資源，作爲在京者支助，此卽所謂「城市與鄉村的雙家型態」❻。這種型態使士族盤根錯節，橫跨政治、社會、文化等領域，而成爲政治暨社會領袖，此乃士族在亂世崛起之主要原因。經過十幾代發展，大士族分房分支，當政治局勢改變，許多大士族在中央者日益中央化，而與原籍疏離，其中尤以安史亂後的河北地區爲最，於是在京師之著房成爲官僚體系中之一員，而失去地方代表性；在原籍者仍保持其地方豪強的性質，減弱了政治上的發展機會與文化上之滋潤。盧霈二十歲時「未知古有人曰周公、孔夫子者；擊毬飲酒，馬射走兔，語言習尙，無非攻守戰鬪之事。」應屬地方豪強中最傾向於習武者。從其問學黃建，習儒於王屋山道士觀，這一支已無儒學傳統⑦，盧霈至京師與交者多爲進士，被盜殺後，亦是京師進士們及交遊者資助治喪，似乎這一支范陽盧氏與居住京師之范陽盧氏著房們⑧，已經甚爲疏遠。亦就是說，已不是魏晉南北朝時代的雙家型態。

盧霈「語言習尙，無非攻守戰鬪之事。」的性格，與兩京士大夫文質化以後的性格亦有很大差距，他對於河北地區的看法亦有別於一般書生，他說：「『丈夫一日得志，天子召座於前，以笏畫地，取山東一百二十城，唯我知其甚易耳！』因言燕、趙間山川夷險，教令、風俗、人情之所短長，三十年來王師攻擊利與不利，其所由來，明白如彩畫，一一可以目覩。」這種見解，很顯然是在原籍的地方豪強才有，自安史亂後，唐中央並非不想收復河北藩鎭之地，但未見河北地方領袖響應王師，唐朝也不瞭解河北之教令、風俗、人情等已大大地改變，未得當地豪強支持，若硬以軍旅平復，對河北人而言，成爲外來侵略，故不易成功，卽令有藩鎭歸降，亦祇是藩帥而已，唐朝終無法在河北立基。盧霈之言，不但指出唐室君臣對河北之無知，更指出唐室在河北地區已失去地方基礎。

在河北地區並非沒有儒者，像鎭州儒者黃建，他傳授「先王儒學之道」，他對於唐朝中央政府中之天子、公卿、士人，以及兩京一帶之安康樂利，極其美化之能事，使各地人民對中央產生無限仰慕而油然興起向心力。這些散居在各地的儒者，除了教化當地人民以外，對於廣大幅員的大帝國實有組合的作用。在河北地區有的士族子弟仍保持這種文化使命，如

〈王方徹誌〉，N：〇八七〇五〈中央研究院史語所所藏墓誌銘拓片編號，下同。〉載：

> 吾先師孔氏，以聖道導人，人用知教，千載之下，有[得]其門者。太原王公諱方徹，字，世家於廣平之洺水。遠祖翦，爲秦將，滅趙，子孫[因][居]之，今有亭在焉，代以武略稱。唐興二百餘年，累□□□注意於文士之生，不以文知者，則恥之。公、幼有高格，卓然與羣萃異，不師師，師心心，與騷雅合，於五言尤紀，後進咸宗之，其業專，其學博，勇於退，不勇於進，故不爲爵祿所[羈]，□而遊於[滹][沱]之陽，翛然自得，遂結茅其上，與孤峯斷雲爲[偶]，[時][時][捋]其髯，仰寥廓而吟，吟罷獨酌，謂天(地)間無復人也。……有二子，長曰元亮，公使之學儒；次曰慶章，公使之學釋，因爲僧；咸知名。會昌元年冬十月十三日、[遷][窆]于鎭府眞定縣永安鄉北房村之北原。

王方徹在《新唐書》卷七十二中〈宰相世系表〉二中，太原王氏條無，不屬太原王氏著房，或爲旁支或族人，這一支「代以武略稱。唐興二百餘年，……注意於文士之生，不以文知者，則恥之。」王方徹原本家於廣平之洺水，後「遊於滹沱之陽，……遂結茅其上。」最後葬於鎭府眞定縣永安鄉北房村之北原，教其二子：一學儒，一學釋，顯然文質已甚爲濃厚。

另外如〈李潘誌〉，N：一七九九五載：

> 公名潘，字藻夫，先世趙郡贊皇人。〈分繼東祖之後，皇趙州司馬府君詮之曾孫；皇檢

> 校司門員外郎府君章之孫；皇贊皇縣令府君幷之第四子；博陵先夫人之生也。嗚呼！始生六年，就學師訓，明惠聰敏，有若生知，目覩必記，耳聞不忘，嘗侍于伯兄傍，聞左氏，至於廢興理亂、褒貶善惡之深旨，發問必對，貫達無遺。家於常山，太守鄭公濆，性樂善，喜後進，因目之爲奇童，薦於連帥，特表奏聞，策中有司，別勑同孝廉登第，時纔年八歲。其後討覽經籍，九流百家之語，靡不該通，著詩業文，名顯當代。自幼居艱疚，號毀逾禮，有曾閔之行，聞於鄉里。……誘掖（中）承元，斂身歸國，朝廷累奬承元之節，而授鉞於滑臺，始去常山。

趙郡李氏東祖與南祖、西祖同爲著房，但《新唐書》卷七十二上《宰相世系表》二上中未載李潘父、祖、曾祖之名，這一支可能是東祖之旁支，李潘曾祖爲唐趙州司馬；祖爲檢校司門員外郎；父爲贊皇縣令，卽本縣令。檢校之官名並不眞正任職，而李潘文宗開成五年卒，年五十五歲，以此推斷，其曾祖、祖、父皆爲安史亂後人物，所以這一支是唐朝後半期河北在原籍的家族之一。李潘幼年家於常山，接受傳統儒學教育。

從上述文士之居住地而論，《盧秀才誌》中的儒者黃建在鎭州（屬滹沱河流域）；太原王方徹家於廣平之洺水（屬邢州），遊於滹沱河之陽，葬於鎭府；趙郡李潘家於常山（屬鎭州），似乎鎭州滹沱河以南地區，仍點綴著若干士人與士族，這些人士仍有濃厚文質。幽州一帶，卽河北北部的范陽盧霈，具有濃厚的武質，要至鎭州遇見黃建時才聞儒學。另外有《崔載誌》，N：一九○三三載：

> 士有遊藝據德，斧藻言行，不形喜慍，不誤是非者，則聞之于府君焉。府君諱載，字載，其先齊太[公][之]後，食菜於崔而因氏焉。洪源茂根，世有名士，至于貂蟬映時，金紫奕代，竹帛繁盛，不復書矣。王父謙，皇易州脩政府折衝，列考季，試恒王府司馬。
>
> 府君則司馬之第二子也。伯仲五人，皆美鬚鬣、麗容貌，各身長六[尺]二寸，俱懷文武之用，鬱爲豪盛之家。……享年五十有九。以元和十四年五月廿三日，遘疾終于幽州薊縣招聖里之私第也。……窆于幽州幽都縣保大鄉杜村北一里之原，祔于先塋，禮也。

崔載乃博陵崔氏，但《新唐書》卷七十二下〈宰相世系表〉二下，博陵崔氏條皆未載崔載及其父、祖之名，所以可能不屬於博陵崔氏著房，可能是旁支或族人。崔載祖謙任職易州脩政府折衝；父季，試恒王府司馬。易州在幽州與定、鎭州之間，恒王府不詳，如果與恒州有關，則唐朝恒州在鎭州。從崔載死於元和十四年計，其祖父乃安史亂後人物；崔載本人卒於幽州私第，葬於幽州先塋之地，這一房博陵崔氏似乎自河北中部至河北北部落戶發展，他們似乎任官於幽鎭之間，誌銘中形容崔載爲「伯仲五人，皆美鬚鬣、麗容貌，各身長六尺二寸，俱懷文武之用，鬱爲豪盛之家。」〈崔載誌〉中並無儒學修爲之頌詞，雖云「俱懷文武之用」，實則「鬱爲豪盛之家」才是誌銘的重點。

從以上分析，似乎鎭州暨滹沱河一線乃安史亂後之社會、文化分界線，在此以北之幽、易，其人以武質爲主，其極端者如范陽盧霈，甚至於「未知古有人曰周公、孔夫子者」，以擊毬、飲酒、策馬、射走兔爲習俗，而擅長於「攻守戰鬥之事」。鎭州、滹沱河一線以南，雖然政治上是強藩統治，在軍事上職業軍人是最有力量者⑨，社會上仍有若干士人，而士族家庭亦不失家學家風，他們或以傳授儒學爲志趣，或以擔任地方官爲職業，如〈鄭潨曁崔夫人誌〉，《千唐誌齋藏誌》編號一〇四九載：

> 府君諱潨，大唐貞元十二年六月二日終於冀州阜城縣。……夫人博陵崔氏，……夫人年十五歸于府君，常以府君家本居秦偃，仰皇澤百餘載。大曆初，偶因薄遊滯留河北，當時國家化流八表，仁人之誼先霈於河朔，求名學官之士如不失彊理矣。又值廉察使王武俊採掇賢彥，重仰才能，且以薦用，假名於理劇之輿；終遣求事，得地於膺藝之鄉。以是申婚禮於他域，繫名族於德門，士君子□日叶時之美稱矣。厥後天下軍威轉雄，兵志難戢。薄之卽不守封限，寵之卽不循晷度。從建中初，鎭、冀之間，自爲一秦，頗禁衣冠，不出境界，謂其弃我，而欲歸還。府君與夫人男女戢在匪人之土矣。暫謂隔王化於千里之外，離我戚於五十年間，府君至於身歿，不遂卻返。夫人遭從夫之痛，孀在危邦，司馬（潨之長子）季仲，幼志未立，與諸骨肉落爲汙俗。賴去元和中，司馬親叔瓚以文畏，佐以學，重慕於彼地之帥，帥殞而子承元以順逆自諭，舉軍來王。司馬扶板輿出乎虎口，持小輩附於驥尾，其餘血屬姊弟，數年之內稍稍而至，司馬遂爲忠孝所聞。

誌主鄭潨係滎陽鄭氏，夫人乃博陵崔氏，《新唐書・宰相世系表》皆不可查。誌文謂「廉察使王武俊採擢賢彥，重仰才能，且以薦用。」按王武俊於德宗時爲恒冀觀察使⑩；誌文謂「從建中初，鎭、冀之間，自爲一秦」，係指當時王武俊與唐中央交惡，自稱趙王⑪，然而王武俊「頗禁衣冠，不出境界」，確是「採擢賢彥」之意。但士大夫不願居「危邦」，該家遂去河北而赴兩京。同樣情形又有《顧謙誌》，《古誌石華》卷二十二載：

> 公諱謙，字自修，其先吳郡人，季歷丞相肅公之後也。漢魏以降，蔚爲茂族，史譜詳載，此得略而述焉。大王父諱希揚，登州軍民事衙推官；王父諱彭，兗州司戶參軍；先府君諱行大，宣州寧國縣丞；先太夫人吳郡陸氏。公卽先府君冢子也。公、體質魁梧，風神朗秀，溫其珪璧，凜若松筠，粵在紈綺，性質端敏，卷書進退，逾於老成。早歲舉明經，三禮二科，洞達微言，貫穿精義，獨行不合，時流所排，晚節以談笑曳裾，歷諸侯上客。魏帥何公一見若平生交，表公高才，請宰劇郡，由是褐衣拜貝州宗城縣令。公以戎虜之地，民俗驕愎，非鳴禽可齊，□展驥乃乖，理張翰之扁舟，企陶公之高躅。潮有勝地，雲間故鄉，豹隱鴻冥，韜光晦迹。

似乎鎭州暨滹沱河一線以南之河北地區，其統治者並不排斥文士，且有接納文士之意，但其社會暨文化條件仍未能滿足滎陽鄭滐、吳郡顧謙等士人之期望。

河北之中部與河北之南部恐怕也有區別，例如《白居易集》卷七十〈唐故虢州刺史贈禮部尚書崔公墓誌銘〉（《全唐文》卷六七九同）載：

> 公諱玄亮，……博陵人。……曾祖悅……祖光迪……考抗。……公濟源有田，洛下有宅，……大和七年……薨於虢州廨舍。……遺誡諸子，其書大略云：「……自天寶已還，山東士人，皆改葬兩京，利於便近，唯吾一族，至今不遷。我歿，宜歸全於滏陽先塋，正首丘之義也。……」（大和）九年四月二十八日、用大葬之禮，歸窆於磁州昭義縣磁邑鄉北原。

崔玄亮屬博陵崔氏第三房⑫，第一房、第二房有一部分當東西魏分裂時西入關中⑬，在西魏北周政權中發展，第三房則未見西入關中，《新唐書・宰相世系表》中所示大都在北齊政權中任官，所以第三房是在原籍之房支，然〈崔玄亮誌〉所示，這一支在「濟源有田，洛下有宅」，其著支已有人居住洛陽，並在洛陽附近置田產，此乃許多大士族中央化之共同現象，拙文〈從士族籍貫遷移看唐代士族之中央化〉中已有詳細分析和舉例。〈崔玄亮誌〉又謂該支仍歸葬「滏陽先塋」，顯然在滏陽一帶仍有很多族人，唯博陵崔氏本居滹沱河流域，地居河北北部與中部之交界線上，而滏陽則在河北南部，是則博陵崔氏有部分族人已南遷半個河北省。這種情況也發生在趙郡李德裕，德裕父吉甫，祖栖筠。《新唐書》卷一四六〈李栖筠傳〉：

> 世為趙人。……始，居汲共城山下。⑭

此點陳寅恪先生已有論及⑮。本文強調的是趙郡乃在河北之中部，而汲郡共城山在河北之極南端。而李栖筠乃玄宗末期至肅代時人，屬趙郡李氏西祖著房。趙郡李氏其他著房亦有遷至長安、洛陽、鄭、許、亳、潤者[16]，這些大都是行宦者，不像是有成羣族人遷徙，李栖筠這支自趙徙至汲郡共城山下，不是行宦因素，還似乎有部分族人同徙。博陵第三房崔玄亮與趙郡西祖李栖筠雖然南遷半個河北省之距，並非表示在博陵之崔氏與趙郡之李氏已遷徙一空，而是繼若干著房著支遷至兩京以後，又有一些重要族人携回部分族人自原籍河北中部至河北南部生活，對於河北地區而言，這種轉變的意義非常重大，它代表大士族在原籍社會勢力之減弱；整體而論，又代表漢族大姓社會勢力之分散與南移。

清河大士族崔氏，在南北朝時有許多南遷至青齊者，唐長孺先生〈北魏的青齊土民〉[17]已有詳論；這些人在青齊生根，並形成很大的地方勢力，所以該族南遷的規模可能比上述博陵第三房崔玄亮、趙郡西祖李栖筠爲大。與清河崔氏同時間南遷青齊者還有次級士族清河房氏、平原劉氏、清河張氏、清河傅氏、平原明氏、渤海高氏、渤海封氏，魏末又有河間邢氏等（同上注）。清河崔氏遷至齊郡烏水者，在唐代稱爲「南祖烏水房」，遷至遷至青州者稱爲「青州房」[18]，皆屬著房。清河、平原、渤海、河間等皆位於河北之中部，南渡黃河至青齊，其地雖已不屬河北，其距亦約略爲河北之南部。位於河北中部之大士族博陵崔氏、趙郡李氏、清河崔氏以及若干其他次級士族，這些士族的若干房支或若干族人南遷至河北南部及青齊一帶定居，顯示河北中部與河北南部的人文環境並不相同，而鄴郡、青、齊這一條線可能是漢人大士族勢力南移的界線，在中古社會史上應有重要意義。

總之，在安史亂後的河北地區，鎮州暨沱滹河是很重要的社會暨文化線。在此以北，即河北之北部，其人武質極濃，儒學甚淡；在此以南，其文化水準及文風以兩京及江東士人看來頗為低下，但仍有若干士人在各地教學或任職州郡。以社會勢力而言，河北中部與南部似乎尚有差別，許多河北中部漢士族南遷至河北南部及青齊一帶，鄴與青齊是一條重要界線。由於士族中央化已十餘代之久，各族精英份子長期任職並設籍於兩京，又「自安史之亂以後，成德、魏博、幽州三鎮藩帥多為外族或本地人」⑲。河北地區之文化水準甚受影響，再加上在原籍之族人漸次南移，其在河北地區之社會勢力更形分散，安史亂後的河北諸藩鎮之職業軍人，遂填補了這個地區社會勢力的空檔。

附註

❶ 參見拙文〈中古大族著房婚姻之研究——北魏高祖至唐中宗神龍年間五姓著房之婚姻關係〉，中研究史語所集刊五六—四，民七四年。

❷ 參見拙文〈中古山東大族著房之研究〉，中研院史語所集刊五四—三，民七二年。

❸ 參見拙文〈從士族籍貫遷移看唐代士族之中央化〉，中研院史語所集刊五二—三，民七〇年。

❹ 陳寅恪《唐代政治史述論稿》上篇〈統治階級之氏族及其升降〉，中研院史語所專刊之二〇，頁一九中語。

❺ 《文苑英華》卷九〇〇〈唐贈太子少師崔公神道碑〉，《全唐文》卷三一八同：「以五姓婚媾，冠冕天下，……范陽盧子遷之四子，……士望四十四人之後。」

❻ 參見 Wolfram Eberhard: *Conquerors & Rulers Social Forces in Medieval China* 導論，1965 年修正版。

❼ 參見錢穆〈略論魏晉南北朝學術文化與當時門第之關係〉，《新亞學報》五—二，民五二年。

⑧ 范陽盧氏設籍兩京者有：陽烏大房道將支、道亮支、道虔支；第二房、第三房士熙支、第四房文翼支、第四房文甫支。參見拙文〈從士族籍貫遷移看唐代士族之中央化〉，中研院史語所集刊五二—三，頁四四六—四五二，民七〇年。

⑨ 參見拙文〈唐末五代政治社會之研究——魏博二百年史論〉，中研院史語所集刊五〇—二，民六八年。

⑩ 《舊唐書》卷一四二〈王武俊傳〉，《新唐書》卷二一一同。

⑪ 《舊唐書》卷十二〈德宗〉上，建中三年十一月：「是月，朱滔、田悅、王武俊於魏縣軍壘各相推獎，僭稱王號。滔稱大冀王，武俊稱趙王，悅稱魏王。又勸李納稱齊王。」這是當時大事。

⑫ 《新唐書》卷七二下〈宰相世系表〉二下，博陵崔氏第三房：天護——纂——觖——誠——儀表——敬嗣——悅——光迪——抗——玄亮。

⑬ 參見拙文〈中古山東大族著房之研究〉，中研院史語所集刊五四—三，頁二三—二八，民七二年及《新唐書・宰相世系表》。

⑭ 《全唐文》卷四九三〈唐御史大夫贈司徒贊皇文獻公李栖筠文集序〉：「隱於汲郡共城山下。」

⑮ 陳寅恪〈論李栖筠自趙徙衞事〉，《金明館叢書稿》二編。

⑯ 參見拙文《從士族籍貫遷移看唐代士族之中央化》，中研院史語所集刊五二—三，頁四五六—四六二，民七〇年。

⑰ 收入氏著《魏晉南北朝史論拾遺》，頁九二—一二二，一九八三。

⑱ 參見《新唐書》卷七二下〈宰相世系表〉二下，清河崔氏條。

⑲ 王壽南《唐代藩鎮與中央關係之研究》，頁三三一，民五八年。

唐代後半期門閥與官宦之關係

宋德熹

一

唐代是否爲一門第（士族、門閥貴族制）社會？此一課題，自然直接牽涉到中古貴族制時代的下限，由於研究者角度和立場諸多歧異，迄今尚無定論[1]；本文也無意捲入這場爭端中。惟基本上，透過孫國棟和毛師漢光兩位前輩的量化研究[2]，已使我們更清晰的認識到：晚唐甚至整個唐朝的統治階層，士族閥閱出身的官僚仍佔總數三分之二左右。依此數據，則前述唐代社會性質的疑問，當可不辯自明了。

儘管如此，門閥與官宦關係的有無抑深淺問題，仍然一直困擾著中古史學界[3]。特別是經歷隋末大動亂之後，山東士族（崔、盧、李、鄭、王之屬）已被唐太宗譏諷爲：「名雖著於州閭，身未免於貧賤」、「況其子孫才行衰薄，官爵陵替，而猶卬然以門地自負」、「世代衰微，全無冠蓋，猶自云士大夫」[4]。高宗、中宗時代，山東士族更幡然改以「七姓十家」（即禁婚家）的角色聞名於世[5]。且者，在唐代前半期，皇室曾三番兩次透過政治力量編修譜牒，自我抬高號稱「今朝冠冕」的皇族暨朝臣權貴，有意無意地貶低那些「尚閥閱」喜自矜舊望的山東士族；由此而衍生出官修譜、私修譜之爭競，以及門第觀念的雙重標準現象。凡此皆導致後世研究者不得不將有唐世族區分爲唐代新族及魏晉南北朝舊族兩類[6]，不能不說這是上述「門第二重觀」所引發的後遺症。

此處所謂的「門第二重觀」[7]，意指「尚冠冕」（一云「尚官」）者認爲累官三代（廣義則爲兩代，不含己身）、居官五品以上卽是世族；而另一方面，「尚閥閱」（一云「尚姓」）者所珍視者，卻是唐與以前其家族累世的顯赫官歷，至於是否仕唐爲官以及官職大小諸端，並不太措意，蓋這些條件實非決定其門閥身分的關鍵故也。

「門第二重觀」的現象，激盪於唐代前期政治社會史上，迹像較爲明顯。而中唐以下，政治社會情勢丕變，官修譜的舉措也早已停止，不復可見，此時期門閥與官宦之關係，是否一仍唐代前期舊觀，還是另有一番新意？此本文之所由作也。

二

上述「門第二重觀」的現象，自中唐以下又有轉折。特別是在晚唐時期某些家族中，我們可以發現他們兼具「閥閱」和「冠冕」兩種性質，意卽其家族不但悠久綿延，而且還高官蟬聯。這種情形，有愈來愈普偏的趨勢，顯示有某些舊世族，特別是山東士族，由於時序的流轉，他們已不能再專恃其年代久遠的祖先遺澤傲視當代了。兩《唐書》晚唐人物的傳記中，我們已很難看到類似「世爲山東舊族、著姓……」的記載，正可反映上述推斷的可靠性。玆舉數例，以鋪陳此說：

表一　唐代「門第二重觀」案例（以唐代後期人物為限）

區分	閥閱（兼有官品、冠冕）
郡望	清河崔氏小房，七姓十家之後
史籍對其家世實況之描寫	1. 崔氏之門，六人皆入文昌宮，其間三人歷八侍郎。統而論之，三代卿、兩連率、二翰林學士、一執金吾；言冠冕者，許為世雄。與姑臧李、范陽盧世為婚媾，入于姻黨，無第二流；言閥閱門者，許為時表。 2. （崔）鄯昆弟六人，仕官皆至三品。邠、郾、鄲三人，知貢舉，掌銓衡。冠族聞望，為時名德。 3. 清河崔氏亦小房最著，……。
世系簡表（官居五品以上者列名、五品以下者以「。」示之、「×」代表無官、「？」代表官宦不詳、「═」代表唐朝建立、「≡」代表中唐以下、有科第者以黑體字示之、尚公主者名旁加「◎」）	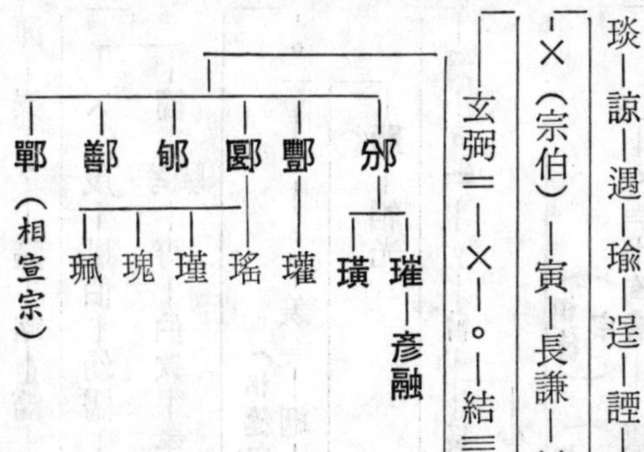
資料來源	崔倕神道碑❽；《舊唐書》卷一五五〈崔邠傳〉；《新唐書》卷七二下〈宰相世系表〉，頁二七六二—五；同書卷一六三〈崔邠傳〉；《唐語林》卷四〈企羨篇〉，頁一一〇（商務人人文庫本，下同）。

滎陽鄭氏北祖、南祖房，七姓十家之後

1. 鄭貞公（餘慶）博雅好古，一代儒宗。文忠（從讜）致君，無忝乃祖，衣冠之盛，近代罕儔。

2. 鄭餘慶……鄭州滎陽人，三世皆顯宦。

3.（餘慶）與從父絪家昭國坊，絪第在南，餘慶第在北，世謂「南鄭相」、「北鄭相」云。

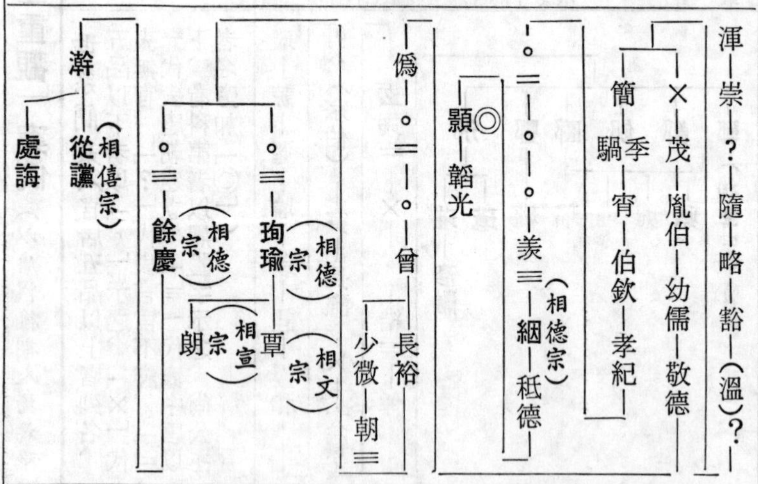

《舊唐書》卷一五八〈鄭餘慶傳〉末「史臣曰」；《新唐書》卷一六五本傳及〈鄭絪傳〉❾；同書卷七五上〈宰相世系表〉，頁三三二二｜六、三三三四六。

范陽盧氏大房，七姓十家之後

1. 盧士玫，山東右族，以文儒進。

2. 道泉頭陁（陀）字源一，姓盧氏。本名士衍，弟曰起郎士玫，則官閥可知也。……。盧氏既為大門族，兄弟且賢豪，……。

3. 君諱士瓊，字德卿，范陽人。家世為甲姓，祠部郎中融之長子，明經及第……。

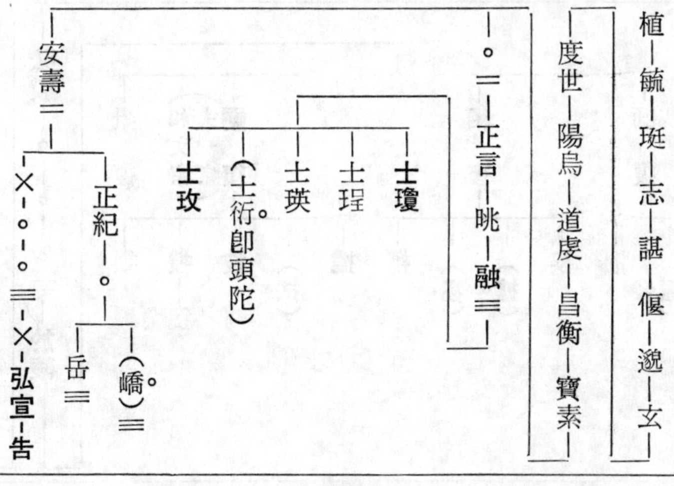

《舊唐書》卷一六二〈盧士玫傳〉，元稹〈盧頭陀詩〉幷序⑩；盧士瓊墓誌銘⑪；《新唐書》卷七三上〈宰相世系表〉，頁二九〇二—六；愛宕元〈唐代范陽盧氏研究〉⑫；盧嶠墓誌⑬；《新唐書》卷一九七〈盧弘宣傳〉；《登科記考》卷十二（驚聲版），頁七九九。

弘農楊氏越公房

1.（宣宗）大中後，楊氏諸子登進士第者十人：嗣復子授、技、拭、撝，紹復子擢、拯、據、揆，師復子拙、振等。

2. 時（嗣復子）損伯叔昆仲在朝者十餘人，……。

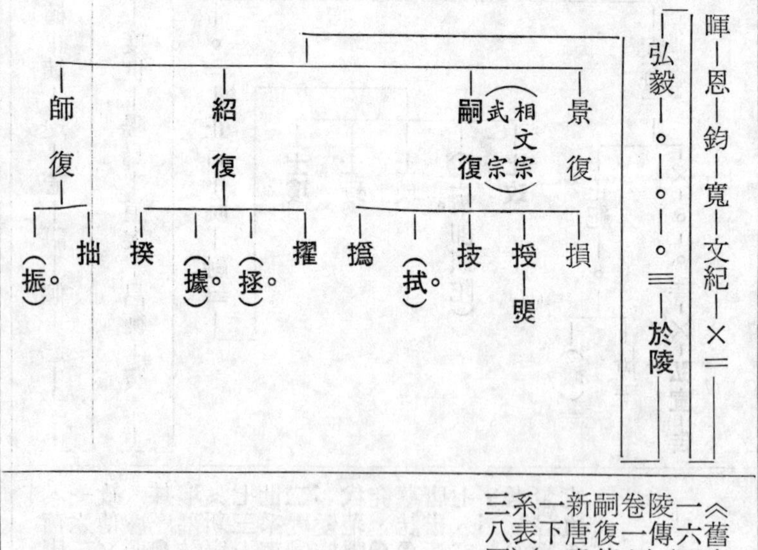

《舊唐書》卷一六四〈楊於陵傳〉；《同書》卷一七六〈楊嗣復傳〉；《新唐書》卷七一下〈宰相世系表〉，頁二八八四。

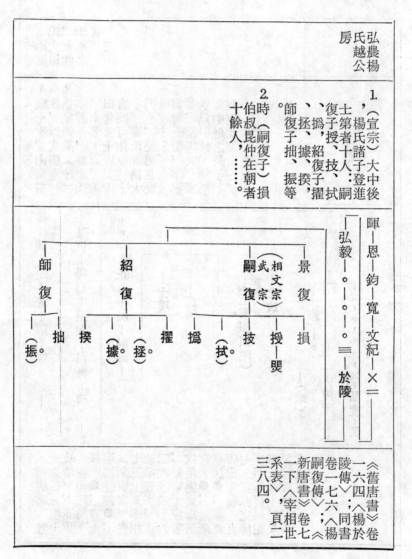

博陵崔氏第二房，七姓十家之後

1.（崔）頲有子八人，皆至達官，時人比漢之荀氏，號曰「八龍」。

2. 崔氏咸通乾符間，昆仲子弟紆組拖紳，歷台閣，踐藩嶽者二十餘人。大中以來盛族，時推甲等。

3. 昭國里崔山南（西道節度使）琯子孫之盛，仕族罕比。……。然則崔之門安得不大乎？

4. 諸崔自咸通後有名，歷台閣藩鎮者數十人，天下推士族之冠。

讚—洪—？—？—懿—珉—○—辯—
　楷—士謙—曠—儷—恭禮◎◎—≡—與宗—
　　—○—×—≡—頲—
　　　琯
　　　珙（相武宗）—涓
　　　瑨
　　　璪—滔
　　　璵—澹
　　　球—瀆
　　　—遠（相昭宗）

《舊唐書》卷一七七（崔珙傳）；《新唐書》卷一六一（柳公綽附柳玭傳）引《家訓》；同書卷一八二（崔珙傳）；同書卷七二下（宰相世系表），頁二七九四—六。

上表顯示自中唐以下，有一些舊族除擁有閥閱的名號外，還兼有官品冠冕，亦即同時具有魏晉南北朝舊族和當代權貴的雙重身分，而且其子弟透過科舉展開獵官行動的情形，也至為普遍。此現象很有可能是由於統治階層內部「圈內競爭」的壓力所造成，蓋自中唐以下，世（士）族子孫蕃衍與日俱增，然而官額有限，已無法人人為官，更無法皆做大官，加上其他非

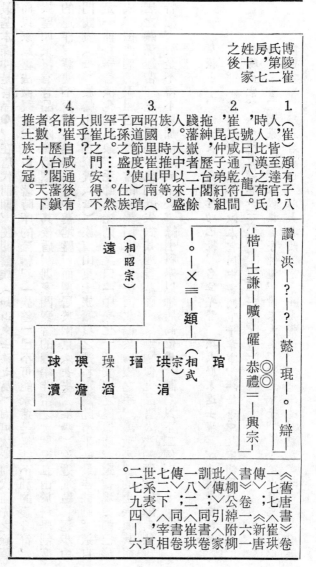

世族階層官吏候選人的競相投入統治機構，迫使世族子孫若不掄取科第(特別是進士第)之資格，則愈來愈難位居顯官。易言之，「進士第成爲大士族振興或延續其家族的重要因素」⑭。其實中唐以下的閥閱舊族，由於時日久遠，他們已不能再專恃其魏晉南北朝時代祖先之枯骨餘澤，來維繫其社會聲望於不墜了。如唐長孺、毛師漢光等前輩所指陳的，門第構成的最基本條件是官品⑮，在唐代前期，閥閱舊族（如山東士族之屬）尙可依恃前代祖先之餘蔭而以家風禮法傲視當代。但隨著時序的流轉，「族望」已不可能永遠是無往不利的護身符，族望如果沒有官品來附麗陪襯，爲其後盾，則家門衰替的機率非常之大。況且由於科舉制度的運作，誘使不少家族遷離祖居的舊地盤，而環居於兩京（長安、洛陽）附近地區，逐步由門閥貴（世）族轉化爲官僚貴（世）族，山東士族籍貫之遷移可爲此事下一最佳註腳。這自是一種科舉官僚化的現象，毛師漢光則名之曰「中央化」。安史之亂以前，這種現象卽已形成，但他們仍與祖居保持相當的聯繫；惟自亂後河北淪於藩鎭之手，導致遷徙的士族與其祖居之關係紐帶，逐漸斷絕。他們旣失去其地盤基礎，又無類似九品官人法的制度保障其仕宦特權，於是不得不更加依附於中央，緣引科舉以攀居高位⑯。試看以下二例：

崔損……，博陵人。高祖行功已後，名位卑替。損大歷末進士擢第，登博學宏詞科，……。（德宗貞元）十二年，以本官同中書門下平章事，與給事中趙宗儒同日知政事，並賜金紫。（《舊唐書》卷一三六本傳，頁三七五四—五）

王質……，太原祁人。五代祖通字仲淹，隋末大儒，號文中子。……。少負志操，以家世官卑，思立名於世，以大其門。……年甫强仕，不求聞達，親友規之曰：「以華卿（王質字）之才，取名位如俯拾地芥耳，安自苦於闒茸者乎？揚名顯親，非耕稼可致也。」質乃白於母，請赴鄉舉。元和六年，登進士甲科。……（文宗大和）八年，爲宣州刺史，兼御史中丞、宣歙團練觀察使。（同上書卷一六三本傳，頁四二六七—八）

崔損本出山東舊族，爲七姓十家之一後裔。高祖崔行功，自博陵徙居恒州井陘，爲高宗朝名臣，同時也是開國功臣唐儉的女婿（《舊唐書》卷一九〇上〈文苑・崔行功傳〉）。但美中不足的是，崔損之父、祖、曾三代皆無功名（父、祖且佚名，則其衰微可知），家道便算是中落了。按崔損之家世如下（「。」表示居官五品以下，「？」代表官宦不詳或佚名。下同）：

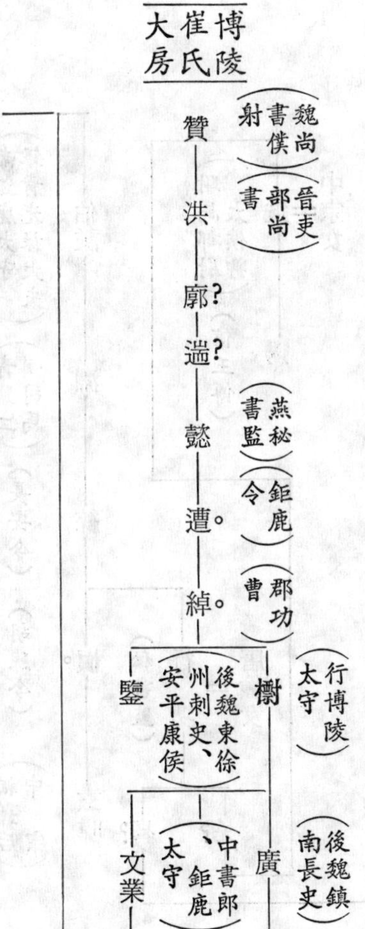

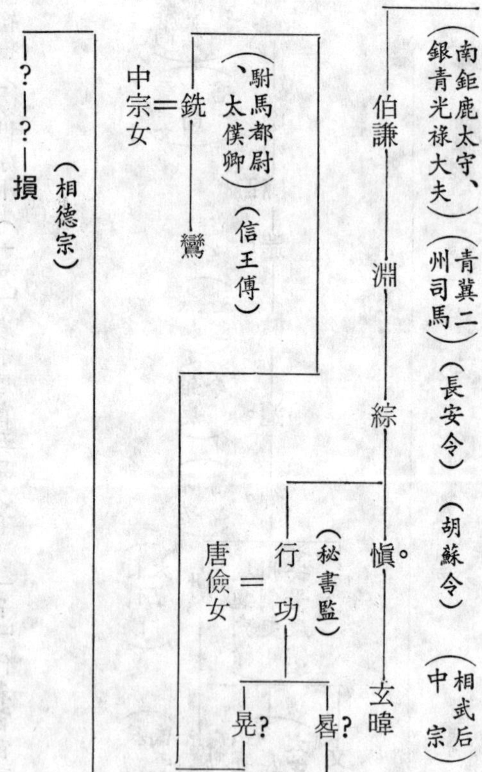

附記：

1. 參考資料：《新唐書》卷七二下〈宰相世系表〉，頁二七七八—八四；《魏書》卷四九〈崔鑒傳〉；《北史》卷三二〈崔鑒傳〉；《北齊書》卷四六〈崔伯謙傳〉。

2. 崔贊、遵、櫕三人之名，〈宰相世系表〉分別作崔「讚」、「連」、「標」，今據《北史‧崔鑒傳》改（新校本，頁一一五九、一一六一）。**櫕**以下世系，〈宰相世系表〉作**櫕**—廣—元猷—當（文業）—伯謙，疑誤。

今據《魏書・崔鑒傳》（新校本，頁一一〇六—七）更正如上。

3. 崔損之從祖崔銑尚中宗女定安公主，見《新唐書》卷八三〈諸帝公主傳〉頁三六五三。

4. 此支（自崔懿以下）入唐後爲七姓十家之一。

王質家的情形也頗與上述崔損家的境遇類似，門祚且更爲衰微。按王質並非出自太原王氏主支，故《舊唐書・王勃王績傳》皆云「絳州龍門人」，王質本人且「寓居壽春」。其家不見載於《新唐書・宰相世系表》，今據〈文中子世家〉及守屋美都雄《六朝門閥の一研究——太原王氏系譜考》之考證⑰，錄其家世世系如下：

太原王氏旁支

寓?（仕晉）—罕（慕容氏上谷太守）
- 蕤（東莞太守）—玄載（齊兗州刺史、鄄縣子）
- 秀°（早卒）
  - 玄謨（宋南豫州刺史曲江莊侯）
  - 玄則（太僕、國子博士）—煥（江州府君）—虯（魏并州刺史、晉陽穆公）—彥（同州刺史）

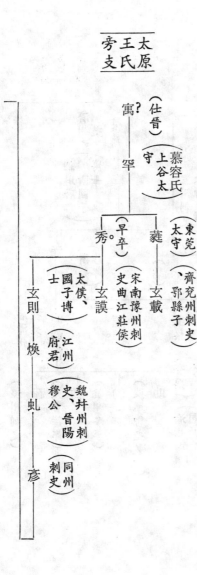

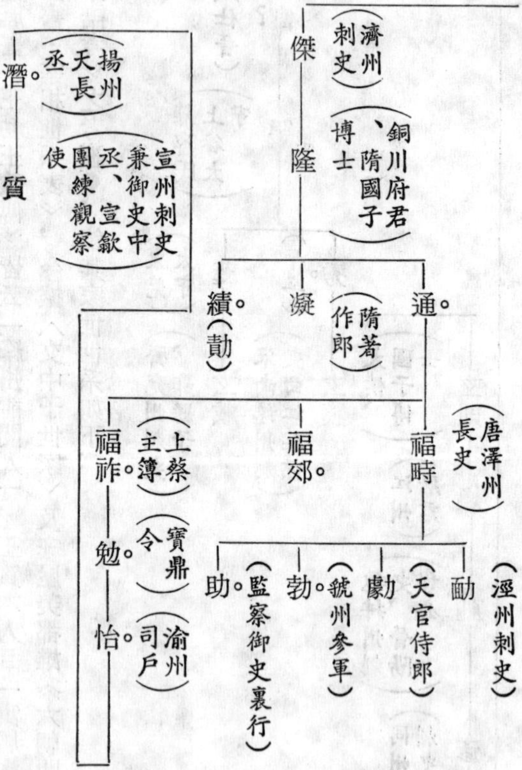

附記：參考資料：杜淹〈文中子世家〉；《南齊書》卷二七〈王玄載傳〉；《南史》卷一六〈王玄謨傳〉；《舊唐書》卷一九〇上〈王勃傳〉，卷一九二〈王績傳〉，卷一六三〈王質傳〉；《新唐書》卷二〇一〈文藝・王勃傳〉；守屋氏書，頁一〇四—六。

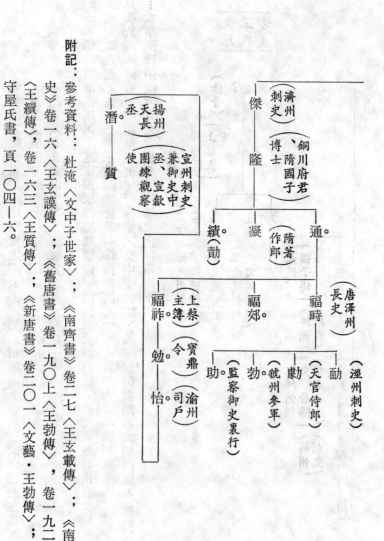

王質出身於儒學世家，數代以講授爲業⑱，王質本人微時亦「客壽春，力耕以養母。講學不倦，諸生從授業者甚衆」（《新唐書》卷一六四本傳，頁五〇五二）。其五代祖王通更是一位佼佼者，爲有隋一代名儒。入唐以後，王氏家族更是名家輩出，如王通之弟王績，時人稱之「東皐子」而不名（《舊唐書》卷一九二〈隱逸・王績傳〉）；王通之孫勔、勮、勃昆仲，有「王氏三珠樹」之雅號，王勃且爲「初唐四傑」之一（同上書卷一九〇上〈文苑・王勃傳〉）。惟儘管王氏一門爲魏晉南北朝舊族，「歷宋魏迄於周隋，六世冠冕，國史家牒詳焉」⑲，且累世有文名，唐興以來卻官宦不振，「家世官卑」，故王質遂決意緣引科舉以踏入仕途，俾便「立名於世，以大其門」⑳。史書對其品格及一生評價甚高，有云：

質清廉方雅，為政有聲。雖權臣待之厚，而行己有素，不涉朋比之議。……。視其所與，人士重之。

（質）雖與（李）德裕厚善，而中立自將，不為黨。㉑

由於王質之努力，終於得償宿願，重振王氏家門。

至於崔損，其重振家門的方式和王質一樣，也是經由科舉之一的進士第（崔損另再加應制舉）而攀居高位㉒。可見這種方式，的確是振興家族或光耀門楣的終南捷徑，《唐摭言》卷九〈好及第惡登科〉條（世界新校本，頁九七）謂：「三百年來，科第之設，草澤望之起家，簪紱望之繼世；孤寒失之，其族餒矣；世祿失之，其族絕矣。」可爲上語佐證。

三

《唐語林》卷四〈企羡篇〉備載甚多中晚唐時人經由科第（特別是進士科）成名而光宗耀祖之例子，玆信手拈舉數則，以見一斑，如：

1.權文公德輿，身不由科第（按權氏由辟召入仕，後文另有分析）。嘗知貢舉三年，門下所出諸生，相繼為公相，號得人之盛。（商務人人文庫本，頁一〇六）

2.進士趙櫓著鄉籍一篇，誇河東人物之盛，皆實錄也。同鄉中趙氏軒冕文儒最著，曾祖、祖、父世掌綸誥。櫓昆弟五人，進士及第，皆歷臺省。盧少傅宏（弘）宣、盧尚書簡辭、宏（弘）正、簡求，皆其姑子也。時稱趙家出外家。（頁一〇七）

3.馮河南宿之三子陶、寬、圖兄弟，連年進士及第，連年登宏詞科，一時之盛無比。大和初，馮氏進士十人，宿家兄弟叔姪，亦八人焉。（頁一〇八）

4.崔起居雍，少有令名，進士第與鄭顥齊名，士之遊其門者多登第，時人語為崔雍鄭顥世界。……。雍兄明、序、福兄弟八人皆進士，列甲乙科。當時號為點頭崔家。（頁一〇九—一一〇）

5.范陽盧自興元元年癸亥德宗幸梁汴，……至（僖宗）乾符二年乙未，……，計九十二年，而二年停舉。九十年中，登進士者一百一十六人，諸科在外，而為子皆聯子，所不聯者，不十數人。（頁一一一）

引文第二條（兼參第五條）言及進士趙櫓姑子盧簡辭昆仲（盧弘宣名誤列，應刪去），乃大曆十才子之一盧綸之子；考其家世，原出范陽盧氏，後徙家河東蒲州，又「避天寶亂，客鄱陽」（《新唐書》卷二〇三〈文藝・盧綸傳〉）。雖然盧綸也爲「七姓十家」之後，但其祖先自南北朝末期起，官宦事業即不甚發達（累世五品以下）；入唐之後，情況仍未見改善。傳至盧綸一代，曾於天寶、大曆年間數舉進士不第，最後終以文才受德宗賞識，官至戶部郎中。值得注意的是，綸四子皆選擇由進士第出身，再應藩鎭使府之辟召入仕，從此「兩世貴盛，六卿方鎭相繼」（《舊唐書》卷一六三〈盧簡辭傳〉末）。茲據《新唐書》卷七十三上〈宰相世系表〉（頁二九三二前後），轉錄其世系如下（有進士第者以黑體字示之，居官五品以下者名旁加「。」）：

范陽盧氏四房
- 度世（北魏青州刺史）（子遷）
  - 尚之（北魏濟州刺史）
    - 文甫。（司空行參軍）
      - 敬通。（太常博士）
        - 正觀。（龍丘令）
          - 羽客。（衛南丞）
            - ？
              - 釗。（永寧令）
                - 祥玉（濟州司馬）
                  - 之翰。（臨黃尉）
                    - **綸**（檢校戶部郎中）
                      - **簡能**（檢校司封郎中、鳳翔節度判官）
                        - **知猷**（檢校司空）

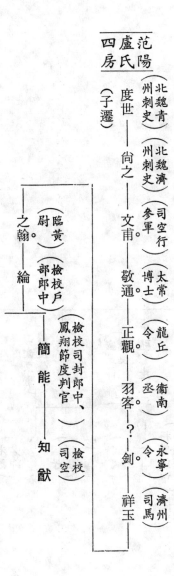

- 簡辭（山南東道節度使）
  - 貽殷（光祿少卿）
  - 玄禧（國子博士）
- 弘止（正）（宣武節度使）
  - 虔灌（秘書監）
- 簡求（河東節度使）
  - 汝弼（祠部郎中知制誥）
  - 嗣業（檢校禮部郎中）

由上舉盧氏一門兩代九進士的現象觀之，藉由進士第以獵取官位，不失爲長期沒落的舊族起衰振疲的有效途徑。

又《唐語林》引文第三條提到的馮氏一族，由於其家世不詳（參《舊唐書》卷一六八〈馮宿傳〉），疑爲寒素，非本文所欲研究的「門閥」對象，故不予討論。至引文第四條因同時涉及崔雍、鄭顥兩名史傳人物，頗可有討論的餘地。關於鄭顥，族屬於滎陽鄭氏南祖房，其父爲兵部尙書，祖絪爲德宗朝宰相；絪、顥祖孫皆進士第出身（絪另又登宏詞科），顥且尙宣宗女萬壽公主，以禮部尙書、河南尹卒官，其子韜光也官至戶部尙書[23]。故鄭顥一家在中晚唐的官宦堪稱顯赫。但在唐代前期，其先世卻有三代連續擔任五品以下的卑官（指顥之四、五、六代祖），沉迹於下僚。根據本文前揭「門第二重觀」理論的原則，這一類家族入中唐以後，如其官宦事業仍然不振的話，則將被人視爲破落戶，且有被排出士族圈外之虞。結果證明鄭顥一家終能擺脫這個陰影，除身爲舊族「閥閱」之外，並兼有當代「冠冕」，正是本文所強調的唐代後期「門第二重觀」的典型例子（見前文表一）。至於鄭顥一家之所以能突破困境，振與門楣的原因何在？一時恐不易說明白。舊史有謂：「絪以文學進，恬澹踐歷華顯，出入中外者踰四十年。」（見《舊唐書》卷一五九〈鄭絪傳〉，頁四一八一）「絪本以儒術進，……。善名理學，世以耆德推之。」（《新唐書》卷一六五本傳，頁五〇七六）似乎都凸顯了鄭絪個人的才學因素。又絪孫顥尙公主，「有器識，宣宗時，恩寵無比」，「恩澤無對」（出處同上），這裏也強調了與皇室通婚的有利因素。當然這些因素或多或少都對鄭家政治地位起一定的作用，但我們也不可忽略了：鄭家自中唐以下在官宦事業上積累數代的經營，可能對鄭顥的仕途會有某種程度「提攜」的效果。當朝權貴子弟的政治資本，先天上本較一般人優厚（應科舉考試時也可能較有優勢），此卽毛師漢光所謂的「純門第」因素；根據毛師統計研究[24]，唐代十八家大士族出身的宰相中，純門第、帶進士第、其它科第的人數比例，前期（高祖——武周）爲七七・六%比一二・一%比一〇・三%，中期（睿宗——德宗）爲四六%比三四%比二〇%，後期（順宗——昭宗）爲一六・五%比八二・三%比一・二%，可見時間愈後，純門第因素日漸減少，而帶進士第（兼有門第）者則大幅度增加，「說明了士族似乎找到了保持其政治地位的良方，多項有利的因素聚集在一人之身，增長其宦氣勢，當然嚴重地抵消平民寒素純進士第官宦的機會」。這個結論，似乎也可以用來解釋鄭絪、顥祖孫何以不約而同地選擇經由科舉（特別是進士第）入仕。

至於與鄭顥進士第齊名的崔雍，族屬博陵崔氏大房，與前揭德宗朝宰相崔損同族，也是七姓十家之一崔懿的後裔，其與崔損共同的祖先，最近可以上推至長安令崔綜（即武后、中宗宰相玄暐之祖）。玆爲分析比較同房不同支者的官歷，先行臚列其共祖崔綜以下的世系如左（人名下阿拉伯數字代表官品，「○」代表居官五品以下，「×」代表無官，「●」代表明經入仕，「黑體字」代表進士第，「△」者代表蔭任；「▲」代表進士、制舉雙重科第出身）：

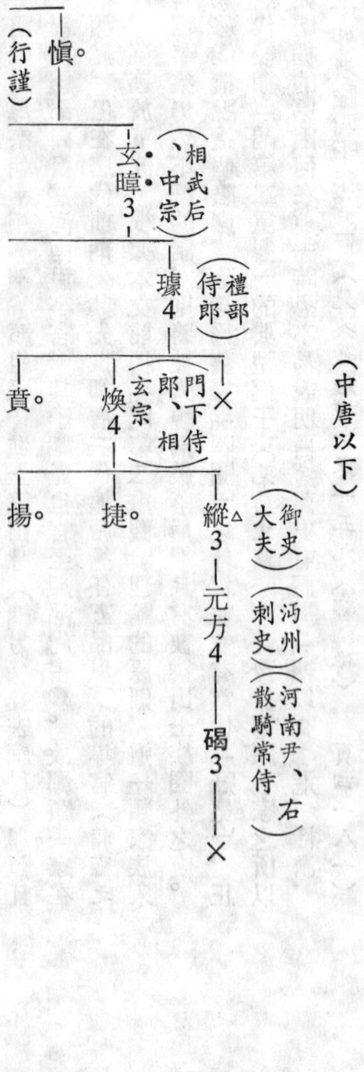

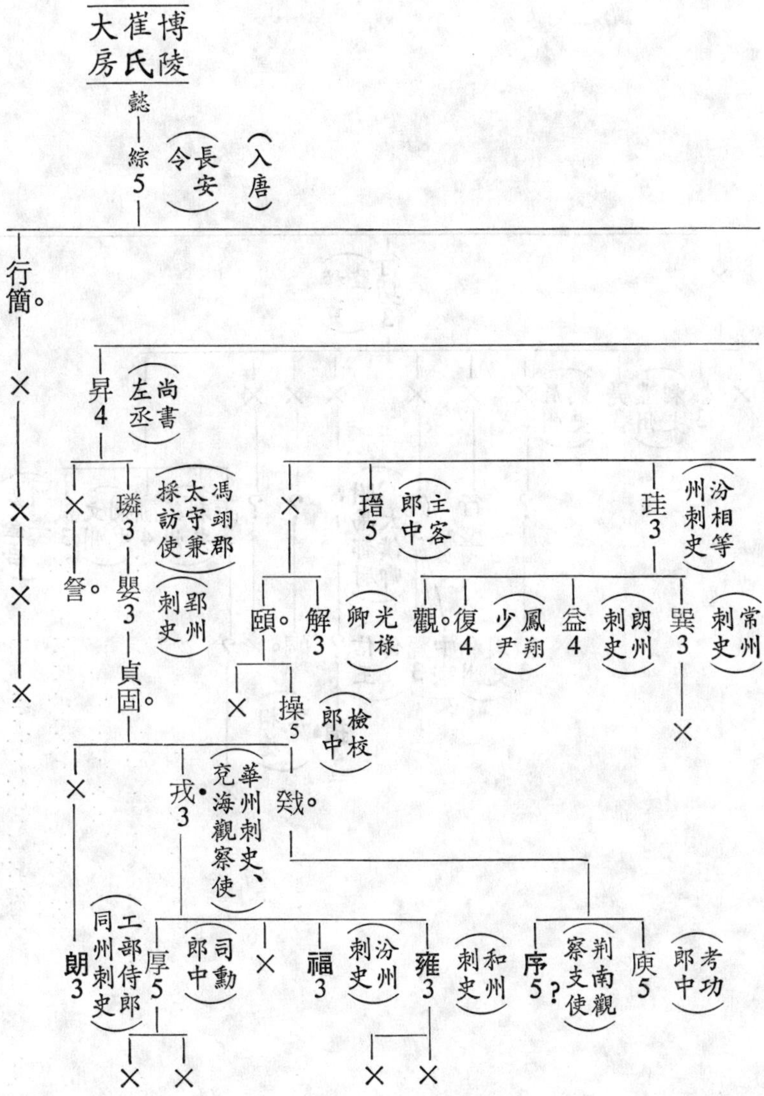
博陵崔氏大房
懿
綜5（長安令）（入唐）
行簡。
昪4（尚書左丞）
璘3（馮翊郡太守兼採訪使）
嬰3（鄆州刺史）
貞固。
詧。
珸5（主客郎中）
珪3（汾相等州刺史）
解3（光祿卿）
頤。
操5（檢校郎中）
觀。
復4（鳳翔少尹）
益4（朗州刺史）
巽3（常州刺史）
戎3（華州刺史、兗海觀察使）
戣。
朗3（工部侍郎同州刺史）
厚5（司勳郎中）
福3（汾州刺史）
雍3（和州刺史）
序5?（荊南觀察支使）
庾5（考功郎中）

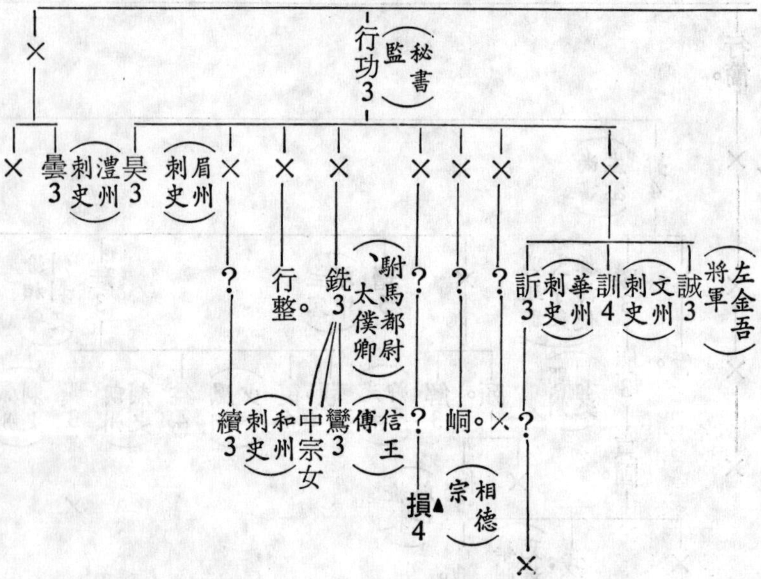
行功3（秘書監）
曇3
昊3（澧州刺史）
（眉州刺史）
行整。
銑3（駙馬都尉、太僕卿）
訢3（華州刺史）
訓4（文州刺史）
誠3（左金吾將軍）
續3（和州刺史）
中宗女
鸞3
傳（信王）
峒。
損4▲（相德宗）
?
×

附記：1.參考資料：《舊唐書》卷九一〈崔玄暐傳〉，卷一○八〈崔渙傳〉，卷一九○上〈文苑・崔行功傳〉；《新唐書》卷一二○〈崔玄暐傳〉，卷七二下〈宰相世系表〉，頁二七七九—八五、二八三四。

2.崔庾、序、福、朗等人官銜，〈宰相世系表〉頗多錯漏，今據趙鉞、勞格《唐尚書省郎官石柱題名考》卷二（京都，中文出版社，頁五七）、卷七（頁二一四）、卷八（頁二四六——七）、卷二五（頁五二七）改正。

3.崔朗字內明，爲崔雍堂兄，前引《唐語林》誤爲兄「明」，其進士第身分另見《登科記考》卷二七（頁一七六四）。

根據上表顯示，崔損一支在官位上遠遠比不上崔雍一支。雖然在崔損與高祖行功之間，每一世代（Generation）皆至少有一人官居五品以上，但崔損的父祖曾三代卻連續「名位卑替」，故其有鑒於此，不得不較別人多費心力，連應進士與制舉雙重科第以資補救（詳前）。至於崔行功之兄行簡一支，自初唐即已官宦不振，中唐以降仍未見起色，自已淪爲破落戶無疑。行功另兄愼雖官止縣令，但其二子玄暐及昇（一作昪），一爲宰相，一任四品官，從此以後每一世代多能高官蟬聯。以下謹以玄暐及昇兩支子孫爲例，續做官宦比較。

初步觀察之下，玄暐爲昇之兄長，在博陵崔氏大房中，既是長房，又由於其子孫官宦發展最爲平穩，故可能也是主支。《新唐書》卷一二○〈崔玄暐傳〉的一段文字頗能反映此現象。其云：

> 玄暐三世不異居，家人怡怡如也。貧寓郊墅，羣從皆自遠會食，無它爨，與昇尤友愛。族人貧孤者，撫養教勵。後雖秉權，而子弟仕進不使踰常資，當時稱重。（頁四三一七—八）

顯然崔玄暐在族中扮演著「家父長」或族長㉕的權威角色，其對家族子弟的教養和仕進皆頗留意。所謂仕進不「踰常資」，應是不鼓勵急功躁進之意，易言之，即身爲高門（七姓十家）子弟，官宦事業自可在穩定中求其自然的發展。按玄暐官至宰相，其兒孫輩每代皆有多人官居三、四品（計兒輩三、四、五品各一人；孫輩三品二人，四品三人，其中一人且為宰相）；統合言之，玄暐一支中唐以下的官宦，計三品四人，四品四人，五品一人，雖然仍有九人或居官五品以下或官宦不詳（原因不明，當然也有可能是《宰相世系表》失載，或甚至是部分早卒），但基本上，以整個家族而言，官宦事業堪稱平順。其中玄暐五傳至碣一支（即玄暐——璩——煥——縱——元方——碣）官宦最爲顯達，每代皆能官至三、四品，而且文才輩出㉖，還出了兩名宰相，可以說是博陵崔氏大房主支中之主支。

至於崔昇一支初期的官宦，雖然較諸玄暐長房主支遜色多多，但大體上其四代子孫中，每代仍皆能有一人官居三品（曾孫一代除外）。及至崔昇的五世孫雍一代，堂兄弟人數激增（此正好與崔玄暐五世孫僅碣一人形成强烈對比），其中任三品官者三人，五品官者也三人，與玄暐支相較，反而有後來居上之勢。更值得注意的是，崔雍堂兄弟輩多係帶進士第出身，在當時頗令人矚目，有「點頭崔家」的雅號。惟據前引《唐語林》所載：「雍兄明（當作「朗」）、序、福兄弟八人皆進士，列甲乙科。」如此語不誤，則前揭世系表所列崔雍弟厚、堂兄弟庾，可能也是經由進士科入仕（另有兩名失載，〈宰相世系表〉之多有脫漏，由此可見）。崔雍堂兄弟最後皆官居五品以上，除家世背景（門第因素）外，帶進士第似乎也是關鍵因素之一。

又前揭《唐語林》引文第一條提及的權德輿，出身於唐代新族㉗，其父皐以進士起家，知名於世，德輿則係經由辟召入仕（俱參《舊唐書》卷一四八〈權德輿傳〉）。職是之故，《唐國史補》卷中〈耻科第爲貲〉條（世界新校本）頁三三載其「以聞望自處，嘗語同僚曰：『未嘗以科第爲資。』鄭雲逵戲曰：『更有一人。』遽問：『誰？』答曰：『韋聿者也。』滿座絕倒」。觀德輿以未應舉而自矜，所謂物稀爲貴，可知當時未經由科第而聞達者蓋較少。此處引文提到的韋聿，卽德宗朝治蜀廿一年的劍南西川節度使韋皐（一作皋）之兄。《唐國史補》卷中〈韋聿白方語〉條（頁三三）載：「國子司業韋聿，皐之兄也，中朝以爲戲弄，嘗有人言九宮休咎。聿曰：『我家白方，常在西南二十年矣！』」按韋聿係由門蔭入仕（《新唐書》卷一五八〈韋皋傳〉），又常爲人所嘲弄，鄭雲逵之戲語可能卽針對此點而發（雲逵則係進士出身，見《舊唐書》卷一三七本傳）。韋皐從父兄平（萬年尉）之子正貫，其入仕途徑頗值注意。史載：

（正貫）少孤，皋謂能大其門，名曰臧孫。推蔭為單父尉，不得意，棄官去，改今名。舉賢良方正異等，除太子校書郎，調華原尉。後又中詳閑吏治科，遷萬年主簿，……。㉘

韋正貫家族似非關中郡姓京兆韋氏本支，而是唐代新族㉙。正貫入仕，最初也與其從父韋聿一樣走門蔭的老路，以從九品上的縣尉（單父屬河南道宋州）起家，猶不盡愜意，故棄官後再分別應兩次制舉，任官情況較前改善：太子校書郎（正九品下）——華原尉（正九品下，屬京兆府畿縣）——萬年主簿（正九品上，京兆府赤縣）。表面上，初任官品級雖然相差不大，仍有其實質意義。蓋有唐之仕途，若想位居顯宦，大抵取決於多元因素的促進，有利的條件愈多，則其仕途可能較爲平步青雲。針對這種現象，毛師漢光曾有抉論云：

唐代除門第因素外，出現科第等因素，任何單一因素率皆由下品官入仕，在其有生之年升至中品官，極其可能，若想官拜上品，則需具有額外因素或遭逢特殊機緣。官宦的騰達，其所以由一項因素發展成多項因素，原因甚多，其中最值得注意的是「圈內競爭」，……。㉚

蔭任、科第（制舉屬其一）及門第（如韋正貫出身世族子弟，其從父韋皐又為當朝權貴）等因素，當然都包含在上述所謂的多元因素範圍內。不過，這些多元因素通盤比較之下，一般而言，蔭任出身者的官歷，除非另有其它因素條件陪襯，否則無法與進士出身者之較優昇遷途徑相比；而清要官的形成，多少也與進士第有關㉛。至於科第之一的制舉、明經，在聲望和仕途上也迥不如進士之較具優勢，此史文已有明言：

然制舉出身，名望雖高（一作美），猶居進士之下。官途之士，自進士而歷清貴，有

> 八儁者，……。言此八者尤為儁捷，直登宰相，不要歷餘官也。同寮遷拜，或以此更相譏弄。御史張瓌兄弟八人，其七人皆進士出身，一人制科擢第，親故集會，兄弟連榻，令制科者別坐，謂之「雜色」，以為笑樂。㉜

> （李玨）甫冠，舉明經，李絳為華州刺史，見之，曰：「日角珠廷，非庸人相，明經碌碌，非子所宜。」乃更舉進士高第。㉝

進士科之最為時人所尚，由此可見一斑。至其所以一枝獨秀的主要原因，誠如《封氏聞見記》卷三〈貢舉〉條（頁十五）所云：「故當代以進士登科為登龍門，解褐多拜清緊，十數年間，擬迹廟堂。」㉞這種情形，中唐以下更為明顯。也許有鑒於此，故「草澤望之起家，簪紱望之繼世」（見前引《唐摭言》卷九），進士科遂成為大多數仕子（不管是寒門抑或世族子弟）激烈競逐的目標。

科舉制度在唐朝所造成的社會流動(Social Mobility)，由於種種外因及變數的影響，不能過於高估；近人已多有此共識。是以世族子弟在比例上仍是科舉考試的寵兒，不為無故㉟（參見下頁表二及下下頁表三之統計數字）。

由表二可以得知，整個唐代的世族階層，在科舉、薦辟及蔭緣等入仕途徑中（機緣、軍功除外），皆能獨佔鰲頭，比例且都高達三分之二以上，反映了世族獵官較具優勢且無孔不入的現象。比較言之，唐代前期世族經由薦辟、蔭緣入仕者較多，但中唐以下，世族藉科舉、薦辟、蔭緣入仕的人數分別為五四二：二五四：二九四，顯然科舉一途已躍居大宗，較受唐代後期世族青睞。再看表三，顯示科舉入仕途徑，不管唐代前期抑後期，進士科皆是世

表二　唐代統治階層入仕途徑統計表

分類	社會成分	唐代前期	肅、代宗	德宗	順、憲、穆、敬宗	文、武宗	宣、懿宗	僖、昭宗	合計（%）
科舉	士族	三二六 五九・八%	五四 六三・八%	六三 六〇%	八二 五八・六%	一四二 七四・二%	一三三 九三%	七〇 八三・三%	七五八 六八・四%（七二・五%）
	小姓	五一 一四・一%	一五 一七・四%	一七 一六・二%	三〇 二一・四%	三〇 一五・八%	六 四・二%	四 四・八%	一五三 一三・八%（一三・六%）
	寒素	九四 二六・一%	一七 一九・八%	二五 二三・八%	二八 二〇%	一九 一〇%	四 二・八%	一〇 一一・九%	一九七 一七・八%（一三・八%）
薦辟	士族	四一四 七二・四%	六三 六四・九%	七三 六九・五%	三七 六六・一%	三五 七六・一%	二五 八九・三%	二一 八四%	六六八 七一・三%（七一・一%）
	小姓	五〇 八・六%	一六 一六・五%	一四 一三・三%	一〇 一七・八%	二 四・三%	三 一〇・七%	一 四%	九六 一〇・二%（一三・九%）
	寒素	一一六 二〇%	一八 一八・六%	一八 一七・二%	九 一六・一%	九 一九・六%	〇 〇%	三 一二%	一七三 一八・五%（一六%）
蔭	士族	三四〇 八九・二%	五八 八二・九%	五九 八六・八%	七三 九二・四%	四七 九五・九%	三五 九四・六%	二二 九一・七%	六三四 八九・五%（八九・二%）
	小姓	四一 一〇・八%	一二 一七・一%	九 一三・二%	六 七・六%	二 四・一%	二 五・四%	二 八・三%	七四 一〇・五%（一〇・八%）

緣	機			緣	軍		功
寒素	士族	小姓	寒素	士族	小姓	寒素	附記
〇% 〇	三九·四% 一三	〇% 〇	六〇·六% 二〇	二六·二% 三九	一八·一% 二七	五五·七% 八三	
〇% 〇	二〇% 一	〇% 〇	八〇% 四	一二·二% 九	一四·九% 一一	七二·九% 五四	
〇% 〇	〇% 〇	〇% 〇	一〇〇% 一	一七·五% 一〇	一五·八% 九	六六·七% 三八	
〇% 〇	〇% 〇	〇% 〇	一〇〇% 四	二六·三% 一〇	一八·四% 七	五五·三% 二一	
〇% 〇	七五% 三	〇% 〇	二五% 一	四〇% 六	二六·七% 四	三三·三% 五	
〇% 〇	〇% 〇	〇% 〇	〇% 〇	二二·二% 二	一一·一% 一	六六·七% 六	
〇% 〇	一六·七% 一	〇% 〇	八三·三% 五	二二·六% 一二	五·七% 三	七一·七% 三八	
(〇%) 〇% 〇	(二五%) 三四% 一八	(〇%) 〇% 〇	(七五%) 六六% 三五	(一九·九%) 二二·三% 八八	(一四·二%) 一五·七% 六二	(六五·九%) 六二% 二四五	

附記

1. 資料來源：毛師漢光《唐代統治階層社會變動》表五、十一、二十四、三十六、三十七。部分數據略予訂正，百分比重新計算。本表不含入仕途徑「未詳」者。「合計」欄（ ）內之百分比係指唐代後期之比例。
2. 科舉類包括進士、明經、制科（舉）；薦辟類包括薦舉、上書、辟徵、吏幹、方技、佐命、招降；蔭緣類包括蔭、襲爵、父死王事、功授子、宰相子、承軍功、賜、外戚；機緣類包括宦官、佞倖。

表三　唐代世族（含舊族）科舉入仕統計表

區分	世族（全）進士	世族（全）明經	世族（全）制舉	世族（全）小計	魏晉南北朝舊族進士	魏晉南北朝舊族明經	魏晉南北朝舊族制舉	魏晉南北朝舊族小計
唐代前期	一〇六　四九・一%	五一　二三・六%	五九　二七・三%	二一六　一〇〇%	九九　四九・二%（九三・四%）	四九　二四・四%（九六・一%）	五三　二六・四%（八九・八%）	二〇一　一〇〇%（九三・一%）
肅、代宗	三七　六八・五%	一一　二〇・四%	六　一一・一%	五四　一〇〇%	三二　六八・一%（八六・五%）	一〇　二一・三%（九〇・九%）	五　一〇・六%（八三・三%）	四七　一〇〇%（八七・〇%）
德宗	四五　七一・四%	一〇　一五・九%	八　一二・七%	六三　一〇〇%	三九　七二・二%（八六・七%）	一〇　一八・五%（一〇〇%）	五　九・三%（六二・五%）	五四　一〇〇%（八五・七%）
順、憲、穆、敬宗	七二　八七・八%	五　六・一%	五　六・一%	八二　一〇〇%	六四　八八・九%（八八・九%）	五　六・九%（一〇〇%）	三　四・二%（六〇%）	七二　一〇〇%（八七・八%）
文、武宗	一三二　九二・九%	三　二・一%	七　五%	一四二　一〇〇%	一一三　九二・六%（八六・三%）	三　二・五%（一〇〇%）	六　四・九%（八五・七%）	一二三　一〇〇%（八六・五%）
宣、懿宗	一二八　九七%	一　〇・七%	三　二・三%	一三二　一〇〇%	九九　九六%（七七・三%）	一　一%（一〇〇%）	三　三%（一〇〇%）	一〇三　一〇〇%（七八%）
僖、昭宗	七〇　一〇〇%	〇　〇%	〇　〇%	七〇　一〇〇%	五二　一〇〇%（七四・三%）	〇　〇%（〇%）	〇　〇%（〇%）	五二　一〇〇%（七四・三%）
合計（%）	五八九　七七・七%	八一　一〇・七%	八八　一一・六%	七五八　一〇〇%	四九八　七六・五%（八四・六%）	七八　一二%（九六・三%）	七五　一一・五%（八五・二%）	六五一　一〇〇%（八五・九%）

附記

1. 資料來源：毛師前揭博士論文表二十四、二十八。百分比重計。
2. 唐代世族包括新族、舊族兩類。本表「舊族」欄「小計」項（　）內之百分比係指在各時期各類別世族總數中之比例。

族最矚目的焦點，而且時代愈後，這種趨勢愈發顯著[36]。另外，整個唐朝的每一時期，世族由科舉（包括進士、明經、制舉）入仕者中，「舊族」皆佔大多數，尤以進士科爲然。論者謂安史亂前舊族官吏僅有$1/10$爲進士出身，亂後（即中唐以下）則激增爲近半數（四六．五六%），而且中晚唐時期的進士，也多係來自舊族家庭[37]。這點也顯示出：「門第二重觀」下的唐代後期舊族，汲汲營營於功名以謀求官職的心態。

根據福島繁次郎的研究，門第世族自中唐以下，透過科舉（特別是進士科）而仕宦的案例與日俱增，玄宗朝可以說是科第官僚貴族的形成期，此後的唐朝貴族（含門閥）遂篤定成爲官僚貴族的形態[38]。這也反映出此際門第世族對官位的需求日深，他們似乎已體會到族望之不可專恃，必須另行獵取高官顯宦，才能維繫其家門於不墜。而當時人的門第觀念，也以兼有閥閱及官品者爲貴。

四

如所周知，「牛李黨爭」中李黨之黨揆李德裕（一云李「清直無黨」，此處不擬細究）爲山東士族，已成定論。其實德裕之家雖於當代具有官品，如其父吉甫爲憲宗宰相，祖栖筠爲代宗朝名臣，世稱「贊皇公」（《新唐書》卷一四六〈李栖筠傳〉）；但自栖筠以上，祖先之官宦卻頗爲不振㊴，而且這種衰象，早自南北朝初期便已開始，其中還有兩代名字失載，則其衰微可知。惟追根究柢，德裕所屬的趙郡李氏西祖房仍是貨眞價實的魏晉舊族，入唐之後，且爲七姓十家之一。其先世輝煌的官宦記錄，尙可由魏晉上溯至秦代，只不過這種盛況並不能長保，自南北朝初期以降，西祖房便長期陷入累世衰微的景況，直到德裕祖栖筠之世，方才起衰振疲。値得注意的是，李栖筠起家的方式也是經由進士第而入仕。

李栖筠舉進士第之事頗爲曲折。據《新唐書》卷一四六本傳載，栖筠微時不妄交遊，隱居於河北道衞州汲縣共城山下，由於族子李華（當非李遐叔）的勸請，始改節應舉。陳寅恪先生前揭〈論李栖筠自趙徙衞事〉（頁二一五）曾論之頗詳，此處自不宜再多贅㊵。値得注意的是，栖筠既出身於一沒落中的舊族家庭中，終究仍不免循流俗之請，改節而入仕。《舊唐書》卷十八上〈武宗本紀〉（頁六〇三）載德裕自陳其祖栖筠「天寶末以仕進無他伎，勉強隨計，一舉登（進士）第」。是則栖筠之起家，對於一個沒落舊族來說，具有起死回生的效用；故栖筠之對趙郡李氏西祖房的重要性，應較德裕在家族中所扮演的角色更爲重要。玆將李栖筠、德裕祖孫的家世臚列如下：

趙郡李氏西祖房

曇（秦司徒）—璣（秦太傅）—牧（趙相、武安君）—汨（秦中大夫、詹事）—左車（趙廣武君）—遐（漢涿郡守）—岳（諫議大夫）—秉（潁川太守）

敏（五大夫將軍）
謨（臨淮太守）
哆（上黨太守）
護（酒泉太守）
武（東郡太守、太常卿）
脩（後漢太尉）
諒（趙國相）
膺（河南尹）

瑾（東平相）
恢?
定（魏水衡都尉、漁陽太守）
機（太學博士臨江樂安二郡太守）
楷。（晉司農丞、治書侍御史）
勁。（晉治書侍御史）
隆。（後魏皁城令）

謀。（幕令）
昞（始平太守）
?
元稱（後魏廷尉）
?
孝恭。
懷宗。
君逸。（隋謁者台郎）
肅然。

載。
栖筠（御史大夫、贊皇文獻公）
吉甫（相憲宗）
德脩（楚州刺史）
德裕（相文宗、武宗）

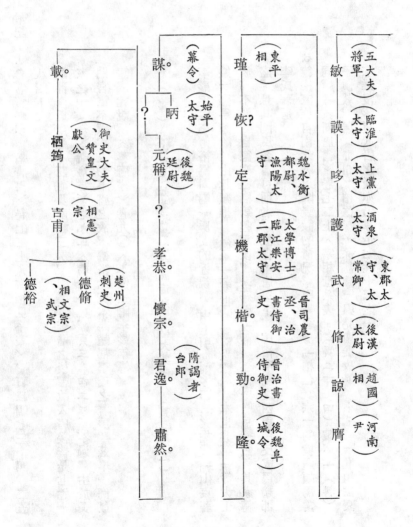

附記：1.參考資料：《新唐書》卷七二上〈宰相世系表〉，頁二四七三—四、二五八四—九一。

2.趙郡李氏東祖、西祖及南祖三房，同爲晉李楷之後，故入唐後皆是七姓十家之一（參《新唐書》卷九五〈高儉傳〉，頁三八四二）。不過，由於長期官宦不顯、人物不盛之故，德裕此支本非趙郡李氏之著房。茲舉一例以證成此說。《舊唐書》卷九〇〈李懷遠附李彭年傳〉載：

（彭年）慕山東著姓為婚姻，引就清列，以大其門。（頁二九二一）

李彭年與李德裕爲同屬一房支的近親；由上引文觀之，彭年非「山東著姓」應爲確論。由此類推，德裕之家世，嚴格說來，本也非第一等大士族；不過，自德裕祖栖筠起家後，至德裕之世，三代高官蟬聯，其家轉盛。且其門風多有可稱者。故自中唐以下，德裕所屬之西祖房反成爲趙郡李氏著房。

3.德裕家族自南北朝以降衰微的情況，與南祖房「柏仁衰宗」的境遇頗爲雷同。按《新唐書》卷七二上〈宰相世系表〉（頁二四七四）載：「（輯子愼敦，居（邢州）柏仁，子孫甚微，與晃南徙故壘，……。」惟柏仁衰宗雖沒落，入唐之後亦仍算是七姓十家之一。

約而言之，李德裕的家世除爲閥閱舊族之外，並兼有當代冠冕官品，自是山東士族趙郡李氏的著房無疑[41]。《舊唐書》卷十八〈武宗本紀〉記載一則君臣間反覆辯難朝廷用人政策的故事。武宗似爲一力主賢才主義者，認爲：「無論子弟、寒門，但取實藝耳。」而德裕則爲門閥主義的擁護者，其云：

> 臣無名第，不合言進士之非。……然朝廷顯官，須是公卿子弟。何者？自小便習舉業，自熟朝廷間事，臺閣儀範，班行准則，不教而自成。寒士縱有出人之才，登第之後，始得一班一級，固不能熟習也。則子弟成名，不可輕矣。[42]

細品德裕這一段話，完全是站在門閥的立場發言。引文所謂「公卿子弟」，實即德裕本人的化身（武宗與德裕不約而同地以「公卿子弟」對應「寒門」、「寒士」，正是一種「士庶區別」的現象）。一言以蔽之，「公卿子弟」意即門第中人之謂，而門第本寓含閥閱舊族和新興世族兩種層次，此處德裕可能係籠統言之，並未專指新族抑舊族。抑吾人所當注意者，不管是舊族或新族，自中唐以降，皆須有官品（政治地位之表徵）來搭配其社會聲望，否則其門第徒爲一空架子，無法贏得時人的尊重。德裕一身兼具閥閱舊族和當朝權貴兩種身分，正是再顯明不過的好例子。試再檢視晚唐五代時人牛希濟所撰〈寒素論〉，其云：

> ……豈在其貴賤之位哉？……豈在世載相襲、冠裳相承吁哉？……。今服冕之家、流品之人，視寒素之子，輕若僕隸，易如草芥，曾不以為之伍。……。士之美者，非貴

> 胄之子而登卿相之位，況投竿而為王者師，挽車而為王子相，豈白屋之士可自遺之哉！43

顯而易見，引文所謂的「貴胄之子」（與「寒素之子」、「白屋之士」係相對用語），意指「服冕之家，流品之人」。換句話說，身爲「貴胄」的必要條件在於「世載相襲，冠裳相承」，這當然是指涉累代官宦而說。準此，「貴胄之子」應與李德裕所說「公卿子弟」同義。

何啓民先生認爲：門第地位之高下，決定於此一門第的「人（人口多寡）」、「時（世代久暫）」、「名（名譽大小）」、「位（祿位高低）」四項44。此說誠爲卓見，自可適用於六朝及唐代後期的門第社會中（惟「位」之一項，不適用於唐代前期的閥閱舊族，如山東士族並不因其祿位高低見重於人）。質言之，中唐以下的舊族如欲鶴立於世、備享尊榮之樂，除閥閱之外，尚須擁有當代的官品，否則便有成爲破落戶之虞。本文表一所舉諸例可爲旁證（特別是形容范陽盧氏為「官閥」、博陵崔氏二房為「仕族」，此兩種用語似宜注意），譬如「諸崔自咸通後有名，歷臺閣藩鎭者數十人，天下推士族之冠。」（《新唐書》卷一八二〈崔珙傳〉）可知一斑。而在兼有閥閱及官品的世族羣當中，又共推名德清重者爲首。《新唐書・崔珙傳》又載：

> （崔珙弟）璵子澹，舉止秀峙，時謂玉而冠者。……當時士大夫以流品相尚，推名德者為之首。（懿宗）咸通中，世推李都為大龍甲，涓（崔珙子）豪放不得預，雖自抑下，猶不許，而澹與焉。終吏部侍郎。子遠，有文而風致整峻，世慕其為，目曰「釘

座梨」，言座所珍也。（頁五三六四）

《唐語林》卷四〈企羡篇〉記載此事之原委，更爲綦詳。其云：

> （崔）澹容貌清瘦明白，擢第升朝，……。先是，朝中以流品為朋甲，以名德清重者為首。咸通中，李都為大龍甲頭，沙汰名士，以經緯其伍。涓，澹兄弟也，澹在品中，以涓强侵為麤，卒不取焉。涓卑屈欲見取，其黨皆避之。（頁一一〇）

李都之家世，今無史料可稽，故無從查證。至於崔涓、崔澹二人，則爲閥閱舊族無疑（參表一），並兼有官品名位。但因崔涓個性粗疏豪放，無名德可稱，故不得預於朋甲之中；而崔澹則才行俱佳，故得以中選。

五

誠如本文在前言一開頭所提出的質疑指出的，唐代是否爲一門第社會？門閥世族在唐朝（特別是後半期）究竟是「復興」或「廻光返照」？還是已步入「衰落」期？由於論者各執一詞，見仁見智，實則各有所是，也各有所蔽，一時難以客觀平議其是是非非。故本文不此之圖，而將討論重點擺在唐代後期門第的變貌上，特別是門閥與官品的依存關係一節，更所究心。門閥與官品之間橋樑的搭建與流通，看似稀鬆平常之事，實則卻是當時門第家族振興或維護政治社會地位之所繫。蓋此一時代門第發展的大前提是「中央化」，一云科舉官僚化，世族日漸疏離或失去其鄉里地盤基礎，成爲中央官僚的一員。再加上門第在安史之亂中所飽受的衝擊㊺，使得世族們不得不重新調整步伐，更迫切需要緣引科舉等途徑以謀求出仕，爭取高官顯宦的機會，也因此而勢必更加依附於中央之羽翼下，扮演類似「寄生官僚」㊻的角色。論者有謂：他們「參加唐朝政權，不是以士族身份，也不是以古老的門第；他們是以個別士人身份參加的。其基礎是新興的科舉制，入仕以後已屬於科舉制下形成的新的官僚士大夫集團」㊼，所指出的確有部分實情。

但晚唐門第這種強烈依附政權的性格，連帶地也直接削弱了世族在亂世中適應的能力；所謂「皮之不存，毛將焉附」，隨著晚唐民變與藩鎭混戰的摧殘，以及唐政權的覆亡，門第最後終於被消融在歷史的洪流中㊽。此後取代世族角色而活躍於軍政舞臺上者，另是一批尙武輕文的河東、河北職業軍人㊾。而上述唐末五代社會政治史上的變局，正是所謂「唐宋變革期」學說㊿的重要課題之一，溯本追源，部分不能不歸因於唐代後期世族角色性格的蛻變。當然，更不能不考究門閥之與官宦的依存關係。

附　註

❶ 詳參鄧文寬〈近十年唐代士庶問題研究述評〉（大陸「中國唐史學會第四屆年會暨國際唐史學術討論會」論文，尙未正式出版），頁二一一〇。另參閻守誠、趙和平整理〈唐代士族、庶族問題討論會綜述〉，《歷史研究》一九八四—四，頁一三四以下。

②孫國棟〈唐宋之際社會門第之消融〉，《新亞學報》四卷一期（一九五九），頁二一一以下，特別是頁二一三、二一八及文末所附〈晚唐五代北宋人物家世比較表〉㈠㈡；毛師漢光《唐代統治階層社會變動》（未刊博士論文），頁三四一五。

③詳參金應熙、鄭雲濤〈國外對六朝世族的研究述評〉，《暨南學報》（哲學社會科學）一九八七—二，頁六九—七二；另參拙文〈北魏姓族分定初探〉，收入《國史釋論》（陶希聖先生九秩榮慶祝壽論文集，民七十六），頁四三。

④以上引文分別見《全唐文》卷六〈刊正氏族詔〉，（滙文版）頁八〇、《通鑑》卷一九五〈唐紀〉太宗貞觀十二年，（新校本）頁六一三六、《舊唐書》卷六五〈高士廉傳〉，（新校本）頁二四四三。

⑤詳參毛師漢光〈中古山東大族著房之研究——唐代禁婚家與姓族譜〉，原刊《中研院史語所集刊》五十四本三分，也收入氏著《中國中古社會史論》（臺北，聯經出版事業公司，民七十七），頁一八九以下。另參岡本午一〈唐代聘財考〉（收入《羽田博士頌壽記念東洋史論叢》），頁二三九—二四〇。

⑥見毛師漢光前揭《唐代統治階層社會變動》，頁二三、一一五、一一七。

⑦詳參拙著《由門第觀念的形成看唐代前期門第的發展》（臺大史研所未刊碩士論文，民七十三）第三章第四節〈門第二重觀——雙重標準之考察〉之討論。

⑧《文苑英華》卷八八九劉禹錫〈故朝散大夫檢校尚書吏部郎中兼御史中丞賜紫金魚袋清河縣開國男贈太師崔倕神道碑〉，（臺北，華文書局版）頁五五八〇。《舊唐書》卷一五五〈崔邠傳〉載：「祖結，父倕（〈宰相世系表〉作祖佶父匯），官卑。」疑誤，當以碑文爲正。

⑨《新唐書》〈鄭餘慶傳〉、〈鄭絪傳〉（頁五〇六一、五〇七四）皆謂鄭絪爲餘慶之從父，惟據〈宰相世系表〉之行輩次序，絪當爲餘慶之族祖（絪屬南祖房，餘慶屬北祖房），未知孰是？

⑩ 元稹：《元氏長慶集》卷十八〈盧頭陀詩〉幷序（中華書局聚珍倣宋版），頁六a。又見《全唐詩》卷四一三，（新校本）頁四五七八。

⑪ 中央研究院史語所傅斯年圖書館拓片〇八五八七號〈故河南府司錄參軍盧君墓誌銘〉，又見《全唐文》卷六三九（李翺撰），頁八一九七。

⑫ 愛宕元〈唐代范陽盧氏研究——婚姻關係を中心に〉（收入川勝義雄、礪波護編《中國貴族制社會の研究》，京都大學人文科學研究所，一九八七），頁二〇一。

⑬ 羅振玉《芒洛冢墓遺文》卷中〈唐故給事郎永州司馬賜緋魚袋范陽盧府君墓誌銘〉（收入《石刻史料新編》一九，臺北，新文豐出版公司），頁一四〇一五。

⑭ 毛師漢光〈唐代大士族的進士第〉（《中央研究院成立五十周年紀念論文集》，民六十七），頁五九四、六〇二、六〇九—一一、六一三—四（本文也收入前揭《中國中古社會史論》，參頁三四〇—一、三四七、三五八—六〇、三六二—三）。毛師藉量化統計之方法，對唐代十八家大士族子弟之門第、科第（尤其是進士科）因素與官宦之關係進行分析，可令讀者獲得較清晰之理解。

⑮ 詳參前揭拙文〈北魏姓族分定初探〉，頁四三之註❷。儘管此說尚有爭議，但筆者較傾向於這種看法。

⑯ 兼參礪波護〈中世貴族制の崩壞と辟召制〉《東洋史研究》廿一卷三號（一九六二）、同氏〈唐中期の政治と社會〉（收入岩波講座《世界歷史》5「古代」5，岩波書店，一九七〇），頁四四六。同氏〈律令體制とその崩壞〉（收入《中國中世史研究》，東京，東海大學出版會，一九七六），頁四一〇；今堀誠二〈唐代士族の性格素描(一)〉，《歷史學研究》九卷十一號（一九三九）頁六九—七〇；毛師漢光〈從士族籍貫遷移看唐代士族之中央化〉（《史語所集刊》五二本三分，民七十），頁五〇五—七、同氏〈中國中古社會史略論稿〉，（《史語所集刊》四十七本

三分，民六十五），頁三八一—三，另見前揭《中國中古社會史論》，頁五一—四、三三三—七。

⑰《全唐文》卷一三五杜淹〈文中子世家〉，頁一七二〇、守屋美都雄《六朝門閥の一研究》（東京，日本出版協同株式會社，一九五一），頁一〇四—六。

⑱同上註，〈文中子世家〉，頁一七二〇。

⑲《全唐文》卷一六〇呂才〈東皋子後序〉，頁二〇六二。

⑳王質這種重振家門的心態，守屋美都雄論之頗詳，見氏著前揭書，頁一一五—六。根據《文苑英華》卷九一七劉禹錫〈故宣歙池等州都團練觀察處置使宣州刺史兼御史中丞贈左散騎常侍王公（質）神道碑〉，頁五七四四的記載，王質之所以決定應進士舉，是出於朋輩的慫恿。碑文載：「公慊然自少，無進取意，與游者激之曰：『卿文儒家子，篤志如是，盍求發聞，俾家聲不穎，今夫以文字芒洋當世者，誰如華卿（質字）？庸自棄耶？』」這裏提到的應舉動機，與前引《舊唐書》本傳的記載，稍有出入。另外值得注意的是，碑文也提及王勉（質之曾祖、王勃之堂兄弟）曾「舉進士、試賢良，皆上第」，可惜僅官至河中府寶鼎令；似乎彼時的科第，對於官位的昇遷尚未有決定性的影響，如中晚唐者。

㉑《舊唐書》卷一六三、《新唐書》卷一六四〈王質傳〉。由此可知王質雖處牛李黨爭之世，猶堅守中立無黨之風操，前人將他列歸於李黨，實際上是不符史實的。參毛師漢光前揭《唐代統治階層社會變動》，頁三五四；〈中國中古賢能觀念之研究—仕宦標準之觀察〉（《史語所集刊》四八本三分，民六十六），頁三六五。

㉒崔損雖企圖重振家門，惜其本人節行有虧，以致功虧一簣，反招清議之譏。《舊唐書》本傳（頁三七五五）載其拜相之際，「旬日中外顯望名德，損比無聲實，及制下之日，中外失望。……。南北兩省清要，損皆歷踐之，在位無稱於人者。身居宰相，母野殯，不言展墓，不議遷祔；姊爲

尼，歿於近寺，終喪不臨，士君子罪之」。按門第之構成，祖上官宦固爲先決條件，但門第自有其社會聲望，否則門第無由成立；反之，門第中人如有玷行穢風，則必爲社會所不齒，其社會聲望亦必毀於一旦矣。《新唐書》卷一六三〈柳公綽傳〉附錄柳玭家訓有云：「夫名門右族，莫不由祖考忠孝勤儉以成立之，莫不由於子孫頑率奢傲以覆墜之，成立之難如昇天，覆墜之易如燎毛。」可見一斑。是故崔損非但不能起衰振疲，反成爲其家族之罪人；陳寅恪先生卽據此認爲崔損雖號稱山東舊族，但門風廢替，家學衰落，自不得列爲舊門，更不宜列之爲「大士族」。詳參《唐代政治史述論稿》中篇（臺北，里仁書局《陳寅恪先生文集》㈢），頁八七—九、高師明士〈六十七年度隋唐史研究評介〉，《史學評論》第二期（民六十九）頁一八一。

㉓ 兼參《舊唐書》卷一五九〈鄭絪傳〉，頁四一八〇以下；《新唐書》卷一六五〈鄭絪傳〉，頁五〇七四以下；同書卷七五上〈宰相世系表〉，頁三三四六。

㉔ 毛師漢光前揭〈唐代大士族的進士第〉，頁五九五—六〇二，另見《中國中古社會史論》，頁三四二—八。

㉕ 「家父長」一詞，爲日本學界討論中國家族時所習用，如仁井田陞《中國法制史研究（家族村落法）》（東京大學出版社，一九六二）第二章〈中國の家父長權力の構造〉卽專論家父長在家族中的地位與權限，可參看。另外，王玉波《歷史上的家長制》（臺北，谷風翻印本）第四章〈家長制與族權〉（特別是頁七二—三）也有一般性的說明。

㉖ 史稱崔玄暐「少有學行，（中略）。唯篤志經籍，述作爲事。所撰《行己要範》十卷、《友義傳》十卷、《義士傳》十五卷、訓注《文館辭林策》二十卷，並行於代。子璩，頗以文學知名。……」，見《舊唐書》卷九十一〈崔玄暐傳〉，頁二九三四—五。又史載：「（崔渙）博綜經籍，尤善談論。」見同書卷一〇八〈崔渙傳〉，頁三二八〇。

㉗ 玆將權德輿之家世臚列於下（黑體字代表進士第，「。」代表居官五品以下，「・」代表明經入

仕，「?」代表官宦不詳）：

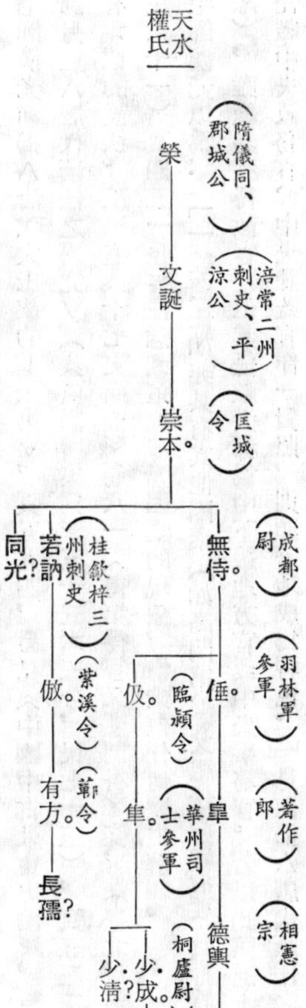

附記：1. 參考資料：《新唐書》卷七五下〈宰相世系表〉，頁三三九一—三。

2. 權德輿祖倕之官職，〈宰相世系表〉未列，此據同書卷一九四〈卓行・權皐傳〉，頁五五六六。

3. 權氏一門計出六進士、三明經，詳參《登科記考》卷九、十四、十七及二七。權若訥另應制舉，見同書卷二七。

㉘ 《新唐書》卷一五八〈韋臯附正貫傳〉，頁四九三七。另詳《文苑英華》卷九一五蕭鄴〈嶺南節度使韋公神道碑〉，頁五七三五；《新唐書》此段文字當係採自碑文，故較爲簡略。

㉙ 兩《唐書・韋臯傳》雖皆謂其爲京兆人，但於其先世卻未詳載，僅《新唐書》偶有提及「六代祖範，有勳力周、隋間」（頁四九三三），如此而已，故此支是否與關中郡姓韋氏有近親關係，無從查證，而《新唐書・宰相世系表》也未載。今據前揭韋正貫「神道碑」、《全唐文》卷四九七權德輿〈唐故光祿大夫……南康郡王贈太師韋公先廟碑銘幷序〉（頁六四一一），錄其家世世系如下：

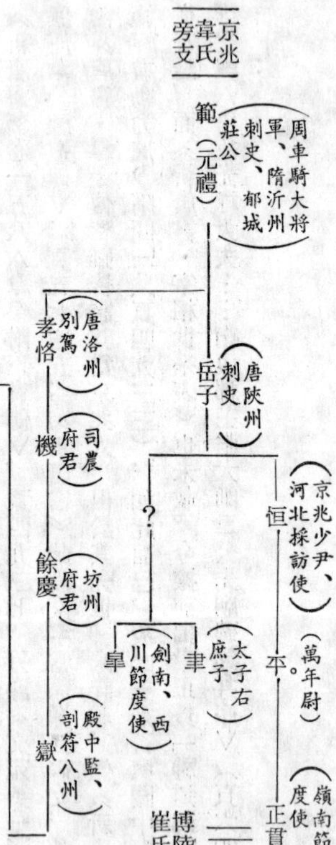

附記：韋正貫娶監察御史博陵崔昇女，按崔昇為太宗朝宰相崔仁師之玄孫，其家世詳見《新唐書》卷七二下〈宰相世系表〉，頁二七七四。

㉚ 毛師漢光前揭〈唐代大士族的進士第〉，頁五九四，另見《中國中古社會史論》，頁三四〇。毛師另文〈唐代蔭任之研究〉（《史語所集刊》五十五本三分，民七十三），頁五三三、五三四也有類似的說法。王鳴盛《十七史商榷》卷八一〈得第得官又應制科〉條，（臺北，樂天出版社，民六十一）頁四五一也曾注意到這種多元因素的現象，惜未做任何歷史解釋。

㉛ 毛師漢光以為：「一般蔭任如非具有其他因素（如高門第、父祖任高級清要官、特殊才能或機緣），雖極易獲得散官，但其任職大都為中下級地方官或中央事務官。若以此與進士出身者大都任職中央政務官、中央諫監官作一對照，則顯著地成為特色。」見前揭〈唐代蔭任之研究〉，頁五三四。另參〈科舉前後（公元六〇〇年—一三〇〇）清要官型態之比較研究〉，收入中研究

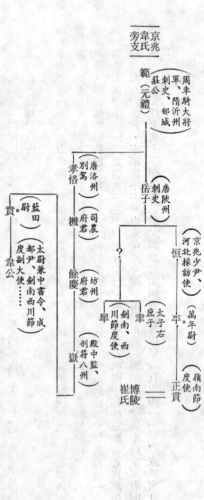

《國際漢學會議論文集》（歷史考古組）上册（民七十），頁三八七－八。

32 唐·封演《封氏聞見記》（臺北，世界書局，趙貞信校注本，收入《晉唐劄記六種》，民七十三再版），卷三〈制科〉條，頁一六－七。另參《唐語林》卷八，頁二二二，文字稍有出入。

33 《新唐書》卷一八二〈李珏傳〉，頁五三五九。按進士科之成爲「士林華選」，時尚所趨，論者多矣，可參《唐摭言》相關部分、《唐國史補》卷下〈敍進士科舉〉條，不待贅述。近人相關論著中，卓遵宏《唐代進士與政治》（臺北，國立編譯館，民七十六）則爲集大成之作，可閱該書之第二、三章。

34 岑仲勉先生曾對進士科一枝獨秀的原因提出解釋，歸結爲「人情都貴難而賤易」，有以致之。詳見氏著《隋唐史》（香港，百靈出版社翻印本），頁一八五前後。這個解釋雖也言之成理，但進士第出身仕途昇遷較快較優（參註31毛師漢光語）的現實因素，恐更具有說服力。又關於《封氏聞見記》所謂「十數年間，擬迹廟堂」一語，周道濟《漢唐宰相制度》（臺北，嘉新水泥文化基金會，民五十三），頁六三二－五做有「唐宰相出身于進士者由登科至拜相所歷年數表」，一般而言，多則三、四十年，少則六、七年，平均數則爲廿年；再者，有唐宰相由進士出身者比例頗高，尤以中晚唐時代爲然（詳參卓遵宏前揭書，頁三之表二、頁一一〇之表卅一），咸信這也是進士科吸引仕子的原因之一。

35 隋代廢除九品官人法，開科取士，理論上世族已失去仕宦的特權，必須與寒族公平競爭；但據毛師漢光量化統計（見前揭《唐代統治階層社會變動》，頁二五九－六〇，表卅七），科舉入仕者中有六九%（更精確則是六八·四%）是世族子弟。這個數據頗可釐清舊說之誤解。至於世族爲何能在科舉考試中佔盡優勢，另詳吳宗國〈進士科與唐朝後期的官僚世襲〉，《中國史研究》一九八二－一，頁三三－五、傅璇琮〈論唐代進士的出身及唐代科舉取士中寒士與子弟之爭〉，《中華文史論叢》一九八四－二，頁一〇九－一一〇。毛師前揭博士論文，頁三二九－四二（特別是三三七—八）有更爲精闢的分析。

㊱ 孫國棟先生以《舊唐書》列傳爲量化統計基礎，謂：「然考唐代自安史亂後，史傳人物由進士上達者共二六八人（按此數目疑估計過少），其中屬於名族及公卿子弟者竟達二〇五人，佔總數七〇%，……。」見氏撰前揭〈唐宋之際社會門第之消融〉，頁二四三。又按吳宗國前揭〈進士科與唐朝後期的官僚世襲〉，頁三三—四認爲：「進士科在高級官僚子孫世襲高位上發揮作用，是從貞元、元和時期（七八五—八二〇）開始的。」「進士科成爲選拔高級官吏的主要途徑，這個變化對當時公卿大臣子弟的仕進道路發生了深刻的影響。」「貞元以後達官子弟應進士舉的顯著增加的情形，說明高官新貴已經比較普遍地利用進士科來讓他們的子弟進入仕途，繼居高位。」雖其著眼點在於公卿子弟假藉進士第之名，以行官僚世襲之實，但所論觸及門閥與官宦之關係，仍頗具參考價值。另何灿浩撰有〈唐後期進士和顯官構成簡論〉，刊於《寧波師院學報》一九八四—三，觀其題旨，似與吳文雷同，惜未能獲讀。

㊲ 詳參卓遵宏前揭書，頁八六—九，並舉范陽盧氏等諸多舊族父子兄弟連續登科爲例。

㊳ 福島繁次郎以天水趙氏爲中心，暢論科第官僚貴族的形成史，曾作表比較唐代的前期與後期（以玄宗朝爲斷）趙、崔、鄭三族進士登第的數目；玆轉引如下（括弧內之數字，指年次不明者）：

	各年間進士登第數	趙族
高祖—中宗 九十二年	一七〇〇	四
睿宗—玄宗 四十七年	一三一七	八
合計 百三十九年	三〇一六	一二（一七）
肅宗—昭宗 百四十九年	三九九八	二三（二四）

崔族	四	六	一〇（一七）	六九（八九）
鄭族	五	二	六	六一（六二）

詳參氏著《中國南北朝史研究》（株式會社名著出版，一九七九增訂版），頁一八三—四。毛師漢光前揭〈唐代大士族的進士第〉文中更以十八家大士族宰相一百八十六人爲對象，統計其入仕方式，結果發現一個明顯的趨勢，即帶進士第者大幅度增加，至唐代後期且更甚，而與前期的情形幾乎相反，說明了士族似乎找到了保持其政治地位的良方。詳參該文頁六〇一—二。

㊴ 此點陳寅恪先生已有抉發。陳先生並引《唐國史補》卷中〈李氏公慚卿〉條（頁四四）爲證，謂趙郡李氏不僅是山東士族，且爲地方豪強，「其家固不必以仕宦保持其社會地位也」。詳參氏撰「論李栖筠自趙徙衞事」（收入《陳寅恪先生文集》㈡《金明館叢稿二編》，里仁翻印本），頁六一七。按李德裕是否出身山東士族？史書皆未明言。筆者前已指出，門第構成的最基本條件爲祖先之官品，而唐代前期的閥閱舊族雖在當代可以不必仰賴官品也能見重於世，但至少可以確知其魏晉南北朝的祖先必有顯赫官品，否則只能算是雄霸一方之土豪，與所謂門第尚有一段距離。蓋世族之所以爲世族，除俱備社會聲望之外，還須與政治勢力結合，擁有「世祿」，這正是地方豪族與世族的分野所在。由此觀之，陳先生的看法稍嫌自圓其說，並不完全妥當。

㊵ 惟陳先生謂栖筠「忽爾離棄鄉邑祖宗歷代舊居之地，而遠隱於汲縣之共城山，必有不得已之苦衷」（頁三一），所謂不得已之苦衷，意指「河北之地至開元晚世，約二十年間，諸胡入居者日益衆多，喧賓奪主，數百載山東士族聚居之舊鄉，遂一變而爲戎區。……土壤相錯雜，利害相衝突，卒以力量不能敵抗之故，惟有捨棄鄉邑，出走他地之一途。」（頁三二）實則陳先生所說全係

推論（詳參施山〈從陳寅恪的「河朔胡化說」看他的唯心史觀〉，光明日報一九五八、十一、廿四「史學」雙週刊），並無確切證據可爲佐助，頗有可議之處。其一，安史之亂以前，河北一地是否已全面胡化？殊值商榷；我們不能因爲安史亂後河朔三鎭文化低落，卽一逕認爲亂前河北已成爲「戎區」。此點討論起來，頗費周章，無法詳辯；可參閱吳光華《唐代盧龍鎭之研究》（臺大史研所碩士論文，民七十），頁二七五－八四。其二，陳先生忽略了趙州和衞州皆在河北道境內（參《新唐書》卷卅九〈地理志〉三「河北道」衞州汲郡條，頁一〇一二及趙州趙郡條，頁一〇一六），假使陳說屬實，河北之地既已成爲戎區，則李栖筠何必多此一擧地由趙州遷徙至同爲戎區的衞州？據謝海平先生研究，玄宗以前蕃胡入唐要道凡八，河北道卽爲其一，而趙州、衞州皆在所經的路線上。但河北道蕃胡分佈的情形，實以幽州、營州等地爲多。詳參氏著《唐代留華外國人生活考述》（臺北，商務印書館，民六十七），頁一六、五四－六。至於趙州一地，在安史亂前是否已臻華夷雜處且喧賓奪主的地步，頗成疑問。其三，李栖筠居共城山下之事，究竟是擧家遷徙呢？還是純粹爲個人的隱居行爲？《新唐書》本傳謂其「世爲趙人，幼孤，有遠度，莊重寡言，體貌軒特。……不妄交游。……始，居汲共城山下……」。《舊唐書》卷一七四〈李德裕傳〉謂其「趙郡人」，又據德裕《會昌一品集》卷一八〈請改封衞國公狀〉云：「亡祖先臣，曾居衞州汲縣，…。」既云「曾居」，則德裕家人不居此地可以推知。如所周知，唐人功利心重，隱居之士也所在多有，但隱士實可分眞隱、假隱兩種（參《舊唐書》卷一九二、《新唐書》卷一九六〈隱逸傳〉序）。考兩《唐書．隱逸傳》著錄隱逸人物廿九人，大抵非由隱而仕，卽先仕而後隱，其棲息山林終身不仕者，十不一、二。由此觀之，栖筠寄住汲郡，可能是一種隱居行爲（權德輿《權載之文集》卷三三〈唐故銀青光祿大夫御史大夫贈司徒贊皇文獻公李公文集序〉所載：「（栖筠）初未弱冠，隱於汲郡共城山下，營道抗志，不苟合於時。」最能釐清此事眞相）。

㊶ 《唐語林》卷四〈企羨篇〉（頁一〇六）載：「趙郡李氏，（憲宗）元和初，三祖之後同時一人

為相。藩南祖，吉甫西祖，絳東祖，而皆第三。至（文宗）大和開成間，又各一人前後在相位；德裕，吉甫之子，固言，藩再從弟，皆第九，珏亦絳之近從。」可以為證。

㊷ 詳《舊唐書》卷十八上〈武宗本紀〉，會昌四年十二月，頁六〇二—三。按君臣相互論辯朝廷用人政策一事，北魏孝文帝時也曾發生過，惟彼時孝文帝為門閥擁護者，而朝臣李沖、韓顯宗等人則為賢才至上主義者；恰與唐武宗（君）、李德裕（臣）論辯之事角色和主張相對調，頗耐人尋味。又按李德裕之批評進士科，其意並不在全盤否定進士制度本身，而是「蓋惡其祖尚浮華，不根藝實」（同上書，頁六〇三）；亦即進士科以詩賦取士的考試方式，易流於浮薄，自不為謹嚴持重的德裕所喜。《新唐書》卷四四〈選舉志〉載：「進士科當唐之晚節，尤為浮薄，世所共患也。」可見德裕非議之語，並非無的放矢。職是之故，德裕遂「恥與諸生從鄉賦，不喜科試」（同上書卷一七四本傳，頁四五〇九），而改由門蔭入仕（詳參《新唐書》卷一八〇本傳，頁五三二七）。

㊸ 《文苑英華》卷七六〇牛希濟〈寒素論〉，頁四七七四—五。

㊹ 何啟民〈中古門第之本質〉，收入氏著《中古門第論集》（臺北，學生書局，民六十七），頁三。

㊺ 詳參拙著前揭碩士論文第四章第四節〈安史之亂與門第勢力的推移—由保家心態說起〉。

㊻ 「寄生官僚」一說，見於矢野主稅《門閥社會成立史》（東京，國書刊行會，一九七六）序章、第四章及第五章，用以理解後漢官僚之性格。所謂「寄生官僚」，意指後漢中晚期出現的累世中央高級官僚家族（豪族），長期定居京師，生活清廉，只依靠官俸渡日，因而寄生於中央政權。按本文只是借用矢野之概念，無意強為比附。

㊼ 見李光霽〈簡論唐代山東舊士族〉，收入中國唐史學會編《唐史學會論文集》（陝西人民出版社，一九八六），頁三〇。按此語雖係專對山東士族而發，但其概念應是通則。另參該書所收吳

宗國〈唐代士族及其衰落〉，頁二一。鄧文寬前揭（註❶）稿，頁一六。

㊽ 參田廷柱〈關於唐代門閥士族勢力消長問題的考察〉，收入同上注書，頁八二—三。David Johnson 以唐末宋初趙郡李氏爲例所寫的個案專文：*The Last Years of A Great Clan: The Li Family of Chao Chün in Late T'ang and Early Sung*, *Harvard Journal of Asiatic Studies*, vol. 37 也指出這點。

㊾ 參毛師漢光〈五代之政治延續與政權轉移〉，《中研院史語所集刊》五十一本三分(民六十九)。

㊿ 「唐宋變革期」學說，發端於日本京都學派，影響深遠。中文方面參考資料有高師明士《戰後日本的中國史研究》（臺北，東昇出版事業公司，民七十一），頁一〇四—一七，特別是頁一〇五、一一六。另邱添生〈由政治形態看唐宋間的歷史演變〉，《大陸雜誌》四十九卷六期（民六十三），頁一七—二二，同氏〈由世族盛衰看中國中世的社會變遷〉，收入《第一屆國際唐代學術會議論文集》（民七十八），頁八二八—四七，則是專門探討「唐宋變革」學說中的世族衰微問題，與本文題旨正合。

附記：本文宣讀時，承蒙傅錫壬教授賜正多處，特此致謝。茲因限於版面，無法大幅度更動，謹擇要補充說明如下：㈠本文第三節連引《唐語林．企羨篇》五條資料，用以印證科第為中晚唐士子入仕途徑之大宗。其中引文首條一開頭即提及權德輿「身不由科第」，初觀頗為突兀，誠然。但筆者徵引此段文字，用意實在該引文下段所述權氏知貢舉三年，所取門下諸生後多仕至公相。惟本文病在未對此段文意稍事疏解，自易啓人疑竇。今據《登科記考》卷十五，知權氏知貢舉在德宗貞元十八、十九及二一年，所出門生較知名者有：賈餗、李宗閔、牛僧孺、楊嗣復（以上進士），王涯、白居易、元稹（以上制擧）。上述諸人頗多牛黨中人且多非門閥出身。㈡牛李黨爭非本文主題，故本文於此未有定論的公案淺涉卽止，並未深究。但本文所論門第與進士第關係密切，明眼的讀者定能看出筆者無意苟同所謂「牛黨重科舉，李黨重門第」的舊說。關於此點，可以另撰「唐代牛李黨爭中的家世風習問題」討論之，請俟諸他日。

唐末關中安全體系的破壞

郭啟瑞

一、緒言

長久以來，關中卽爲中國西北部的主要戰略區域，以其形勢使然❶。亦爲中國最早開發的地區之一❷。自西周以降，共有秦、西漢、新、前趙、前秦、後秦、西魏、北周、隋、唐等政權在此定都，成爲政治重心。對外而言，它是抗禦西北外族及吸收其文化的大本營，屬於政治地緣學所稱之「樞紐地帶」❸。對內而言，又爲統一全國的要地，以其居高臨下，易守難攻的地勢便利，「下兵於諸侯，辟猶居高屋之上建瓴水也」❹。淸地理學家顧祖禹亦言：「陝西據天下之上游，制天下之命者也。是故以陝西發難，雖微必大，雖弱必強。雖不能爲天下雄，亦必浸橫決，釀成天下之大禍。陝西爲天下安危所繫，可不畏哉？」❺中國人對此地區的重要性早已認知。漢高祖本欲建都洛陽，婁敬曰：「秦地被山帶河，四塞以爲固，卒然有急，百萬之眾可具。因秦之固，資甚美膏腴之地，此所謂天府也。……夫與人鬬，不搤其亢，拊其背，未能全勝也。今陛下入關而都，案秦之故地，此亦搤天下之亢而拊其背也。」❻張良亦極力附和婁氏的說法：

洛陽雖有此固，其中小，不過數百里，田地薄，四面受敵，此非用武之國也。夫關中左殽函，右隴蜀，沃野千里，南有巴蜀之饒，北有胡苑之利，阻三面而守，獨以一面東制諸侯。諸侯安定，河渭漕輓天下，而給京師，諸侯有變，順流而下，足以變輸。此所謂金城千里，天府之國也。❼

關中既如此重要，故常成爲朝代轉換時期的爭奪對象，飽受鉅大戰禍之餘，水利失修，農地日蹙❽，使關中的經濟體系動搖。加上中央的費用日廣，不得不日益仰給東南財物的供輸。隋代大規模修築運河實爲此趨勢長期發展之結果。至唐代，此特點愈趨明顯。

關中固然進可攻，退可守，但若不能掌握周緣戰略地區，則無疑要坐以待斃。顧祖禹認爲在戰略地緣上，河北、河南、關中乃是一體：「河南古所稱四戰之地也。當取天下之日，河南在所必爭，及天下既定，而守在河南，則岌岌焉有必亡之勢矣。河南之禍，中於關中者十之七，中於河北者十之九。守關中、守河北，乃所以守河南也。」❾杜牧亦認爲：「河北視天下，猶璣珠也；天下視河北，猶四肢也。璣珠苟無，豈不活身，四肢苟去，吾不知其爲人。」❿故欲求關中長期的穩定，河北、河南必須掌握。就消極守備而言，關中周緣地區如隴右、河西、河東、巴蜀及關東的黃河沿線要地亦須有效掌握，不可僅恃周邊關防守備，此可由日後歷史的發展看出。

關中的安全防護不單只有軍事意義而已，其它還包括政治、心理及經濟等相關因素。就唐前期而言，關中的安全體系是由府兵羣、番上的京師衛戍部隊，及關隴地區的關禁體系所構成。但在安史亂後，以上三要素均消失，代之而起的是禁軍、藩鎮防秋兵及邊軍入戍關中者（如朔方軍），三者交錯防禦，加上效忠中央的藩鎮夾輔緩衝，發揮機動的防護功效。但是這種依賴忠誠服從的安全體系，其缺乏安定性的缺點，隨著局勢的變化而愈加顯明。至於對漕的依賴，唐前後皆同，然而後期因中央賦稅區日蹙，漕運的財物支持對唐室愈形重要。

中央政局的發展與安全體系的能否維持息息相關。唐帝多專注於軍事及財政，忽視官僚體系的正常運作及對社會的副面影響——宦官及聚斂之臣的弄權導致中外離心，民生凋弊，危機四伏的境地。本文所涉範圍雖廣，然主要仍是希望探討唐帝國於其逐漸頹過程中所顯現的生存形態——即唐後期因關中之惠而苟延百餘年國祚，亦因關中之限制而終不免覆滅。這種矛盾的現象可以從唐末關中安全體系破壞的諸面相中觀察得知。

二、社會基礎的破壞

（一）唐自安史亂後至懿宗即位之前（七五五—八五九），中央政府的安全曾遭受數次重大的威脅。代宗廣德元年（七六二），吐蕃攻陷長安，代宗出奔陝州。翌年，僕固懷恩叛，聯吐蕃、回紇軍入寇關中。德宗建中二年（七八一），成德王武俊、盧龍朱滔、魏博田悅、淄青李納聯合淮西李希烈共同稱王，反叛中央。建中四年（七八三），涇原兵叛，陷長安，擁朱泚為帥，德宗出奔奉天。興元二年（七八五），入援關中的李懷光叛，攻奉天，德宗再幸梁州（後改為興元）。憲宗元和元年（八○六），劍南的劉闢有獨立的傾向，對關中的後方形成威脅。元和九年（八一四），吳元濟以淮西叛。十年，宰相武元衡因淮西事件，於早朝途中遇刺身亡，朝臣震恐。其間唐以施行自然地緣戰略⑪，或採主動出擊的方式⑫，化解重重危機，此與關東、河東諸鎮的入援與支持有相當大的關係。唐中央政令所能及的範圍雖有限，如憲宗朝「兵食於官者八十三萬，加天寶三之一，通以二戶養一兵，京西北、河北以屯兵廣，無上供」⑬，限制了唐中央的生存空間。然西北邊境的壓力自代、德朝以後已趨平靖，而中央與地方的關係除河北外，仍能維持形式上的主從關係，這對唐室是相當有利的條件。

懿宗之後，形勢逆轉，各地大小變亂紛起，對唐中央形成重大的考驗。宣宗大十三年（五八九）年底，仇甫於浙東作亂，漫延非常迅速。由於事關東南財賦區的存亡，朝廷調派忠武、義成、昭義及淮南諸鎮兵，加上部分遷徙東南地區的吐蕃、回紇兵，勉強討平其亂。然已暴露出地方行政的弊端⑭。至於勢力日益強大的南詔，自唐文宗大和三年（八二九）起又大舉北犯，曾攻入成都，劍南危急異常。宣宗時，孫樵曾記其事云：

南蠻果大入成都，門其三門，四日而旋。其所剽掠，自成都以南，越嶲以北，八百里之間，民畜為空。加以敗卒貧民，持兵羣聚，因緣劫殺，官不能禁。由是西蜀十六州，至是為病。自是以來，羣蠻常居蜀之心，居則息畜聚粟，動則練兵講武，而俾其習於蜀者，伺連帥之間隙，察兵賦之虛實。或聞蜀之細民，苦於重征，且將啟之，以幸非常。吾不知羣蠻此舉，大劍以南為國家所有乎？⑮

懿宗時，南詔勢力又危及嶺南地區，南北藩鎮先後調兵南下。因中央對衛戍兵員的調度不當，終引起咸通九年（八六八）徐州戍卒叛變的事件。徐州戍桂州的兵卒因戍期已滿，聞欲再留一年，忿而作亂，擁龐勛爲帥⑯。本爲七百人之小亂，卻因北上廣招從亂羣眾，勢力驟強難遏，終至於廣大淮南地區淪爲戰場。由於諸道平亂軍的輕敵，致遭受重大挫敗⑰，叛軍勢力有北上擴張的趨勢，局勢頓時緊張，其發展遠超出預料。史云：「徐人謂旌節之至不過旬月，願效力獻策者遠近輻湊，乃至光、蔡、淮、兗、鄆、沂、密羣盜，皆倍道歸之，闐溢郛郭，旬日間，米斗直錢二百。」「龐勛募人爲兵，人利於剽掠，爭赴之，至父遣其子，妻勉其夫，皆斷鉏而銳之，執以應募。」⑱顯然中央政府的威信於淮南及鄰近地區已喪失殆盡，若非叛軍內部紀律不良，統御失效，恐怕早已席捲全國。懿宗朝的小規模變亂，尚有咸通四年（八六三）昭義歸秦之亂，八年（八六七）之懷州民變，十年（八六九）之陝州民變，種種迹象顯示，中國社會已在醞釀一場極爲嚴重的社會危機，中央勢已逐漸由各地消退，當局卻未正視。

憲、武二朝對關東及河北的出擊，固然伸張王權，然大肆籌措軍費及役使民力的結果，社會基礎已開始動搖。憲宗時，張仲方描述當時之慘狀云：「農人不得在畝，緝婦不得在桑。耗斂賦之常資，散帑廩之中積，徵邊徼之備，竭運挽之勞。僵屍血流，胔骼成岳。酷毒之痛，號訴無辜，剿絕羣生，逮今四載。」⑲沉重的賦役加上中央對地方官的選任不注重，更助長危機。文宗太和二年（八二八），劉蕡卽痛切指出其弊，並預言大動亂的來臨：

今海內困窮，處處流散，飢者不得食，寒者不得衣，鰥寡孤獨者不得存，老幼疾病者不得養。加之以國之權柄，專在左右，貪臣聚斂以固寵，姦吏因緣而弄法。冤痛之聲，上達九天，下流於九泉，鬼神怨怒，陰陽爲之愆錯，君門萬里而不得告訴，士人無所歸化，百姓無所歸命，官亂人貧，盜賊並起，土崩瓦解之勢，憂在旦夕。（中略）臣以為刺史之任，理亂之根本繫焉，朝選之法制在焉，權可以抑豪猾，恩可以惠孤寡，強可以禦姦寇，政可以移風俗。⑳

孫樵亦書其所見之狀云：

官小者其下雖氣猛可制，官大者其益橫暴難禁。由是日益破碎，不與曩類。某曹八九輩，雖以供饋之隙，一二之治，其能補數十百人殘暴乎？……今者天下無金革之聲，而戶口日益破；疆場無侵削之虞，而墾田日益寡，生民日益困，其故何哉？㉑

懿宗朝時，劉允章上言：

今天下蒼生，凡有八苦，陛下知之乎？官吏苛刻，一苦也。私債徵奪，二苦也。賦稅繁多，三苦也。所由乞斂，四苦也。替逃人差科，五苦也。冤不得理，屈不得訴，六苦也。凍無衣，飢無食，七苦也。病不得醫，死不得葬，八苦也。……天下百姓哀號于道路，逃竄於山澤，夫妻不相活，父子不相救，百姓有冤，訴於州縣，州縣不理；訴于宰相，宰相不理；訴于陛下，陛下不理，何以歸哉？㉒

地方軍政長官貪暴無能，於前述南詔北犯時期充分暴露出來。據《新唐書》卷二二〇中〈南蠻傳〉中所載，西川節度使杜元頴「治無狀，障候弛沓相蒙」。安南節度使李琢「苟墨自私，以斗鹽易一牛，夷人不堪，結南詔將段酋遷陷安南都護府，號『白衣沒命軍』。」嶲州刺史喻士珍「貪獪，陰掠兩林東蠻口縛賣之，以易蠻金，故開門降，南詔盡殺戍卒，而士珍遂臣於蠻。」定邊節度使李師望「裒積無厭，私賄以百萬計。」

三、關東戰略區域的喪失

這種弊端至僖宗時似乎並沒有改進的現象，加上自懿宗咸通十四年（八七三）至僖宗乾符元年（八七四）華北廣大地區的嚴重旱災，民生一片凋弊，關東情勢開始不穩。盧攜言其狀曰：

臣竊見關東去年旱災，自虢至海，麥纔半收，秋稼無幾，冬菜又少，貧者磑蓬實為麪，蓄槐葉為齏，亦難收拾，常年不稔，則散之鄰境。今所在皆饑，無所依投，坐守鄉閭，待盡溝壑。其蠲免餘稅，實無可徵，而州以有上供及三司錢，督趣甚急，動加捶撻，至撤屋伐木，雇妻鬻子，止可供酒食之費，未得至於府庫也。或租稅之外，更有他徭，朝廷儻不撫存，百姓實無生計。㉓

一場鉅大的變亂卽將爆發，但州縣多不上報，終於乾符二年（八七五）王仙芝、黃巢之亂起自山東，擴張迅速。由於初期叛軍勢力南下，關中並未波及。及其席捲南方轉指北方後，關中的情勢便汲汲可危。原本對關中具有緩衝作用的關東效忠藩鎮，非被叛軍所敗，卽是自保不暇，毫無鬪志，如李罕之攻申、光、潁、徐、兗等州，吏皆亡㉔。朝廷雖以神策及博野軍十萬守潼關，然「時禁軍皆長安富族，世籍兩軍，豐給厚賜，高車大馬，以事權豪；自少迄長，不知戰陣。初聞科集，父子聚哭，憚於出征。各於兩市出値萬計，傭雇負販屠沽，及病坊窮人，以爲戰士，操刀載戟，不知鐓銳」㉕。不久巢軍卽由禁谷進入，夾攻潼關，守軍瓦解，長安尋陷。

關中自身守備力量脆弱固不待言，然諸將保境不戰是關中迅速陷落的主要原因之一。劉巨容不欲追擊巢軍，云：「朝家多負人，有危難，不惜愛官賞，事平卽忘之，不如留賊，爲富貴作地。」㉖高駢亦聽從畢師鐸的建議：「莫若觀釁，自求多福。」㉗諸將與中央的疏離，使唐中央不得不另尋支持武力，朱溫與李克用勢力卽在此背景下竄升，不可遏止，終戕唐祚。

朱、李二人的背景異於一般鎭帥。朱溫原爲黃巢之軍將，巢軍入關中後，任同州防禦使。屢爲王重榮所敗，巢軍內部又不予支援，溫忿而降唐，賜名全忠。僖宗中和三年（八八三）卽拜汴州刺史、宣武軍節度使，可見其竄升之快。李克用之興則代表沙陀在中國勢力之壯大㉘。懿宗時，沙陀酋長赤心（後賜名李國昌）雖有平龐勛之功，然於代北地區已顯現不穩定的現象，朝廷心存戒警，每裁抑其勢力。咸通十三（八七二），徙李國昌爲雲州刺史，國昌拒命，其子李克用亦助其父叛，爲害邊境，朝廷全力反擊，克用敗逃入韃靼。時巢軍已陷長安，國勢危險萬狀，不得已徵用其兵，拜克用爲代州刺史、雁門以北行營節度使。朝廷收編朱、李二勢力，不可謂無暫時抒難解困的功效，卻未慮及其負面影響，卽二人分佔極重要之區域：河東及宣武，並以之擴張，造成關東要地逐一喪失的局面。

及黃巢於中和四年（八八四）敗軍出關中，爲時溥所殺後，朱、李二人便積極擴張自己的勢力範圍。朱全忠的戰略乃「連絡明天的敵人，打擊今天的敵人」，先弱後強，個個擊破。光啟三年，朱全忠在兗州朱瑾及鄆州朱宣的援助下，大敗來犯之黃巢部將秦宗權，取得河陽、洛陽。西線暫告一段落後，朱全忠「乃馳檄兗鄆，言宣、瑾多誘宣武軍卒亡以東」㉙。汴軍雖敗還，然全忠已取得淮西大部分領地。秦宗權則於蔡州負隅頑抗。文德元年（八八九）朱全忠爲蔡州四面行營都統，率諸鎮軍攻蔡州。後宗權爲愛將申叢所囚，折一足。朱全忠則殺叢，獻宗權於京師以邀功。

朱全忠欲向東方擴張，河北三鎮的態度是極重要的。三鎮面對朱、李二人的強勢擴張，實不易保持中立立場：

> 中和末，太原李克用始彊大，與定州王處存厚相結，（李）可舉惡其窺山東爲己患，乃遣使約吐渾都督赫連鐸、鎮州王鎔聯合，揚言易、定本燕趙屬，得其地，且參有之。卽遣軍司馬韓玄紹擊沙陀藥兒嶺，斬首七千級，殺其將朱耶盡忠等，收牛、馬器鎧數萬。㉚

幽、鎭二地對李克用反感，對朱全忠何嘗不存戒心。全忠爲免後顧之憂，不得不以武力壓迫：

> 光化中，全討劉仁恭，鎔遣兵屯蕎城。俄而仁恭敗，擊其歸，得十八。全忠旣取邢、

> 銘、磁，又得潞，因圖河東。使羅紹威諷鎔絕太原，共尊全忠。鎔猗違，全忠不悅。會克用將李嗣昭攻銘州，全忠自將擊走之，得鎔與嗣昭書，全忠怒，引軍攻鎔，次元氏。……鎔以幣二十萬賂師，遣子昭祚質仕全忠府，全忠因妻之。……全忠乃取定州，王郜奔太原。㉛

朱全忠於三鎭中主要是取得魏博的親汴立場。乾寧二年（八九五），李克用欲援朱宣，路過魏境，因晉軍軍紀不佳，引起魏軍的反感㉜，且懼晉之野心，便與汴聯軍。克用怒，決心攻魏。由於朱全忠的介入，方使晉之勢力退出魏博。全忠亦極力拉攏羅弘信：「始全忠亟討兗鄆，懼弘信貳，取歲時賂遺良厚。弘信每有饋答，全忠引其使北向拜受，兄事之。弘事以爲厚已，故推心焉。」㉝至其子紹威繼任時，盧龍劉仁恭已附晉，魏博倍感威脅，與汴連結愈固：

> 幽州劉仁恭擁兵十萬謀亂河朔，進陷其州，長驅攻魏，紹威求援于太祖（朱全忠）。太祖遣李思安援之，屯于洹水，葛從周自邢洺引軍入魏州，燕將劉守文、單可及與王師（指汴軍）戰于內黃，大敗之。……自是紹威感太祖援助之恩，深加景附。紹威見唐祚衰凌，羣雄變亂，太祖兵強天下，必知有禪代之志，故傾心附結，贊成其事。㉞

朱氏取得魏、鎭二軍的親附，在東方之立足點卽告穩固㉟。至於中原羣雄，較弱的徐州時溥，於光啟至大順的六七年間，遭受汴軍的長期圍困，窘困異常，曾求救於朱瑾，因大雪，不果救。汴軍便於景福元年（八九二）攻陷徐州，溥自殺。至於鄆州之朱宣及兗州的朱瑾，則因前述晉援軍阻於魏博，陷入孤立無援的狀態。景福四年汴軍克鄆州，朱宣敗走中都，被殺。兗州亦不久卽陷，朱瑾奔淮南。稍後汴軍南下攻勢雖受挫於楊行密[36]，但朱全忠統一關東的工作大致已告完成。接著便是與晉進行決戰。

相對於朱全忠，李克用的擴張戰略有相當大的弊病。光啟元年（八八五），幽、鎭二軍攻易定王處存，克用援處存，敗幽、鎭軍，未予以嚴重打擊，只收復易州，便急赴關中，殺親汴之朱玫，卽班師。大順元年（八九〇），幽、鎭、汴、中央、吐蕃及黠戛斯聯軍攻晉，敗軍，幽州降，克用以劉仁恭爲留後。嗣後，因李茂貞、韓建、王行瑜三藩帥威逼中央，殺宰相李磎，克用再度入關，王行瑜敗死，繼欲討茂貞，因昭宗不許而止。恰逢朱宣爲朱全忠所困，求援於晉，克用移師東行，關中權力結構未遭受根本破壞。

乾寧四年（八九七），幽州劉仁恭叛晉，克用興兵討之，大敗而還。又於天復元年，汴軍攻晉之附庸勢力河中王珂，克用出軍，爲汴軍所阻，河中遂陷，克用勢大蹙。天復二年（九〇二），汴軍長驅至太原，會大雨，汴軍缺糧而退師。及朱全忠入關中，晉軍乘機反攻，破汴軍於晉州。全忠回師再攻太原，不克。自此短期內克用無力與朱全忠爭雄，坐觀全忠再度入關予取予求，徒呼：「乘輿不再西矣！」[37]

觀李克用之兵略，其最大缺點在於未能固守戰果，掌握機先。前之勝幽、鎭，未能予以重大打擊，使之絕對臣服，致使劉仁恭叛起，再失河朔。後之二入關中「清君側」，亦未能破壞關中藩鎭與宦官互相糾結的權力結構，進而掌制皇權。無怪乎東奔西突，結果一無所得。另一方面，李克用對內的統治方式，亦是其爭雄失敗的主要原因之一。景福二年太原之圍後，掌書記李襲吉指出其內政之弊：

伏願大王崇德愛人，去奢省慾，設險固境，訓兵務農。定亂者選武臣，制理者選文吏。錢穀有司，刑法有律。誅賞由我，則下無威福之弊；近密多正，則人無讒謗之憂。……至於率閭閻，空閒架，增麴蘗，檢田疇，開國建邦恐未爲功。㊳

至於關東藩鎮先後併入朱全忠，實亦有使其可乘之機。早於憲宗時代，李吉甫卽言：「法令所不能制者，河南北五十餘州。」㊴可見關東藩鎮之動搖不自本期始。至僖宗光啟元年（八八五），關東割據形式卽已形成：「王重榮據蒲陜，諸葛爽據河陽、洛陽，孟方立據邢、銘，李克用據太原、上黨，朱全忠據汴、滑，秦宗權據許、蔡，時溥徐泗，朱宣據鄆、齊、曹、濮，王敬武據淄青，……皆自擅兵賦，迭相吞噬，朝廷不能制。」㊵軍鎮之割據、分散，正是朱全忠施行個個擊破的良機，連具有長久合作經驗的河北三鎮亦不例外。

四、關中軍閥的興起

象徵李唐權力根據地的關中，在黃巢之亂後，仍不免衍生出跋扈的藩鎮。其發展之晚，主要原因乃西北軍鎮的經濟一向依賴中央的供給㊶。最後能突破此限制而加入普遍割據潮流者，可歸結出下列三點。

一、**邊鎮地勢險要，屯兵所在，便利軍權擴張：**

李茂貞所據之鳳翔，朱玫、王行瑜之邠州，韓建之華州，皆關輔重地。《讀史方輿紀要》卷五記華州云：「州前據華嶽，後臨涇渭，左控桃林之塞，右阻藍田之關。自昔為關中喉舌，用兵制勝之地也。」記邠州云：「邠寧為重鎮，常屯兵兵於此，以遏寇衝，蓋厚涇原之形援，固畿輔之藩衛，州實南北襟要也。」鳳翔則「當關中心膂，為長安右輔。」

二、宦官脅制王室的工具：

關中藩鎮與宦官集團利害相關。宦者脅制君上必須掌握禁軍以自重。然唐末京師禁軍已逐漸分裂，一部分忠於朝廷，一部分忠於宦官，因之宦官仍須藉重關中諸鎮的兵威。而藩鎮欲取得政治利益，亦須與宦官合作，這種共生關係使關中藩鎮日益壯大。

三、外部壓力所造成：

唐代後期百餘年之間，關中，經常處於驚惶不安之中，尤其在僖、昭時代，更是落入孤立的不利情勢。前節所述關東重要戰略地區的喪失，使關中籠罩在東方朱、李強大軍事集團的陰影下，若其中之一大勢力入關，朝廷的武力實不足以抵禦，加深關中諸鎮自保的態勢。

光啟元年（八八五）的朱玫變亂，代表關中藩鎮跋扈的表面化。朱全忠攻晉，得潞州，而盧龍李匡威、雲州赫連鐸亦表請攻太原。宰相張濬及孔緯欲乘此伸張中央威信，僖宗卻不表贊同：

> 濬議曰：「先帝頻至播越，王室不寧。原其亂階，由克用、全忠之矛盾也。請因其奏，乘全忠立功，可斷兩雄之勢。」上曰：「收復之功，克用第一。今乘其危困而加兵，諸侯其謂我何？」……宰臣孔緯曰：「張濬所陳，萬代之利也。陛下所惜，卽目

> 下之利也。以臣所料，師渡河而賊必自破。昨計度軍中轉餉犒勞，一二年間，必無闕事，陛下斷意行之。㊷

在張、孔二人的勸說下，朝廷終於出兵。然兵弱不堪一擊，加上楊復恭從中阻撓，終於狼狽敗還。李克用致書責備朝廷失信，唐中央威信掃地㊸。際此關中不安狀態，關中藩鎭早思對應之道。邠州朱玫於河東兵敗後，卽倒戈回略關中，僖宗蒼惶出奔鳳翔。朱玫入京師後卽急追乘輿，不得，回京立襄王熅爲帝，朱專斷朝政。進一步壓迫逃往山南之僖宗，唐室危殆。然叛軍內部亦開始分裂，李昌符歸附山南的朝廷，而李克用亦步步向關中進逼，朱玫勢力頓衰，最後散關守將王行瑜回京斬朱玫首而降。此次雖得平服叛軍，然其間之政治現象頗值得注意。當叛軍組成新政府時，遣人宣諭、封拜天下藩鎭，表示支持者甚多：

> （朱玫）受詔討河中，軍敗，以軍容使田令孜失策，時諸軍皆怒，乃詢人情，表請誅令孜。令孜與楊復恭挾帝西幸，玫又失策，乃虜襄王熅，與蕭遘等同立帝，大行封拜，以啖諸侯，而天下之人，歸者十五六焉。與李昌符始謀册立，及後玫自稱大丞相，吐握在己。昌符怒，乃以表送行在，復密結樞密使楊復恭，人心乃離。㊹

最重要的是「諸道貢賦多之長安，不之興元」㊺。可見當時藩鎭多對唐室失去向心力，新政府有取而代之的趨勢。若非其內部分裂，則李唐能否繼續生存，是一大疑問。朱玫雖敗，亦反映關中一個深刻的問題，卽宦官專權下，引起中外的情緒反彈。

唐代後期，宦官權熾，常干預藩鎮的正常運作，「而宦官品德低下，不識大體，欺凌藩鎮，最易使藩鎮改變其對中央之態度」[46]。代宗朝程元振殺山南東道節度使來瑱，致使廣德元年之吐蕃入侵時，諸軍無人入援的情況。太常博士柳伉上疏請誅程元振[47]。朔方將領僕固懷恩反時，曾上書自言受李輔國讒害[48]。之後，成德李寶臣之由順轉逆，德宗朝平盧李納之叛，穆宗朝澤潞節度使劉悟不服中央，亦皆由宦官逼迫而起。唐末中央權力消退，宦官掌制政軍之情況依舊。致使服從中央的軍鎮亦漸無法忍受其專恣。前述諸軍怨田令孜，有以也：

> 令孜以復光故，纔受諸衛軍，皆養爲子。別幕神策新軍，以千人爲都，凡五十四都，分左右爲十軍統之。又遣親信覘諸鎮，不附己者以罪除徙。養子匡祐宣慰河中，王重榮厚爲禮，匡祐傲甚，舉軍怒，重榮因數令孜罪，責其無禮，監軍和解乃去。令孜白以兩鹽池歸鹽鐵使，卽自兼兩池榷鹽使。重榮不奉詔，表暴令孜十罪。[49]

高駢上書僖宗，痛切指陳宦官的無能，關輔受黃巢亂軍蹂躪的事實：

> 其時黃巢殘凶，纔及二萬，經過數千里軍鎮，盡若無人。只如潼關以東，只有一徑，其爲險固，甚于井陘。豈有狂寇奔衝，略無阻礙？卽百二之地，固是虛言，神策六軍，此時安在？陛下倉皇西出，內官奔命東來，黎庶盡被殺傷，衣冠悉遭屠戮。[50]

朱玫敗死後，李茂貞、王行瑜、韓建三人稍後繼之而起，繼續壓迫朝廷，唐室自此一蹶不振。以下就三人背景作一簡介：

李茂貞，本屬鎮州博野軍卒，僖宗乾符初，入關中，駐留鳳翔。遇黃巢之亂，敗尚讓之眾於龍尾陂，以功昇為神策軍指揮使。朱玫之亂起，又因護駕有功，任為洋、蓬、壁等州節度使。光啟二年（八八六），又因平李昌符之亂，升為鳳翔節度使[51]。自此開始李茂貞挾制朝政的歷史。

王行瑜，本隸邠州軍，從朱玫平黃巢有功。朱玫叛起，王行瑜被任為天平軍節度使，奉命守大散關。為官軍所敗，恐為朱玫所罰，即倒戈斬玫而降，升為邠寧節度使，奠定他在西北的基礎[52]。

韓建，早年為蔡州軍將，隸忠武軍鹿晏弘麾下。黃巢亂起，從楊復光攻打長安的黃巢。楊復光死後，鹿晏弘與韓建無所屬，便以西迎僖宗為名，向西攻掠山南，至興元，遂節度使牛叢，據山南。然因不能守，遂奔蜀，被擢為金吾衛將軍。僖宗返長安後，又升為潼關節度使、華州刺史，日後便以華州作為他擴張的基礎。史云：

> 華州數經大兵，戶口流散。建少賤，習農事，乃披荊棘，督民耕殖，出入閭里，問其疾苦。……是時天下已亂，諸鎮皆武夫，獨建撫緝兵民，又好學。荊南成汭時冒姓郭，亦善緝荊楚，當時號為「北韓南郭」。[53]

乾寧二年（八九五），河中節度使王重盈死，諸子爭立，河東李克用支持王珂，而關中三鎮則極力支持王珙。三鎮如此關切河中局勢，乃是顧慮自身的安全，若河中落入晉手中，則無異成為李克用入侵關中之踏板。然昭宗依然不贊同對晉用兵。三鎮對朝廷的中立立場極為不滿，聯兵犯京師，逼昭宗殺宰相韋昭度及李磎。這次出兵實有整肅朝廷中異議分子的目的。韋、李二人對素親李茂貞的韋昭度不妥協，引來仇怨：

> 崔昭緯素疾磎，諷劉崇魯掠其麻哭之，言：「磎懷姦，與中人楊復恭昵款，其弟為時溥所殺，不可相天子。」翌日，下遷太子少傅。磎乃自言為崇魯所汙，書十一上不止。……昭宗素所器遇，決意復用之，而李茂貞等上言深詆。[54]

韋昭度立場與李磎一致：

> 先是，邠州王行瑜求為尚書，昭度奏議云：「國朝以來，功如郭子儀，未省曾兼此官。」乃賜號「尚父」。崔昭緯宗人鋌曾為行瑜從事，朝廷每降制敕，即令鋌訴於行瑜，俾上章論列。朝廷小有依違，即表章不遜。[55]

除誅害宰相外，三鎮亦欲行廢立。李克用感事態嚴重，乃決意揮師入關。首與同州王行約（行瑜弟）戰，行約戰敗，率師入京師，與其弟左軍指揮使王行實大掠坊市，謀刼昭宗至其根據地邠州。而此際在京師之樞密使駱全瓘，與李茂貞假子右軍指揮使李繼鵬，則欲刼昭宗往鳳翔。邠岐兩派軍隊不得不訴諸武力爭奪，京師大亂。結果因親朝廷之禁軍將領捧日都頭李筠率本軍護駕，出亡山南，而幸免於難。此次事件顯示關中藩鎮各具野心，初為挾天子以令天下，方暫時結合，基礎不穩固。

李克用軍過同華之後，卽直驅邠州之王行瑜。邠軍勢弱，難當晉師。行瑜曾求救於岐軍，然終不免兵敗而死。邠寧戰事結束後，克用本欲繼對岐用兵，然昭宗有所顧慮而不允許：

> 李克用遣掌書記李襲吉入謝恩，密言於上曰：「比年以來，關輔不寧，乘此勝勢，遂取鳳翔，一勞永逸，時不可失。臣屯軍渭北，專俟進止。」上謀於貴近，或曰：「茂貞復滅，沙陀大盛，朝廷危矣！」上乃賜李克用詔，褒其忠款，而言曰：「不臣之狀，行瑜爲盛。自朕出幸以來，茂貞、韓建自知其罪，不忘國恩，職貢相繼，且當休兵息民。」克用奉詔而止。旣而私於詔使曰：「觀朝廷之意，似疑克用有異心也。然不去茂貞，關中無安寧日。」[56]

李克用不顧因此獲脅君之罪名，毅然退出關中。事實上，朝廷之顧慮之有其理由。倘克用有貳心，則朝廷無以制之，唯有任其擺佈，而鳳翔畢境爲小軍鎭，朝廷以爲可以整頓軍備以平服之。總之，不希望關外勢力干涉關中「內政」。然而李茂貞勢力發展之迅速，出乎意料之外。李克用退兵後不久，李茂貞卽佔領河西部分州縣，對朝廷形成極大威脅。

朝廷於晉師退出後，卽回京增加禁軍兵力，且以宗室典軍，欲維持其最基本的保護力量。但此微弱的兵力仍難抵擋華、岐方面的侵逼。乾寧三年（八九六），李茂貞再逼京師。唐宗室延王戒丕建議至太原避難，君臣旋卽動身北上。韓建得知朝廷動向後，卽於鄜州阻截之，對昭宗韓說以不可北上的理由：

> 方今藩臣跋扈者，非止茂貞。陛下若去宗廟陵園，遠巡邊鄙，臣恐車駕濟河，無復還期。今華州兵力雖微，控帶關輔，亦足自固。臣積聚訓勵，十五年矣，西距長安不遠，願陛下臨之，以圖復興。[57]

昭宗非不知以往韓建犯闕之野心，然而昭宗卻對朝廷出關後之前途毫無把握，而朝臣亦不願遠行，終決定留於華州。此決定使流亡中央蒙受極大的刼難。昭宗入華州後不久韓建即著手打擊禁軍：

> (韓建)因遣人告諸王殺建，刼天子幸佗鎮。昭宗召建將辨之，建稱疾不出，乃遣諸王詣建，不見，請選諸王十六宅，昭宗難之，建乃率精兵數千圍行宮，誅李筠，昭宗大懼，遽詔斬筠，悉散殿後，幽諸王於十六宅。……建與中尉劉季述誣諸王謀反，以兵圍十六宅，諸王皆登屋叫呼，遂見殺。昭宗無如之何。[58]

韓建雖能挾天子，專朝政，卻不能號令諸侯，實力不足故也。了解關中情勢的李克用甚至嗤之爲「癡物」，表示對其極度的輕視。廷朝曾一度借討伐李茂貞爲名，擺脫韓建的掌握。但韓建暗中阻撓而未能出師，且加緊控制朝廷。

華、歧二地對朝廷壓迫愈重，則朝廷求外援之心愈切。宰相崔胤已與朱全忠互通消息：

「胤密致書全忠求援。全忠上疏理胤之功，不可離輔弼之地。」[59]朱氏欲入關的消息傳入關中後，引起華、岐二鎮的恐慌，尤其是李茂貞，此際正出兵助川東顧彥暉，實無力應付東患。於是二鎮紛紛擺出低姿勢，請求朱氏罷兵。相對地，朝中親汴派勢力更加張揚，對宦官形成莫大的壓力[60]。宦官雖不敢加害於崔，卻加緊迫害昭宗[61]。敵對雙方日益緊張。崔胤急於奪取宦官的兵權，向昭宗自薦以他本人與陸扆二人分主左右軍。李茂貞聞之，極爲關切，立刻表明反對態度。而禁軍將領亦表示歸於北司爲便。於是以韓全誨、張弘彥二人分任左右軍中尉。崔胤奪兵失敗，仍寄望以岐兵三千駐防京師以制衡宦官，但韓偓卻反對如此作爲，認爲只會引起雙方的衝突，危及朝廷[62]。胤不從。

天復元年（九〇一）正月，汴軍攻河中，李克用無力救之，王珂又致書李茂貞求援，訴以河中與關中間的利害關係[63]，但因王珂本親晉，李茂貞不予理會，河中遂降於朱全忠。朱從此擁有北攻、西進的前衛地帶，不接受李克用的修好建議[64]。至於關中方面，由於崔胤有汴爲恃，更加緊壓迫宦官集團。宦官大爲恐慌，史云：「由是胤謀頗洩。宦官相聚流涕，愈不自安，故全誨等爲刼幸之謀。」[65]雙方對峙的緊張狀態已至頂點。同年六月，崔致書朱全忠儘速入關，否則恐爲岐兵先乘。十月，朱氏發兵大梁，朝關中挺進。昭宗自始卽反對關中成爲戰場，既成不可避免之事實，終得選擇西向避難，而親汴派大臣則東向依朱氏。汴軍至河中時，京師已陷入一片混亂，禁軍大掠坊市，士民則亡匿山谷。十一月，王室離京西奔鳳翔，朱全忠入關後，聞昭宗已西行，欲還軍，張濬卽極力主張續進，故又移軍向西，進圍鳳翔。昭宗諭令還鎮。朱氏不得已轉攻邠州，迫其投降。宦官與李茂貞勢窘之餘，改變立場，向李克用求援。此時山南馮行襲及劍南之王建則已表明親汴的立場。

天復二年（九〇二）正月，汴軍移師圍鳳翔。然以晉師南攻，汴軍側背受威脅，朱全忠不得已抽軍東向，鳳翔圍稍解。三月，河東之役，晉軍大敗，援岐的企圖受阻，鳳翔已陷入孤立狀態。汴師再度入關圍鳳翔。由於岐軍屢敗66，糧食斷絕，且朱氏拒絕和解，鳳翔之陷落已成遲早之事。十二月，岐軍怨宦官肇禍，致有當前之圍，鳳翔城內一片洶洶之氣。天復三年（九〇三）正月，李茂貞斬韓全誨以下宦官七十二人，當夜又斬李繼筠等禁軍將領，開城門投降。昭宗回京師，朱全忠又誅內侍省宦官五百餘人，關中的內部權力結構至此破壞無遺，而代之以朱氏之人員。朱全忠已完全控制關中。

面對此變局，保守派朝臣固然表示憂慮：

車駕自鳳翔還京，赦後諸道皆降詔書，獨鳳翔無詔。（陸）扆奏曰：「鳳翔近在國門，責其心迹，罪難容。然比來職貢無虧，朝廷未與之絕。一朝獨無詔命，示人不廣也。」崔胤怒，奏貶扆沂王傅，分司東都，削爵至正議大夫。67

主導人物崔胤亦開始警覺，但爲時已晚：

自鳳翔還，揣全忠將篡奪，顧己宰相，恐一日及禍，欲握兵自固，謬謂全忠曰：「京師迫茂貞，不可無備，須募兵以守。……。」……全忠知其意，陽然相許。……全忠令其子友諒以兵圍開化坊第，殺胤，汴士皆突出，市人爭投瓦礫擊其屍。68

朱全忠完成關中人事整肅後，卽回汴積極準備篡代事宜。天祐元年（九〇四），昭宗被迫東遷洛陽，尋被弒，唐祚告終。

五、漕運線受制

自漢以降，關中雖號稱沃野千里之天府，然相對地，中央政府開銷漸大，關中的農業供給不敷所需，必須長途運送他方財賦至京師：「漢興，高皇帝時，漕轉山東之粟以給中都官，歲不過數十萬石。孝文時，賈誼上疏：『天子都長安，而以淮南東道爲奉地，鏹道數千，不輕致輸郡，或乃越諸侯而遠調均發，徵至無狀也。』」⑥⑨可見自漢初關中經濟已不能自足，其主要因素乃官員之俸祿及皇室開銷不斷膨脹及平時支給邊地龐大軍需⑦⓪。及至隋代廣鑿運河，便明白指示此種經濟迫切需求。唐高宗以後，中央開支卽顯著增加，但由於經濟中心的淮南地區，與軍政中心的關中不能密切連繫，便常發生糧運不繼的現象，迫使玄宗以前諸帝數次至關東就食的情形⑦①。玄宗時，關中糧食需求更大，漕運量大增：

> 舊於河南路運至陝郡太原倉，又運至永豐倉，及京太倉。開元初，河南尹李傑始爲陸運使，從含嘉倉至太原倉置八遞場，相去每長四十里，每歲冬初起運八十萬石，後至一百萬石，……其後漸加至天寶七年運二百五十萬石。⑦②

唐代前期每年漕運糧食的費用極其龐大，民間至有「用斗錢運斗米」的傳言⑦③。中央雖採取許多補救措施，如興水利、開屯田、和糴等，仍難支給關中所需。最重要的是在漕運線上，存在一些無法避免的長程運輸的技術困難，如河道諸段水深不一，須候時而進。三門砥柱之險阻，使漕運倍感困難[74]。高宗時嘗試打通此障礙，結果失敗：

> 初，江淮漕租米至東都輸含嘉倉，以車或馱陸運至陝。而水行來遠，多風波覆溺之患，其失嘗十七八，故率一斛得八斗為成勞。而陸運至陝，纔三百里，率兩斛計傭錢千。民送租者，皆有水陸之直，而有三門、底柱之險。顯慶元年（六五六），苑西監褚朗議鑿門三山為梁，可通陸運。乃發卒六千鑿之，功不成。其後，將作大匠楊務廉又鑿為棧，以輓漕舟。輓夫三鉊於胸，而繩多絕，輓夫輒墜死，則以逃亡報，因繫其父母妻子，人以為苦。[75]

玄宗時，裴耀卿提出的分段倉儲法，是累積前人的漕運經驗所提出的折衷辦法，對當時助益不少，裴氏建言：

> 臣望於河口置一倉，納河東租米，便放船歸，從河口卽分入河洛，官自雇船載運。至三門之東，置一倉，三門旣屬水險，卽於河岸開山，車運十數里，至三門之西，又置一倉。每運置倉，卽搬下貯納，水通卽運，水細便便止。自太原倉泝河入渭，更無停留，所省鉅萬。[76]

開元二十九年（七四一），李齊物曾嘗試鑿通，亦宣告失敗，史云：「陝郡太守李齊物鑿砥柱爲門以通漕，開其山巔爲輓路，燒石沃醯而鑿之。然棄石於河，激水益湍怒，舟不能入新門，候其水漲，以人輓舟而上。天子疑之，遣宦官按視，齊物厚賂使者，言還便。」[77]天寶年間，似乎已有捷運措施，仍未去三門之阻[78]。

儘管理財官員竭力克服漕運之障礙，增加糧食的運量，然中央之軍費龐大開支是一項難以彌補的缺漏。杜佑明白指出：

自天寶之始，邊境多功，寵錫旣崇，給用殊廣，出納之職，支計屢空。於是言利之臣繼進，而導行割剝爲務，每歲所入增百萬。旣而隴右有靑海之師，……或全軍不返，或連城而陷；先以師旅，因之薦饑，凶逆承隙恃兵，兩京無藩籬之固。[79]

漕運量的成長既無法及軍費的膨脹，其結果便是損及民生的正常經濟秩序，產生玄宗朝的潛在危機。按開天之際，中國之社會力固然雄厚，但持續的長途征戰耗損終難負荷，其人爲因素居多。

唐代後期，中央勢力日益侷促，行政效力不能及之處，卽不能徵收當地之賦稅。而中央偏又因連年征戰，以應付外患或內叛，兵員不斷膨脹，費用自然迅速增加，對東南財賦區益形依賴，故運河的戰略意義不斷升高。對中央的財政而言，眞正致命的因素不是支出的增加，而是運河沿線藩鎭阻截運往關中的錢糧，使中央用度大窘，此情況自懿宗後益形嚴重。龐勛之亂時，叛軍佔領都梁城，切斷漕運。僖宗時，黃巢軍圍攻宋州及日後時溥攻泗州，又告中斷。之後因割據形式已成，運河已不能連繫南北⑳。茲擬從漕運受制後之關中情勢作一觀察。

懿宗朝對南詔的長期大規模戰爭，使國力大爲耗損。東南地區物資大量南送，運至關中者已減少許多。財政單使對此已提出報告。咸通五年（八六四），延資庫使夏侯孜上奏：

鹽鐵戶部先積欠當使咸通四年已前延資庫錢絹三百六十九餘萬貫匹。內戶部每年合送錢二十六萬四千一百八十貫匹，從大中十二年至咸通四年九月以前，除納外，欠一百五十萬五千七百一十四萬貫匹。㉛

咸通八年（八六七），當時的延資庫使曹確又奏：

伏以所置延資庫，初以備邊爲名，至大中十三年始改今號。若財貨不充，則名額虛設。當制置之時，所令三司逐年分減送當使收管。元敕只有錢數，但令本司減割送庫，不定色目。以此因循，漸隳舊制，年月既久，積欠漸多。既無計以徵收，乃指色以取消，稍稱備邊名號，得取元敕指揮。㉜

僖宗時，盧攜，豆盧瑑上言：「大中末，府庫充實。自咸通以來，蠻兩陷安南、邕管，一入黔中，四犯四川，徵兵運糧，天下疲弊，踰十五年，租賦大半不入京師、三使，內庫由是空竭。」㉝可以反映當時的財政困境。

由於中央可徵稅地區日漸縮小，關輔地區人民之賦稅負擔亦相對加重。而且戰爭之進行，難免加重剝削，其嚴重的程度已使關輔秩序陷入不安狀態。早於德宗時代即已出現這種現象：

> 甲子，詔京兆尹、長安、萬年令大索京畿富商，刑法嚴峻。長安薛苹荷校乘車於坊市搜索，人不勝鞭笞，乃至自縊，京師囂然，如被盜賊，搜括既畢，計其所得纔八十萬，少尹韋禎又取僦櫃質庫法拷索之，纔及二百萬。[84]

僖宗時，不得不承認這種強徵作法的流弊：「如聞近日官中擄借甚苦，或傾奪以充運米，或題關以備載軍，非理滯留，散失財貨。州縣雖云和雇，商人焉敢請錢。本求錐刀，翻或損折。」[85] 然中央政府於此實有極端無力感，甚至用賣官鬻爵的消極手段，亦難拯救其財政危機：

> 詔以東都軍儲不足，貸商旅富人錢穀以供數日之費，仍賜空名殿中侍御史告身五通、監察御史告身十通，有能助家財助國稍多者賜之。時連歲旱、蝗，寇盜充斥，耕桑半廢，租賦不足，內藏空虛，無所佽助。兵部侍郎判度支楊嚴三表自陳才短，不能濟辦，辭極哀切，詔不許。[86]

此外，戰爭所帶來的破壞亦對中央的經濟有極惡劣的影響。長安本為商賈輻輳之地，常聚大量資金，成爲政府稅收的主要來源之一。關中軍閥興起後，朝廷勢必更仰賴長安的稅收。然自黃巢之亂後，又經李克用、朱玫、李茂貞及禁軍內戰的破壞，至使「宮城昏夜狐狸鳴啼，無人跡」[87]。宮闕的安全亦成問題，「至有踰垣入宮或侵犯陵寢者」[88]。長安屢經戰火，士民流散，坊市被毀，朝廷已難於此立足。每逢外兵進逼，唐帝便蒼惶出奔。中央的財源偶而來自藩鎭的自願貢獻。中和元年（八八一），僖宗奔蜀，諸道貢獻不絕，府庫充實，無異京師[89]。然此不得視爲常態。

缺乏財源支持，連中央的直屬部隊亦顯現不穩狀態。德宗時代，禁軍卽因缺糧而叫囂。史云：「關中倉廩竭，禁軍或自脫巾呼於道曰：『拘吾於軍而不給糧，吾罪人也！』上憂之甚。會韓滉運米三萬斛至陝，李泌卽奏之。上喜，遽至東宮，謂太子曰：『米至陝，吾父子得生矣！』」[90] 僖宗廣明元年（八八〇），備禦黃巢的潼關守軍，亦因缺糧而不願戰：

> 十二月，庚辰朔，承範等至潼關，搜菁之，得村民百許，使運石汲水，爲守禦之備。與齊克讓軍皆絕糧，士卒莫有鬬志，……克讓力戰，自午至酉始解，士卒饑甚，遂喧譟，燒營而潰，克讓走入關。……（承範）稱：「臣離京六日，甲卒未增一人，饋餉未聞影響。到關之日，巨寇已來，以二千人拒六十萬衆，外軍饑潰，蹋開禁坑。[91]

中和元年（八八一），鳳翔軍因糧竭，欲作亂[92]。二年，有勤王軍因乏食而掠賣百姓之事件[93]。光啟年間，京師禁軍因「支給不充，勞賞不時，軍情咨怨」[94]。朝廷對此情況亦苦無對策。田令孜所募集之五十四都禁軍眼見維持困難，於是便有光啟元年冒險奪取河中鹽池的事件。

自憲宗朝對藩鎮用兵以來，爲支付龐大的軍費，對鹽稅的控制日嚴，人苦犯禁。穆宗長慶二年詔曰：「自鹽鐵收管以來，軍府頓絕其利。遂使經行陣者有停糧之怨，服隴畝者有加稅之嗟，犯鹽禁者，困鞭撻之刑，理生業者，乏蠶醬之具。」[95]文宗太和年間，犯鹽二石以上者死[95]。可見朝廷對此重視的程度。至僖宗時，「所在征鎮，自擅兵賦，皆不上貢，歲時但貢奉而已，由是江淮轉運路絕，國命所能制者，唯河西、山南、劍南、嶺南四道。」朝廷之財源拮据可想而知。於是欲再以鹽稅起死回生，然因榷鹽「法禁久廢，姦蠹實繁，陷誤藩方」[97]，欲從藩鎮手中取回鹽權實難，唯有訴諸武力：而河東之鹽池近依關中，成爲田令孜之首要目標。光啟元年九月，田令孜率禁軍攻河中，爲王重榮所敗，禁軍且回京師大掠[98]。「皇室殊喘之最後生命線，竟亦不可得」[99]。

唐室並不因此放棄在經濟上的努力，最後轉企圖於酒稅上獲利。酒稅與鹽稅同爲唐後期支持軍費之源，但文、武兩朝時徵求、禁制稍寬[100]。昭宗時財政困窘之餘，又欲取得此財源。然此利已爲關中軍閥所專擅，自然不肯歸再朝廷矣。史言：「崔胤之罷兩軍賣麴也，並近鎮亦禁之。李茂貞惜其利，表乞入朝論奏，韓全誨請許之。」《文獻通考》卷十七〈榷酤條〉亦載李茂貞「按兵入奏利害，天子遽罷之。」又如，天復元年時，昭宗在華州，商賈雲集，但稅利皆歸韓建所有，其數達九百萬緡，王室毫無所獲[101]。可見關中藩鎮緊扣中央之財源，使唐之生存最基本條件消失，國祚旋告終。

六、結語

唐末中央政府處於藩鎮林立的局勢中，主動選擇機會實已無多。安史之亂以來，由於長期忽視地方軍、政長官的選任，釀成嚴重的社會危機，以及宦官的弄權，使中央威勢從各地消退，此固中央政府所應負責之處。然某些客觀局勢的發展是朝廷所難掌握的。朱全忠與李克用在黃巢亂後的迅速擴張行動，朝廷已難扮演仲裁的角色，此乃因亂後之關東結構已急趨重大轉變：中央所派之節帥幾乎完全消失，代之以黃巢之舊部，或地方軍隊擁立之軍將，與中央脫離僅存的政治關係，關東進入藩鎮獨立的時代。就戰略觀點而言，這些藩鎮仍具有相當的緩衝作用，蓋於彼此敵對中，不許任何一方先得關中禁臠，此至朱氏稱霸關東時亦然。然由於朱氏之戰略運用成功，逐一兼併、壓制羣雄，使華北相互制衡的形勢破壞無遺。

朝廷初期態度似乎較偏向李克用，此因李克用屢向朝廷示意效忠，欲取得合法地位。光啟元年（八八五）河中事件，中央與李克用交惡，但克用仍不放棄爭取朝廷，因朝廷在關中藩鎮的壓迫下，已有部分人轉向朱全忠求援，引起李克用的恐慌。朝廷對李克用的不信任，來自李克用入關時所造成的震撼，大部分關中人士表示憂慮。其實除了部分激進派朝臣外，藩鎮、宦官及保守派朝臣皆不希望引進任何一方勢力。相反地，在關東強大勢力壓迫下，為自身安全，關中藩鎮與宦官更加緊挾制朝廷，以便於大局中取得優勢。此逼使朝廷在此狹縫中選擇一條生路。昭宗本欲使諸雄相制，求得生機，崔胤等人卻汲汲連絡朱全忠勢力入關，未考慮其後果之嚴重性。朱氏入關意圖甚早，卻苦於關東殘遺勢力羈絆而不得行。及關東局勢告一段落，朱氏決定入關，澈底破壞關中權力結構，取得正朔。其果斷專行，固有異於李克用之淺嚐輒止，亦爲局勢使然。若一再遷延，則可能招致各方的聯合攻擊，尤其是李克用、淮南揚行密及劍南王建，不願屈居其下。

有財政支持不一定能夠維持一支強大的軍隊，卻是最基本的條件。中央在漕運被切斷的情況下，財政困窘，差堪生存，然無法維持禁軍的開銷。長安爲最後依恃之地，在屢受戰火之餘，已殘破不堪，稅源大失。朱朴向昭宗建言遷都，不啻宣告關中時代的結束[102]。財政的窘困迫使宦官冒險向河中進軍，希望收取鹽利。在此環節上，已不能單視爲宦官個人之野心，而是象徵中央政府的最後掙扎行動。宦官雖長期壓迫朝廷，但彼此仍有共生關係：宦官掌有之禁軍作戰力雖薄弱，若一旦亡散，朝廷則完全無安全保障。韓偓反對盡誅宦官的理由，頗值吾人注意：

> 夫帝王之道當以重厚鎮之，公正御之，至於瑣碎機巧，此機生則彼機應，以終不能成大功，所謂理絲而棼之也。況今朝廷之權，散在四方，苟能收此權，則事無不可爲者矣。[103]

事實上，唐末之禁軍不全然爲宦官的權力工具，已有部分禁軍傾向王室。然由於缺乏經濟支持下，實難維持一支基本的護衛武力。當然不能因此說成立此一軍隊，唐即能免於覆亡的命運，然充足的資財或可能提供唐室一個戰略上的轉機，坐待局勢緩和。因之經濟因素可視爲其最後致命形勢。

附註

① 王恢，《中國歷史地理》上册，臺北，臺灣學生書局，民國六十五年四月初版，頁一四：「中國歷來大敵外患在北不在南。……南方象徵和平進展，北方則象徵奮鬪競進。故其朝向西北爲上進，轉向東南是後退。東南有享用，西北只有磨練。東南有引誘，西北卻只有打擊。東南可資休養，西北則只有奮鬪。」

② 史念海，《中國史地叢稿》，臺北，弘文館出版社，民國七十五年一月出版，頁三六—三七。

③ 吳宗嶽《政治地緣學》，臺北，中國文化出版事業委員會，民國五十三年六月初版，頁一四六。

④ 李吉甫，《元和郡縣圖志》，京都，中文出版社景印，卷一。

⑤ 顧祖禹，《讀史方輿紀要》，臺北，洪氏出版社，民國六十六年出版，卷五二陝西方輿紀要。

⑥ 《史記》卷九九〈劉敬傳〉。

⑦ 《史記》卷五五〈留侯世家〉。

⑧ 薩孟武，《中國歷史上的國都》，收入《中國通史論文選集》，臺中，逢甲大學，民國七十年九月出版，頁一七二。

⑨ 《讀史方輿紀要》卷四六〈河南方輿紀要序〉。

⑩ 《全唐文》，京都，中文出版社景印，卷七五四杜牧〈戰論〉。

⑪ 以永泰元年（七六五）九月，吐蕃聯合黨項羌、渾、奴剌入侵關中事件爲例。《舊唐書》卷一一〈代宗紀〉云：「郭子儀自河中至，進屯涇陽，李忠臣屯東渭橋，李光進屯雲陽，馬璘、郝玉屯便橋，駱奉仙、李伯越屯盩厔，李抱玉屯鳳翔，周智光屯同州，杜冕屯坊州。」可以看出唐軍是利用關中之封閉地形，對敵採取包圍的態勢。

⑫ 以憲宗元和十一年，成德王承宗及淮西吳元濟聯合叛變爲例，朝廷出動河東，幽州，義武、橫海、魏博、昭義及彰義諸節度師討平之。

⑬ 《新唐書》卷五二〈食貨志〉。

⑭ 王壽南，《唐代政治史論集》，臺北，臺灣商務印書館，民國六十六年七月初版，頁二〇一。

⑮ 《全唐文》，東京，中文出版社景印，卷七九五孫樵〈書田將軍邊事〉。

⑯ 徐州「銀刀兵」以驕暴難制出名，節度使溫璋及王式先後殺其中之惡者。見《舊唐書》卷一六五、一六四本傳。徐卒之反，亦與當地鎮將有關。《通鑑》卷二五一懿宗咸通九年：「兵馬使徐用儉用事，軍中怨之。戍桂州者已六年，屢求代還，戡言於彥曾，以軍帑空虛，發兵所費頗多，請更留戍卒一年；彥曾從之。戍卒聞之，怒。」

⑰ 《新唐書》卷一四八〈康日知傳〉附康承訓：「戴可師引兵三萬奪淮口，圍勛都梁山下，降其眾，可師恃勝不戒，弘立以兵襲之，可師不克陣而潰，士溺淮死，逸者數百人，賊取可師首傳徐州。」

⑱ 《通鑑》卷二五一懿宗咸通九年九月及十一月條。

⑲ 《舊唐書》卷一七一〈張仲方傳〉。

⑳ 《舊唐書》卷一九〇〈劉蕡傳〉。

㉑ 《全唐文》卷七九五孫樵〈書褒城驛壁〉。

㉒ 《全唐文》卷八〇四劉允章〈直諫書〉。

㉓ 《全唐文》卷七九二盧攜〈乞蠲租賑給疏〉。

㉔ 《新唐書》卷二二五下〈黃巢傳〉。

㉕ 《舊唐書》卷二百下〈黃巢傳〉。

㉖ 《新唐書》卷一八六〈劉巨容傳〉。

㉗《舊唐書》卷一八二〈高駢傳〉。

㉘《新唐書》卷二一八〈沙陀傳〉：「唐君立等曹議曰：『沙陀雄勁，李振武父子勇冠諸軍，我若推之，無不應，則代北唾手可得。』」

㉙《五代史記》卷四二〈朱宣傳〉。

㉚《新唐書》卷二一二〈李茂勳傳〉附李可舉。

㉛《新唐書》卷二一一〈王鎔傳〉。

㉜《舊唐書》卷一八一〈羅弘信傳〉：「（李）存信御軍無法，侵魏之芻牧，弘信不平之。」

㉝《新唐書》卷一三五〈羅弘信傳〉。

㉞《舊五代史》卷一四〈羅紹威傳〉。

㉟李樹桐〈論唐代的魏博鎭〉，收入《中國史新論》，臺北，臺灣學生書局，民國七十四年八月初版，頁五二八。

㊱《新唐書》卷一八八〈楊行密傳〉：「（汴軍）叩淠水，方涉，爲（朱）瑾所乘，溺死萬餘，瑾徙屯安豐，汴將牛全節苦鬭，後軍乃得度。會大雪，士多凍死。潁州刺史王敬堯燎薪屬道，汴軍免者數千人。」

㊲《新唐書》卷二一八〈沙陀傳〉。

㊳《全唐文》卷八四二李襲吉〈答李克用咨問〉。

㊴《通鑑》卷二三八憲宗元和七年。

㊵《舊唐書》卷一九下〈僖宗本紀〉。

㊶王壽南，《唐代藩鎭與中央關係之研究》，臺北，嘉新水泥學術基金會，民國五十八年十一月初版，頁三〇二。

㊷《舊唐書》卷一七九〈張濬傳〉。

㊸《全唐文》卷一〇三李克用〈上昭宗自訴表〉：「且陛下阽危之秋，則獎臣爲韓彭伊霍，旣安之後，罵臣曰戎羯蕃夷。海內握兵立事，如臣者衆矣，寧不懼陛下他時之罵哉？」

㊹《舊唐書》卷一七五〈朱玫傳〉。

㊺《通鑑》卷二五六僖宗光啟二年五月條。

㊻王壽南，《唐代宦官權勢之研究》，正中書局，民國六十年出版，頁一六四。

㊼《全唐文》卷四五七柳伉〈請誅稱元振疏〉：「陛下知今日之病，何因至此？臣實知之，請言其故，何者？天下之心皆恨陛下不練士卒，疏遠良臣，委任宦官，離間將相，以至於此。」

㊽《舊唐書》卷一二一〈僕固懷恩傳〉：「臣頻立微效，累霑官賞，遂被（李）輔國等讒害，幾至破家，便奪兵權，逾年宿衞。」

㊾《舊唐書》卷二〇八〈田令孜傳〉。

㊿《全唐文》卷八一五顧雲〈代高駢上僖宗書〉。

51《舊五代史》卷一三二〈李茂貞傳〉。

52《舊唐書》卷一七五〈王行瑜傳〉。

53《五代史記》卷四〇〈韓建傳〉。

54《新唐書》卷一四六〈李鄘傳〉附李磎。

55《舊唐書》卷一七九〈韋昭度傳〉。

56《通鑑》卷二六〇昭宗乾寧二年十二月條。

57《通鑑》卷二六〇昭宗乾寧三年七月條。

58同註53。

59《舊唐書》卷一七七〈崔愼由傳〉附崔胤。

60《新唐書》卷二二三下〈崔胤傳〉。

61 《舊唐書》卷一八四〈楊復恭傳〉。

62 《新唐書》卷一八三〈韓偓傳〉。

63 《舊唐書》卷一八二〈王重榮傳〉。

64 《通鑑》卷二六二昭宗天復元年二月條。

65 同註59。

66 孫光憲，《北夢瑣言》，源流出版社排印本，民國七十二年四月初版，卷一五：「大敗岐軍，橫屍不絕，飽氣聞於十里。」

67 《舊唐書》卷一七九〈陸扆傳〉。

68 同註60。

69 《通典》，新興書局景印武英殿本，卷一〇〈食貨典漕運〉。

70 同右。北魏孝文帝太和七年（五二六），薄骨律鎮將刁雍上表：「臣鎮內之兵率皆習水，一運二十萬斛。方舟順流五日而至。自沃野牽上，十日還到，合六十日得一返。從三月到九月三返，運六十萬斛，計用人工輕於車運十倍有餘，不費牛力，又不廢田。」

71 全漢昇，《唐宋帝國與運河》，收入《中國經濟史研究》（上），香港，新亞研究所，一九七六年三月出版，頁二八九—二九四。據全氏統計，高宗朝有五次，武后則自長安三年（七〇三）十月以後，都在洛陽居住。玄宗朝有五次。

72 同註70。

73 《新唐書》卷五三〈食貨志〉。

74 《水經注》，世界書局斷句本，卷四〈河水注〉：「其山（指砥柱）雖闢，尚梗湍流，激石雲迴，澴波怒溢，合有十九灘，水流迅急，勢同三峽，破害舟船，自古所患。」

75 同註73。

76 《唐會要》卷八七漕運條。
77 同註53。
78 《册府元龜》卷四九八邦計部漕運條：「天寶三載，左常侍兼陝州刺史韋堅開漕河，自苑西引渭水，因通渠至華陰入渭，引永豐倉及三門倉米以給京師，名曰『廣運潭』」。
79 《通典》卷一二食貨典輕重條。
80 全漢昇，前揭書，頁三五五。
81 《册府元龜》卷四八四邦計部經費條。
82 《唐會要》卷五九延資庫使條。
83 《通鑑》二五三僖宗廣明元年五月條。
84 《舊唐書》卷一二〈德宗本紀〉上。
85 《唐大詔令集》卷八六〈光啟三年七月德音〉。
86 《通鑑》卷二五三僖宗乾符五年三月條。
87 同註37。
88 同註56。
89 《通鑑》卷二五四僖宗中和元年三月條。
90 《通鑑》卷二三二德宗貞元元年四月條。
91 《通鑑》卷二五四僖宗廣明元年十二月條。
92 《通鑑》卷九五四僖宗中和元年十月條。
93 同註40。
94 同右。
95 《舊唐書》卷四八〈食貨志〉。

96 《唐會要》卷八八鹽鐵條。

97 《全唐文》卷八八〈議鹽法錢法詔〉。

98 《新唐書》卷一八七〈王重榮傳〉。

99 李劍農，《魏晉南北朝隋唐經濟史稿》，臺北，華世出版社，民國七十年十二月臺初版，頁三二七。

100 《唐會要》卷八八榷酤。

101 《通鑑》卷二六二昭宗天復元年五月條。

102 《全唐文》八二八朱朴〈遷都議〉。

103 《全唐文》卷八二九〈論宦官不必盡誅〉。

附記：本文承雷師家驥講評，指正甚多，獲益匪淺，如對關中安全糸統須更加明確範限，或對宦官權力內部之變化及塩稅之地位等問題須作更精細之分析等，不遑枚舉，唯因排印在即，求備之作，留待來日。至於唐後期關中唐室之安全問題，或因角度、取材不同，至今整體研討之作不多，本文或可拋磚，俟與博學同好砌磋之。

唐代幽州地域主義的形成

吳光華

第一節　安祿山時期的河北

安史亂前，河北已有強烈的反唐情緒。唐室對河北，也相當猜忌。谷霽光先生早有論著[1]。但英國漢學家蒲立賓氏則認爲：河北與關中的對立在北齊時代已形成。北齊時河北是一個文化最高、經濟最富庶、人才最多的區域。而且當時河北與高麗往來頻繁、關係密切。故隋煬帝爲了避免河北與高麗的結盟，故運用大量的人力與物力修築永濟渠，集中全國的兵力進攻朝鮮，但一無所獲，反而引起國內的叛亂。唐太宗可能也是基於同樣的理由出兵朝鮮。雖然失敗，但高宗貫徹了此項政策[2]。姑不論二者之論，孰是孰非，二者均同意河北與關中之間互相猜忌，關中猜忌河北最明顯最實際表現是不設府兵，而河北反抗中央，祇是意識上消極抵抗而已。但由於幽州地位日形重要，唐室不得不屯駐重兵，抵抗外族，而且爲了確保戰爭的勝利，也不得不加重節度使的職權，擴大節度使的轄區。玄宗開元廿年（西元七三二年）幽巡節度使兼河北採訪處置使，此時幽州已成爲河北的政治、軍事以及經濟中心。基於國防需要，唐初猜防河北的形勢逐漸消失，以幽州爲中心的河北力量逐漸形成，於是唐初的反抗情緒，漸漸化爲有形反抗的力量。

這種力量的形成，主要是由於幽州與河北產生直接而密切的關係。幽州駐軍因長期戰爭，需要大量的兵源，兵源的供給主要來自緣邊諸州，其餘由中央負責，但仍以幽州附近諸州募兵的對象。

> 制幽州長史趙含章討元（可突于），又命中書舍人裴寬給事中薛侃於關內、河東、河南北道，募勇士。❸

> 近者，所徵萬人不日卽令進發大集之後，諸道齊驅，蕞爾凶徒足殲盡。④

安祿山時期兵源供給多由節度使負責，從管內召募。《唐大詔令集》卷七十四：

> 行人有父母年七十已上者，委本道節度使，檢責取實，牒報本軍，卽放還本貫，軍司據闕募取健兒充替。

又開元廿五年五月玄宗詔：

> 宣令中書門下與諸道節度使，各量軍鎮閒劇、審利害、計兵防健兒等作定額。委節度使放諸色征行人內及客戶中召募，取丁壯情願充健兒。

故祿山在管內召募健兒是很正常的，況且河北由於連年天災人禍，無地無籍的客戶甚多。他們不是南下江淮另謀生路，就是北上從軍賺取生活⑤。節度使除了有募兵之權外還可徵兵。

> 敕朝議郎、恆州司馬、隨軍副使、幽州節度驅使、上柱國借緋魚袋，蕭誠早標明敏，久著聲名，詞翰推工，才能適用，頃後戎幕，嘗募征夫，室遷翊贊之榮，仍効撫綏之銜，可守太子左贊善大夫，依前幽州節度驅使，仍專檢校管內諸軍，新召長遠往來健兒事。⑥

節度驅使之任務卽負責徵調兵額。以恆州司馬兼之，疑爲負責幽州與恆州之間健兒調度之事。

天寶之亂時，顏魯公在平原起義，所征之兵卽幽州節度使在平原所徵調之屯丁：

> ……會郡中方集靜塞軍屯丁三千餘人，公因之……

靜塞軍乃幽州管內之軍，原駐薊州，此幽州調河北兵之又一證據⑦。

> 全諒，始名逸淮，至是賜名。本懷州武涉人也。父客奴以行戍留籍幽州。⑧
>
> 程日華定州安喜人，始名華，德宗以其有功益日日華，父元皓為安祿山帳下偽署定州刺史，故日華籍本軍為張孝忠牙將。⑨

又《全唐文》卷五〇一〈唐故義武軍節度支度營田易定等州觀察處置使檢校司空同中書門下平章事贈太傅上谷郡王張公夫人鄧國夫人谷氏神道碑〉云：

> 祖補袞左羽林軍長史，祖倚相秘書省正字，考崇義天寶末有行師北鄙之勞，累書勳伐至左金吾大將軍。

《新唐書》卷一九八〈谷那律傳〉云：

> (谷氏四代祖)谷那律，魏州昌樂人。貞觀中累牽國子博士，……兼宏文館學士……崇義天寶末為幽州大將，以雄敢聞，歷左金吾大將軍，遂客薊門，生子從政，略涉儒學、有風操，事李寶臣，歷定州刺史，封清江郡王，寶臣及張孝忠妻，其女兄弟也。

河北不但在軍事上與幽州發生密切關係，卽河北士族與幽州將領間又有姻親關係，此與後來成德與魏博政權之形成有很大關係。

河北人多壯勇，又近幽州，可免更代之煩。《季繁鄴侯家傳》云「玄宗時，奚、契丹兩蕃強盛，數寇河北，諸州不置府兵番上，以備兩蕃」，其意卽指河北若多置折衝府、其人必須到京師番上，造成當地兵源缺乏，而致國防空虛。因此，以河北之壯丁，充作幽州之兵源，實爲合理之舉。

幽州兵馬之盛爲天下之冠，衣糧也仰賴河北：

> 天寶以來，東北隅節度位冠諸侯。按數軍鉦鼓兼本道連帥，以河北貢篚、征稅半乎九州，邊於山戎，歲備勍寇。[10]

> 祿山以海運使劉道玄攝景城太守，清池尉賈載，塩山尉河內穆寧共斬道玄。（胡注）自帝事邊功，運青萊之粟以給幽平之兵，故置海運使。[11]

大約幽州與平盧的衣糧來自河北與青萊（山東）。河北之糧食以運河直接運往幽州，而青萊之粟米渡渤海運至平州，轉輸平盧。

根據《通典》卷六，《元龜》卷四八七「天寶八年」下的資料可知：

> 開元天寶間，軍用歲出河北、幽州、劍南三道之軍食以石計。而隴右、朔方、河西、河東、安西、北庭之軍以疋段計。故知河東、幽州、劍南必以附近之粟米供給而其他七道因運輸不便或就近無糧，則以布在當地行合之法。

因爲布匹遠較粟米爲輕，故便於運輸，又布匹在運輸裝載的過程中不易耗損，適於長途運輸，故較遠地區如東南等地都將租庸折算成布，運往長安。因此長安很容易控制西北的軍鎮。而幽州不但與河北產生糧食供需關係，而且也脫離了中央的經濟控制。此其二。

再若，安祿山利用職權提拔河北的人才爲幽州服務。

> 甄濟守孟成，安祿山表薦，充范陽掌書記。[12]

> 權皐少以進士，貝州臨清縣尉。安祿山以幽州長史充河北按察使，假其才名表為薊縣尉。⑬

> 安祿山兼平盧節度，表（賈循）為副……⑭

> 皐卿至洛陽，祿山數之曰：「汝自范陽戶曹，我奏汝為判官，不數年超至太守……。」⑮

這是文官方面，至於武將人才的提拔更是不遺餘力，故在祿山節度使任內，河北與幽州的關係越來越密切，而與中央關係則愈疏遠。

安史之亂期間（七五五—七六三），河北人在初期並不抵抗安史之軍隊。但由於安史之徒對河北殘虐過度致使河北百姓起來反抗：

> 賊每破一城，城中衣服、財賄、婦人皆為所掠，男子壯者，使之負擔。羸病老幼皆以刀戲殺之。⑯

> 吾與公等事燕，下河北五十餘城，發人冢墓，焚人室廬，掠人玉帛，壯者死鋒刃，弱者填溝壑。⑰

故祿山雖竊據河朔但不得人心。史思明亦然：

> 思明兵所嚮，縱其下椎剽、淫奪人妻女，以是士最奮，是時，河北悉入賊，生人貲產

掃地，壯齋負擔。老嬰則殺之。⑱

故河北人民團結起來，奮起抗敵：

河朔人民苦賊殘暴，所至屯結，多至二萬人，各為營以拒賊。⑲

今人不聊生，咸思報國，競相結聚，屯聚鄉村若懸賞招之，不旬日十萬可至，與朔方甲士三千餘人相參用之，足成王事，若捨要害以受人……譬如倒持劍戟，取敗之道也。⑳

安史之亂畢竟是胡人領導的叛亂，不能被認爲是河北反唐的舉動。河北人反抗唐室，是因爲唐室對河北刻薄寡恩，而安史之徒更甚於唐室，故河北人起來抵抗。亂後，唐室中央與回紇聯軍對淪陷區殘虐的程度比之安史之徒毫不遜色：

回紇入東京肆行殺掠，死者萬計，火累旬不滅。朔方、神策亦以東京、鄭、汴、汝州皆為賊境，所過虜掠，三月乃已，比屋蕩盡，士民皆衣紙。㉑

唐室的軍隊蹂躪百姓的理由是「皆爲賊境」。東京、鄭、汴、汝，尚不算是安史直轄地，就已如此，更何況河北本身呢？安史之失敗，因素固然很多，得不到河北的支持，厥爲一重要因素。而唐室在擊敗安史之後，而不能得到河北，實也因河北不支持唐室之故。安史亂時，河北屯結抗敵的這批人實代表河北之力量，然而未能眞正與唐軍合作，否則顏眞卿不會失敗，河北也不會再失於思明之手，更不會在安史亂後脫離中央而成半獨立的狀態。這批先與安史之徒周旋，後來又與之合作的人，代表了當時河北的勢力與心理意向，爾後，終於與田承嗣合作建立了魏博政權，與李寶臣合作建立了成德政權。如李寶臣娶谷氏之女，李惟簡聚清河崔氏。除了利用婚姻與地方勢力結合外，更與地方的豪族合作使其參與政權，《全唐文》劉伸撰〈唐故清河郡張府君夫人安定郡胡氏合附墓誌銘〉：

府君諱君平，字君平，其先燕國公，纂集羣書，家有鳩金……，本深州饒陽縣人也，別業樂亭……授成德軍節度使，牒補充十將，兼充樂壽鎮遏都知兵馬使。

成德、魏博地域主義的形成是在安史之後，在此不必深究，而幽州地域主義，在安史亂前卽已形成。

第二節　幽州邊軍的本土化

中國自古以農立國，人民安土重遷，往往在一地居住好幾千年，當地人在一起相處了幾百世代，自然有他們特有的風俗、習慣、方言等。因此中國人的鄉土觀念特別濃厚，但祇要不組織成一股力量，對政權就不會有影響。然而在統一的政治制度下，中央爲了避免地方勢力的發展，任用地方官吏往往有許多限制。例如漢代的「三互法」對於地方官吏之任用有極嚴格的籍貫限制。但漢代的地方官仍有任用吏屬的權力。到了唐時，州刺史及縣令以及其下僚屬，凡一命之官均由中央任命。因此在中央的控制下地方不可能獨立，祇有在中央崩潰或衰弱之時，地方才有割據的可能。惟獨唐代，在玄宗時，國勢如日中天，而肅代之時，東北一隅已非唐有，此實國史上之一特例，考其原因，乃係節度使權利膨脹，軍隊土著化所致。

（一）邊兵的本土化

唐初，在幽州祇有少數警戒部隊，多徵調附近的壯丁充任。如邊境有事，則發境內羈縻府州的胡騎或由中央派遣的府兵討伐。高宗時，發突厥阿史德樞平奚及契丹的叛亂即為一例㉒。另外從高宗到玄宗初年，在河北新設了很多兵府，谷霽光考證出十個兵府，但這些新置的折衝府並未產生積極的作用。武后神功元年（六九七年），武懿宗將兵擊契丹，張說「為河內郡王懿宗平冀州賊契丹等露布」中提要八個折衝府，但多屬河東道，其餘屬關內道、河南道、隴右道，獨沒有河北道在內，誠屬可究。

由於幽州地位的日形重要，從玄宗先天元年，即建立軍鎮。玄宗先天元年（七一二年）於幽州北置渤海軍，恆定州境置恆陽軍，嬀州境置懷柔軍，屯兵五萬㉓。

開元八年（七二〇年）仍較幽州刺史邵寵於幽、易二州選二萬灼然驍勇者充幽州經略軍健兒，不得雜使，租、庸資課竝放免。㉔

開元十四（七二六年）於恆定莫易滄五州置軍以備突厥。㉕

開元十八制幽州刺史趙含章討可突于又命中書舍人裴寬給事中薛侃於關內、河東、河

南北募兵。㉖

先天元年，開元十四年，所置之軍並無詳細提及兵額徵自何地，但開元八年所置的經略軍卽以當地壯丁充選的原則，觀其後之徵兵詔令，不難看出其他兩地之軍亦由當地之充任。但開元十八年所募之兵，卽外地之征人，與此系統不同。一直到了開元廿年，一方面軍鎭兵有增加，另一方面府兵也在繼續增加，開元廿年「爲幽州長史薛楚玉破契丹露布」中提到的咸寧府，政和府、遂城府，都是幽州境內的兵府。

這可能是由於各地折衝府兵額已缺，獨河北道府兵增加的緣故。增加的原因卽唐中央既欲抵禦兩蕃，又欲將軍隊直接納入中央控制，但由於府兵制在命令系統上過於謹愼，有失時效，無法應付邊境的突發狀況。故爲鎭兵所取代。此露布中所提到折衝府果毅、都尉幾乎都兼任當地鎭兵的鎭將。當時均爲「使職」，由刺史或折衝府果毅兼任，如臧懷亮遷寧遠將軍，左領軍衛懷州景福府折衝。仍充長上大武軍游奕副使；恆善珍爲平盧軍副使，遂城府折衝，楊元亨爲經略軍副使內供奉長上折衝，歸州刺史朝仙松政和府果毅，樊懷璧爲清夷軍子將由英樂府果毅兼任。由折衝府幹部充邊軍將領此卽顯示當時的邊軍仍有效的被中央控制，兵卒雖都是本地人，但將領卻是朝廷任命。薛楚玉破契丹時所領四萬多人中，由奚之歸義王李詩帥領的二萬五千人，卻自有其指揮系統，可見當時外族兵還未納入邊防軍之建制。

我們根據幽州置鎭的經過，用兵的情形以及政府的詔令可知此時河北的府兵、軍鎭兵多由河北地區徵召的。府兵必是當地人，鎭兵如經略軍卽以幽易二鎭兵充任，其徵兵的原則亦以側近爲先，避免更代之煩。是故河北地區尤其是幽州，兵役特繁。

〈正義大夫使持節易州諸軍事守易州刺史兼高陽軍使賞紫金魚袋上柱國田公德政碑云〉：

廿四年，禮經後除易州刺史，兼高陽軍使，此邦之人舊稱勇悍，凜然尚荊卿之風，慕燕丹之義。其俗易使也，其人可用也。而地接邊鄙，郡參軍鎮，嗟哉！抒軸空矣！征役勤矣！㉗

在此間，幽州之兵雖然大多由本地人充任，但由於他們此時尚非職業化之募兵，且節度使以及軍將多由外地之人充任。如易州刺史兼高陽軍使田琬爲關右武安人，范陽節度經略別使臧希古。北平太守仍充軍使臧希逸。文安太守范陽節度副使臧希莊以及臧懷亮是東莞人。薛楚玉等都不是本地人，是故，幽州管內兵卒雖已本土化但仍爲中央所控制。然徵兵改爲募兵化、職業化後情勢卽爲之改觀。

(二) 邊兵的招募化

由於大量擴軍與長征久戍的結果，其影響相當惡劣，其中影響最大的是由於兵役負擔過重而導致大量逃亡的現象。當時服役可免除租庸，但邊將恥敗，士卒、死者皆不申牒，貫藉不除，過了服役期限，士卒雖歿，但仍要負擔賦稅。田琬任易州刺史時，易州人「嗟哉抒軸空矣！征役勤矣！用非所養，力盡猶求，摧節義之明心，就逋逃之下，清公泫悲其故」，因兵役之繁，而大量逃亡。鳳閣舍人李嶠上表：

今天下亡人，流散非一，或違背軍鎮或因緣逐糧，苟免歲時，偷避徭役。

狄仁傑〈請曲赦河北諸州疏〉：

誠以山東雄猛，由來重氣，一顧之勢，至死不回，近緣軍機調發傷重，家道悉破，或至逃亡。㉘

玄宗時，戶口逃亡已相當嚴重。另外更有逃兵問題：「近聞諸軍兵募，逃亵者多，儻或臨戎，如何破敵？……」徵兵的另一缺點卽戰鬭力弱：「比來緣邊兵鎭，每年更代，兵不識將，將不識兵，豈惟緣略疲人，蓋是以卒與敵。」㉙所以，玄宗在開元初到開元廿五年間，卽有募兵的趨勢，但這段時間，仍以徵兵爲主，募兵爲輔。到開元廿三年（七三五年），藉因赦。《唐大詔令集》卷七十四云：

行人有父母年七十以上者，委本道採訪使檢責取實牒報本軍。卽放還，本貫軍司據闕，募取健兒充替。

其役邊軍召募的工作，雖史無明言，但乃繼續進行，募兵不足則發配刑徒及逃戶充軍㉚。

到開元廿五年，唐中央終於決意將邊軍完全募兵化。五月，玄宗下詔。〈命諸道節度使募取壯丁詔〉：

自天下一統、方隅底平、交阯西界於庸岷、流沙東洎於遼碑。烽亭既廣、徭戍轉增、朕永念征夫、無忘旰食……今欲小康戎旅、大致昇平、減停征徭、與人休息、諸方將相三事公卿、宜協朕心、勉成良算、宜令中書門下與諸道節度使、各量軍鎮閒劇、審判害計兵防健兒等作定額、委節度使放諸色征行人內及客戶中召募取丁壯、情願充健兒長任邊軍者，每歲加於常例給田地屋宅，務加優恤，使得存濟，每年逐季。本使具數中書門下、至年終一時奏錄，長駕遠馭，事藉經久，無害始慮之謀，以規苟且之利㉛。

次年（七三八年）正月，又於〈親祀東郊德音〉中正式宣布：

朕每念黎庶，弊於徵戍，親戚多別離之慘，關山有往復之勤，何嘗不惻隱於懷，寢寐增歎，所以別遣招募，以實邊軍，錫其厚賞，使令長住，今諸軍所召，人數尚足，在於中夏，自能罷兵，既無金革之事，足保農桑之業，自今已後，諸軍兵健，並宜停遣，其見在鎮兵，並一切放還。㉜

開元廿年後，卽開始全面實施募兵政策。召募的對象則委節度使「在諸色征行人內及客戶中召募」，主要卽在邊軍中招募志願留營者。幽州在還未實施募兵化之前，軍事系統有三，卽府兵、鎮兵及胡人的部族兵。均以當地之蕃漢壯丁充任（前已論）。而其將領則由朝廷任命之刺史、兵府的將領兼任。鎮兵大部份是本地人，如經略軍卽是從幽易二州所選。一小部份是從河北其他州縣所選。而胡人的部族兵則是以當地胡人的部族組織爲主。各族都有自己的系統，與漢人的鎭兵與府兵不相隸屬。這三個系統的部隊則統於節度使之下。開元廿六年全面實施募兵化後，此三系統則歸於一元化。外地的戍兵也在此安家落戶」，如「劉全諒，始名逸淮，至是賜名，本懷州武涉人也。父客奴以行戍留籍幽州」㉝。所謂一元化，並非指將三系統之兵統一在一個制度下。開元廿六年後諸戰後均無府兵之史料，可見府兵已漸不重要。但是其果毅都尉之職還保留，已由地方系統的將領擔任，似乎已不受中央之任命而由節度使任命。如「張孝忠以安祿山之偏將破九姓突厥，擢漳源府折」㉞。衝李忠臣以甄勞至折衝郎將。而胡人的部族兵也保持原來的系統，但其優良的幹部也可到府兵系統擔任將領之職。如「李寶臣、本范陽內屬奚，善騎射，范陽將領張瑣高畜爲假子，故冒其姓，名忠志，爲盧龍府果毅」㉟。故邊軍募兵化的實施，加重了節度使的職權，使府兵隸於地方節度使，除了加強其地方的色彩外，也影響到軍隊的胡化。但最重要的影響還是領兵系統中邊將土著化。

（三）邊將的土著化

開元廿六年以前，顯然幽州的軍隊大多是由本地人，但將領都由中央所派遣之外地人擔任。如烏知義其二子烏承恩、承玼號「軒門二齡」㊱爲張掖人，田琬，高陽軍使關右武安人㊲。平盧軍節度採訪兩蕃使臧懷亮，范陽節度經略副使臧希古，北平太守充軍使臧希逸等一門四虎都是東莞人㊳。張守珪陝州河北人，在任職節度使之前曾任幽州良社府果毅㊴。韋待價雍州萬年人，初爲左千牛備身……左遷盧龍府果毅㊵。因此中央大多能控制。但爲了戰爭的勝利，節度使任命將領握有很大的權利。如烏氏一門及臧氏一門都是父子同仕一軍有父子軍之嫌。節帥對將吏之提拔可以不拘格限，如張守珪把安祿山從互市牙郎提拔至衙前討擊使。幽州人善戰而且對當地山川地勢瞭若指掌。胡人天生就是戰士，因此不論是由卒伍按年資升遷或由於戰功而拔擢，都以當地人或胡人爲主。

張孝忠以安祿山之偏將破九姓突厥，擢漳源府折衝㊶。

李忠臣以甄勞至折衝郎將。㊷

府君諱玉，字廷玉，本滎陽人也，其先因官得地，曾祖亮皇莫州司馬，祖備涇州四門府折衝，王父泰遊擊將軍守左衛大將軍，試太常卿，成以文武兼才，應當時之選……軍府以政狀聞於本道，時表奏宣議郎、試恆王府司馬……遂屈充唐興軍左都虞侯……㊸

李寶臣，范陽內屬奚也，善騎射，范陽張鎖高畜為假子，故冒其姓，名忠志，為盧龍府果毅。㊹

安祿山任節度使之後，其邊將土著化，實施更徹底。

天寶十三載二月，安祿山奏：

臣所部將士、討奚、契丹、九姓、同羅、等勳效甚多，乞不拘常格，超資加賞，仍好寫告身，付臣軍授之，於是除將軍者五百餘人中郎將者二千餘人。㊺

此時軍隊將領，已全面土著化矣！十四載又表請「蕃將三十二人代漢將，帝許之」，胡人之勢力又強矣，安祿山叛時，其下之心腹皆安祿山拔至行伍：

阿史那承慶、安太清、安守忠、李歸仁、孫孝哲、蔡希德、廷玠、向閏客、高邈、何千年、李欽湊、李立節、崔乾佑、尹子奇、武令珣、能元皓、田承嗣、皆挨行伍署大將。㊻

(四) 節帥的土著化

在安祿山任節度使以前，節帥全由中央任命之外地人擔任。但由於軍隊之部卒，及其將領大多是本地人，儼然已成一股勢力，節帥已漸漸控制不了局面，張守珪任節度使時(開元二十六年，西元七三八年)「幽州將趙堪、白眞陁羅矯節度使張守珪之命，使平盧軍使烏知義擊殺叛奚餘黨於潢水之北，知義不從，白眞陁羅矯稱制指以迫之，知義不得已出師，與虜遇，先勝後敗，以克獲聞」㊼。

以幽州之將，竟敢脅迫平盧軍使，及其敗後，張守珪非但未敢懲處二將，反而隱其敗狀，此豈節度使應有的作爲。實因二將爲幽州實力派之代表。守珪亦無之奈何。另外，幽州軍隊中已有大量胡人，而且其種族十分複雜，大致上可分三系，一爲東胡族一爲突厥族一爲西域胡族。由於語言的隔閡以及風俗習慣各異，逐產生領導上的困難。

> 前後節度使、招懷夷狄，皆重譯告諭夷夏之意，因而往往不傳，祿山解九蕃之語，躬自撫慰、曲宣威勢。㊽

因此需要翻譯的人來交通意見、傳達命令。張孝忠之父謐，早期卽擔任此項職務。〈張公遺愛碑〉：

> 父謐，早襲先職，來朝上京，星環北極，輸君長之贄幣，鵬鑾南溟，發邊關之導譯。拜開府儀同三司。㊾

而張守珪之重用安祿山與此有關，安祿山曾任互市牙郎，通六蕃語。而且各族的人情風俗也都詳知，此西域胡人之特長，安祿山利用此特長示恩於下、邀功於上、調和胡漢、成爲幽州最具潛力之人。故張守珪之後繼任的節度使李適之、王斛斯、裴寬等都無建樹，而且此時朝廷也瞭解在幽州任官之苦衷，因此官吏的派遣也使朝廷相當的頭痛。

> 天寶以來，東北隅節度使位冠諸侯，邊於山戎，歲備剠寇，每置長吏，朝廷特難之。㊿

由於形勢使然，要掌握幽州，非得如安祿山之類的人才不可；安祿山當節度之後，從節度使以至士卒全爲幽州之土著及胡人矣，地方割據形勢已成。幽州地區的軍隊爲了保證兵源的不斷，也大多都是世襲的。

王武俊與其父俱爲饒樂府督都李詩帳下部將

李懷仙祿山裨將，世仕契丹，守營州。

張孝忠父謐幽州導譯。

田承嗣安祿山大將，世事盧龍軍。

朱泚父懷珪事安史二賊。

劉客奴平盧軍使，子全諒平盧將軍。

張獻誠，安祿山將，父張守珪爲幽州節度使。

薛嵩，祿山將，父薛楚玉幽州節度使。

李景略幽州府功曹參軍、父李承悅密雲軍使。[51]

此種軍隊既有血緣的傳承，又有職業的傳承。而且爲了加強其組織親密性又有養子制度，如張鎖高養李寶臣爲子，安祿山養同羅降契丹曳落河八千人爲假子。王武俊養王廷湊爲子……等等，不勝枚舉。故號爲父子軍，天寶十四載（七五五年）「十一月九日，祿山起兵反，以同羅、契丹、室韋、曳落河范陽、平盧、河東、幽州之衆，號爲『父子軍』，馬步相兼，十萬鼓行而西」[52]。此一以地緣、業緣、血緣三者結合之本土化軍隊，天下無敵矣！

第三節　幽州文職官吏的本土化

開元以前，幽州節度使之文官均由中央派遣之外地人充任，如鄭孝平開封人在聖曆元年

（六九八年）以前曾任瀛州長史，升爲平州刺史兼充使知營府支度營田使[53]；郭思誨太原人，開元時任易州司馬[54]；徐秀東海郯人，開元中補幽都縣尉[55]。史料繁多，不及備載！

開元廿四年易州刺史田琬上任，至廿七年離職；其籍貫及服務年限均符合朝廷規定。但開元後，幽州及其以此地區之地方官由當地人任當地官之傾向。亦有地方官職在地方世代任官的傾向。全唐文四〇九〈衞尉卿洪州都督張公遺愛碑并序〉：

公名休字詳，幽州范陽縣人，有晉司空茂先之遠裔也，曾祖洨，易州長史祖選幽州固安縣丞，考價贈齊州司馬，公起家石亭別將，自是為縣令軍司馬州長史各一，入為天子友……受命為范陽節度使安祿山判官。

《全唐文》卷七八〈入銀青光祿大夫太子中允贈功部尙書清河張公神道碑〉：

公諱仁憲、字仁憲、其先清河人，五世相韓，文成見稱於漢代，三臺輔晉，壯武克大於當時，昭彰同表，厭飫八極、祖諱烈瀛州刺史，封清河伯，遂家於燕，王父諱佐明、宣武將軍，行幽州游徼府果毅都尉，烈考諱元皎，宣節校尉，幽州潤德府折衝都尉……

《全唐文》卷四九八〈唐故成德軍節度營田副使正議大夫趙州別駕贈壽州都督河間尹府君神道碑〉：

天寶初，舉進士不弟，幕府上功，盧龍府別將稍遷瀛州高陽縣令，歷恆州司法參軍，藁城令。

《舊唐書》卷二〇〇下〈朱泚本傳〉：

朱泚，幽州昌平人，曾祖利，贊善大夫，贈禮部尚書，祖思明，太子洗馬，贈太子太師、父懷珪，天寶初事范陽節度使裴寬為衙前將，授折衝將軍，及安祿山史思明叛，累為管兵將。寶應中，李懷仙歸順，奏為薊州刺史，平盧軍使，柳城軍使……

《舊唐書》卷二一一〈李寶臣傳〉：

李寶臣范陽內屬奚也，善騎射，范陽張瑣高畜為假子，故冒其姓，名忠志，為盧龍府果毅。

《新唐書》卷一七〇〈李景略傳〉：

李景略，幽州良鄉人，父承悅，檀州刺史，密雲軍使，景略以蔭補幽州府功曹參軍。

《全唐文》卷七二三〈唐故太子洗馬博陵崔府君墓誌銘〉，

> 王父諱，皇易州修政府折衝……（崔載）享年五十有九，以元和十四年五月廿三日疾，終於幽州薊縣招聖里之私第也。

又有任期長而且二代或三代以上在當地任職之傾向。《新唐書》卷一九二〈忠義中賈循本傳〉：

> 賈循，京兆萬年人……任職於張守珪、李適之、王斛斯、裴寬、安祿山，五任節度使帳下。

《全唐文》卷七一四〈輔國大將軍行左神策軍將軍知軍事檢校右散騎常侍兼御史大夫義陽王食封二百戶贈越州都督刑部尚書符公神道碑〉：

> 公諱璘，字元亮，其先琅邪人，曾祖諱□嬀州刺史，大父諱暉，遊擊將軍，烈考諱令奇（按《新唐書》卷一九三〈符令奇傳〉爲沂州臨沂人，爲盧龍裨將）。潁王府在□事典軍……
>
> 初公與先公俱為薊裨將……。

可見符氏四世同仕於幽州。《全唐文》卷七二九〈馬公墓誌銘〉：

> 公諱紆，字無畏，扶風平陵人，曾祖行炎，嬀州刺史，祖於龍，平州刺史。

可見馬氏二世任刺史於幽州。《全唐文》卷七八八〈張仁憲神道碑〉（按：張仁憲爲仲武之六世祖）：

> 祖諱烈，為瀛州刺史，封清河伯，遂家於燕，王父諱佐明，宣威將軍，行幽州游徼府果毅，烈考諱元皎宣節校尉幽州潤德府果毅。

三代都在幽州任職。

二代以上任職幽州者考其籍貫多已定藉於幽州，以上所舉諸例除賈循一世外，其他是二世以上任地方官而且均落籍爲幽州人。其可注意者有二。在天寶前，幽州所任命之地方官均朝廷直接任命，而有此一現象，實因幽州之情況特殊所致，幽州民風強悍，胡人又多，其緣邊諸州（平州嬀州薊州檀州）多爲軍事重地，開元以後，於各州設置重兵，人數往往超過當地的居民，而幽州的居民據薊門紀亂所述家家都有軍人，婦人孩童都能張弓舞劍，是故，外來新上任之地方官，對此地民俗多不熟稔，當然難於治理，故需要本地人治理。如爲外地人就必須先經過「同化」以後才方便治理，所謂同化，就是長期在此地任官，熟習本地風俗，甚至與當地屬民通婚。如河間人尹澄之父娶密雲令之女，令狐彰娶范陽女。這些都與唐制不合，故唐中央也深爲任命幽州長吏而苦，有些人甚至被命出任幽州，往往逃亡。《全唐文》卷二一六〈安陽縣令廳壁記〉：

> 天寶以來，東北節度，位冠諸侯……每置長史，朝廷特難之，或操尚虧渝，或中塗換

遷，或流亡未復，或委罪刑書。

故地方官多由本地選任，這些被「同化」的人，在安史亂時，反而與之氣習相投，風俗之化人如此，能無惕乎？

另外，天寶以及所任職之地方官與節度使權力膨脹有關。節度使之設，本爲統轄邊防軍隊，駐守國境。並非正式的官職，而爲「使職」，但是邊境之刺史戰時多兼軍使，故在軍事體制上刺史也得受其節制，祿山爲節度使時，另加河北道採訪使，及度支營田使，故除軍權外另操行政、監察、經濟之大權。任期長久，儼然爲一方之主。節度使直屬軍隊的軍職和府內的文職幕僚，大多數是自行任命的。而且文職幕僚不限出身，文士不論已中或未中進士都可應聘。故使府可任用一批與朝廷全然無關之人，其軍職之任命前已詳述。自府兵隸於邊軍系統後，府兵中果毅別將之職，由史料觀之，多爲節度所提升，而使府的幕僚及兵府的果毅又可轉任地方官，如尹琰，由幕府升盧龍別將再遷高陽縣令[56]，如祿山奏范陽戶曹皐卿爲判官，不數年遷爲太守[57]。祿山兼平盧節度，表賈循爲副，遷博陵太守。果毅別將之轉任地方官，張休、尹澄亦俱爲其例[58]。故節度使具有推薦之權，可藉此提拔幽州人任地方官，不但加強其地方上的控制力，更使地方官員土著化。

第四節　幽州在安史亂時的胡漢衝突

(一)幽州之胡漢衝突

祿山之軍隊，雖有「父子軍」之號，但其內部實有派系之分，亦有胡漢之別。祿山統制幽州實建立於其領導才能上，故其死後，此集團隨卽分裂。考祿山所部兵主體爲戍守幽、薊、嬀、檀、易、恆、定、莫、滄諸州之鎭兵約九萬一千人，這些鎭兵絕大多數爲漢人。另有胡羯、突厥、同羅、奚、契丹、室韋等胡兵，也各有其系統。胡羯、同羅、契丹曳落河八千人爲祿山之心腹部隊，由祿山親自統領，復歸史思明，惟同羅不從[59]。奚集團之領袖爲李寶臣：

> 李寶臣，本范陽內屬奚也。善騎射。張鎖高畜為假子，故冒其姓，名忠志。[60]（按張鎖高亦爲奚人。《唐史餘瀋》卷二「鎖高」條，以爲奚多以鎖高爲名。）

張孝忠與王武俊都在其帳下。從祿山扳亂之日卽鎭恆州，思明時卽脫離安史集團而獨立。此一系統卽構成爾後之成德鎭之主力[61]。突厥部領袖則爲阿史那從禮：

> 同羅、突厥從安祿山反者屯長安苑中甲戌其酋長阿史那從禮帥五千騎，竊廐馬三千匹逃歸朔方。[62]
>
> 阿史那從禮說誘九姓胡、六州胡、諸胡數萬衆聚於經略軍北，將寇朔方。[63]

契丹集團的領袖爲孫孝哲：

孫孝哲契丹人……安守忠、張通儒、田乾真攻長安皆受制於孝哲。[64]

後其眾爲史思明所併。

阿布思九姓胡之領袖爲康阿義屈達干（按：達干爲官名）。〈贈開府儀同三司兼夏州都督康公神道碑云〉：

公諱阿義屈達干，姓康氏，柳城人，其先為北蕃十二姓之貴種：屬范陽節度使安祿山：密奏公充部落都督（阿布思）仍為其先鋒使……俄拜范陽經略副使。

安史亂之初，卽投奔中亞，後其部一從阿史那從禮逃歸漠北，一從王武俊歸李寶臣帳下。

平盧軍以其節度使史思明爲其領袖，安祿山亂後，卽分裂爲二，一從李忠臣浮海到淄青，一部仍爲史思明所控制。幽州節度使領九軍加平盧一軍共十軍：卽經略軍、威武軍、清夷軍、靜塞軍、恆陽軍、北平軍、高陽軍、唐興軍、鎭海軍。盧龍軍大體上仍以漢人爲主。漢軍除盧龍、清夷、威武軍從祿山南下外，其餘都留守本州，防衞大本營。南下諸軍中以田承嗣所率之軍最勇猛，爾後爲魏博之基本武力。

祿山用兵通常以漢人戍守幽州，故不爲攻擊之主力，打擊部隊均由擅於騎射之外族部隊擔任。但胡騎雖猛，不能持重，故祿山戰略之運用卽以胡騎攻堅，城破之後，以當地之團結兵駐守，雜以胡兵鎭之。

> 祿山大悅，如皐卿章服，仍舊常山太守，并本郡團練使鎮井陘口，留同羅及曳落河一百人，首領各一人。[65]

《河洛春秋》又云：

> 留同羅及曳落河百人，蓋祿山留精兵百人以為欽湊腹心爪牙，其餘皆團練脅從兵。[66]
>
> 祿山初以卒三千授思明，使定河北，至是河北皆下之，郡置防兵三千，雜以胡兵鎮之。[67]

漢兵多半仍留戍在幽燕邊境，並未南下。祿山所統之九軍之中祇有嬀檀幽易四軍南下。《考異》引《河洛春秋》云：

> 牛介從幽州占，歸為（嬀誤）檀、幽、易，兼大同紇蠟共萬餘人帖思明。思明之軍旣壯，共五萬餘人，其中精騎悉是同羅曳落河，精於馳突。

祿山駐防佔領區，或至范陽發援兵，都雜以胡兵鎮之。故可知祿山對幽州之漢人軍隊亦有猜防。後因攻擊部隊不足，故時常至幽州徵調援軍，致使幽州軍隊不足以防禦兩蕃。十五載，奚、契丹兩蕃出北口，攻范陽，城中無兵防守，甚至伶人、戲子都操戈奮戰，這些人當然不是胡騎的對手。故又將幽州軍調回幽州戍守。

唐朝處理祿山降者亦有胡漢之分：

> 賊步騎七千餘衆屯白沙渦、巡夜襲擊，大破之，還至桃陵，遇賊救兵四百餘人，悉擒之，分別其衆，嬀檀及胡兵悉斬之。滎陽陳留脅從兵皆令歸鄉。[68]

安史之亂末期，史朝義北逃，「范陽人在朝義麾下者，並拜辭而去，朝義涕泣而已，獨與胡騎數百既食而去、東奔廣陽，廣陽不受」[69]。由以上史料可知安史集團內部不但有派系之分，亦有胡漢之防。

安祿山集團之湖漢之爭

祿山以蕃將卅二人以代漢將[70]安祿山爲西域胡人，自然含有親胡人而排斥漢人的意味。漢人不但在政治的隸屬上與胡人不同，其軍隊亦自成系統。胡漢之衝突在祿山之前並無明確的史料，但烏承恩、李忠臣、劉客奴等漢人將領在祿山叛變時，與祿山發生衝突，不從祿山，似可推測其在祿山叛變之前，相處卽不融洽。亂後此輩割據淄青叛唐，可知其人之不從祿山非眞心爲唐，而是祿山內部胡漢之爭。《舊唐書》卷一〇〇〈裴寬本傳〉：

> （天寶）三載，用安祿山為范陽節度，寬為戶部尚書兼御史大夫……居數日，有河北將士入奏：寬在范陽能政，塞上思之，玄宗嗟賞久之。

或許祿山為節度使時，因排斥漢人，故漢人將領入朝時，思念裴寬能政。

不論祿山時期，胡漢之衝突如何，至少在安史之亂末期，史朝義弒父之後，胡漢在幽州發生一場流血大鬪爭。

> 朝義即皇位，改元顯聖，密使人至范陽敕散騎常侍張通儒等殺朝清及朝清母辛氏幷不附己者數十人。其黨自相攻擊，戰城中數日，民者數千人，范陽才定。⑪

《考異》引《薊門紀亂》：

> ……時朝義，已殺思明，僭位，滑勒偽左散騎常侍張通儒戶部尚書康孝忠與朝興衙將高鞠仁，高如震等謀誅朝興……通儒與鞠仁領步兵十餘人入其日華門，偽皇城留守劉象昌逢之，驚問其故，通儒領左右斬之，俄而，朝興腹心衛鳴鶴又問，立斬之。于城擾亂，朝興惶怖，猶能擐甲持兵，與親信二三十人出拒，奔走於廐中取馬，馬盡矣，唯病馬一匹，朝興乘而策之，不前，遂步戰。通儒白旗招朝興之黨，降者赦罪，復官爵，惡少等雖沐朝興之錫賚，亦怒其無道鞭捶，降者大半，朝興猶從十餘人接戰，弓矢所發無不中者，中者皆應弦沒羽，通儒披靡，所傷者數十百人皆退出子城外。……通儒於城門拒戰，良久，日已暮，朝興衆寡不敵，走匿城上逍遙數，遂失其所，通儒兵入禁中，刼掠金帛，思明朝興妻衣服皆盡，夜半，蕃將曹閔之於樓上擒獲之，朝興曰：「我兄弟六七人朝興一身斬之何益。」高如雲對曰：「以殿下殘酷，人各有怨

心。」朝興曰：「乞放此一度，欲更不敢。」執者皆矣。又謂閔之曰：「此腰帶三十兩黃金新造，謹奉將軍。」閔之曰：「殿下但死，腰帶閔之自解取。」左右益笑，縊以弓弦，斷其首，函送洛陽。偽侍中向閏客特受思明委託，朝興亦甚敬憚，至是惶怖，走入私第，不自安，匍匐待罪。通儒領之，勤馳騁赴洛，通儒收朝興黨與悉誅之。思明將軍辛萬年特有寵與朝興，又與鞫仁如震友善為兄弟，當誅朝興之堂也。通儒有意於萬年，及令行刑，遂忘之，至是赦鞫仁如震。斬萬年首，送鞫仁置酒與萬年同飲，謂曰：「張尚書令殺弟，故相報。」萬年稽首，但乞快死。鞫仁抗聲曰：「祇可見弟謀取通儒，終不肯殺弟。」於是如震萬年領其部曲百餘人入子城，斬通儒於子城南廊下，城中擾亂，又殺其不快者軍將數人，共推偽中書令阿史那承慶為留守，幽通儒等者，使萬年送洛陽，誣其欲以薊城歸順，朝義聞之，便使令向閏客所在却回留守。鞫仁如震為各從數百人披甲巡城，城中人心彌懼，承慶為留守一兩日又不自安，遞相疑阻，於是領蕃兵數十騎出子城，至如震寶門，立令屈將軍暫安相見。如震不虞有難，馳至原前，承慶斬之，應聲而殞。承慶入東軍與偽尚書康孝忠招集蕃羯，鞫仁聞如震遇害，驚而且怒，統麾下軍討之，相逢於宴沒樓下接戰。自午至酉，鞫仁兵皆城旁少年，驍勇勁捷，馳射如飛，承慶兵雖多，不敵大敗，殺傷其衆，積屍成丘……承慶孝忠出城收散卒，東保潞縣又南掠屬縣。野營月餘，徑詣洛陽自陳其事。城中蕃家軍口盡踰城相繼而奔。鞫仁令城中殺胡者皆重賞。於是羯胡俱殪，小兒擲於空中以戈承之，高鼻類胡而濫死者甚衆。時鞫仁在城中最尊，使奏朝義以承慶等反，向閏客行至具州，朝義命回，將至，衆官迎之，鞫仁嚴兵不出，閏客甚懼，戒其之弟從者無帶兵器。從數人而入，鞫仁待之日華門。閭客望見，下馬執其手相慰，鞫仁亦抗禮。還營，閭客但專至子城端坐，餘不敢輒有所問，奏承慶等使回。朝義以鞫仁為燕京都知兵馬使，五月甲戌，朝義以偽太常卿士李懷仙為御史大夫，范陽節度使，燕州頗有甲兵故委腹心。鞫仁聞之，意不悦也。無何懷仙至從羸馬數千，自薊城南門入。鞫仁不出，迎之於日華門，懷仙至，卑身過禮，立誓約為兄弟，結盟相固。期同保燕邦以奬其主，鞫仁意稍解，懷仙以薊縣為節度院，雖任節度，鞫仁兵五千餘人皆不受命，十數日懷仙待之彌厚，每衙皆降階友接，鞫仁亦不為之屈，旣而懷仙命饗軍士，中宴，鞫仁疑有變！兵皆驚走，還營披甲，懷仙憂懼無計，遂因其牙將朱希彩，責以驚軍之罪。其夜鞫仁將襲懷仙，遇大雨，遲疑未決，徹明，遂照，單騎至節度門，懷仙已潛備壯士待之。鞫仁趨入，懷仙不改常禮，與坐良久，乃問驚軍之罪，門已關，顧左右拉殺之，立捨希彩。自蕃春到夏中，兩月間，城中相攻殺凡四五，死者數千，戰鬪皆在城市閭巷間，但兩敵相向，不入人家剽刼一物，蓋家家自有軍人之故，又百姓至於婦人小童，皆閑習弓矢，以此無虞。

《安祿山事蹟》所述與《薊門紀亂》同：

朝義，思明之孽子也，旣殺思明，復使張通儒誅朝興等，以通儒為燕京留守，尋為高鞫仁所殺，又與蕃將阿史那承慶相害，承慶不敵，而奔潞縣鞫仁令城中殺胡者重賞，於是羯胡盡殪，小兒擲於空中以戈承之，高鼻類胡而濫死者甚衆。

《通鑑》引《河洛春秋》云：

> 應是胡面，不擇少長，盡誅之。

《新唐書》卷二二五上〈逆臣傳〉：

> 胡面者，無長少悉誅之。

姚汝能之安祿山事蹟係採自《薊門紀亂》。《河洛春秋》所記事，與《薊門紀亂》同，惟將向潤客作向貢，阿史那承慶作阿史那玉。高鞫仁作高久仁。最大出入乃將高如震做高久仁。新舊《唐書》，都作阿史那玉及向貢。考之《薊門紀亂》、《河洛春秋》及《安祿山事蹟》，《新唐書》卷二二五上〈逆臣傳〉、《舊唐書》卷二〇〇上〈思明本傳〉及《通鑑》，所說大體相同，惟有繁簡之別，但殺胡人之事，史料均有所載，惟出入較大的是人名。

史朝義殺其弟史朝清本爲政權的爭鬪，與殺胡羯這件事初看似無甚關聯，然深究其源，實爲胡漢之衝突。《新唐書》卷二二五上：

> 思明少賤，鄉里易之，大豪辛氏有女，方求婿，窺思明，告其親曰：「必嫁我思明。」宗屬不可，女因以歸。思明亦曰：「自我得婦，官不休，生男子多，殆且貴乎？」

《全唐文》卷四四〈兼御史大夫恆川刺史充管內營田使清河郡王李公記德政頌〉云：

惟四年（七五九年）：各十一月，思明外公以其黨辛萬寶張軍□□伺問焉。惟□□一月□□□□延於平人人用奮咨涕洟，公如天。公曰：「不戢乃暴負乃人。」夏四月，戳萬寶……

《薊門記亂》云：

思明驍將辛萬年特有寵於朝興。

《安祿山事蹟》卷下：

謚祖考為皇帝，以妻辛氏為皇后。次子朝興為皇太子。長子朝義為懷王。

《通鑑》卷二二二肅宗上元二年（七六一年）《考異》引《河洛春秋》：

思明混諸嫡庶，以少者為尊，唯愛所鍾，即為繼嗣，欲殺朝義，追朝清為偽太子，左右弛之，父子之隙，自此始構。[72]

《新唐書》卷二二五逆臣上：

初思明諸子無嫡庶分，以少者為尊，朝義孽長子寬厚，又多附者。

《通鑑》二二二代宗廣德元年（七六三年）正月條：

朝義既去，承嗣既以城降，送朝義母妻子於官軍。

在祿山麾下的胡人將領，如李懷仙、張忠志、阿史那從禮等都有自己的部屬爲基礎。唯史思明爲寒素之胡人，既無宗族又無黨援，故與當地漢人勢力結合，娶大豪辛氏之女。觀其遣辛萬寶領恒州以制張忠志。以辛萬年輔史朝清，均以妻族爲其腹心。立辛氏爲后，以朝清爲皇太子，雖有感情成份，但亦爲客觀形勢使然。朝清之族實乃漢人勢力之代表。故朝義弒父稱王之後，卽遣張通儒返幽州誅朝清及其母辛氏，並不附己者數十人。及事成之後，通儒又矚鞫仁、如震誅辛萬年。此事件乃爲從政治之事而轉變成胡漢之爭的關鍵，因鞫仁、如震，與萬年同爲漢人集團之代表，張通儒乃代表朝義集團，故不從通儒而立斬之。此事件自如震被殺而擴大，因此壁壘分明，卽康孝忠與阿史那承慶爲中心的蕃羯集團，與以鞫仁爲中心的漢人集團對立，結果蕃羯大敗，高鼻類胡而濫死者甚衆。

此次衝突，漢人的勢力擊潰西域胡羯之勢力，此後在有關幽州的史料中卽無此胡羯之出現。唐末李克用雄起於代北，其麾下有很多康氏、安氏者[73]，自幽州逃至其地的胡羯。高鞫仁與李懷仙的衝突，本質上已非胡漢之對立。但其過程中，漢人的勢力始終不可輕視，李懷仙雖爲幽州節度使，但仍不能控制鞫仁的部隊，而畏懼之，最後用計殺鞫仁，鞫仁的部隊仍與懷仙周旋幾個月，最後因爲沒有領導中心而作罷，但其勢力仍未消失。李懷仁雖爲胡人，但其部屬大部亦爲漢人，如其妻徐氏即爲漢人，其將徐有濟、旣其妻弟，故兩人之衝突實爲權力的衝突：

五月甲戌，朝義以偽太常卿李懷仙為御史大夫范陽節度使，燕州頗有兵甲，故委腹心，鞫仁聞之，意不快也。74

衝突之基本原因卽鞫仁未得節度使。李懷仙的勝利可視爲由胡人政權轉至漢人政權的過渡時期。朱泚之後，幽州卽全爲漢人所控制。直到李茂勳稱帥，才開始另一新局面。安史之亂實爲胡人所領導的叛亂，其內部有胡漢之衝突。結果，漢人勢力抬高，遂使此一叛變由胡人的叛變轉變成以漢人爲主的地域主義與中央的對立。

附註

1 見《燕京學報》第十九期，谷霽光著〈安史亂前之河北道〉。

2 見蒲立賓《安史之亂的背景》，第六章〈河北的特殊地位〉，頁七五—八一。

3 見《通鑑》卷二一三「玄宗開元十八年五月」條，頁六七八九。

④ 見《全唐文》卷二八五〈張九齡致幽州節度使張守珪書〉，頁三六五七。
⑤ 見《冊府元龜》卷四九〇及蒲著《安史之亂的背景》第六章。
⑥ 《全唐文》卷三〇九，頁三九七二。
⑦ 見《全唐文》卷三九四〈令〇〇撰顏魯公碑〉，頁五〇七〇—五〇七二。
⑧ 《新唐書》卷一五一〈劉全諒本傳〉，頁四八二三。
⑨ 《新唐書》卷一九八〈藩鎮淄青橫海程日華傳〉，頁五九九三。
⑩ 《全唐文》卷三一六〈安陽縣令廳壁記〉，頁四〇五八。
⑪ 《通鑑》卷二一七「玄宗天寶十四載十一月」條，頁六九四一。
⑫ 《冊府元龜》卷七五九，頁九〇二八；《新唐書》卷一九四〈忠卓行〉，頁五五六七同。
⑬ 《新唐書》卷一九四〈卓行〉，頁五五六六；《冊府元龜》卷九四九，頁一一一七二。
⑭ 《新唐書》卷一九二〈忠義中賈循傳〉，頁五五三三。
⑮ 《通鑑》卷七五六，頁六九五二。
⑯ 《通鑑》卷二一九「肅宗至德元載」條，頁七〇〇六。
⑰ 《新唐書》卷一三五，頁四五七二，《新唐書》卷二二五上，同。
⑱ 《新唐》書卷二二五上〈史思明傳〉，頁六四二八。
⑲ 《通鑑》卷二一七「肅宗至德元載四月」條，頁六九六〇。
⑳ 《通鑑》卷二一八「肅宗至德元載七月」條，頁六九六〇。
㉑ 回紇入東京肆行殺掠見《通鑑》卷二二二「肅宗寶曆元年十月」條，頁七一三五。
㉒ 《新唐書》卷三〈高宗本紀〉，頁七五。
㉓ 《通鑑》卷二一一「玄宗先天元年八月」條，頁六六七五。
㉔ 《冊府元龜》卷一二四，頁一四九〇。

㉕《通鑑》卷二一三「玄宗開元十四年」條，頁六七七二。

㉖《通鑑》卷二一三「玄宗開元十八年」，頁六六八九。

㉗《全唐文》卷三〇五徑安貞撰〈正議大夫使持節易州〉諸軍事守易州刺史兼高陽軍使賞紫金魚袋上柱國田公德政碑〉，頁三九一九。

㉘《全唐文》卷一六九。

㉙《冊府元龜》卷一二四。

㉚《唐大詔令》開元廿四年〈聽逃戶歸省敕〉。

㉛《唐大詔令》卷七二。

㉜《全唐文》卷三一〈命諸道節度使募取丁壯詔〉，《冊府元龜》卷一二四，同。

㉝《新唐書》卷一五一〈劉全諒本傳〉，頁四八二三。

㉞《新唐書》卷一四八〈張孝忠傳〉，頁四七六七。

㉟《新唐書》卷二一一〈藩鎮成德李寶臣傳〉；《舊唐書》卷一四二同。

㊱《新唐書》卷一三六〈烏承洮傳〉，頁四五九六。

㊲同註㉗。

㊳《全唐文》卷三三九〈顏眞卿撰東莞臧氏糺宗碑銘〉，頁四三五〇。

㊴《舊唐書》一〇三〈張守珪傳〉，頁三一九三；《新唐書》卷一二七，頁四四四七，同。

㊵《舊唐書》卷七七，《新唐書》卷三三，《冊府元龜》卷四三一，同。

㊶《新唐書》卷一四八〈張孝忠傳〉，頁四七六二—四七六三。

㊷《舊唐書》卷一四五〈李忠臣傳〉，頁三九三九；《新唐書》卷二二四，頁六三八七。

㊸《全唐文》卷九九三〈莫州唐興軍都虞侯兼押衙試鴻臚卿鄭府軍墓石〉。

㊹《舊唐書》卷一四二〈李寶臣傳〉，頁三八六五，《新唐書》卷二一一，同。

㊺《通鑑卷》二一七「玄宗天寶十三載二月」條。

㊻《通鑑》卷二一七「玄宗天寶十四載二月」條。

㊼《舊唐書》卷一〇三〈張守珪傳〉，頁三一九三，《新唐書》卷一三三，同。

㊽《安祿山事蹟》卷中，頁三三。

㊾《全唐文》卷四三六〈權德輿撰張公遺愛碑〉，頁六四〇三。

㊿《全唐文》卷三一六〈李華撰安陽縣令廳壁記〉，頁四〇五八。

(51) 以上幾人兩《唐書》均有傳，不及備載。

(52)《安祿山事蹟》卷中，頁三五。

(53)《全唐文》卷三一三〈滄州刺史鄭公墓志銘〉，頁四〇二二。

(53)《全唐文》卷三〇五孫翌撰〈蘇州常熟縣令孝子郭府君墓誌銘〉，頁三九二三。

(54)《全唐文》卷三四三〈朝議大夫贈梁州督都上柱國徐府君神道碑銘〉，頁三九二一。

(55)《全唐文》卷四九八〈尹澄墓誌銘〉。

(56)《通鑑》卷二一七「肅宗至德六載」條云：「汝自范陽戶曹我責汝爲判官不數年超至太守……」

(57) 同註⑭。

(58)《通鑑》卷二一五，《新唐書・兵志》，同。

(59)《新唐書》卷二二〇〈安祿山傳〉，頁七〇四七。

(60) 同註㊹。

(61)《全唐文》卷四四〇〈王佑撰李公紀功載德碑〉。

(62)《通鑑》卷二一八「肅宗至德元載七月」條，頁六九八六。

(63)《通鑑》卷二一八「肅宗至德元載」條，頁六九九七。

(64)《舊唐書》卷二〇〇上〈契丹傳〉。

65 《通鑑考異》引《河洛春秋》，《通鑑》二一七「玄宗天寶十四載」條，頁六九四六。
66 同前註。
67 《通鑑》卷二一九「肅宗至德元載十一月」條，頁七〇〇六。
68 《通鑑》卷二一八「肅宗至德元載七月」條，頁六九八九。
69 《通鑑》卷二二二「代宗廣德元年元月」條，頁七一三九。
70 同註46。
71 《通鑑》卷二二二「肅宗上元二年二月」條，頁七一〇八。
72 《通鑑》卷二二二「肅宗上元二年二月」條。
73 見新舊《五代史》。
74 《通鑑》卷二二二《考異》引《薊門紀亂》。

晚唐洛陽的分司生涯

王吉林

一、唐代長安與洛陽

我國歷史古都，向以長安與洛陽並稱。上古之夏商周三代，唯周都邑最爲確定，西周建都鎬京，在今長安縣西南，漢之長安，在今長安縣西南，二者相距很近，因而可視爲同一地區。

漢之長安，歷漢魏而至南北朝，至隋文帝時，在漢代長安之東南方築大興城，此卽隋唐時代之長安。

從周代鎬京到隋代大興，可泛稱爲古代長安的三大變化，但仍在今西安附近，爲我國歷史名都，佔形勢之利而與歷史發展不盡相合。

另一古都合於歷史發展，但在形勢上不如長安的是洛陽。最早的洛陽是西周初年所建，是周代的「王城」，東周的都城，也叫「雒邑」或「東都」，位置在今洛陽之西，是周成王時代所建的。

漢魏時代的洛陽，在今洛陽以東的白馬寺。但到魏孝文帝自平城遷都洛陽，在後漢洛陽舊址上重新擴建，將宮殿區集中，在城內建立里坊制度。這種規畫都城的方式，爲隋、唐在長安建都所仿效。關於此點，陳寅恪先生早有論述，此處不再贅引❶。

秦都咸陽，漢都長安，俱在今西安附近，但自東漢光武帝建都洛陽以後，歷魏晉而不移，洛陽遂成政治與文化中心，相對的，長安日趨沒落。東漢以來，關東地區經濟發展迅速，關中蕭條，洛陽做爲首都，更具備其優越性。但是洛陽的缺點是處一盆地中，形勢不夠開擴，能據險而守一時，無法長期抗爭。故在平時，洛陽爲經濟輻湊之地，做爲都城，能養政府眾多官員，而在戰時，則缺乏攻守之利。是故東漢、魏、晉以之爲都，但一至五胡亂華，日尋干戈，則無一政權以洛陽爲都。雖魏孝文帝遷都洛陽，一旦東西魏分裂，東魏乃捨洛陽而都鄴，以其無險可守也。

隋唐之所以建都長安，以其興起於關中，本身爲「關隴集團」，行「關中本位政策」。簡而言之，卽以關中爲根據地而取天下，此亦可參考陳寅恪氏之說也❷。

以經濟與文化而論，長安實不如洛陽，中國歷史自西而東，從北向南發展，處在西北之長安，實與歷史發展之方向不合，故隋唐因而產生許多問題。

二、隋建東都

前引陳寅恪先生之言，以爲隋唐營建新都，受魏孝文帝所建之洛陽及東魏鄴都之影響，若論其實，則當言隋文帝仿魏孝文帝洛陽之格局而營大興，其初營建，僅制其規模格局，以俟後代陸續完成，未嘗一蹴而就也。

隋文帝於開皇二年（西元五八二年）六月丙甲，始下詔於龍首山營建新都，當時參其事者有高熲、劉龍、賀婁子幹、高龍叉等人[3]。到次年三月丙申，文帝常服入新都[4]。建一新都，前後不滿十個月，又未見動用鉅大人力與物力，其爲簡陋，可想而知。復以文帝天性簡約，必不以建都而大肆浪費。唐代長安之成世界名都，爲他國所摹倣，爲隋文帝後陸續發展之結果。

魏孝文帝所重建之洛陽，在北魏分裂後爲戰亂所破壞。隋煬帝即位後，營建洛陽，其氣魄之大，絕非其父隋文帝所能比擬。

隋煬帝於仁壽四年（六〇四）七月即位，十一月乙未，幸洛陽，同月癸丑，下詔營建東京洛陽。他在詔書中有言：「今可於伊、洛營建東京，便即設官分職，以爲民極也。」「設官分職」，即在長安與洛陽均需設官，實即兩都，故煬帝稱洛陽爲東京，長安自是西京。君主若在西京長安，東京洛陽之官就成分司，最高行政首長即是留守。

關於營建，煬帝在詔書中力求儉約，然恐非其本意。詔中有云：「今所營構，務從節儉，無令雕牆峻宇復起於當今，欲使卑宮菲食將貽於後世。」[5]煬帝雖有是詔，似未立即開始行動，直至次年（大業元年，六〇五），「三月，丁未，詔楊素與納言楊達、將作大匠宇文愷營東京，每月役丁二百萬人，徙洛州郭內居民及諸州富商大賈數萬戶以實之」[6]。從「每月役丁二百萬人」來看，就可知其勞師動眾，工程之浩大可想而知。再從徙洛州平民及諸州富商大賈數萬戶以實東京來研究，就可知道煬帝是想建都洛陽，而非作爲東都而已[7]。

最瞭解隋煬帝之心理者，莫過於宇文愷。「愷揣帝心在宏侈，於是東京制度窮極壯麗。帝大悅之，進位開府，拜工部尚書。」[8]

以隋煬帝之奢縱浪費不恤民力，加以宇文愷之揣摩帝心而復智巧，洛陽之豪華壯麗，自始卽不在長安之下。

三、就食東都

隋代在隋煬帝奢縱無厭的輕用民力之下覆亡了，代之而起的仍然是關隴集團的唐高祖李淵。

李淵於煬帝大業十三年（六一七）五月起兵太原，十一月攻入長安，立留守代王侑爲恭帝，遙尊在江都的煬帝爲太上皇。次年三月，煬帝爲宇文化及所弒。五月，李淵受恭帝禪，卽位爲帝，國號唐，改元武德，仍都長安。

唐高祖武德（六一八——六二六）及太宗貞觀（六二七——六四九）年間，君主甚少留駐洛陽，偶有行幸，時間也很短暫，似乎並不是因爲經濟因素。但從高宗到玄宗時代，帝王留在洛陽的時間很長，而且明確的說，經濟是一主要的原因。全漢昇先生在他的名著〈唐宋帝國與運河〉一文中有詳盡的說明，此處不再徵引。

値得注意的是在高宗顯慶二年（六五七）建洛陽爲東都，從此以後，高宗有七次行幸洛陽，而且所駐時間都很長，前後約有十一年[9]。

高宗死後，武后前後以太后、聖神皇帝執政期間（六八三——七〇五），僅有兩年時間在長安，其餘時間都在洛陽。武后在光宅元年（六八四）九月，改東都爲神都。武氏之意，豈只是改東都爲神都而已，其本意是想以洛陽爲京師，建都洛陽。武氏之以洛陽爲神都，除了政治與經濟的原因以外，與他的出身也有密切關係。由於武氏不是關隴集團分子，所以對長安沒有戀舊之情。

中宗復位後，改神都爲東都，次年遷回長安，終他和睿宗之世，未再行幸洛陽。這種情形和當日的經濟狀況不符，這可能是由於韋后的關係，因爲她是京兆萬年人，不回長安，豈非「衣錦夜行」，所以雖經濟困窘，也在所不計。

及至玄宗卽位，五幸洛陽，從最初的開元五年（七一七）正月，到最後一次年開元二十二年（七三四）正月，幸東都，住了兩年零九個月，到開元二十四年（七三六）十月方回長安，此後卽未再幸東都❿。從開元五年到二十四年，約有二分之一的時間玄宗是在洛陽⓫。開元二十四年（七三六）十月，玄宗回到長安以後，唐朝君主卽未再幸洛陽，何以如此？主要是裴耀卿改革漕運成功，避開三門之險，而在三門一段實行陸運，其詳細情形，可參考《舊唐書·食貨志》⓬。

安史之亂平定以後，唐朝對於洛陽依賴一如往昔。因爲唐朝自高宗以後，官員人數激增，加以府兵制度破壞，京師百官及諸軍將士消耗甚大，關中所產穀糧不敷應用，因而每年必須從江淮地區運糧至長安。但從洛陽向西，在今河南西邊，黃河之中有一三門峽，水急而險，無法行舟。前人亦曾以拉縴方式行船，但縴夫多被拉入河中，船破人亡。裴耀卿在三門峽東西各設一倉，三門一段，實行陸運，謂之「搬運法」。此法一成，唐朝皇帝遂不再爲「逐食天子」。

四、唐代的東都分司

唐代自高宗始，經常行幸東都，洛陽宮殿爲隋煬帝所建，宏麗壯大，自屬當然。皇帝行幸東都，百官扈從，實如遷都，但遷徙不常，忽東忽西，扈駕百官，無法長期租賃房屋，邸店亦非久居之地，因而唐代官員兩京置宅者，所在多有，清代徐松所撰唐兩京城坊考，卷五考定東都名臣之宅，位於何坊，可見唐代大臣在洛陽置宅之多[13]。在洛陽置宅，事出必要，無可厚非。

玄宗以後，帝王不再行幸東都，長安成爲唯一的政治中心，東都洛陽的經濟地位未變，但在政治上卻成爲失意人士的集聚地，尤其是政爭中的暫時失敗者，往往分司東都，俟機再起。若不能東山再起，分司幾同致仕，但比致仕略優者，分司可領全俸，致仕僅領半俸。

玄宗以後唐代君主不再行幸東都，但東都仍置留守官，最明確者爲東都留守、東畿汝都防禦使。御史臺在東都設有留臺，「自中丞已下，元額七員，中丞一員，御史一員，殿中侍御史二員，監察御史三員」[14]。一般辭書所指分司，多以御史分司東都留臺爲分司，實與中唐後之分司東都不同。

中唐以後之分司東都者，大別情形有二，其一爲在朋黨政爭中暫時屈居下風者，即以閒職分司東都，以太子賓客爲最多。另一種情形爲年老力衰，不願從事劇務，而又不想致仕，請求分司，實同退休，本文所述，重在此類。

在政爭中失敗而分司東都者，在兩《唐書》中不勝枚舉。如名詩人李紳，與李德裕善，不見容於李逢吉，被貶爲端州司馬，逢吉恐李紳再起，於赦文中言已量移者與量移，貶而未量移者卽無量移機會。韋處厚極言李逢吉之姦，敬宗開悟，因令左降官與量移，紳方移爲江州長史，再遷太子賓客，分司東都[15]。從貶官而至分司，這是有希望再起的分司。

又如穆宗宰相蕭俛，罷相後守左僕射，三辭僕射，改吏部尚書，以爲非養生之道，乞換散秩，又改兵尚。以疾表求分司，不許。至敬宗寶曆二年（八二六），復以太子少保分司東都[16]。太子少保從二品，秩優；分司，無事，合於養生之道。

文宗卽位，授蕭俛檢校左僕、守太子少保。俛稱疾篤，不任赴闕，求罷所授官。文宗以其有讓，以尚書左僕射致仕。

蕭俛「既致仕于家，以洛都官屬賓友，避歲時請謁之煩，乃歸濟源別墅，逍遙山野，嘯詠窮年」[17]。蕭俛致仕以後，過的是退休生活，文宗兩度頒詔，希望他能復出，俛不爲所動，以至於卒。

有時行政失職，亦可能被處以分司，如同貶逐。蕭俛弟俶，「大中初（八四七），坐在華州時斷獄不法，授太子賓客分司」[18]。

以分司處分異己，崔從可能是一個很好的例子。崔從在大和三年（八二九）入爲戶部尚書。李宗閔秉政時，以從與裴度、李德裕厚善，惡之，改檢校尚書右僕射、太子賓客東都分司[19]。在這裏，分司東都的意義就是逐出權力核心的長安。

分司東部，若非眞心求退，可能還是起落不定。如在文宗大和九年（八三五），李訓用事，李宗閔復相，與李訓、鄭注連衡排擠李德裕罷相，紳與德裕俱以太子賓客分司東部。爲時不久，開成元年（八三六），鄭覃輔政，起德裕爲浙西觀察使，紳爲河南尹[20]。此又爲一典型黨爭中排除異己之方式，將其擠至東都分司。同黨得政，形勢丕變，此中沒有是非，唯見黨同伐異。

在黨爭中，將敵對者置於分司東都，尚非過激手段，可見分司生涯仍很舒服。如李宗閔自杭州刺史遷太子賓客，分司東都。時鄭覃、陳夷行皆罷相，楊嗣復想再援宗閔知政事。俄而文宗崩，武宗立，李德裕秉政，楊嗣復、李珏皆竄嶺表。會昌三年（八四三），劉禛據澤潞叛，德裕藉口宗閔與李從諫善，上黨近東都，宗閔分司非便，出爲封州刺史。又發其舊事，貶郴州司馬，卒於貶所㉑。欲加之罪，出自於李文饒，擲筆三歎！

五、結語

黨事如此激烈，而且沒有是非，一些比較達觀的人分司洛陽以後，或致仕後居於洛陽，不再西望長安，唯以詩酒、吟詠、山水爲樂，相互往還，而以老健自喜，政治恩怨，一筆帶過，其中以裴度、白居易、劉禹錫等人在洛生活最足代表。白氏自稱分司爲「中隱」，詩中充滿對分司生活之滿意，最能代表在洛陽的分司生活。

牛僧孺在洛陽歸仁里有宅，林木幽邃，常與白居易吟咏其間，無復進取之懷。裴度綠墅堂，原爲李龜年之宅，中堂制度，甲於都下。

記洛下分司生涯，滿意而多見於詩章者，以白居易劉禹錫爲最，此不再論。

附註

❶ 陳寅恪，〈隋唐制度淵源略論稿〉（《中央研究院歷史語言研究所專刊》），頁四四云：「寅恪則謂隋創新都，其市朝之位置所以與前此之長安殊異者，實受北魏孝文營建之洛陽都城及東魏北齊

鄴都南城之影響，此乃隋代大部分典章制度承襲北魏太和文化之一端。」

❷ 陳寅恪，〈唐代政治史述論稿〉（《中央研究院歷史語言研究所專刊》）。

❸ 魏徵，《隋書》（北京，中華書局，一九七三年八月），卷一，〈帝紀第一．高祖上〉，頁一七—一八。

❹ 同前注，頁一九。

❺ 魏徵，前引書，卷三，〈帝紀第三．煬帝上〉，頁六一—六二。

❻ 司馬光，《資治通鑑》（臺北市，明倫出版社），卷一八〇，頁五六一七。

❼ 魏徵，前引書，卷六八，〈列傳第三三．宇文愷傳〉，頁一五八八即云：「煬帝即位，遷都洛陽。」

❽ 同前。

❾ 根據全漢昇《唐宋帝國與運河》第二章的統計，高宗自顯慶二年正月行幸洛陽，前後七年，合計十一年。

❿ 這和裴耀卿改善漕運有關。

⓫ 玄宗於開元五年（七一七）正月辛亥，行幸東都。至次年（七一八）冬十一月，辛卯，車駕至西京。開元十年（七二二）春正月，丁巳，玄宗二度行幸東都。十一年（七二三）三月，庚午，玄宗四至京師。

十二年（七二四）十一月，庚午，玄宗三度行幸東都，至十五年（七二七）冬，十月，己卯，四至長安。

開元十九年（七三一）十月，丙申，玄宗四度東幸東都，次年十月壬午，離開東都，一路幸潞州、太原，祀后土於汾陰，十二月，辛未，回到長安。

最後一次開元二十二年（七三四）春正月，己巳，玄宗從長安出發，己丑，到東都。二十四年

（七三六）十月，丁卯，回到長安。

⑫ 關於裴耀卿改革漕運，見於《舊唐書》（北京，中華書局，一九七五年五月）〈食貨志〉，頁二一一五—六：

至二十一年，耀卿爲京兆尹，京師雨水害稼，穀價踊貴，玄宗以問耀卿，奏稱：「昔貞觀、永徽之際，祿廩未廣，不過二十萬石便足。今國用漸廣，漕運數倍，猶不能支。從都至陝，河路艱險，旣用陸運，無由廣致。若能兼河漕，變陸爲水，則所支有餘，動盈萬計。且江南租船，候水始進，吳人不便漕輓，由是所在停留，日月旣淹，遂生竊盜。臣望是河口置一倉，納江東租米，便放船歸。從河口卽分入河、洛，官自雇船載運。三門之東，置一倉。三門旣水險，卽於河岸開山，車運十數里。三門之西，又置一倉，每運至倉，卽般下貯納。水通卽運，水細便止。自太原倉泝河，更無停留，所省鉅萬。前漢都關中，年月稍久，及隋亦在京師，緣河皆有舊倉，所以國用常贍。」上深然言。

至二十二年八月，置河陰縣及河陰倉、河西柏崖倉、三門東集津倉、三門西鹽倉。開三門山十八里，以避湍險。自江淮而泝鴻溝，悉納河陰倉。自河陰送納含嘉倉，又送納太原倉，謂之北運。自太原倉浮于渭，以實關中。上大悅。尋以耀卿爲黃門侍郎、同中書門下平章事，充江淮、河南轉運都使；以鄭州刺史崔希逸、河南少尹蕭炅爲副。凡三年，運七百萬石，省陸運之傭四十萬貫。舊制，東都含嘉倉積江淮之米，載以大輿而西，至于陝三百里，率兩斛計傭錢千，此耀卿所省之數也。明年，耀卿拜侍中，而蕭炅代焉。二十五年，運米一百萬石。

⑬ 徐松，《唐兩京城坊考》（北京，中華書局，一九八五年八月）卷五，頁一四七至一七八。

⑭ 王溥，《唐會要》（臺北，世界書局，民國五十七年十一月三版）卷六十，頁一〇四八。

⑮ 劉昫，《舊唐書》（北京，中華書局，一九七六年五月）卷一七二，〈列傳第一二三‧李紳傳〉頁，四四九九。

⑯ 劉昫，前引書，卷一七二，〈列傳第一二二・蕭俛傳〉，頁四四七八—九。

⑰ 劉昫，前引書，頁四四七九。

⑱ 劉昫，前引書，頁四四八〇。

⑲ 劉昫，前引書，卷一七七，〈列傳第一二七・崔慎由　附其父從〉，頁四五七九。

⑳ 劉昫，前引書，卷一七三，〈列傳第一二三・李紳傳〉，頁四四九九。

㉑ 劉十，前引書，卷一七六，〈列傳第一二六・李宗閔傳〉，頁四五五五。

晚唐五代間敦煌地區的佞佛情形

蘇瑩輝

弁言

佛教傳入中國，遠在漢世，其影響我國佛法最深者，可以上溯到西域諸邦；尤以于闐國爲然（詳見下文論述）。其間關涉中古各朝政治、經濟以及社會活動者，亦極繁瑣。本文主旨雖在探討晚唐、五代間之敦煌地區佞佛情形，但在主題以前，願先略述此一時期及稍前的沙門社會活動諸般態勢。

晚唐政權之紐解綱絕，雖肇端於懿、僖、昭三朝，然唐室的狂徵暴歛，在玄、肅、代、德諸朝卽已開始；不過其時的庶民，還能够勉強度活，迨晚唐後，幾乎徧地虎狼，逃亡無所，其勢演變成官迫民反，導致一爆發而立卽燎原之危機。溯自安、史之亂以降，官方應變的手法和態度，恆與其能力問題息息相關，論者認爲開、天以後安撫姑息的政策，乃係唐室當時處置變亂集團的慣用手法，實不爲無因。玆就懿、僖、昭三朝事例略舉一二如後：

一、**裘、龐之亂**——咸通初年（西元八六〇年）由裘（或作仇）甫以浙東豪民之地位來領導的「浙東之變」平息後，接著是由身爲糧料判官的龐勛所領導，而於咸通九年爆發的桂林戍兵之變。就地緣來說，裘甫之亂所在地的浙東，爲唐室統治力量較微弱的地帶，而龐勛之亂，則以徐州作根據地；因係桂林戍兵之故鄉，當地百姓親族因武寧節度使王式的暴行，對李唐政府久懷怨恨與背逆之心，這些都是該地政治不安定的朕兆。上述變亂之成因，不外是政治的黑暗、社會的混亂和經濟的困窘，并藉著各類事端的引發而迅速擴大成勢的。據《通鑑》記述，裘甫、龐勛二人事蹟亦多相同，如前者爲亂，所過輒俘其少壯，下餘老弱者踐蹂殺之。後者起事時，亦擄壯丁，合眾千餘北還，有不願者立斬之。這些都象徵著唐代政治性民變的開端。龐勛雖好鬼道，實亦自欺欺人，偶爾誤事。他和裘甫的另一共同點，則爲要求「均產」，以符合社會一般百姓之願望，其號召力似乎還大於宗教迷信的「神力」。故而裘甫倡亂，自立年號曰『羅平』，又鑄印，印文爲『天平』，而浙東之亂實乃以逃戶爲主體之民間變亂。是項均平的意識，在龐勛作亂時，則表現爲劫富濟貧的行動，當他攻陷宿州和在徐州時，曾先後聚斂城中貨財，令民眾咸來取用，以及攘奪富戶與商旅的資產，什取其七八。類似這樣的劫富散財行爲，在唐末諸變亂中，是一個相當普徧之現象。

二、**王、黃、阡能之亂**——唐末繼裘、龐之後的幾宗重要變亂，首推王仙芝和黃巢所領導的王、黃之亂，及稍後的阡能之亂。王、黃二人原爲販賣私鹽的鉅商。僖宗初年叛亂的王郢，則係浙西節度使趙隱之部將。至於阡能，原爲邛州（今四川省邛崍縣）牙官，又係當地首望，權傾一方，富於良田與財貨。東川另一股勢力的領袖韓秀昇，則爲涪州（今涪陵縣）刺史。綜觀上述，可知這些變亂集團的領導人物，若非政府官吏，即是地方豪右；就中尤以私鹽商的勢力較爲鉅大。而黃巢之亂的組合份子，更爲龐雜，除了鹽販、歌手、屠夫、罪犯、無業遊民以外，還有佛教的僧徒在內。按唐末諸變亂的起源地環境，與其勢力的生成似有密切的關連。一般說來，這些變亂多發生於唐朝統治力最薄弱的地區，或為藩鎮割據、地方政治混亂的地帶。以阡能之亂所在的四川而言，當地僻處西南邊境，山川交錯，時有瘴癘流行，加以種族複雜，盜賊橫行，可說是一個養寇滋亂的地區。且自大中、咸通以來，邛、雅二州即成為唐與南詔（今滇西大理）交戰的戰場與行軍必經之地，致令當地民眾疲憊不堪，無形中也釀成其叛亂之胎胚。

三、杜從德之亂——唐末藉宗教迷信聚眾起事較顯著之一次變亂，厥惟昭宗天復元年（九〇一）的杜從德之亂。道士杜從德以妖妄誘昌、普、合三州之民眾作亂，只一月之內，即告弭平，其勢力雖不太大，影響亦較小，但，可見迷信和宗教的力量，在唐末社會中，亦不失為聚合叛眾的重要憑藉之一。

一、唐代佛教宗派與佛教文化簡述

號稱「貞觀之治」的初唐盛世，由於和西方的交通發達，多元化之宗教（如祆教、摩尼教、回教以及景教等）在此前後都傳入中國。而自南北朝時發展起來的佛教，受到李唐帝室和貴族的尊重，更十分繁榮！玄奘、義淨等，又從印度傳來新佛教，不空三藏[11]和善無畏等傳來密教，在原有的佛教裏注入了新的生命。同時，早在南北朝奠定基礎的中國佛教，至唐代，法相宗基、律宗道宣、華嚴宗法藏、淨土教善導、禪宗慧能等傑出的佛教徒輩出，於是中國佛教形成了各個宗派。另一方面，佛教信仰和佛教文化也深深地滲透到社會民眾之中，這些以表現於晚唐、五代間之民間文學（如俗講、變文等）作品上的最為顯著，也是本文所欲論述的重要環節之一。

二、敦煌變文、講經文與敦煌民間文學的涵義

晚近以來，中外學人所艷稱的「敦煌民間文學」，由於它的比重大、數量豐和體裁多，故實際上比敦煌文人文學（不包括佛教作品）還要豐富得多，論者認為敦煌民間文學有其獨特的民族風格和民族形式，曾給予中國文學以重要而深遠之影響，實不為過。試只就晚唐五代時之敦煌變文和變相在整個俗講文學裏，卻扮演著「承前啟後」的角色來看，已非同小可。

「敦煌變文」與「敦煌講經文」雖同屬敦煌民間文學，但其間卻有一些差異；如以後者和佛教故事的變文相比，則有三個不同點：㈠佛教故事變文的末尾，每題有『變』字，如P・二八七號卷末有『破魔變一卷』五字，S・五五一一號卷末有『降魔變文一卷』六字。而講經文則不一樣，在原文末尾無『變』字，卻有佛教經文的名稱；例如北平圖書館藏光字九四號卷末有『持世并第二卷』六字，P・二四一八號卷末有『誘俗第六』四字。㈡內容的重點不同。前者以講佛教故事為主，後者以逐段逐句講佛教經文為主。㈢在講經文以前有一段唱經，由都講擔任，例如P・二九五五號〈佛說阿彌陀經講經文〉開頭有一段：「都講闍梨道德高，音律清冷能宛轉，好韻宮商申雅調，高著聲音唱將來。」變文則和講經文完全不同，有些變文的內容與佛教並無關係，例如：〈舜子至孝變文〉、〈王昭君變文〉，說唱者可以說與都講法師無關係；講說佛教故事的變文另一和講經文不同處，即前面不需要唱經，

只有『押座文』、『緣起』，起鎮定聽眾的作用，在這裏也似乎沒有都講唱經。依據上述原因，可以說講經文只是在說唱的形式上和變文一樣，至於二者所講唱之內容與說唱方法，並不相同，故「敦煌變文」與「敦煌講經文」，應該分別列入兩個文體不同的部類裏。

三、「變文」、「變相」的源流及其發展情形

自從「變文」和「變相」兩種不同的文藝形式在敦煌出現後，它們曾爲唐代文藝園地增添了萬丈光芒，就現時所知，在敦煌諸窟中的『勞度叉鬪聖變』[2]壁畫，共有十九鋪之多，其中以西千佛洞的一鋪時代最早，數量最多的爲莫高窟（十五鋪）；此外有榆林窟的三鋪（唐末五代）。十九鋪降魔變壁畫的時代，除了北魏、初唐各一鋪和北宋三鋪外，其餘全係晚唐、五代的作品。現藏英、法二邦的〈降魔變文〉殘卷，皆係依據《賢愚經‧須達起精舍緣品》演繹而成。而敦煌畫壁中晚唐以後的『勞度叉鬪聖變』，則是依據〈降魔變文〉繪製的。從它們的傳承關繫來說，應該佛經是源，變文、變相是流。

較正確的「變文」一辭之概念，應是「用接近口語的文字寫成的，中間有說有唱」的文體。「變文」和「變相」的大別，一以講佛教故事爲主，一以逐段逐句講佛教經文爲主。但「變相」並不等於佛經，也不等於「變文」，它具有自己的相對獨立性，它既可供禮佛觀像，又可作變文講唱時之圖卷。

出自莫高窟藏經洞的〈降魔變文〉殘卷（已分裂爲數段），海內外雖存有五、六個不完整的片斷[3]，但只巴黎所藏的P‧四五二四號殘本爲圖卷，卷背有與「變相」相應的韻辭，

一九五四年周紹良氏曾聚集各卷輯成完本，收入《敦煌變文匯錄》。關於莫高窟壁畫中的『勞度叉鬪聖變』是否同樣地可以作為〈降魔變文〉講唱中的「圖本」？此一問題，敦煌學界同好們，有者認為是可以的，而李永寧、蔡偉堂二氏則持否定態度，且舉三事以證其說，頗中肯要。

「變文」和「變相」於晚唐五代時的出現與發展，除了在一定程度上促進唐代文學藝術的繁榮和創新外，並為擴大佛教宣傳，吸引更多的佛徒起了不少作用。不過，吾人也應看到，恰恰是「變文」和「變相」產生和發展；使趨於世俗化的佛教理念的宣傳，在更大程度上逐漸地成為街衢小巷、俚俗賞玩的娛樂工具。人們對佛理的關心已逐漸讓位於爭奇鬬趣，曲折怪異的刺激性的故事情節和聲情並茂的講唱，從而在一定程度上又損傷了佛教的莊嚴和佛理的神聖。這大概是虔誠的釋子佛徒所未料及的。

四、從敦煌文物、文獻中看唐、五代間佞佛情形

一般對釋、道二教的教義造詣不深的人們（尤其是教徒），他們信教的動機，往往基於他（她）們的人生觀或者是社會、環境。例如：部份的佛教徒，或因生逢動亂之際（或大戰之後），遽遭流離播遷之苦，甚或傾家蕩產；導致民不聊生的「悲觀」感，認為今生已矣，只得寄望來生；虔誠修持，祈求佛、菩薩的保佑造福。而少數的道教徒（尤其是秉性急躁者）認為「即令『修來生』靈驗，我也等不及享受，何況未來事黑如漆？所以不如及身修道（鍊丹成仙），可以長生不老」。這些情形，當然發自極少數的善男信女，其教義造詣高深

的教徒，自不在此例。不過，我國從南北朝、隋唐以來，信佛教者尤多，本文只就晚唐五代間、敦煌地區佞佛的情形，略事報導而已。

溯自安、史亂後，隴右、河湟州郡盡沒於蕃。宣宗大中初，張議潮崛起敦煌，逐蕃歸唐，以瓜、沙等十餘州圖籍上獻，於是河西遺民得重覩漢官威儀，實皆議潮之力。唐室因授議潮歸義軍節度使，嗣議潮守歸義者，有其姪淮深及婿索勳、族孫承奉等。五代、宋初，由曹氏（仁貴、議金昆仲開其端）三世統治其地，雖亦修好於遼，但仍朝貢於宋。按唐中葉以降，武宗信李德裕而好符籙，乃有以道滅釋之舉。宣宗繼統之初，卽勅復廢寺，今存敦煌大中文獻資料亦復不少，就中以大中五年（八五一）賜河西都僧統洪䛒牒（石刻現砌莫高窟第十六窟壁間）最爲珍貴。

懿宗卽位後，朝野信佛者不減於宣朝，降迨僖、昭、五代之世，迄未衰熄。試舉各例於後：

張議潮於咸通元（舊說作「六」）年（八六○）在莫高窟鑿窟（張大千編三百號，今敦研所編爲一五六號）一所，並畫壁多鋪，以爲功德。其內容（現存者）爲佛教經變圖十二鋪，議潮及妻『宋國河內郡夫人宋氏出行圖』各一。在甬道頂畫曼荼羅一鋪（大半毀），南壁爲張議潮、張淮深等男供養像五身；北壁爲廣平宋氏等女供養像三身。主室窟頂藻井畫捲瓣蓮花井心、捲草、垂幔鋪於四披。西壁盝頂帳形龕內彩塑倚坐佛一尊，闔門內畫伎樂共十四身，供養器二件。龕頂中央千手千眼觀音一鋪，龕內西、南壁畫十二大愿。北壁畫九横死、豎旛、燃燈、齋僧。前室西上角，有墨書〈莫高窟記〉一篇，與巴黎所藏之P三七二○號鈔本略同；而鈔本存字較多，應注意者，卽壁書的末尾『五十記』三字上，缺『時咸通六（應是「元」字）年正月十』八個字。時賢姜亮夫氏認爲窟壁記文卽出張氏所爲。其說云：「此記在咸通元年作，與張氏開窟吻合。則大書於壁以明莫高開窟史實，固亦獨當方面如張氏者所能爲之者也。」

咸通三年（八六二），置戒壇，度僧、尼。

咸通四年（八六三），敦煌管內寺窟筭會。英倫所藏S一九四七之3號寫本原文：「大唐顯（咸）通四年，歲次癸未，河西釋門都僧統，緣敦煌管內一十六所寺及三所禪窟，自司空吳僧統酉年筭會後，至丑年分都司已來，從酉至□一十一年。」並未鈔完。全號凡收四卷，此爲第三卷。其第一卷爲「辭道場讚」，第二卷爲「送師讚」，第四爲「癸未上明照手下再成氊定歌」。

咸通五年（八六四）季春及四月下旬，敦煌文士張球，先後撰「大唐河西道沙州故釋門法律大德凝公邈眞讚」、「沙州敦煌郡將仕郎守敦煌縣尉翟公神慶邈眞讚」兩文。張氏曾任沙州軍事判官帶『守監察御史』散銜。

咸通六年（八六五）十月沙州尼靈惠寫遺書，其中關於『家生婢子』、『並無房貲』等詞語，爲當時社會經濟史方面的重要材料之一。倫敦S二一九九號原卷文字如左：

「咸通六年十月廿三日，尼靈惠忽染疾病，日月漸加，恐身無常，遂告諸親，一一分析；不是昏沈之語，並是醒甦之言。靈惠只有家生婢子一，名威娘，留與姪女潘娘，更無房貲。靈惠遷變之日，仰姪女潘娘葬送營辦，已後更不許諸親恡護。恐後無憑，並對諸親，遂作唯（遺）書，押署爲驗。

弟金剛
索家小娘子
外甥尼靈皈
外甥十二娘（十二娘指印）
外甥索計之（此五字倒寫）
姪男康毛　康毛
姪男福成　柱
姪男勝賢　勝賢
索郎水官
左都督　成眞

以上內容，如更結合巴黎所藏P三四一〇號（崇恩處分遺物件文書）寫本來觀察，並據劉復《敦煌掇瑣》錄文有十五兩銀椀、耕牛、多糧麥、養女、買女等，則僧、尼遺產，儼然地富身份。其分給諸人，有姪女、姪男、表弟、養女、管家僧等，可知僧、尼們有財產奴婢，得自由處分，並無限制。而其處分方式，僅在有「證人」的情形之下，訂立一紙遺囑，即生效力，此與我國唐五代——北宋民間遺產之分析，完全相同，實亦法律上的一個問題。

咸通十四年（八七三）歲次癸巳，懿宗遣使迎佛骨，曰：「生得見之，死亦無恨。」康駢《劇談錄》紀其事云：「咸通十四年詔：自鳳翔迎眞身至於輦下，都城士庶，奔走雲集。自開遠門達於岐川，車馬晝夜相屬，飲饌盈溢路衢，謂之無礙檀施。至京日，上與諸王親御城樓，坊市以繒綵結爲龍鳳象馬之形，紙竹作僧佛鬼神之狀。旛花幢蓋之屬，羅列二十餘里。間之歌舞管絃，雜以禁軍兵仗。緇徒梵誦之聲，沸聒天地。民庶間有嬉笑踴躍者，有悲愴涕泣者。……妖妄之輩，互陳感應……因此獲利者甚衆。及宮車晏駕，怡然久定。諸坊浮圖，一時毀圻……」康氏別有一文，則記當時寺觀侈華及普照大師之魔威，大可作毀法原因之一端看。文云：「咸通、乾符中，興善寺復有阿闍黎，以教法傳授，都下翕然宗之。所居院金碧華煥，器用俱是寶玉。語人云：焚香結坐，每告西方。及遷化謚爲普照大師，信者咸爲出涕。劉都尉、崔給事寓、張常侍同，與中貴多爲弟子。出城之日，皆縞素後隨，勸朝士持齋。受其法者，不復思理時務。」千百年後，讀康文記述，可見懿、僖間之朝野佞佛情形，殆屬空前，能毋慨然！

又按自咸通五年（八六四）至中和元年（八八一）間，敦煌地區的文學宗匠（含僧侶、佛學居士在內）如張球、悟眞、惠菀、蘇翬等先後爲當地都僧統、僧政以及高僧、大德撰述之邈眞讚（亦包括生時之『眞容』在內），竟達十四篇之多，具徵當時學佛風氣之盛。

昭宗乾寧二年（八九五），沙州靈圖寺比丘惠蓤念記「佛家勸善歌」。此歌見巴黎所藏P三二四一號卷子，無書人姓名，以『諸菩薩』起句，餘爲七言歌詩。末有「乾寧二年乙卯歲六月二十三日靈圖寺比丘惠蓤念紀」。

天復二年（九〇二）河西都僧統光照帖諸僧、尼寺綱管徒衆等。見倫敦藏S一六〇四之二寫本，原文節錄如下：「奉尚書處分，今諸寺禮懺不絕，每夜禮《大佛名經》一卷。僧尼夏中則令勤加事業，懈怠慢懶，故令使主嗔，僧徒盡皆受恥。大家總盡心識，從今已後，不得取次。若有故違，先罰所由綱管，後科本身，一一點檢。每口燃燈一盞，准式。僧尼每夜不得欠少一人，仰判官等每夜巡檢。……其仰諸寺盡時分付，不得違時者。天復二年四月二十八日帖。都僧統光照。」按同卷（S一六○四號）又有天復二年尚書（應爲當道節度使，帶『檢校尚書』銜者）帖河西都僧統公文一件，內容係通知敦煌各寺，於朔、望之夜燃燈一盞並念《佛名經》，以消除當地之天變人禍者。

唐昭宣帝天祐二年（九○五）八月，靈圖寺眾徒請大行充寺主牒。見英倫藏S二五七五號之三寫本，此卷凡存十一段，分見天成三年、四年外，尚有上都統弘茲狀、普光寺道場榜、普光寺狀、普光寺什物單、支給齋食文等。其年代殆亦與此相去不遠。

後唐莊宗同光二年（九二四）甲申歲，馬幸員共同寫「禪門十二時曲」十首。原卷現存北平圖書館（敦煌寫本鳥字一○號），卷尾題記云：「書手馬幸員共同作」。另一行云：「甲申年七月七日報恩寺僧比丘保會誦持受記。」按全曲共十首，即：平旦寅、日出卯、食時辰、隅中巳、正南午、日昳未、晡時申、日入酉、黃昏戌、人定亥。依十二時言，殘缺「夜半子」、「鷄鳴丑」二首。據巴黎藏P二七三四「太子十二時」，P三一一三「法體十二時」諸套之例證之，則缺二首無疑。

後唐明宗長興二年（九三一）辛卯歲，沙州普光寺尼上河西都僧統牒。見倫敦藏S六四一七號之一八，按狀爲推選都維事，文末有都僧統海晏之批示。又S一一八一號敦煌寫本〈結壇歸願文〉，末尾有長興二□年十二月廿六日歸義軍字樣。另一片殘破，似亦願文；內有「閻都衙、〈董都衙……」等字樣。

長興三年（九三二），英倫所藏S五九五二之二號寫本，有〈長興三年御史大夫曹祈福疏〉。按此曹氏必爲曹仁貴、曹議金（二人爲從兄弟）中之一人；其時任沙州歸義軍節度使者。而『御史大夫』乃節度使所加的檢校、散官。

後唐末帝清泰元年（九三四），莫高窟第三八七窟（原爲武周垂拱年間開鑿）爲五代時重修，有〈發願文〉及供養人榜題。願文有『府主大王曹公……先亡姨妣往生淨土……永離三途八難七代先亡……彼岸……』字樣。按清泰元年曹議金尚健在，所謂『府主大王』（議金生前有「托西大王」及「檢校令公大王」之稱）當非曹議金莫屬。供養人題名，有「釋門□都僧統兼門唯□□京城內外臨壇供奉大德闡揚三教大法師賜紫沙門香□維宥俗姓康氏供養」、「……律師兼大□都□應願俗姓康氏一心供養」、「□□淨信大乘賢者康知興一心供養」等，後爲姪男等像列，皆康氏一門，故知爲康氏當家窟。蓋康氏有高僧爲一時大德，因修功德，遂及其家屬，惜願文已殘破，莫知其詳。

後晉高祖天福元年（九三六）丙申歲，英倫S一二八五號敦煌寫本百姓楊忽律哺〈賣舍契〉，存二十一行，題清泰三年十一月二十三日（按此時契丹石敬塘已滅唐自立，國號晉），實卽天福元年丙申歲。依敦煌紙幅常態計之，廿二行約當一紙。卷首殘缺，起「修文坊巷西壁上舍」，止「隣見人張威賢」一行。第四行有『時清泰叄年丙申歲十一月廿三日』字樣，末署出賣舍主兩造姓名，用指紋爲押。見證人凡三種：一爲「同院人」，一爲「見人」，一爲「隣見人」。凡見證人有官銜者，署其銜名。又中宅舍四至（東西南北）用夾註雙行書寫，亦可窺見五季時一般契約之形式、規格。同年（九三六）S五七○○號〈放家童青衣女從良文〉（名「厶甲」）寫本共二十九行，末題：『清泰三年厶月日給，曹主厶甲放盡一記』，此亦當時社會風氣之一環。

天福元年（九三六）丙申歲，見於法、英兩國的敦煌寫本（含邈眞讚、墓誌銘、啟請文、結壇文等）各一卷，分錄於左：

P三五五六號爲雜文一卷，兩面鈔寫，有氾和尚、陳和尚、賈和尚、曹法律尼（爲曹大王之姪女）、靈修寺尼張戒珠（張議潮之孫女）等邈眞讚。又張氏（張淮深之女）墓誌銘、清泰三年曹元德〈轉經疏〉等。

S三八七五號爲諸雜齋文一本。內有啟請文、結壇文。後種只存前三行，末有「清泰叁年（實卽晉天福元年）丙申歲」字樣，雖非齋文紀年，但藉此可推考本卷之年代。

天福三年（九三八）戊戌歲二月十日，沙州歸義軍節度使勅牒。見英倫所藏S四二九一號寫本，原文云：「洪潤鄉百姓張留子女勝蓮年十一，牒得前件人狀稱：有女勝蓮，生之樂善，聞佛聲而五體俱歡；常慕幽宗，聽梵響而六情頓喜。今爲父王忌，廣會齋筵。旣願出家，任從剃削，故牒。清泰伍年（實卽天福三年）二月拾日，使檢授（『校』之訛）司空兼御史大夫曹元□（元字似畫押，下一字泐蝕）。」姜亮夫先生云：「舊五代史以議金卒在天福五年，子元德立，而此卷元忠已稱使檢授司空兼御史大夫，儼然方面之尊，得出勅牒，疑此時議金或已卒，而報喪則在後年，史據告喪而書也。又元德之嗣，文獻通考與宋史皆作元忠。」（見所撰年表）瑩按：姜氏疑此時議金已卒，甚是。考議金天福元年丙申歲（卽所謂清泰三年）卽已前卒；而天福五年，乃其追贈太師之年。至於S四二九一號寫本卷末清泰伍年（卽天福三年）下署『檢校司空兼御史大夫』之人，應爲曹元德（乃元忠長兄），而非曹元忠，因元忠至石晉開運三年（九四六）尚在歸義軍節度留後任。又姜氏〈年表〉於晉天福三年項下，附錄〈某人重修隋窟因爲發願文〉一則，並云：「按D四一二窟有五代天福年發願文云（從略）……然以天福年號，知爲五代重修隋窟時作也。……文中言『司空』，議金勳爵也，則不得後於議金死時之天福五年，故次此。」瑩按：願文中之『府主司空』不必爲議金勳爵，亦可能是元德所戴的檢校官（因元德亦有此散銜），容當另文論之。又按曹議金生前在瓜、沙二州曾多次鑿窟造功德，同時亦刊刻佛經流通，其可考者，有《金剛般若波羅蜜多心經》，見向覺明先生《西征小記》所記敦煌任子宜藏五代過錄寫本《金剛經》及版畫佛像十餘尊，有曹氏吉祥牌子。其書持與著名的咸通九年王玠施印之《金剛經》扉畫（今藏英倫）相較，雖無其勁秀，但亦婉轉圓潤可喜。

天福五年（九四〇）庚子歲，或寫〈寅朝禮懺文〉一卷及歸義軍節度使曹〈禮佛疏〉，見巴黎所藏P二六九二號卷子，伯希和（Paul Pelliot）註云：「其第一篇述本土佛教情形，狀如史籍，天福五年寫本。」

天福六年（九四一）辛丑歲，某等二十八人〈創建伽藍功德記並序〉，見S四八六〇之二號卷子（藏倫敦），末題：「天福六年辛丑歲十二月十九日淨土寺比丘僧願宗題。迷頭尚小，自後再堪，知敦煌懸（縣）公索。」意不甚明。前尚有開講說白一段。全文共存長短句韻語八首，每首第一二句皆三言重言，蓋爲合聲。任二北氏以爲係和聲聯章，其聲多不能識，蓋譯印度音。姜亮夫氏謂其用韻亦可玩味，不僅爲文學佳作，亦聲韻要典也。

天福七年（九四二）壬寅歲，曹元深（議金次子）〈捨施迴向疏〉，見巴黎所藏P四〇四六號寫本，卷中有天福七年字樣，背面有殘文五行。姜氏莫高窟年表系元德卒於天福七年，並謂「元德庚子襲父議金位，至是不過三年。」瑩按：元德天福三年（戊戌歲）已帶檢校司空兼御史大夫銜，其繼鎮歸義不致晚到天福五年（九四〇），且就他於天福二年、四年曾兩度遣使朝貢於遼的史實觀之，亦足佐證其承襲議金爵位的時代較早。而元深捨施時，應在沙州留後任內。

天福九年（實卽晉出帝開運元年，西元九四四年）甲辰歲，沙州僧政善光上太傅牒，見倫敦所藏S四五三七之四號寫本。本卷凡四段：一爲聖天公主施佈文，二爲太保佈施文，三爲願文，此其第四段。按曹元深嗣立事，諸史無明文記載，但，據《舊五代史·晉少帝紀》「天福八年正月，沙州留後曹元深加檢校太傅充沙州歸義軍節度使」條，可知沙州僧政善光〈上太傅牒〉中之『太傅』，應卽元深，元深眞除節帥後不久，又當加授散官（太傅）的次年，遂作新的布施，似亦理之所有。

後晉開運三年（九四六）丙午歲，二三兩月，應入諸司油、麪、布、漆等見存賬，見S四四五二號殘卷。係開運三年二月和三月份的賬目，今只殘存二十行。

後漢高祖天福十二年（九四七）丁未歲，有開運四年（按「開運」年號止三年，邊郡於中原諸朝改元歷久方知，往往將原號向後延長若干年，其例至夥）七月十五日（中元節）歸義軍節度使曹元忠施印之「北方大聖毗沙門天王像」印本（今歸吳興蔣穀孫先生之曹氏舊藏墨本，曾收入拙著《敦煌學概要》上編），民初，吳縣曹君直所藏初拓本，海寧王靜安氏曾爲之跋文，略云：「此象刻於開運四年，卽劉漢所稱天福十二年，下有刻象記十四行九十八字，爲現存雕板文字有記年之最古者（瑩按王氏撰文時尚未見到咸通九年刊本的扉葉雕像《金剛經》）。元忠又刻小字《金剛經》，今藏巴黎國民圖書館。」（見《觀堂別集補遺》）

又羅叔言《敦煌石室秘錄》亦有曹元忠施印佛像（含〈造像記〉）十餘紙，其中印本觀世音立像一種（收入拙著《敦煌學概要》頁二九五，原本藏倫敦英國博物院），題識較詳，錄如下：「弟子歸義軍節度瓜沙等州觀察處置管內營田押蕃落等使特進檢校太傅譙郡開國侯曹元忠雕此印版。奉爲城隍安泰，闔郡康寧，東西之道路開通，南北之兇渠順化。勵（癘）疾消散，刁斗藏音。隨常見聞，俱□（蒙）福祐。于時大晉開運四年丁未歲七月十五日記。匠人雷延美。」按法京元忠施印之小字《金剛經》，雕手亦爲雷延美；署名上且有『雕板押衙』字樣，可見元忠時的歸義軍使署相當龐大，竟有專司刊印（含佛經、版畫）工作的機構。元忠爲任敦煌地區（含唐時瓜、沙諸州）節帥時間最久（凡三十年）之人，前後計歷晉、漢、周、宋四朝；所作佛教施捨（包括雕印圖像經典、建窟繪塑爲功德）亦最多。其例不勝枚舉。

天福十二年（九四七）丁未歲十一月，曹元忠妻潯陽郡夫人翟氏〈布施疏〉。見於英倫S二六八七號寫本，內容摘要如次：「弟子河西歸義軍節度瓜沙等州管內營田觀察處置押蕃落等使特進檢校太傅譙郡開國侯食邑一千戶曹元忠潯陽郡夫人翟氏，先奉爲國安人泰，萬方伏款於臺庭。……府主寵祿，膺五岳而長隆。……合宅姻眷，俱沐禎祥。……己躬康吉，賢聖護持。法界有情，皆成□果。敬造□色錦繡經巾一條，施入宕泉窟，永充供養。於時大漢天福十二年丁未歲十一月壬子朔十九日庚午畢功記。」

後漢隱帝乾祐二年（九四九）己酉歲，王鼎寫《法華經‧普門品》，係日本中村不折氏所藏。《昭和法寶目錄》：「敦煌出。（唐）天福十四年三月六日，清信弟子王鼎發願寫觀世音經持念。」本卷凡分三節，其一爲《王梵志詩集》，大漢乾祐二年樊文昇寫本；其二

爲〈夫子勸世詞〉。存開端六行。（P四〇九四〇）

天福十五（四）年（九四九）己酉歲（應卽乾祐二年）五月十五日，曹元忠又施印梵夾小本《金剛經》一種，刻工仍爲雷延美。羅氏《敦煌石室秘錄》載《金剛經》雕本後題云：「弟子歸義軍節度使特進檢校太傅兼御史大夫譙郡開國侯曹元忠普施受持，天福十五年己酉歲五月十五日記，雕板押衙雷延美。」羅氏注稱：梵夾小本，每半葉七行，行十四字。又巴黎所藏P四五一五號，裝成小冊子，存第三十品以後者；末有《大身眞言》、《隨心眞言》、《心中心眞言》。尾題與此卷全同，則同一板刻本也。又P四五一六號小冊子，則存第一、第二兩品；前有《淨口眞言》等。按此與前號爲同書，同一刊本，而此爲全書的開端。

後周太祖廣順元年（九五一）辛亥歲四月（本狀題乾祐四年）應管內、外都僧統牒，見倫敦所藏之S三八七九號寫本，本文曰：「乾祐四年四月四日，右奉處分，今者四月八日，是釋迦牟尼降誕之晨，大會轉經，僧、尼切須齊整。除卻染疾患外，餘者老、小，不容□時赴齋來：一則爲報佛恩，二乃薦國資君。各各念誦，遂□風調雨順。個個澄心，蓮府必獲康寧。不得違越上願。限至五日早晨，於報恩寺雲集，齊整威儀，雍雍而來，不許一前一後，失□軌範。若有不稟條流而歸，裝眉納鞋，赴□髮長逐伴者，施□不輕。今遣倉遽，頓首先報，伏蒙處分。」計本狀共二份，甲份無改字，乙份有改字。

同年蕤賓之月，有沙州光巖寺僧書《淨土念誦經觀行儀》卷下，見於巴黎之P二九六三號卷子：末題：「時乾祐四年，歲次辛亥，蕤賓之月，蓂彫十三葉，於宕泉大聖光巖寺講堂後彌勒院寫，故記。」卷背有〈南宗讚〉、〈五更轉〉、〈勸善文〉等。

同年，有右街僧錄圓鑒、大師雲辯與緣人遺書，見英倫S四四七二之三號寫本，文末書：「時廣順元年十八日（雲辯）遷（化）。查本卷共計四段：一爲雲辯大師詩文，二爲雲辯進十慈悲偈，四爲張友子新婦身故聚贈曆。此爲第三段，而張友子一段，係後人續寫於前段後面者。

廣順二年（九五二）壬子歲，或寫《佛說延壽命經》，見羅叔言（振玉）撰《瓜沙曹氏年表》引日本本願寺所藏敦煌寫本《佛說延壽命經》後題『廣順二年府主太保及夫人』云云。姜氏《年表》謂此府主太保及夫人』云云。姜氏《年表》謂此府主太保及夫人卽曹元忠夫婦，故知確爲石室遺經。其說甚是。惟羅表引文作『廣順三年』不作『二年』，特附識於此。

廣順三年（九五三）癸丑歲，曹元忠夫婦爲亡男寫《佛說延壽命經》四十三卷，見日本橘瑞超《敦煌將來寫經目錄》著錄。卷末題云：「維大周廣順三年歲當癸丑正月廿三日，府主太保及夫人爲亡男太子早別王宮，棄辭火宅，遂寫《延壽命經》四十三卷，以濟福力。願超覺路，永充供養。」

周世宗顯德二年（九五五）乙卯歲，五月下令禁止出家，廢寺院之無勅額者三萬一百三十六所，存二千七百寺。民間之銅器佛像，限五十日內，由官司收買鑄錢，私藏銅五斤以上；不納官者處死。（此亦我國歷史上著名「毀法」之一例）吳越王錢弘俶造八萬四千塔，似亦在此年。晚近滬、杭、平、漢等埠傳世的金塗塔（高二寸許，闊寸餘，多碎片），卽其中的一類。周世宗顯德二年五月的詔勅如下：

「天下寺院，非勅額者，悉廢之。禁私度僧、尼，凡欲出家者，必俟祖、父母、叔伯之命。惟兩京：大名府、京兆府、青州，聽設戒壇。禁僧俗捨身、斷手足、煉指、掛燈、帶鉗之類。幻惑流俗者，令兩京及諸州每歲造僧賬。有死亡歸俗者，皆隨時開落。」（見《五代會要》卷十二，並參《新五代史・周世宗本紀》。）上述俟家庭命方准出家以及禁斷手足煉指、掛燈、帶鉗暨造僧籍等，皆前此所未有。故備錄之。

顯德三年（九五六）丙辰歲正月，南贍部洲娑訶世界、沙州三界寺〈授戒牒〉。見於英倫之S〇三四七號寫本，此爲柴周顯德三年正月二十八日授戒師道眞之「授戒牒」。同年初，吳越王錢弘俶，雕印《寶篋印陀羅尼經》八萬四千卷。此爲咸通九年（八六八）王玠施印《金剛般若蜜多心經》後之較早的刻本佛經。浙江省的吳興縣立圖書館藏有《一切如來心秘密全身舍利寶篋印陀羅尼經》一卷，經首有「天下都元帥吳越國王錢弘俶印寶塔印經八萬四千卷，在寶塔內供養。顯德三年丙辰歲記」題署。次刻人禮塔像，次經文。每行八至九、十字不等，末空兩行，題『寶篋印陀羅尼經』。據傳此卷出湖州（今吳興）天寧寺石幢象鼻中。寺建於陳永定三年，初名龍興，至吳越時更名天寧云。

顯德四年（九五七）丁巳歲九月，有曹元忠妻涼國夫人潯陽翟氏〈結壇施捨疏〉。見於巴黎之P二九八二號寫本，卷子一紙，正文三段，末題：「顯德四年九月□日，弟子梁國夫人潯陽翟氏疏。」此乃翟氏爲其考（亡父）薦佛施物疏。『梁』字一切造窟事佛功德皆作『涼』，當改正。從疏文內容頗見一時風習物產與薦佛規模，且足說明其爲富豪眷屬口吻。故錄之以證當時佞佛情景。

「結壇三日，供僧壹柒人，施小綾壹疋（四），充經儭土布三疋半，充見前僧儭羊皮兩張，充壇主紙壹何充法事——右件結壇供僧捨施所申意者，奉爲龍天八部，護衛壇場，梵釋四王，保安社稷。次願亡過尊老，早遊極樂之宮。見在枝羅，長臨福祿之慶。今因壇罷，令遣諸就道場謁仰　慈門，希垂迴向！謹疏。顯德四年九月，弟子梁國夫人潯陽翟氏疏。」

顯德六年（九五九）己未歲，四月八日，瓜州（今甘肅省安西縣境）承典禪院禪師惠光寫《佛說延壽命經》、《佛說天請問經》各一卷。現藏巴黎法國國家圖書館（列爲P二三七四號），末題：「大周顯德六年四月八日，瓜州承典禪院禪師惠光，發心敬寫延壽命經、續命經、天請問經三卷，計寫四十九卷。同發心施主，報宣淸吉，永充供養。」今大連圖書館及旅順圖書館亦藏此經各一份。

五、結　論

任何國家專制政體的政權，其基礎率皆建立在武力上，我國古代爲專制政體：自亦不能例外。唐代從安、史之亂以後，中央武力欠強，而對中朝恭順之地區，其兵力也相當薄弱，於是導致懿宗時發生小規模的變亂，官軍都難以弭平。至僖宗時，黃巢亂起，中央以力不足定亂，遂採姑息政策，承認已成之事實，乃使民變的盜賊和軍亂的將領都被唐室任命爲地方官吏，終導致此類由變亂而得位的地方官力大勢強；中央既不能控制，同時也無助於維持政治秩序和社會安定。難怪鄭畋於討伐黃巢時，有『藩臣不武，戎士貪財，徒加討逐之名，竟作遷延之役』的慨歎！溯自昭宗乾寧三年之建軍計畫失敗後，迨天復末，崔胤入相時，再度有建軍之計，終因宣武節帥朱全忠又逼使昭宗予以解散，結果全忠弒昭宗及哀帝篡位後建國號曰梁，在位六年；卽爲其子友珪所弒，可謂及身之因果報應。綜觀以上史實，自懿、僖以降，訖五季初葉，民變、軍亂頻仍，社會動盪不安，促使民不聊生：皆爲朝野信佛修持、訴願祈福的主要因素之一。

本文所述，多係舉例，而非彙錄。尚希並世鴻博進而教之！

附註

❶ 密教在東晉時已傳入我國，南北朝以降，國人視爲呪術的所謂雜密，不能說是純粹的密教，到了唐玄宗時的善無畏、金剛智、不空所謂的「開元三大士」已將教理、儀軌、曼荼羅等組織體系化，仍帶有濃厚的道教性格。

❷ 瓜、沙二州諸窟壁畫『勞度叉鬪聖變』者，計敦煌莫高窟十五鋪，安西榆林窟三鋪；敦煌西千佛洞一鋪。

❸ 敦煌千佛洞發現的大量絹本彩繪經變圖，其中就有關於俗講中所用的圖卷。

唐代後期鹽務組織及其崩壞

王怡辰

唐代後期，在中國鹽政史上是鹽的「專賣時期」，也是近代中國榷鹽的濫觴。由肅宗乾元元年（西元七五八年）到唐亡（九○七），總計一百五十年的歲月中，大致有效執行了一百三十年左右。當時的榷鹽制度是一種特有體制，就其官僚組織而言，與唐代傳統之中央三省六官到地方州縣的系統不同，鹽務組織不必透過三者，直接向皇帝負責，而且除了榷鹽之外，它還負責茶稅、礦冶稅、關津稅的徵收，和兩稅、除陌錢、酒稅的轉運，直接控制了唐室九五%以上的財賦來源❶，對中晚唐政治、經濟、社會的變化，實在具有深遠的影響。

安史之亂乍起，唐室倉皇西狩，至德元載（七五六）肅宗即位靈武後，開始發兵平難，而鹽的專賣也因此展開。唐人對此亦多有敍述。如崔敖曾云：

> 皇家不賦百三十載，元宗御國四十三年，姦□薊邱，爟火通鎬，嗣聖受命，以兵靜之。……亶其宸威，風動八極，調發之費，仰於有司，雖田征益加，而軍實不足，遂收鹽鐵之算，置榷酤之官，以權合經，以貨聚衆。❷

顧況亦云：

正德利用，阜財足食，國之本也。天寶末，天下兵起，乾元初，上司奏議，宜以鹽鐵之職，總以社稷之臣，幹乎山海之利以富人也。❸

但唐人還有另外一種看法，認爲中晚唐的外患爲禍，才是專賣鹽鐵的主因。如沈亞之在〈杭州場壁記〉中提到，「國家始以輸邊儲塞不足於用，遂以鹽鐵榷酤爲助」❹。當然，以乾元初（七五八）的形勢而言，內亂和外患都確已構成對唐王朝生存上的威脅，施行鹽專賣，擴大歲收，已經刻不容緩；因此也就在這個背景下，鹽務組織便被設置在全國各地，成爲中央直接控制地方財政的利器。

壹、鹽務官僚的組織狀況

唐代「掌財賦者，世有人焉。開元已前，事歸尙書省；開元已後，權移他官，由是有轉運使、租庸使、鹽鐵使、度支鹽鐵轉運使、常平鑄錢鹽鐵使、租庸靑苗使、水陸運鹽鐵租庸使、兩稅使，隨事立名，沿革不一」❺，其中的鹽鐵和度支，便是中晚唐負責榷鹽的使職。

代宗大曆元年（七六六），唐室將全國分爲東、西兩財賦區，分別交由鹽鐵轉運使和度支使掌理。

> 初，轉運使掌外，度支使掌內。永泰二年（即大曆元年），分天下財賦、鑄錢、常平、轉運、鹽鐵，置二使。東都畿內、河南、淮南、江東西（？）、湖南、荊南、山南東道，以轉運使劉晏領之；京畿、關內、河東、劍南、山南西道，以京兆尹判度支第五琦領之。及琦貶，以戶部侍郎、判度支韓滉與晏分治。❻

這就是史稱「至是天下財賦始分理焉」❼的「大曆故事」，其中度支使掌「內」，負責唐王朝核心地區的財賦，而鹽鐵轉運使掌「外」，負責將江淮一帶的財利運送到關中。德宗時雖一度職權混亂❽，但貞元八年（七九二）張滂、班宏分掌天下財賦後，始「遵大曆故事，如劉晏、韓滉所分」。次年，裴延齡專判度支，「與鹽鐵益殊塗而理矣」❾，故東西財賦分理之法，遂成定制。所以大曆以後，唐代財政實際上由兩個系統構成，西部池鹽、井鹽區的財賦由度支掌理；東部海鹽區的財賦由鹽鐵轉運統領，而這個制度沿續到晚唐不改。

至於東西兩部所轄屬的實際區域，可以「大曆故事」為例：由於主掌東部財賦的鹽鐵轉運使，往往是一人身兼二使，故其職掌的區域，亦隨鹽鐵、轉運兩個使職的不同而有所差異。

> （劉晏）初為轉運使，獨領陝東諸道，陝西皆度支領之。……晏專用榷鹽法充軍國之用。時自許、汝、鄭、鄧之西，皆食河東池鹽，度支主之；汴、滑、唐、蔡之東，皆

> 食海鹽，晏主之。[10]

其中度支使所掌的實際區域，本在許、汝、鄭、鄧（約今河南省境內之平漢鐵路沿線）以西之地，但鄭州迄陝州間（陝東）的河運，卻仍由主掌東部財賦的鹽鐵轉運使負責。貞元八年（七九二）時，鹽鐵轉運使的運轉功用又一次擴大：

> 詔許如劉晏、韓滉故事，以東都、河南、淮南、江南、山南東道兩稅，（張）滂主之，東渭橋以東巡院隸焉。[11]

鹽鐵轉運使的轉運職權，經此調整已西至長安，但鹽鐵部分的權責，卻仍限於汴、滑、唐、蔡以東之地。在貞元十六年（八〇〇）史牟以金部郎中主池務[12]的上奏中，可以確知這個現象：

> 澤、潞、鄭等州，多是末鹽，請禁斷。[13]

「末鹽」可能指海鹽，也可能指鹻鹽，因侵入了屬於度支使的澤、潞、鄭等州，而遭到史牟的奏禁。此後維持到元和六年（八一一），憲宗才下詔變革。

> 今度支鹽鐵，泉貨是司，各有分巡，置於都會。……峽內煎鹽五監先屬鹽鐵使，今宜割屬度支，使委山南西道兩稅使知糶賣。⑭

史稱「峽內鹽屬度支，自此始也」，意卽將鹽鐵使轄下山南東道峽州以西的歸、夔、萬、忠等州鹽產地割屬度支。此時鹽鐵使和度支使所分掌的東西財賦區，大致北以汴、鄭之交（約今河南省境內之平漢鐵路一線）、南以三峽之險爲界。元和十四年（八一九）二月，由於唐室平定藩鎭淄青的李師道，三月中央便在「鄆、青、兗三州各置榷鹽院」，並交由鹽鐵使收管榷鹽；其後，河朔三鎭因畏於中央的軍威，而上表歸順，次年（八二〇）穆宗卽位後，亦「改河北稅鹽使爲榷鹽使」，交由度支使處理當地的鹽政事務。是時，度支使除了原有的西部財賦區之外，又增添了河北道的轄地；而鹽鐵使所掌理的東部財賦區，也向北擴展到了淄青一鎭，兩使大致以黃河、汴鄭、三峽至黔中一線爲界，是中唐以後鹽鐵使及度支使掌理面積最大的時刻。但這個盛況僅維持不到兩年，河北、淄青二地的鹽利復因中央勢力的衰退而重回軍府手中⑮，恢復了元和六年（八一一）以來鹽鐵、度支轄地的舊觀。此後，大約又持續了七年，直到文宗時二使的轄區才又出現變化。據《會要》卷八八〈鹽鐵〉云：

> 太和二年（八二八）七月敕，潼關以東，度支分巡院宜併入鹽鐵江淮、河陰留後院。

這次的變化，是唐室將度支使在潼關以東、汴鄭以西的都畿及河東部分區域，交給鹽鐵使負責榷鹽，使鹽鐵使掌理的東部海鹽區向西擴大至潼關一線，而兩者遂以潼關至三峽爲界。此後，由於史部分區域，料不足，東西財賦區的分界變化不明，但大致應與上述轉運鹽鐵使和度支使的相對管轄區域相去不遠。僖宗光啓二年（八八六）以後，因各地軍閥的擁兵自重，才使這種東西分掌財賦的制度遭到徹底破壞。

二年，以刑部尚書孔緯充諸道鹽鐵轉運使。是時，所在征鎮自擅兵賦，皆不上供，歲時但貢奉而已。由是江淮轉運路絶，國命所能判者，唯河西（？）、山南、劍南、嶺南四道。⑯

至此，漕運已斷，東西分賦無法繼續實行，唐室失去了絕大部分財賦的來源──東部各道，而財源日縮，竟至滅亡而後已。

一、東部財賦區的鹽務官僚組織

東部財賦區的鹽務管理和轉運系統，係由鹽鐵使（鹽鐵轉運使）及其下屬官署、官僚組織構成，以執行官鹽商運的榷鹽政策，並負責轉運天下財賦進入關中。

表一　東部鹽務官僚組織系統表

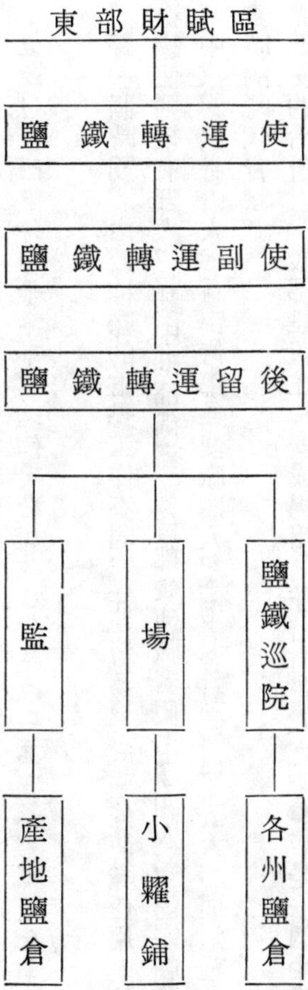

(一) 鹽鐵使

鹽鐵使的來由，一般有兩種說法。《冊府元龜》卷四八三認爲：「睿宗景雲二年（七一一）以蒲州刺史充關內鹽池使，鹽鐵之有使自此始也。」[17]《新唐書・第五琦傳》則指出：「鹽鐵名使，自琦始。」[18]若將此加以分析，以中晚唐鹽鐵使的名稱、功能而言，《新唐書》的說法實較合理。第五琦掌鹽鐵時，負責了全國食鹽的官權，大曆以後，鹽鐵使轄地縮小，汴、鄭以西之地，改由度支使榷鹽，在此情形下，鹽鐵使在東部遂加負了轉運的責任，「鹽鐵兼漕運，自晏始也」[19]，故此後鹽鐵轉運往往一併連稱，成爲東西財賦分理制度下的東部財政長官。

鹽鐵使除了身掌唐帝國財賦的命脈外，其官職地位亦十分顯赫。唐代鹽鐵一職，多用文人，依《會要》卷八八的〈鹽鐵使〉統計，中晚唐鹽鐵使共有四十三人、四十八人次；僅高駢一人出身戎鎮，占全數的百分之二·三三；明經及進士科出身的士人，共二十一人，占全數的百分之四八·八四；至於由侍郎、尚書、觀察使、節度使甚而宰相擔任使職的人數，有四十五人次，占全部四十八人次的百分之九三·七五，顯示中唐以後，不論政局的變化如何，「鹽鐵重務」始終由文人重臣掌理，而且愈往後期使職的地位愈崇高⑳。近人何維凝對此現象早有清楚的說明：

> 第五琦以度支郎中兼御史中丞領使，是以五品官兼；後遷戶部侍郎，是以四品官兼；迨進同中書門下平章事，是以三品官兼；大曆末，（劉）晏以尚書左僕射領使職，是以二品官兼；貞元末，杜佑以檢校司空平章事領使職，昭宗大順二年（八九一）杜讓能以司徒門下侍郎平章事，進位太尉領使職，是以一品官兼，可謂登峯造極。㉑

此外，每一個時期，由於榷鹽的重點工作不同，往往也會形成一些使職任用上的特色：如憲宗朝鹽鐵使則後有五人，其中刑部尚書、侍郎兼使職者便占了四人；僖宗朝鹽鐵使總計七人，其中戎鎮出身一人、兵部侍郎兼使職四人，兩者合計便占了五人；而這種特色常常能反映出當時的時代背景。

鹽鐵使的治所，一般都設置在長安或揚州。並持有正式官印㉒，是一個中晚唐三省制度變體後的常態官僚系統，再加上和轉運使合一，故其職責十分的複雜和重要。大致來說，「天下山澤之利，當歸王者，宜總榷鹽鐵使」㉓，但細分其目，則又可歸納爲下列幾項：

1.統領鹽務組織執行榷鹽事宜，直接向皇帝負責。

2.稅茶。貞元九年（七九三）鹽鐵使張滂「奏立稅茶法，郡國有茶山及商賈以茶爲利者，委院司分置諸場，茶之有稅自滂始也」[24]，此後茶稅逐歸於鹽鐵[25]。

3.稅礦冶。礦冶中最重要的是銅礦，爲鑄錢的原料；此外，還有銀、鐵、錫、鉛、礬等礦產，德宗貞元以後，除文宗開成至宣宗大中之外，皆隸鹽鐵使[26]。

4.稅關津。貞元中，李錡爲鹽鐵轉運使「鹽院津堰，改張侵剝，不知紀極。私路小堰，厚斂行人。……元和二年（八〇七）……（李）巽既爲鹽鐵使，大正其事。其堰埭先隸浙西觀察使者，悉歸之」[27]。

5.負責州縣上繳中央的兩稅、除陌錢、酒稅之勾當收管和轉運。這些稅收的勾當收管和轉運，本是轉運使的責任，但自從鹽鐵轉運合併爲一使後，轉運的工作便成爲鹽鐵使下屬場和巡院系統的負擔[28]。

6.在行政方面，可自署下屬院官、吏職。如劉晏的愼選鹽吏，班宏與張滂的爭舉鹽官[29]，皆爲顯例。

7.擬定對私鹽犯的罰則，並督察州縣，使之不得追擾鹽戶、鹽商，以維持官鹽的產銷[30]。

鹽鐵使的設立，很明顯的剝奪了地方政府的行政權。在中晚唐藩鎭割據的情況下，這種侵權的辦法，顯然是唐室在爭取國家統一性的前提上，獲得地方財賦的重要機構，而此一重要性至唐末仍甚爲突顯：

朱全忠求領鹽鐵，孔緯獨執以為不可，謂進奏吏曰：「朱公須此職，非興兵不可！」全忠乃止。㉛

總之，東部財賦區是中晚唐賴以維持不墜的經濟命脈，大凡戶口的聚集、糧食的生產、賦稅的繳納，無一不靠此一北起黃河、南達閩粵的廣大區域源源輸送，而鹽鐵使所負責的，便是此一艱鉅任務，故唐自安史亂後近百五十年始亡，歷來鹽鐵之職實有勞焉。

（二）鹽鐵副使

鹽鐵副使的來由，據《册府元龜》卷四八三認爲：「（開元）十八年（七三〇），拜戶部侍郎裴耀卿爲江淮轉運使，仍以鄭州刺史崔希逸、河南少尹蕭景爲之副，轉運鹽鐵之有副使，自此始也。」㉜，但上述的副使職責，較偏重於轉運的性質。鹽鐵副使或稱鹽鐵轉運副使，並不是鹽鐵官僚系統的常設官員，一般都是必要時才由鹽鐵使上奏任命其心中的理想人選，通常都只有一員，但特殊狀況下也有兩員的安排。順宗卽位（八〇五）王叔文、李巽爲副使；永貞內禪後，李巽、潘孟陽爲副使，這個情形也是唐代唯一有兩員副使的時期。《舊唐書・潘孟陽傳》云：

順宗卽位，永貞內禪，王叔文誅，杜佑始專判度支，請孟陽代叔文為副。㉝

同書〈李巽傳〉云：

> 順宗即位，入為兵部侍郎。司徒杜佑判度支鹽鐵轉運使，以巽幹治，奏為副使。㉞

其後因潘孟陽「專事遊晏，從僕三百人，多納賄賂」㉟，遭到貶官，副使員額始減為一員，而李巽繼為鹽鐵使後，副使遂由王播、程异先後任職。

鹽鐵副使的職責，在於輔佐鹽鐵使掌理東部財賦區的鹽鐵和轉運事務。鹽鐵使的治所，由於多設於長安或江淮，若鹽鐵使理於江淮，則副使便為「上都留後」。如李錡以浙西觀察使為諸道鹽鐵使，「時鹽鐵轉運有上都留後，以副使潘孟陽主之」，順宗即位，以杜佑判鹽鐵轉運，理於揚州。「王叔文權傾朝野，亦以鹽鐵副使兼學士為留後」㊱。相對的，若鹽鐵使理於長安，副使則需常駐或巡行江淮。如元和十三年（八一八）鹽鐵使王播奏：

> 軍興之時，財用是切。頃者劉晏領使，皆自按置租庸，至於州縣否臧，錢穀利病之物，虛實皆得而知。今臣守務在城，不得自往。請令臣副使程异出巡江淮，其州府上供錢穀，一切勘問。㊲

除了上述輔佐鹽鐵使處理事務的職責外，副使還有督察諸使和補吏職的任務。

> 憲宗新立，詔（潘）孟陽馳驛江淮視財賦，加鹽鐵轉運副使，并察諸使治否。孟陽恃輿主，又氣豪倨，從者數百人，所至會賓客，留連倡樂，招金錢，多補吏，譽望大喪。㊳

鹽鐵副使的位望十分顯赫，並不一定在鹽鐵使之下，如順宗時副使王叔文，權勢甚至高過當時的鹽鐵使杜佑，故所謂「副使之俸，至今獨優」㊴一語，應是對鹽鐵副使恰當的形容。

（三）鹽鐵留後

留後是鹽鐵使派駐在京城、大都會或重要鹽產地的代表，所謂「度支鹽鐵，泉貨是司，各有分巡，置於都會。爰命帖職，周視四方，簡而易從，庶叶權便」㊵，正是指留後的基本性質。鹽鐵留後或稱鹽鐵轉運留後，最遲在劉晏執掌東部財賦區時便已設立：

（劉迺）充浙西留後，佐（劉）晏徵賦，頗有裨益，晏甚任之。㊶

留後的治所爲留後院，除上都留後多由副使兼理之外，中晚唐大致設有東都、江陵、揚子、河陰四個留後院，負責鹽與轉運的財賦「委藏」，其長官（留後）多以御史中丞、侍御史、郎官兼任㊷。長慶四年（八二四），「東都、江陵鹽鐵轉運留後，並改爲知院」㊸，知院者，知巡院也，意卽此後東都、江陵二留後院被改爲巡院。

鹽鐵留後是鹽鐵系統官僚中，介於鹽鐵使和各地巡院的機關，故其職責當爲督察轄屬地區之巡院和監場執行榷鹽的情形，並上報中央及鹽鐵使一切「政有所弊，事有所宜」㊹的事項，以作爲改革鹽政的依據，此外鹽鐵留後亦不同於各節度、觀察使的留後，鹽鐵留後只是鹽務機構設在通衢大邑的負責人，並不具備繼承使職的權力。以下便將鹽鐵留後的常態性任務分點說明：

1.負責東部財賦區之兩稅的徵收和轉運。元和六年（八一一）有詔敕曰：兩稅之法，悉委郡國，初極便人。但緣約法之時，不定物估。今……以揚子鹽鐵留後爲江淮已南兩稅使，江陵留後爲荆衡漢沔東界、彭蠡已南兩稅使。㊺

2. 維持鹽法，保護鹽商。杜牧云：

> 每州皆有土豪百姓，情願把鹽每年納利，名曰土鹽商，如此之流，兩稅之外州縣不敢差役。自罷江淮留後以來，破散將盡，以監院多是誅求，一年之中追呼無已，至有身行不在，須得父母妻兒錮身。㊻

3. 若有巡院或州縣地方官「公爲不法」或「恣爲奸欺」，留後亦是百姓上訴管道。故杜牧遂有「蓋以江淮自廢留後以來，凡有冤，人無處告訴」之語。

鹽鐵留後是整個榷鹽組織中不可或缺的一環，雖然曾有人認爲留後院出於煩冗，但在江淮留後一度廢除時所出現的秩序紊亂，便可證明煩冗之說的謬誤。故杜牧所言：「停罷留後，衆皆以爲除煩去冗，不知其弊，及於疲羸，即是所利者至微，所害者至大。」實爲切要之言。

（四）鹽鐵巡院

巡院的起源，至今仍衆說紛紜，有人認爲應始於肅宗乾元元年（七五八）第五琦「就山海井竈近利之地置監院」㊼一事；有人則以劉晏設立十三巡院爲巡院起源。這兩種說法的關鍵，在於第五琦所設監院的「院」是否卽爲後來的巡院。由於史料不足無法直接證明，但吾人當可由劉晏以後的巡院具有維護商運和漕運（筆者按：劉晏以鹽利為漕傭，鹽鐵兼漕運自晏始也）的兩大主要功能中看出，第五琦時代的「院」並不具備上述條件裏的任何一項，故筆者認爲，不論劉晏設立的巡院是否源自第五琦，「中晚唐維持榷鹽制度的巡院組織，應當視劉晏設立十三巡院爲其肇端而無疑義。

大曆元年（七六六）劉晏出掌東部財賦，自淮北向南列置了十三個巡院[48]，史稱其「擇能吏主之，不煩州縣而集事」[49]。近人何維凝主張「設院之始，均係選擇能吏主掌其事，謂之知院官，亦稱留後，故巡院亦稱留後院」[50]，留後與巡院不應如何氏所言「巡院亦稱留後院」，杜牧曾云：「土鹽商……自罷江淮留後以來破散將盡，以監院多是誅求。」此語顯示留後本在保護商人，留後廢後，監和巡院始違法誅求鹽商；《會要》亦載文宗「太和二年（八二八）七月勅，潼關以東，度支分巡院宜併入鹽鐵江淮、河陰留後院」[51]，此語雖然指的是度支巡院，但仍可見留後院的層次明顯比巡院高；所以就上述兩條史料而言，留後院爲巡院的上司機構，絕非何氏提出「巡院亦稱留後院」的情形。巡院的長官爲郎官或御史，雖然名屬鹽鐵使轄管，但仍有相當的獨立性。《會要》云：

> （開成）二年（八三七）十月敕，鹽鐵、戶部、度支三使下監院官，皆郎官御史為之，使雖更改，官不得移替，如有曠敗，即具事以聞。[52]

巡院長官的屬吏有孔目、句檢、句覆、支對、句押、權遣、指引進庫官、門官、令史、書手、通引官、門子、騾綱、車綱、揀子等[53]，與所在州縣的官吏無關，爲自成一系的官僚組織。

巡院爲中晚唐榷鹽和漕運的流程中，最重要的基層機關。其職權十分複雜，責任亦相當重，以下便略作說明：

1.捕私鹽，以維持商運官鹽的銷路。《新唐書．食貨志》云：「（劉晏）自淮北置巡院十三……捕私鹽者，姦盜為之衰息。」

2.懲治私鹽販。如元和二年（八〇八）穆質奏：「請州府鹽鐵巡院應決私鹽死囚，請州縣同監，免有冤濫。」[54]

3.招商賣鹽。《舊唐書．食貨志》云：「自淮北列置巡院，搜擇能吏以主之，廣牢盆以來商賈。凡所制置，皆自（劉）晏始。」白居易亦言：「院場既多，則各處其商旅之不來也，故羨其鹽而多與焉。」[55]長慶元年（八二一）鹽鐵使王播亦奏：「諸道鹽院糶鹽付商人……。」[56]可見巡院確有把鹽販售給商人，故近來大陸學者王林善在〈論唐代後期的榷鹽和鹽商〉一文中，以《舊唐書．食貨志》的重新斷句來強調巡院不推銷官鹽的看法[57]，是顯然有所偏差的。

4.緊急運送食鹽或糧食到短缺的地方。如「咸通五年（八六四）南蠻攻安南府，連歲用兵饋輓不集，詔江淮鹽鐵巡院和僱舟船，運淮南浙西道米至安南」[58]，「京師鹽暴貴，詔取三萬斛以贍關中，自揚州四旬至都，人以（劉晏）為神」[59]，而負責急運的，就是臨運河的各巡院。

5.監察各州刺史的施政。《唐會要》卷八八云：

元和四年（八〇九）十二月御史中丞李夷簡奏：「諸州使有兩稅外，雜榷率及違敕不法事，請諸道鹽鐵轉運、度支巡院察訪，狀報臺司，以憑聞奏。」從之。

6.負責「便換」事項。《會要》卷八七有：

（元和）七年（八一二）王播奏：「……商人於戶部、度支、鹽鐵三司飛錢，謂之便握。」

《會要》卷五九亦載：

當司在諸州府場院錢，猶有商人便換，齎省司便換文牒，至本州府請領，皆被諸州府……占留。……乞下諸道州府場監院依限送納……不得托稱占留。

7.負責轉運、貯存和和糴等事務。由於鹽鐵和轉運的組織在劉晏兼漕運以後便逐漸合併，鹽鐵巡院遂擔負了原爲轉運院的任務。如《舊唐書·王智興傳》記載：

智興遣兵士援送（崔）羣家屬，至埇橋（劉晏所設十三巡院之一），遂掠鹽鐵院緡幣及汴路進奉物。

《通鑑》亦云：

（劉晏）以鹽為漕傭，自江、淮至渭橋，率萬斛，傭七千緡，自淮以北列置巡院，擇能吏主之，不煩州縣而集事。60

8.調節物價的常平功能。如《通鑑》云：

諸道各置知院官（胡注：知院官，掌諸道巡院者也。），每旬月，具州縣雨雪豐歉之狀白使司，豐則貴糴，歉則賤糶，或以穀易雜貨供官用，及於豐處賣之。61

9.提供鹽鐵轉運使精確而又快速的資訊。《舊唐書・劉晏傳》載：

自諸道巡院距京師，重價募疾足，置遞相望，四方物價之上下，雖極遠不四五日知，故食貨之重輕，盡權在掌握，朝廷獲美利而天下無甚貴甚賤之憂，得其術矣。

10.負責茶稅和關津稅的徵收。在茶稅方面：

（貞元）九年（七九三）張滂奏立稅茶法，郡國有茶山及商賈以茶為利者，委院司分置諸場，立三等時估為價，為什一之稅。62

在關津稅方面：

鹽院津堰，改張侵剝，不知紀極。私路小堰，厚斂行人，多自（李）錡始。[63]

11.負責礦產的開採冶煉。鹽鐵使以下官僚，顧名思義，鹽、鐵為其主要的負責項目，「鐵」指的是各種金屬礦，如銀、銅、鐵、錫、鉛等[64]，其中銅和鉛的冶煉因涉及錢幣的鑄造，而至為重要。元和時：

其江淮諸州府收市銅鉛等，先已令諸道知院官勾當，緣令初下，未盡頒行。宜委諸道觀察等使與知院官切共勾當，事畢日，仍委鹽鐵使據所得數，勘會聞奏。[65]

巡院亦有會勘礦藏的責任：

元和三年（八〇八）五月，鹽鐵使李巽上言：「得湖南院申，郴州平陽、高亭兩縣界，有平陽冶及馬跡、曲木等古銅坑，約二百八十餘井，差官檢覆，實有銅錫。……」[66]

鹽鐵巡院是轉運、鹽鐵機構設在地方的辦事機關，也是中晚唐榷鹽和漕運的實際執行中樞，劉晏時僅設十三處，且大多位於運河沿岸[67]，晏去職後，逐漸擴至諸道，上述有關礦產開採的兩條引文，便是明顯的例證。至於巡院在德宗朝以後設立的詳細數量和配置情形，則因史料不足，而無法深入進行了解。

（五）監、場和倉

1.監

監，是中晚唐在鹽產量較大的產地所設之行政單位，開始於第五琦「就山海井竈近利之地置監院」[68]以掌理產地的鹽務，劉晏改革鹽政時，在東部財賦區設立了十監[69]，鹽利收入「當百餘州之賦」，其後德、順、憲各朝均多方添置鹽監。以峽內諸州為例，劉晏時僅有大昌一監，順宗加設雲安、渙陽、塗碚三監[70]，後至憲宗元和六年（八一一）將峽內割屬度支時，此地已有五監[71]。若以峽內在四十餘年（七六六～八一一）間，監設立的成果是原來五倍之情況來推論，則元和初東部財賦區鹽監的設置，極可能已達數十個[72]。至於監的功能，主要可分為兩個部分：

1.負責監督鹽的生產事宜。監是位於產地的行政單位，自然對鹽的生產負有直接責任，如「（劉）晏又以鹽生霖潦則鹵薄，暵旱則土溜墳，乃隨時為令，遣吏曉導，倍於勸農」[73]。

2.收鹽戶所製之成鹽並糶予鹽商。劉晏以「鹽吏多則州縣擾，出鹽鄉因舊監置吏、亭戶，糶商人，縱其所之」[74]。為執行民製、官收的政策，監又設有大量的倉以儲存收糴之食鹽，有時這些倉儲的鹽亦會被鹽鐵使轉作常平之用，以穩定鹽價。

監的長官與巡院相同，多以御史、郎官擔任，屬吏亦有孔目、句檢、句覆、支對、句押、權遣、指引進庫官、門官、令史、書手、通引官、門子、驛綱、車綱、揀子等[75]。

唐代東部各監的產量，大致以海陵、鹽城、嘉興、臨平、蘭亭五監最大。如《輿地紀勝》卷四〇引《元和郡縣圖志》（《元和郡縣志》此部分已亡佚）云：

> 《元和郡縣圖志》云：「……今海陵縣官置鹽監一，歲煮六十萬石，而楚州鹽城、浙西嘉興、臨平兩監所出次焉。」[76]

同書卷三九亦引《元和郡縣圖志》有。

> 唐鹽課（楚州鹽城）四十五萬石。元和郡縣圖志云：「（鹽城）今官中置鹽監，以收其利，每歲煮鹽四十五萬石。」[77]

由上可知海陵、鹽城兩監產量最大，共計年產量達一百零五萬石，以元和年間江淮鹽每斗「榷二百五十」[78]來計算，共可官榷收入二百六十二萬五千緡，占元和鹽利最高收入紀錄——七百二十七萬八千一百六十緡[79]的三分一強，其次爲嘉興、臨平兩監。至於蘭亭監，產量亦有可觀，《嘉泰會稽志》載：

> 唐越州有蘭亭監……配課四十萬六千七十四石一斗。[80]

除此之外，其餘各監鹽產量應不能太大，而且地位並不明顯。

2. 場和倉

場和巡院一般設在交通要道，如沈亞之所謂的「使吏曹計其入於郡縣近利之地，得爲院鹽場之署」[81]，但兩者不同的是巡院設在各地的水陸運中心，而場只設在鹽監附近的水陸要衡，換句話說，鹽監是生產要地，場則是鹽監所產之鹽的集散中心，劉晏變鹽法時曾設有「漣水、湖州、越州、杭州四場」82，亦均在東南沿海鹽產區通往內地的必經之路。劉晏去職後，場亦如同巡院和監一般，呈現數量的急遽增加，但因史料的不足，實無法看出其增加的程度。《太平廣記》卷三〇五有：

> 貞元五年（七八九）李伯（白）子伯禽，充嘉興監徐浦下場糴鹽官。83

《雲谿友議》卷上〈哀貧誡〉中亦有屬「江陵鹺院」的「朗州場」84。由上述兩條史料裏，吾人可知有關於場的資料：

1. 徐浦下場和朗州場都是東部財賦區在劉晏去職後所設的場，至於這種場的總數，根本不知道究竟有多少。
2. 場可能有兩種意義，一種是鹽產地的代名詞，如徐浦下場，場內有糴鹽官負責官收事務，爲監的下屬單位；另一種是監鹽的集散地，如漣水、越州、杭州、湖州、朗州等，是留後院（如江陵鹺院）的下屬單位。

場的屬吏與巡院、監相同，有孔目、句檢、句覆、支對、句押、權遣、指引進庫官、門官等。場下設有小糶鋪，以長慶元年（八二一）爲例，「諸道鹽院糶鹽付商人……通舊三百文價；諸處煎鹽停（亭）場，置小鋪糶鹽……通舊一百九十文價」85。小糶鋪由於設在產地，故其批發銷售之鹽價遠較設在內地水陸要衝的巡院之鹽價低廉。

鹽倉在中晚唐實施的榷鹽制度下，被賦予三種功能：

1.產地鹽倉。由於食鹽採取民製官收，故官收食鹽後必須建築貯藏的倉舘以助榷賣，並可防私鹽販的資採。以劉晏時爲例，晏設「吳、越、揚、楚鹽廩至數千，積鹽二萬餘石」[86]。

2.常平倉。元和元年（八〇六）五月鹽鐵使李巽奏：

每州所貯鹽，若遇價貴斗至二百二十文，減十文出糶以便貧人公私不缺。其鹽倉，每州各以留州錢造一十二間，委知院官及州縣官一人同知，所糶錢送院，市輕貨送上都。[87]

3.漕運鹽倉。由於商運食鹽，經常會有偏遠的地區因商旅不至而缺鹽，故劉晏遂設官運之法以濟其窮。官運之法多委巡院進行，而運河沿岸便有巡院設倉以貯鹽，如漕運的重要地點——三門峽，便設有大規模的鹽倉[88]。

其中產地鹽倉當屬監統轄，而常平鹽倉和漕運鹽倉則當爲巡院所負責。

表二 東區各級鹽務官署的運作流程表

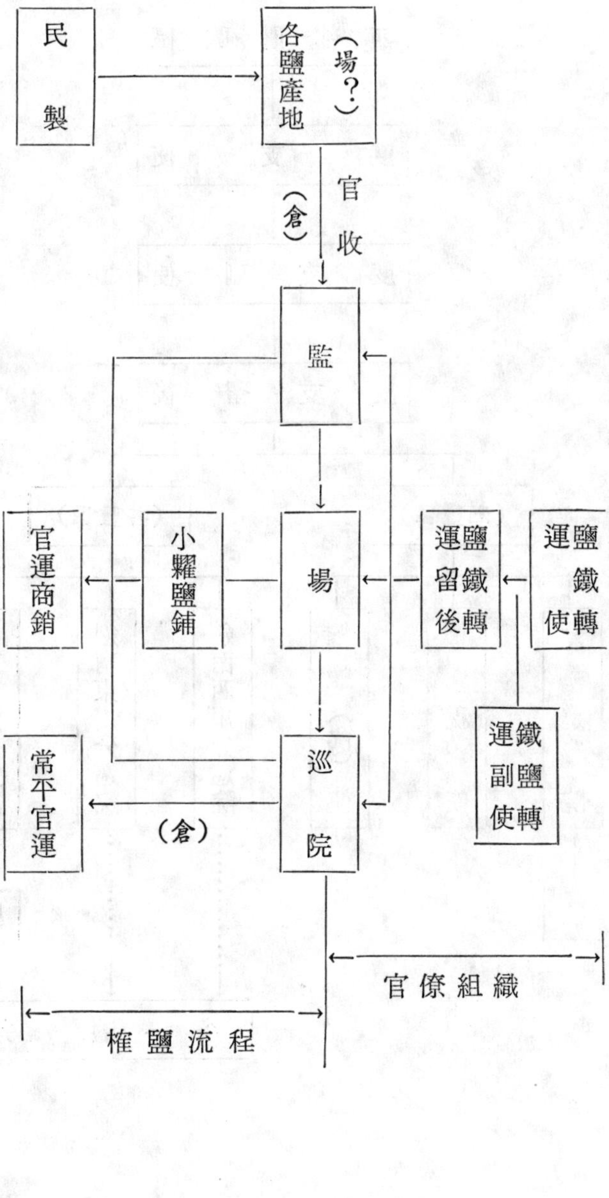

二、西部財賦區的鹽務官僚組織

西部財賦區的鹽務管理系統，係由度支使及其下屬官署、官僚組織構成，以執行榷鹽政策。

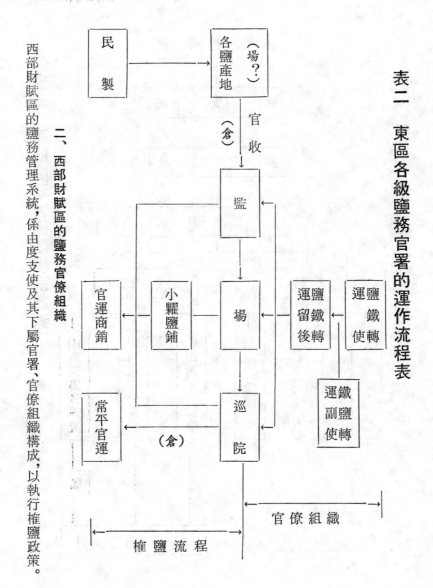

表三 西部鹽務官僚組織系統表

（一）度支使

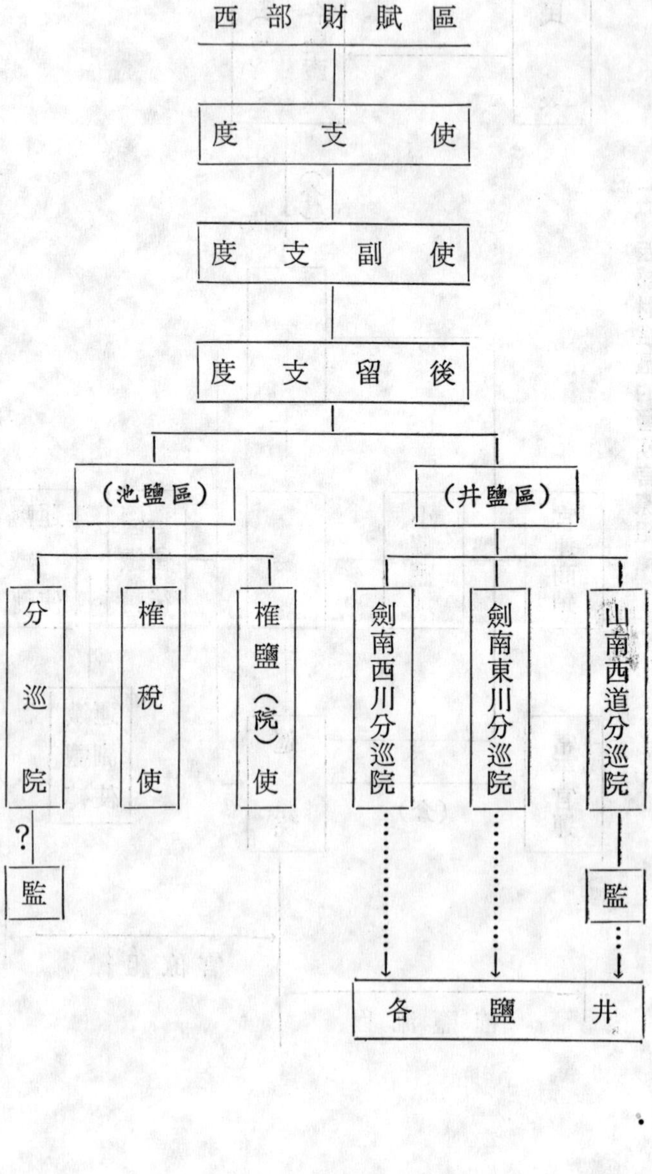

度支本是戶部下屬四司之一，關於其職權，《六典》中有清楚的記載：

> 度支郎中、員外郎，掌支度國用租賦少多之數，物產豐約之宜，水陸道路之利，每歲計其所出而支其所用。……轉運徵斂送納，皆準程而節其遲速；凡和市糴，皆量其貴賤，均天下之貨以利於人；凡金銀寶貨綾羅之屬，皆折庸調以造焉；凡天下舟車水陸載運，皆具為腳直，輕重貴賤、平易險澀而為之制；凡天下邊軍皆有支度之使，以計軍資糧仗之用，每歲所費皆中度支而會計之，以長行旨為準。[89]

但在開元二十二年（七三四）以後，出現了外官判度支的情形，才使度支一職在名稱和地位上產生極大的變化。《會要》云：

> 開元二十二年九月蕭炅除太府少卿知度支事。……故事，度支按郎中判入、員外郎判出、侍郎總統押案而已，官銜不言專判度支。開元以後，時事多故，遂有他官來判者，或尚書侍郎專判，乃曰度支使，或曰判度支使，或曰知度支事、或曰句當度支使，雜名稱不同，其事一也。[90]

開元以後由他官判度支，無疑提高了度支的地位，如乾元二年（七五九）十二月呂諲除兵部侍郎同中書門下平章事充句當度支使；上元元年（七六〇）劉晏除戶部侍郎句當度支使；貞元五年（七八九）二月竇參同中書門下平章事充度支使；八年（七九二）三月戶部尚書班宏加專判度支；二十一年（卽永貞元年，八〇五）鹽鐵度支合爲一使，以司空平章事杜佑兼領[91]。度支使權勢和地位的日漸重要，是開元以前郎中、員外郎所掌理度支司的情形，所無法相比的。

至於安史亂後度支使的職能，更遠較隸屬於戶部時代的度支司膨脹許多，基本上度支已成爲使職，直接向皇帝負責，故多宰相、尙書、三公官的兼領事例。以下便略述度支使的職權：

1.德宗貞元八年（七九二）以後，依本節前文敍述的「大曆故事」，掌理西部財賦區，也就是許、汝、鄭、鄧以西之京畿、關內、河東、劍南、山南西道諸道的榷鹽事務，亦卽《新唐書·食貨志》「唐有鹽池十八，井六百四十，皆隸度支」[92]的說法。此外，度支轄下西部財賦區的鹽政制度，亦不同於東部鹽鐵使轄下之民製——官收——民運（商運）——民售（商銷）的專賣制度，反而仍以第五琦變鹽法的官榷爲主。舉例而言，東部的鹽產地往往以產量爲官定配課，如前述海陵、鹽城、蘭亭各監；而西部的鹽池則以官定鹽利爲主，「（長慶元年，八二一）三月勑，烏池每年糶鹽收博榷米，以一十五萬石（米）爲定額」[93]；「太和三年（八二九）四月敕，安邑解縣兩池榷課，以實錢一百萬貫爲定額」[94]，若採行商售，則中央根本沒必要針對各地鹽池分別制定鹽利收入的榷課。但井鹽區可能因爲特定因素，在大曆五年（七七〇）[95]以前，可能實施過商運商銷，杜甫的詩句「蜀麻吳鹽自古通」[96]、「風煙渺吳蜀，舟楫通鹽麻」[97]、「官作既有程，煮鹽煙在川；汲井歲榾榾，出車日連連；自公斗三百，轉致斛六千」[98]，隱隱透露著商運商銷的影子，可是此後或許因爲「大曆故事」的限制，各鹽井遂成劍南東川分巡院、劍南西川分巡院、山南西道分巡院管轄的對象，而實施食鹽的官榷[99]。

2. 負責中央政府大部分的歲入和歲出。這個功能是沿續開元以前度支司所負擔的職責，其後由於度支成為使職，遂不必「侍郎總統押案」而直接向皇帝負責。如鹽利、兩稅、榷酒以及各種雜稅，雖各有使職，但報上中央後皆由度支收執；而政府的花費——供軍、和糴、和雇、賑災，甚至各藩鎮諸軍出鎮作戰等，亦均由度支開支[100]。

3. 管理「便換」事宜。《會要》云：

咸通八年（八六七）十月戶部判度支崔彥昭奏，……自南蠻用兵以來，置供軍使。當司在諸州府場院錢，猶有商人便換，齎省司便換文牒，至本州府請領，皆被諸州府稱准供軍使指揮占留，以此商人疑惑，乃致當司支用不充。乞下諸道州府場監院，依限送納，及給還商人，不得託稱占留。[101]

度支使職權和地位較鹽鐵使更廣更高，除了單純負責西部財賦區的鹽政外，一般中央性的事務更是十分的繁重，故史稱其「度支以制用惜費，漸權百司之職，廣置吏員，繁而難理」[102]。至於度支使的其他職權，因本文範圍所限，不再一一贅述。

（二）度支副使與度支留後

貞元十二年（七九六）九月「以倉部郎中判度支案蘇弁，除度支郎中兼御史中丞、副知度支事，立位於正郎之首。副知之號，自弁始也」[103]。度支副使除官不多，整個中晚唐亦僅有四人[104]，其職務在於輔助度支使處理鹽務的問題，而往往與鹽鐵副使並兼，故除上述蘇弁一人外，其餘王叔文、潘孟陽、李巽三人，官銜皆為「度支鹽鐵轉運副使」[105]，以合掌鹽鐵、度支之佐貳。

度支留後並非度支系統下的常態性鹽務官僚，一般都設在安邑、解縣的兩池。兩池無疑是度支統轄之西部財賦區內最大且最重要的鹽產地，其重要性絕不比鹽鐵使掌理東部財賦區的江淮一帶遜色。貞元十六年（八〇〇）「史牟以金部郎中主池務，恥同諸院，遂奏置（榷鹽）使額。二十一年（永貞元年，八〇五）鹽鐵、度支合爲一使，以杜佑兼領。佑以度支既稱使，其所管不宜更有使名，遂與東渭橋使同奏罷之」，杜佑罷榷鹽使後，便在兩池設立度支留後，以就近處理兩池鹽務（筆者按：時杜佑治於揚州，無暇復理西北）。元和三年（八〇八）「裴均主池務，職轉繁劇」，「復以安邑、解縣兩池留後爲榷鹽使」[106]，故由上可知，留後僅爲榷鹽使一度暫停時，所設立代行榷鹽使職務的暫行官職。

（三）榷鹽使和榷稅使

1.榷鹽使

中晚唐僅在兩池和河北曾設立榷鹽使，胡三省曰：「《唐會要》：元和十五年（八二〇）改河北稅鹽使爲榷鹽使，其後復失河北，止於安邑、解縣兩池置榷鹽使。」[107]榷鹽使的官署可稱爲榷鹽院，但榷鹽院的設立卻未必有榷鹽使，一般而言，榷鹽使是度支使的下屬官僚，而榷鹽院則是不分度支使、鹽鐵使之下皆可設立的官署。以元和末河北、淄青皆設榷鹽院爲例：

1.河北的榷鹽院長官是榷鹽使，河北的稅鹽往往是「委度支與榷鹽使審細商量，具條疏聞」[108]。

2.淄青的榷鹽院，並無榷鹽使的設置，在院之下設有小鋪糶鹽。小糶鹽鋪一般都設在海鹽產地的煎鹽場，販售食鹽的價格遠較內地的巡院便宜。

（長慶元年，八二一）三月鹽鐵使王播……奏請諸鹽院糶鹽付商人，請每斗加五十文，通舊三百文價；諸處煎鹽停（亭）場，置小鋪糶鹽，每斗加二十文，通舊一百九十文價。[109]

小糶鹽鋪，是鹽鐵使下屬特有的機關[110]，度支使轄下並未設置，故河北榷鹽院雖有海鹽之饒，但卻無小糶鹽鋪的設立。至於淄青榷鹽院轄屬鹽鐵使一事，《舊唐書・食貨志》中有清楚的說明：

（元和）十四年（八一九）三月，鄆、青、兗三州各置榷鹽院。長慶……二年（八二二）五月，詔曰：「……如聞淄青、兗、鄆三道，往來糶鹽價錢，近取七十萬貫，軍資給費，優贍有餘。自鹽鐵使收管以來，軍府頓絕其利。……」

榷鹽使，是度支使轄下設於特定重要地點的使職，不像巡院般的普徧，其任務亦具有特殊性，如兩池的榷鹽使，是管理影響整個關中、漢中、陝東以及皇室用鹽的兩池鹽務，而河北的榷鹽使，則是中晚唐百五十年間唯一一次介入河朔三鎮行政運作的中央官吏。以下便分別敍述這兩個榷鹽使的設立情形。

（1）河北榷鹽使

河北榷鹽使的前身爲稅鹽使，稅鹽使的治所稱爲稅鹽院，稅鹽院是元和中以皇甫鎛之策而設立的。因唐室遷就「河朔故事」，轉致中央無權要求河北三鎮與內地同步採行榷鹽的措施，僅能暫以稅鹽爲名，企望獲得些許來自河北的鹽利，故史稱「自天寶末，兵興以來，河北鹽法羈縻而已」，確是當時現實政治情況的寫照。

憲宗元和十四年（八一九）平定淄青後，河朔三鎭上表歸順，唐室認爲迫使河北實施榷鹽的時機已經成熟，遂於次年九月「改河北稅鹽使爲榷鹽使」正式展開專賣，但榷鹽業務僅維持半年，竟因「戎鎭頻上訴」的壓力而告取消。此後，中央在河北不再設有榷鹽使，只以榷鹽院羈縻河北鹽政：

> 長慶元年（八二一）三月敕，河朔初平，人希德澤，且務寬泰，……其河北榷鹽法宜權停。仍令度支與鎭冀、魏博等道節度審察商量，如能約計課利錢數都收管，每年據數付榷鹽院，亦任穩便。[111]

自此，鹽的專賣便在河北煙消雲散了，且榷鹽使從設置到廢除，亦僅持續六個月而已。

（2）兩池榷鹽使

兩池爲度支使轄下最重要的鹽產地，貞元十六年（八〇〇）以前「其職視諸道巡院」，「貞元十六年史牟以金部郎中主池務，恥同諸院，遂奏置使額。二十一年……（杜）佑以度支旣稱使，其所管不宜更有使名，遂與東渭橋使同奏罷之」。元和三年（八〇八）七月「裴均主池務，職轉繁劇」，「復以安邑、解縣兩池留後爲榷鹽使」[112]。

由上可知兩池榷鹽使的設立的確一波三折，史牟之設使只是突顯兩池鹽務重要性的開端，榷鹽使一職，是元和三年以後才被確立爲度支使轄下的常設官銜，此後直到兩池遭藩鎭強占之前，一直是管理兩池鹽務的負責官員。

> 先是安邑、解縣兩池鹽皆隸鹽鐵，置官榷之（胡三省注：宋白曰，兩池鹽務舊隸度支，其職是諸道巡院。貞元十六年史牟……奏置榷鹽使）；中和（八八一～八八四），河中節度使王重榮專之……夏四月（田）令孜自兼兩池榷鹽使，收其利以贍軍，重榮上章論訴不已。[113]

至於兩池的長官，在榷鹽使設立之前，「職視諸道巡院」以郎官、御史爲之[114]。代宗時卽有此例：

> 大曆丁巳（十二年，七七七）……今京東和糴使兼知河東租庸鹽鐵，侍御史清河崔公陲，時以監察權領是邦。[115]

而榷鹽使設置後，將兩池分爲安邑、解縣兩院，每院鹽田主管始用郎官、御史，如此更使榷鹽使的地位大爲提高。

《會要》云：

> 安邑、解縣兩池，置榷鹽使一員，推官一員，巡官六員（《元龜》卷四八三曰十員），安邑院官一員，解縣院官一員，胥吏若干人，防池官健及池戶若干人。[116]

沈亞之亦曰：

> 解之為縣益不能等於他縣矣。鹽田主管用郎吏，其佐貳下不出御史。……長慶二年（八二二）予客於地，因受命而著。[117]

榷鹽使由於掌理兩池鹽務，故愈到唐代末期，地位愈形重要。黃巢之亂時，竟由權宦田令孜自兼，可見兩池的控制權對建都關中的唐室而言，確有無法言喻的重要性。

2. 榷稅使

榷稅使僅設在池鹽區，中晚唐以來只設在產量次於兩池的烏池和溫池。烏池榷稅使設於德宗貞元十九年（八〇三）「在鹽州，置榷稅使一員，推官兩（筆者按：會要作「一」）員，巡官兩員，胥吏一百三十人，防池官健及池戶四百四十人」[118]。長慶元年（八二一）「三月敕烏池每年糶鹽收博榷米，以一十五萬石為定額」[119]。

溫池，大中四年（八五〇）「三月因收復河隴，敕令度支收管，溫池鹽仍差靈州分巡院官勾當。至六年（八五二）三月，敕令割屬威州，置榷稅使。緣新制置，未立榷課定額」[120]。「溫池，置榷稅使一員，推官兩員，巡官兩員，胥吏三十九人，防池官健及池戶百六十五戶（筆者按：《元龜》作「兩百六十五戶」）[121]。

（四）度支分巡院

度支巡院一般都慣稱為「分巡院」，自貞元八年（七九二）唐室依大曆故事，分全國為東、西財賦區後，度支分巡院便成為度支使掌理西部之官僚組織中，最重要的一環。分巡院一般都以道爲設置單位，偶爾亦有設於州的，完全不同於東部鹽鐵巡院分布於各水陸要地的形態。整個西部財賦區大致可以秦嶺，將南北分爲井鹽區和池鹽區，井鹽區的巡院，《新唐書・食貨志》中有詳細的記載：

> 黔州有井四十一，成州、嶲州井各一，果、閬、開、通井百二十三，山南西院領之；邛、眉、嘉有井十三，劍南西川院領之；梓、遂、綿、合、昌、渝、瀘、資、榮、陵、簡有井四百六十，劍南東川院領之。

此外，元和六年（八一一）唐室將峽內煎鹽五監割屬度支，初委山南西道分巡院（卽前引文之山南西院）統領[122]，文宗時，於歸州另置一所分巡院[123]，以掌理峽內鹽監。至於池鹽區的巡院，則因史料不夠充分無法一窺全貌，僅能以少許的蛛絲馬跡來臆測當地巡院的情形。首先是兩池的狀況：

> 先是兩池鹽務隸度支，其職視諸道巡院。貞元十六年（八〇〇），史牟以金部郎中主池務，恥同諸院，遂奏置使額。[124]

雖然在貞元十六年以前，管理兩池榷務的機構不明，但既然「視諸道巡院」，則將其當作巡院亦無不可。此外，西北的邊陲要地，也設有巡院：

溫池，大中四年（八五〇）三月因收復河隴，敕令度支收管；溫池鹽仍差靈州分巡院官勾當。至六年（八五二）三月，敕令割屬威州。[125]

靈州分巡院的設立，當與鹽務關係不大，故溫池鹽只是其「勾當」的副業而已，而這也是池鹽區與井鹽區分巡院，權能上最大的不同點。

度支分巡院的職責和鹽鐵巡院有許多相同之處，但因西部沒有漕運之利，所以使得度支分巡院的機動性不如鹽鐵巡院靈活，於是鹽鐵具備的常平、轉運、捕私、快遞等功能，均無法在度支分巡院中充分的實現，較靜態的職權才是分巡院的特長。以下便對其功能約略作一說明：

1.負責官榷食鹽。如前引《新唐書·食貨志》中，生產井鹽各州隸屬諸道分巡院的情形，以及溫池由靈州分巡院「勾當」的現象，均是有力的證據，但池鹽區分巡院的榷鹽功能，應不如井鹽區分巡院吃重。

2.兼管兩稅事務。元和六年（八一一）有詔曰：

兩稅之法，悉委郡國，初極便人，但緣法之時，不定物估。今度支鹽鐵，泉貨是司，各有分巡，置於都會。……政有所弊，事有所宜，皆得舉聞，副我憂寄。以……度支山南西道分巡院官充三川兩稅使。[126]

3.西部諸道茶稅、除陌錢等諸色「送省錢物的勾當收管」。如《舊唐書·庾敬休傳》：

（文宗時）奏：「劍南西川、山南西道每年稅茶及除陌錢，舊例委度支巡院勾當榷稅，當司於上都招商人便換。太和元年（八二九）戶部侍郎崔元略……奏請茶稅事使司自勾當，每年出錢四萬貫送省。近年已來，不依元奏，三道諸色錢物，州府逗留，多不送省。請取江西例，於歸州置巡院一所，自勾當收管諸色錢物送省，所冀免有逋懸。……」從之。[127]

4.監察各州刺史的施政。（同鹽鐵巡院）

5.負責「便換」事項。（同鹽鐵巡院）

度支分巡院的長官及其屬吏，亦同於鹽鐵院監，此處不再累述。

（五）監

西部財賦區的鹽監，大致可分爲一般鹽監和鹽池監兩種。一般鹽監，指和東部各監建制相同的單位；由於西部榷鹽以官榷爲主，諸監往往著重於食鹽的生產，而無糶鹽的功能。《舊唐書・食貨志》云：

（元和六年，八一一）峽內煎鹽五監，先屬鹽鐵使，今宜割屬度支，便委山南西道兩稅使兼知糶賣。[128]

峽內五監原屬鹽鐵時，可糶鹽予商人「縱其所之」，但割屬度支後，只得轉由山南西道兩稅使（山南西道分巡院官）負責糶賣。此類鹽監的長官及其屬吏，同於東道各監；而設置數量卻難以推斷，除了前述峽內五監外，只有一條似是而非的記載。《會要》云：

> （元和）十年（八一五）七月度支皇甫鎛奏，加陝西內四監、劍南東西兩川、山南西道鹽估，以利供軍。[129]

《舊唐書·食貨志》錄此「陝西內四監」部分，為「峽內四監」，《冊府元龜》卷四九三亦同，故可知會要可能發生了錯誤。

鹽池監，為度支使設在西部鹽池區的鹽務組織，名義上為司農寺的下僚：

> 司農寺……掌倉儲委積之事。總上林、太倉、鉤盾、導官四署及諸倉、司竹、諸湯、宮苑、鹽池、諸屯等監。……諸鹽池監，監一人，正七品下，掌鹽功簿帳。有錄事一人，史二人。[130]

但由於史料的不足，鹽池監的實際設置情形並不明顯。

表四　西區各級鹽務官署的運作流程表

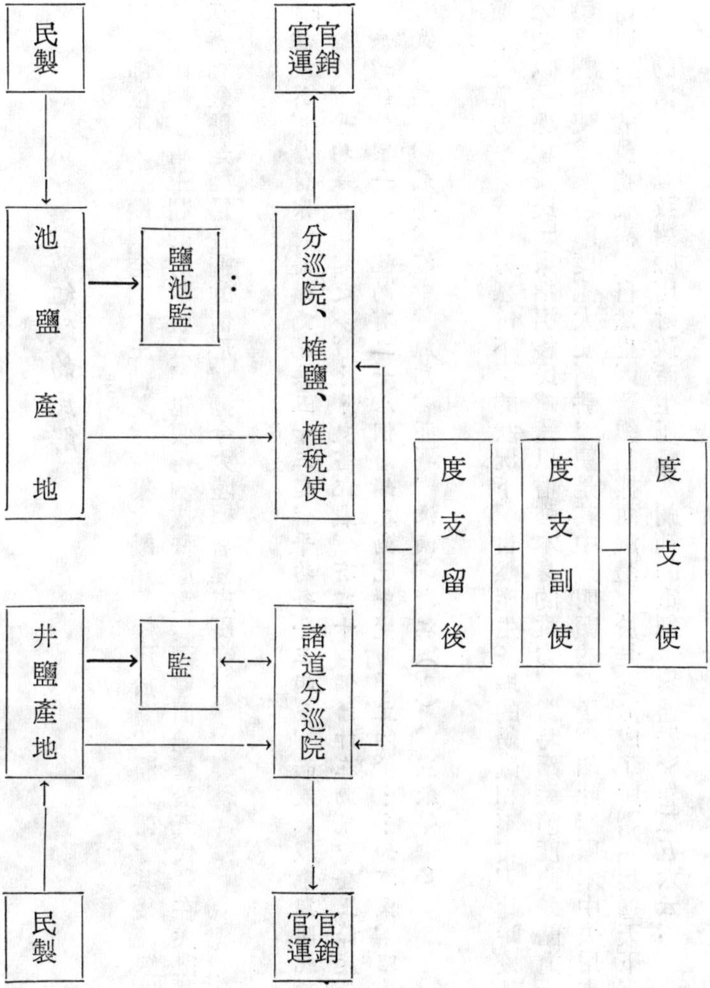

貳、鹽務組織的瓦解

僖宗即位不久，縱橫全國的王仙芝、黃巢之亂，便爆發於曹、濮一帶，其後流竄各地，不僅完全破壞了唐王朝的財賦收入，也使得割據秩序重新調整而綿延於五代。在大亂時，各鎮的篡替和兼併是極爲普遍的情形，據今大陸學者程志研究：

據統計，唐僖宗時藩鎮動亂共五十三起，平均每年三起多，而農民戰爭期間就達四十餘起，平均每年四起之多。……史書記載，有四十四個藩帥在動亂中登上節度使的寶座，僅僖宗一朝，就約有二十八個藩鎮在動亂中變易了主帥。……如河東、昭義、宣武、忠武、武寧、河中、鳳翔、邠寧、淮南、浙江（？）、宣歙等。131

在這種中央無力平亂、地方篡併不絕的狀況下，自然產生各地的紛亂和不安，此時較具勢力的藩鎮便以「保境安民」來招引移民，藉以增強本身的實力，當時鎮海節度使兼諸道行營都統、鹽鐵轉運使、淮南節度副大使高駢，便是其中最明顯的例子。如此，原本中央用來控制各鎮財賦收入的鹽務機構，自然也因藩鎮割據而解體，於是遂形成了所謂「兵遍天下，諸鎮擅利」132的情形，以致對晚唐財政產生了無法彌補的重創。《通鑑》卷二五六云：

（光啓元年，八八五）是時，藩鎮各專租稅，河南北、江淮無復上供，三司轉運無調發之所，度支惟收京畿、同、華、鳳翔等數州租稅，不能贍。[133]

《册府元龜》卷四八三亦載：

光啓二年（八八六），以刑部尚書孔緯充諸道轉運鹽鐵使。是時，所在征鎮，自擅兵賦，皆不上供，歲時但貢奉而已。由是江淮轉運路絶，國命所能判者，唯河西(?)、山南、劍南、嶺南西道(?)。[134]

所以，被僖宗稱爲「近京贍國之資，榷鹽爲本」[135]的鹽利收入，和必須透過鹽務機構征收或轉運的兩稅、榷酒、榷茶等歲入，均因「諸鎮擅利」而一一歸入地方財賦，成爲各鎮脫離中央割據一方的經濟基礎。在此情形下，地方勢力的增強和中央勢力的衰退，遂形成了唐末中國由一統邁向分裂的轉捩點。

一、池鹽區鹽務組織的瓦解

至於當時鹽產地被諸鎮割據的狀況，可由鹽產的種類予以說明。首先是池鹽區，西北生產的池鹽以兩池鹽最爲重要，不僅產量大，而且由於供應關中用鹽，故對中晚唐政局亦有相當大的影響。僖宗以後，先由王重榮據之：

王重榮，太原祁人。……檢校工部尚書，為（河中）節度使。……中人田令孜怒重榮據鹽池之饒。于時巨盜甫定，國用大乏，諸軍無所仰，而令孜為神策軍使，建請二池領屬鹽鐵，佐軍食。重榮不許，奏言：「故事，歲輸鹽三千乘於有司，則斥所餘以澹軍。」……令孜遣邠寧朱玫進討，壁沙苑，……（李）克用合河中兵戰沙苑，玫大敗。……天子走鳳翔。136

由於至此（光啓元年，八八五）以後，王重榮每年只輸京師三千車鹽以供食用，故兩池的榷課遂完全結束。昭宗天復元年（九〇一），梁王朱全忠（溫）攻河中，降服王珂（重榮兄子），兼領河中節度使：

梁太祖兼領河中節度使，奏：「歲貢課鹽三千車，臣今代領池場，請加二千車，歲貢五千車，俟五池完葺，則依平時貢額。」從之。137

此時鹽雖增加二千車，但對中央的歲入必無任何影響，反倒是朱溫藉兩池鹽利，東平淄青，北服河北，西敗鳳翔，而終致篡唐，故《舊五代史・食貨志》云：「會計之重，鹹鹺居先，矧彼兩池，實有豐利。」138確可見兩池鹽利對唐末五代華北政權的重要性。

二、海鹽區鹽務組織的瓦解

海鹽產地，在黃巢之亂後，逐漸爲各地軍閥所割據。其中原本爲唐帝國經濟命脈的江淮地區，亦遭高駢、楊行密和錢鏐先後分別佔領。最早是高駢，佔有整個江淮財賦區，僖宗時所謂「江淮轉運路絕」便指的是高駢自擁財賦、割據自雄之情形。

> (高)駢鎮海節度使，……加諸道行營都統、鹽鐵轉運等使，……俄徙淮南節度副大使，駢繕完城壘，募軍及土客，得銳士七萬，乃傳檄召天下兵共討賊(黃巢)。……嬖將呂用之……諫曰：「公勳業極矣，賊未殄，朝廷且有口語；況賊平，挾震主之威，安所稅駕？不如觀釁求福，為不朽資也。」駢入其計，託疾未可以出屯，嚴兵保境。……巢逼揚州，衆十五萬，駢將曹全晸以兵五千戰不利，壁泗卅以待援，駢兵終不出。賊北趨河洛，天子遣使者促駢討賊，冠蓋相望也。……當此時，王室微，不絕如帶。駢都統三年，無尺寸功，幸國顛沛，大料兵，陰圖割據。……始駢自乾符以來，貢獻不入天子，貲貨山積，私置郊祀、元會供帳什器，殫極功巧。139

高駢敗亡後，原本「雄富冠天下」的揚州，竟因「(畢)師鐸、(楊)行密、(孫)儒迭攻迭守，焚市落，剽民人，兵飢相仍」而致「其地遂空」140。昭宗景福元年(八九二)以後，淮南、宣歙爲楊行密所據：

> 楊行密，字化源，廬州合淝人也，為人長大有力，能手舉百斤。唐乾符中，江淮羣盜起，行密以盜見獲，刺史鄭棨奇其狀貌，釋縛縱之。……(僖宗)中和三年(八八三)。唐即拜行密廬州刺史，淮南節度使高駢為畢師鐸所攻，駢表行密行軍司馬。……景福元年(八九二)，(敗揚州孫儒)復入揚州，唐拜行密淮南節度使。乾寧二年(八九五)，

> 加檢校太傅、同中書門下平章事。……天復二年（九〇二），唐昭宗在岐，遣江宣淮諭使李儼拜行密東面諸道行營都統、檢校太師、中書令、封吳王。141

此後，淮南、宣歙等節度使區遂落入楊行密之手，建立了五代時南方諸國中較強大的勢力。中晚唐的江淮財賦區，除淮南、宣歙外，兩浙（浙東、浙西）也是重要的穀倉和鹽產地，這個地區在昭宗時也遭錢鏐所割據：

> 錢鏐，字具美，杭州臨安人。……及壯，無賴，不喜事生產，以販鹽為盜。……景福二年（八九三）拜鏐鎮海軍節度使，潤州刺史。乾寧元年（八九四），加同中書門下平章事。二年……封鏐彭城郡王，浙江東道招討使。……天復二年（九〇二），封鏐越王。142

沿海的海鹽產地，除了以江淮一帶為大宗，遭楊行密、錢鏐割據外，由北而南的河北、淄青、福建、嶺南，亦紛紛獨立自理，不再是唐室稅賦的來源。河北方面，因割據已久，財賦、鹽利久不為唐有，且僖、昭二朝正值統一帝國的瓦解時期，這個情形更是理所當然，但在河北諸鎮間，因鹽利而引起的戰爭仍時常可見：

> 義昌（即滄景）節度使盧彥威，性殘虐，又不禮於鄰道；與盧龍節度使劉仁恭爭鹽利，仁恭遣其子守文將兵襲滄州，彥威棄城，挈家奔魏州；羅弘信不納，乃奔汴州。

仁恭遂取滄、景、德三州，以守文為義昌留後。[143]

至於淄青鎮，雖在文宗以後成爲唐中央控制下的藩鎮，財賦、鹽利均向京師供輸，但僖、昭時卻因中央鞭長莫及而時有抗命[144]。昭宗天復三年（九〇三），遭朱溫擊定，淄青的財賦、鹽利遂盡入朱溫的控制之下，唐室並無所得。福建，位於內地東南，境內多山，交通不易，唐設觀察使以治之；劉晏曾在侯官設有鹽監，顯示福建臨海地區的鹽產亦相當豐富，黃巢亂後，亦被王潮、王審知兄弟所控制：

> 王審知，字信通，光州固始人也。父恁，世為農。兄潮，為縣史。唐末羣盜起，壽州人王緒攻陷固始，緒聞潮兄弟材勇，召置軍中，以潮為軍校。……軍次南安，……前鋒將……乃推潮為主。……（昭宗）景福元年（八九二）……唐即以潮為福建觀察使，潮以審知為副使。乾寧四年（八九七），潮卒，審知代立。唐以福州為威武軍，拜審知節度使，累遷同中書門下平章事，封琅琊王。[145]

唐亡後，王審知稱閩王，成爲緜延於五代的割據勢力之一。海鹽產地的最南端是嶺南道，嶺南節度使區原本亦爲中央勢力所支配的藩鎮，其鹽政由當地鹽務機關負責，節度使無權干預。但僖宗即位後，便以鄭畋之議，將嶺南鹽鐵歸於節度使轄下，此後嶺南鹽利就不再由榷鹽機構轉運中央了。

> 僖宗立（八七三），……（鄭）畋請以嶺南鹽鐵委廣州節度使（？）韋荷，歲煮海取鹽直四十萬緡，市虔、吉米以贍安南，罷荊、洪等漕役，軍食遂饒。[146]

如此，唐中央遂在僖、昭二朝的地方權力膨脹下，失去了傳統上賴以維持國家主要生計的海鹽產地和鹽利。

三、井鹽區鹽務組織的瓦解

井鹽產地，如同前述池鹽、海鹽產地，在昭宗時也全數淪於藩鎮所控制。在峽內諸監方面，遭荊南節度使成汭所控制：

> 成汭，青州人。……後入蔡賊中，為賊帥假子，更姓名為郭禹。……禹以青州剽卒……討荊南部將牟權于清江，……又破其將王建肇，……昭宗拜禹荊南節度留後，始改名汭，復故姓。……汭頗知吏治，……號「北韓南郭」。汭進累檢校太尉、中書令、上谷郡王。雲安榷鹽，本隸鹽鐵，汭擅取之，故能畜兵五萬。[147]

雲安，為順宗時在峽內所設的「監」，負責峽內地區的榷鹽業務[148]。天復三年（九〇三），由於成汭在洞庭遭淮南楊行密敗死，荊州無主，故峽內的夔、施、忠、萬等州遂被王建所併吞[149]。此外，劍南東、西川為當時最重要的井鹽產地，昭宗時亦為王建所割據。

王建，字光圖，許州舞陽人也。……少無賴，以屠牛、盜驢、販私鹽為事，里人謂之「賊王八」。……黃巢陷長安，僖宗在蜀，……建與晉暉、韓建、張造、李師泰各率一都，西奔于蜀。僖宗得之大喜，號「隨駕五都」。……文德元年（八八八）以宰相韋昭度為西川節度使。分邛、蜀、黎、雅為永平軍，拜建節度使。……大順二年（八九一）十月，唐以建為檢校司徒、成都尹、劍南西川節度副大使知節度事。……東川顧彥朗卒，其弟彥暉立。……（乾寧）三年（八九六）五月，……黔南節度使王肇以其地降于建。（四年，八九七）建攻破梓州，彥暉自殺。……建以王宗滌為東川留後，唐卽以宗滌為節度使，於是並有兩川之地。……天復元年（九〇一），梁太祖兵誅宦者，宦者韓全誨等劫天子幸鳳翔，……（建）遣王宗滌將兵五萬，聲言迎駕，以攻興元，執其節度使李繼業，……於是並有山南西道。是時，荊南成汭死，……建乘其間，攻下夔、施、忠、萬四州。三年（九〇三）八月，唐封建蜀王。[150]

至此，唐代井鹽產地遂盡入王建的勢力範圍。

四、結語

僖、昭二朝，是統一之中央政權瓦解的時代，尤其黃巢亂時，各地藩鎮因爲中央武力的殘破而紛紛自立，將各個鹽產地和原屬中央的鹽務機構一一吞併，使得鹽務機構瓦解，鹽利無從征收，榷茶、榷酒、兩稅、關稅、礦稅等收入亦無法轉運，因此造成唐王朝的財政崩潰；而唐末出現的中央武力喪失、地方權勢擴張、官僚運作不順暢等亡國因素，也都是和財政崩潰所帶來的連鎖反應息息相關。

附註

❶ 這些種類的稅，幾乎已經是中央全部的歲入，以大中朝為來，可以參見（宋）呂夏卿《唐書直筆》卷四新例需知，頁七三六～七三七，文淵閣四庫全書本，第六八五冊，臺北市：臺灣商務印書館，民七十五年三月初版。

❷ 《全唐文》卷六一四，崔敖：〈大唐河東鹽池靈慶公神祠碑〉，頁七八七八。清嘉慶十九年（一八一四）內府刋本，臺北市：大通書局，民國六十八年七月四版。

❸ 前引書卷五二九，顧況：〈嘉興監記〉，頁六八一二。

❹ 《文苑英華》卷八〇六，沈亞之：〈杭州場壁記〉，頁四二六八。明穆宗隆慶元年（一五六七）刋本為底本（計八六〇卷），另加宋寧宗嘉泰四年（一二〇四）刋本（計一四〇卷）合刋而成，臺北市新文豐出版公司，民國六十八年十月初版。

❺ 《舊唐書》卷四八〈食貨上〉，頁二〇八六。新校本，臺北市：鼎文書局，民國七十四年三月四版。

❻ 《新唐書》卷五一〈食貨一〉，頁一三四八。新校本，臺北市：鼎文書局，民國七十四年二月四版。

❼ 《舊唐書》卷十一〈代宗紀〉，頁二八二。

❽ 如張滂和班宏在貞元八年（七九二）以「大曆故事」畫分職權以前，由於鹽鐵使、度支使權責重疊，故時常產生爭執。《舊唐書》卷一二三〈班宏傳〉，頁三五一九－三五二〇，有：「（竇參）

讓度支使，遂以（班）宏專判。……（參）薦（張）滂爲戶部侍郎、鹽鐵使、判轉運，尙隸於宏以悅之。江淮兩稅，悉宏主之，置巡院，然令宏、滂共擇其。官滂請鹽鐵簿書於宏，宏不與之。每署院官，宏、滂更相是非，莫有用者。」

⑨ 《舊唐書》卷四九〈食貨下〉，頁二一一九。

⑩ 《資治通鑑》卷二二六「德宗建中元年（七八〇）」二十條，頁七二八四－七二八六。標點本，臺北市：世界書局，民國六十九年十月九版。

⑪ 《新唐書》卷一四九〈班宏傳〉，頁四八〇四。

⑫ 《舊唐書》卷四八〈食貨上〉，頁二一〇九。

⑬ 前引書卷四八〈食貨上〉，頁二一〇七。

⑭ 前引書卷四九〈食貨下〉，頁二一二〇。

⑮ 參見《唐會要》卷八八〈鹽鐵〉「元和十四年（八一九）三月」條，「元和十五年（八二〇）九月」條，「長慶元年（八二一）三月敕」條，「長慶二年（八二二）五月敕」條，頁一六〇五－一六〇六。斷句本，臺北市：世界書局，民國七十一年十二月四版。

⑯ 《册府元龜》卷四八三〈邦計部・總序〉，頁五七七二。明崇禎十五年（一六四二）黃國琦校刊本，臺北市：臺灣中華書局，民國七十年八月臺三版。

⑰ 前引書卷四八〈邦計部・總序〉，頁五七六八。

⑱ 《新唐書》卷一四九〈第五琦傳〉，頁四八〇一。

⑲ 《舊唐書》卷四九〈食貨下〉，頁二一一七。

⑳ 參見（清）徐松：《登科記考》，第十卷－第二十四卷，京都中文出版社影印淸光緒十四年（戊子，一八八八）刋南菁書院叢書本，一九八二年五月再版；《唐會要》卷八八〈鹽鐵使〉，頁一六〇八－一六一〇；兩《唐書》各人列傳；嚴耕望：《唐僕尙丞郎表》，卷十四，〈輯考四・附

考下〉，〈諸道鹽鐵轉運等使〉，頁七八七－八一七。

㉑ 何維凝：《中國鹽政史》，第四章附錄，頁一三五。臺北市：大中國圖書公司，民國五十五年一月初版。

㉒ 《舊唐書》卷一六四〈王播傳〉，頁四二七七：「（王）播代裴度為淮南節度使……仍請攜鹽鐵印赴鎮。」

㉓ 前引書卷四九〈食貨下〉，頁二一一八。

㉔ 《册府元龜》卷四八三〈邦計部・總序〉，頁五七七〇。

㉕ 參見《新唐書》卷五四〈食貨四〉，頁一三八一－一三八三。

㉖ 參見前引書卷五四〈食貨四〉，頁一三八三。

㉗ 《舊唐書》卷四九〈食貨下〉，頁二一一九。

㉘ 參見《唐會要》卷八七〈轉運鹽鐵・總敍〉、〈漕運〉，頁一五八八－一五九九。

㉙ 參見《新唐書》卷一四九〈劉晏傳〉、〈班宏傳〉，頁四七九三－四八〇四；《舊唐書》卷一二三〈劉晏傳〉、〈班宏傳〉，頁三五一一－三五二〇。

㉚ 參見《唐會要》卷八八〈鹽鐵〉，頁一六〇四－一六〇七。

㉛ 《資治通鑑》卷二五八「昭宗龍紀元年（八八九）」十八條，八三九一。

㉜ 《册府元龜》卷四八三〈邦計部・總序〉，頁五七六八。

㉝ 《舊唐書》卷一六二〈潘孟陽傳〉，頁四二三九。

㉞ 前引書卷一二三〈李巽傳〉，頁三五二三。

㉟ 《資治通鑑》卷二三七「憲宗元和元年（八〇六）」十三條，頁七六三〇。

㊱ 《舊唐書》卷四九〈食貨下〉，頁二一一九。

㊲ 前引書卷四九〈食貨下〉，頁二一二一。

㊳《新唐書》卷一六〇〈潘孟陽傳〉，頁四九七二。
㊴《唐會要》卷八七〈轉運鹽鐵·總敍〉，頁一五九二。
㊵《舊唐書》卷四九〈食貨下〉，頁二一二〇。
㊶前引書卷一五三〈劉迺傳〉，頁四〇八四。
㊷參見前引書卷一二三〈班宏傳〉，頁三五一九；卷一三五〈程异傳〉，頁三七三七；卷一六九〈羅立言傳〉，頁四四一〇；《唐會要》卷八七、八八。
㊸《唐會要》卷八八〈鹽鐵〉，頁一六〇六。
㊹參見鞠清遠：《劉晏評傳附年譜》，頁三〇，臺北市：臺灣商務印書館，民國五十九年八月臺一版。
㊺《舊唐書》卷四九〈食貨下〉，頁二一二〇。
㊻《文苑英華》卷六七一，杜牧：〈上鹽鐵裴侍郎書〉，頁三四五二。
㊼《新唐書》卷五四〈食貨四〉，頁一三七八。
㊽同前註。
㊾《資治通鑑》卷二二五「代宗大曆十四年（七七九）」十四條，頁七二六〇。
㊿何維凝：《中國鹽政史》，第四章附錄，頁一三八。
51《唐會要》卷八八〈鹽鐵〉，頁一六〇六。
52前引書卷八八〈鹽鐵〉，頁一六〇七。
53參見前引書卷三一〈輿服上·雜錄〉，頁五七六。
54前引書卷八八〈鹽鐵〉，頁一六〇四。
55《白居易集》卷六三〈議鹽法之弊論鹽商之幸〉，頁一三一七—一三一八。標點本，臺北縣：漢京文化事業有限公司，民國七十三年三月二十日初版。

56 《舊唐書》卷四八〈食貨上〉，頁二一〇九。

57 王林善：〈論唐代後期的榷鹽和榷商〉，《山西大學學報》一九八八年第三期，頁二七。

58 《唐會要》卷八七〈轉運鹽鐵．總敘〉，頁一五九五。

59 《新唐書》卷一四九〈劉晏傳〉，頁四七九六。

60 《資治通鑑》卷二二五「代宗大曆十四年（七七九）」十四條，頁七二六〇。

61 前引書卷二二六「德宗建中元年（七八〇）」二十條，頁七二八五。

62 《唐會要》卷八七〈轉運鹽鐵．總敘〉，頁一五九一。

63 《舊唐書》卷四九〈食貨下〉，頁二一一九。

64 參見《新唐書》卷五四〈食貨四〉，頁一三八三。

65 （宋）宋綬、宋敏求：《唐大詔令集》，卷一一二，〈條貫江淮銅鉛敕〉，頁五八四，臺北市：鼎文書局影印斷句本，民國六十七年四月再版。

66 《舊唐書》卷四八〈食貨上〉，頁二一〇一。

67 《新唐書》卷五四〈食貨四〉，頁一三七八。

68 同前註。

69 見註65。

70 參見《新唐書》卷五四〈食貨四〉，頁一三七八－一三七九。

71 參見《舊唐書》卷四九〈食貨下〉，頁二一二〇。

72 筆者遍查兩《唐書》地理志、各地方志及宋代地理著作，對於中晚唐「鹽監」的記載實有疏漏，僅如《新唐書．食貨志》中劉晏所設的「富都監」便史失其地。憲宗時割屬度支「峽內五監」，僅知大昌、雲安、渙陽、塗濬四監，其中一監便為各志所亡失，所以當時的監數絕不只十餘個，以上兩例為史書記載而地方志失其地，而史書未載者更不知凡幾，故筆者認為中晚唐應有數十監，雖稍嫌籠統，但應不失其合理性。

73 《新唐書》卷五四〈食貨四〉，頁一三七八。

74 同前註。

75 參見鹽鐵巡院部分。

76 《輿地紀勝》卷四〇「淮南東路泉州古跡」條，頁二九九。清咸豐五年（一八五五）南海伍氏粵雅堂刊十年重校本，臺北市：文海出版社，民國五十一年出版。

77 前引書卷三九「淮南東路楚州風俗形勝」條，頁二九二二。

78 《册府元龜》卷四九三〈邦計部・山澤〉，頁五八九八。

79 同前註。

80 （宋）施宿：《嘉泰會稽志》，卷十七，〈鹽〉，頁三八六，文淵閣《四庫全書》抄自浙江范懋柱家天一閣藏本，史部十一，地理類三，册四八六，臺北市：臺灣商務印書館，民國七十五年三月初版。

81 《文苑英華》卷八〇六，沈亞之：〈杭州場壁記〉，頁四二六八。

82 《新唐書》卷五四〈食貨四〉，頁一三七八。

83 （宋）李昉等編：《太平廣記》，卷三〇五，〈李伯禽〉，頁二四一七，民國四十八年（一九五九）北平排印王紹楹點校本，臺北市：文史哲出版社，民國七十六年五月再版。

84 （唐）范攄：《雲谿友議》，卷上，〈哀貧誡〉，頁一五，臺北市：世界書局影印標點本，民國六十七年十月三版。

85 《舊唐書》卷四八〈食貨上〉，頁二一〇九。

86 《新唐書》卷五四〈食貨四〉，頁一三七八。

87 《册府元龜》卷四九三〈邦計部・山澤一〉，頁五八九八。

88 參見《新唐書》卷三八〈地理二〉，「陝州平陸縣」條，頁九八五。

89 《大唐六典》卷三「度支郎中員外郎」條，頁七二一七三。明武宗正德十年（一五一五）王鏊重刊本，臺北：文海出版社，民國六十三年六月四版。

90 《唐會要》卷五九〈尚書省諸司下·別官度支〉，頁一〇一八。

91 以上皆參見《唐會要》卷五九〈尚書省諸司下·度支使〉，頁一〇一五，〈別官判度支〉，頁一〇一八；《冊府元龜》卷四八三〈邦計部·總序〉，頁五七六九一五七七一；《唐會要》卷八八〈鹽鐵使〉，頁一六一〇。

92 《新唐書》卷五四〈食貨四〉，頁一三七七。

93 《冊府元龜》卷四九三〈邦計部·山澤一〉，頁五九〇〇。

94 《唐會要》卷八八〈鹽鐵使〉，頁一六一一。

95 即杜甫的卒年。

96 《杜詩詳注》卷十五〈夔州歌十絕句〉之七，頁一三〇五。清康熙五十二年（一七一三）本爲底本之標點本，臺北縣：漢京文化事業有限公司，民國七十三年三月二十日初版。

97 前引書卷一九〈柴門〉，頁一六四三。

98 前引書卷八〈鹽井〉，頁六七九。

99 參見《新唐書》卷五四〈食貨四〉，頁一三七七。

100 參見《唐會要》卷五九〈尚書省諸司下·度支使〉，頁一〇一五一一〇一七。

101 前引書卷五九〈尚書省諸司下·度支使〉，頁一〇一八。

102 前引書卷五九〈尚書省諸司下·度支使〉，頁一〇一六。

103 《冊府元龜》卷四八三〈邦計部·總序〉，頁五七七〇。

104 參見〈唐僕尚丞郎表〉卷十三〈輯考四·附考上·度支使〉，頁七六五一七八二。《中央研究院歷史語言研究所專刊》之三十六，臺北市：中央研究院歷史語言研究所，民國四十五年四月初版。

105 參見兩《唐書》王叔文、潘孟陽、李巽本傳。

106 《舊唐書》卷四八〈食貨上〉，頁二一〇九。

107 《資治通鑑》卷二五六「僖宗光啓元年（八八五）」十一條胡注，頁八三二三。但《册府元龜》卷五一一〈邦計部・貪汚〉，頁六一二七—六一二八，云：「張宗本，穆宗時爲山劍三川榷鹽使，長慶元年（八二一）坐盜用東川院及諸監院耗剩錢，共一萬五百餘貫。」此榷鹽使極可能是兩池和河北之外的使職，然而並無其他史料能與其配合（僅爲孤證），故此處筆者採胡三省說法。

108 《册府元龜》卷四九三〈邦計部・山澤一〉，頁五九〇〇。

109 《舊唐書》卷四八〈食貨上〉，頁二一〇九。

110 見本文之表一、表三。

111 《唐會要》卷八八〈鹽鐵〉，頁一六〇五。

112 《舊唐書》卷四八〈食貨上〉，頁二一〇九。

113 《資治通鑑》卷二五六「僖宗光啓元年（八八五）」十一條，頁八三二一—八三二二。

114 《唐會要》卷八八〈鹽鐵〉，頁一六〇七。

115 《文苑英華》卷八一五，張濯：〈唐寶應靈慶池神廟記〉，頁四三〇二—四三〇三。

116 《唐會要》卷八八〈鹽鐵使〉，頁一六一〇。

117 《文苑英華》卷八〇五沈亞之：〈解縣令廳壁記〉，頁四二五五。

118 《册府元龜》卷四八三〈邦計部・總序〉，頁五七七一。

119 《舊唐書》卷四八〈食貨上〉，頁二一一〇。

120 同前註。
121 《唐會要》卷八八〈鹽鐵使〉，頁一六一〇。
122 《舊唐書》卷四九〈食貨下〉，頁二一二〇。
123 前引書卷一八七下〈庾敬休傳〉，頁四九一三。
124 前引書卷四八〈食貨上〉，頁二一〇九。
125 前引書卷四八〈食貨上〉，頁二一一〇。
126 前引書卷四九〈食貨下〉，頁二一二〇。
127 前引書卷一八七〈庾敬休傳〉，頁四九一三。
128 前引書卷四九〈食貨下〉，頁二一二〇。
129 《唐會要》卷八八〈鹽鐵〉，頁一六〇四。
130 《新唐書》卷四八〈百官三〉，頁一二五九－一二六二。
131 程志《晚唐藩鎮與唐朝滅亡》，《東北師大學報》一九八八年第三期，頁四〇。
132 《新唐書》卷五四〈食貨四〉，頁一三八一。
133 《資治通鑑》卷二五六「僖宗光啓元年（八八五）」十一條，頁八三二一。
134 《冊府元龜》卷四八三〈邦計部·總序〉，頁五七七二。
135 《全唐文》卷八八，僖宗：〈議鹽法錢法詔〉，頁一一四六。
136 《新唐書》卷一八七〈王重榮傳〉，頁五四三五－五四三七。
137 《冊府元龜》卷四九四〈邦計部·山澤二〉，頁五九〇八。
138 （宋）薛居正《舊五代史》輯本卷一四六〈食貨志〉，頁一九四九，臺北市：鼎文書局影印新校本，民國七十四年十二月四版。
139 《新唐書》卷二二四下〈高駢傳〉，頁六三九四－六四〇一。

140 前引書卷二二四下〈高駢傳〉，頁六四〇四。

141 《新五代史》卷六一〈吳世家第一・楊行密傳〉，頁七四七－七五〇。

142 前引書卷六七〈吳越世家第七・錢鏐傳〉，頁八三五－八三九。

143 《資治通鑑》卷二六一「昭宗光化元年（八九八）」十四條，頁八五一五。

144 如《新唐書》卷一八七〈王敬武、王師範傳〉，頁五四四五，云：「王敬武，青州人，隸平盧軍為偏校，事節度使安師儒。中和中，盜發齊、棣間，遣敬武擊定。已還，卽逐師儒，自為留後，……（昭宗）龍紀元年（八八九）卒。子師範年十六，自稱留後，嗣領軍。昭宗自以太子少師崔安潛領節度，師範拒命。……而安潛不敢入。」

145 《新五代史》卷六八〈閩世家第八・王審知傳〉，頁八四五－八四六。

146 《新唐書》卷一八五〈鄭畋傳〉，頁五四〇二。

147 前引書卷一九〇〈成汭傳〉，頁五四八三－五四八四。

148 參見《新唐書》卷五四〈食貨四〉，頁一三七九。

149 參見前引書卷一九〇〈成汭傳〉，頁五四八五。

150 《新五代史》卷六三〈前蜀世家第三・王建傳〉，頁七八三－七八七。

唐代之馬匹貿易

——兼論唐予回紇馬價絹的性質

章羣

唐代與馬有關的機構有二：一是殿中省的尚乘局，一是太僕寺的諸牧監。尚乘局掌內外閑廄之馬。閑有六：一曰飛黃，二曰吉良，三曰龍媒，四曰騊駼，五曰駃騠，六曰天苑。六閑各分左右，共十二閑。廄有六：一曰飛龍，二曰祥麟，三曰鳳苑，四曰鵷鸞，五曰吉良，六曰六羣❶。內外閑廄之馬，第一是供天子乘用，《新唐書．兵志》說「尚乘尚天子之御」，意思十分明白。第二是作儀仗之用，前書〈百官志〉說：「飛龍廄日以八馬列宮門之外，號南衙立仗馬，仗下乃退。大陳設，則居樂縣之北，與象相次。」❷立仗之外，遇慶典時，也作馬舞，《新唐書．禮樂志》說：

> 玄宗又嘗以馬百匹，盛飾，分左右，施三重榻，舞傾盃數十曲，壯士舉榻，馬不動。樂工少年姿秀者十數人，衣黃衫，文玉帶，立左右，每千秋節，舞於勤政樓下。（卷二十二，頁四七七）

千秋節是八月初五玄宗之生日。張說〈舞馬千秋萬歲樂府詞〉有句云：「腕足徐行拜兩膝，繁驕不進踏千蹄。」（《全唐詩》卷八七）把馬的舞姿，十分生動地描寫出來了。

這些用途，不過是作朝廷禮儀的點綴，馬的最大用途，自然是在軍事上，《新唐書·兵志》說：「馬者，兵之用也。」說得最為清楚。

尚乘局祇是一個用馬的機構，並不養馬，前書〈百官志〉說：「每歲河隴羣牧進其良者以供御。」又說：「外牧歲進良馬。」眞正養馬的是諸牧監。

牧監數目及所在地，各種記載不一致，玆表列如下（見次頁）。

表中所列，沙苑監所掌，與馬無關，可以除外，其他坊、使、監，有的冠以地名，如普潤、岐陽（均屬岐州）、宜祿（屬邠州，邠卽豳）、安定（涇州州治）（以上見《元和郡縣志》卷二、三），鹽州、（前書卷四）、嵐州、樓煩（嵐州卽樓煩郡）（前書卷一四）。有的但以方位名之，如東使、南使等。

使、監數目的不同，當然與前後的演變有關。近人以為唐初原設八坊以牧馬，其中七坊在京師至隴西之間，一坊在隴西，其後七坊之地，因人口增加，土地多被開墾，牧地無法擴充，乃擴充原州一坊，改為都監牧使，其下再設四使，監數增至四十六到五十，這四十餘監，並非唐初的四十八監❸。

上述諸監以外，《冊府元龜》還記載了萬安監等五監❹。

唐代養馬之地，主要分布在隴西（渭州）、金城（蘭州）、平涼（原州）、天水（秦州）四郡之地。《元和郡縣志》說：

書名	新唐書		唐會要	唐六典	元和郡縣志
	兵志	百官志	(卷七十二)	(卷五)	(卷三)
年代	貞觀至麟德四十年間 (627-665)	麟德中 (664-665)	麟德中 (664-665)	開元中 (638) (六典於開元二十六年完成)	天寶中 (742-755)
牧地	岐、豳、涇、寧之間 河西〔曲〕豐曠之地	秦、蘭、原、渭四州及河曲之地隴右、樓煩	跨隴右〔西〕金城、平涼、天水四郡之地		
使監名稱及數目	八坊 保樂 甘露 南普潤 北普潤 岐陽 太平 宜祿 安定 共48監 河曲之地 兩8監	南使 15 西使 16 北使 7 鹽州使 8 嵐州使 2 共 48 監 東宮使 9 監 七坊置 隴右三使 樓煩監 天馬監 沙苑監 (掌隴右諸牧牛羊，給宴祭及尚食所用)	置八使以董之，設四十八監以掌之。更析八監布於河曲	南使 15 西使 16 北使 7 東使 9 鹽州使 8 嵐州使 3 共65監 (實祇58監)	南使 18 西使 16 北使 7 東宮使 9 共50監

秦城，在（隴）州東南二十五里。秦非子養馬汧渭之間，有功，周孝王命為大夫。（卷三，頁四五）

大概自汧、渭至於河曲（當指蘭州附近），有水有草，自古以來，已是牧馬之所。馬政論者已多，今述梗概如上，不再詳說。

一、養馬數量

唐代有多少馬？張說的文章，曾提到幾個確實的數字，他說：

大唐接周、隋亂離之後，承天下征戰之弊，鳩括殘燼，僅得牝牡三千。（〈大唐開元十三年隴右監牧頌德碑〉，《全唐文》卷二二六）

此牝牡三千，得之隋室，另有突厥馬二千（《新唐書・兵志》），康國馬四千（《唐會要》卷七二）。三數相加，充其量不過一萬匹。

張說又說，三千牝牡，從赤岸澤徙之隴右，設監牧以養之，自貞觀至麟德（六二七—六六五），「四十年間，馬至七十萬六千匹」。「垂拱後二十餘年，潛耗大半」。然後到開元元年（七一三），有馬二十四萬匹，二年（七一四），以王毛仲領內外閑廄，至十三年（七二五），增至四十三萬匹。

又據《唐會要》，天寶十三載（七五四），隴右牲畜總數，共六十萬五千六百三頭匹，其中口馬三十二萬五千七百九十二匹（卷七二）。較之開元盛時，馬匹數又減少了。

其實，唐代的馬匹，有三條大數可以計算：一是府兵中的馬匹，一是軍城守捉所有的馬匹，一是驛站的馬匹。

先說府兵。《新唐書·兵志》說，全國有折衝府六百三十四，府分三等：兵一千二百人爲上府，一千人爲中府，八百人爲下府。十人爲火，火備六馱馬。

如平均以一千人爲一府，則每一折衝府應有一百火，有馬六百匹。六百三十府，應有馬三十八萬零四百匹。

折衝府的馬，既不由衞士自備，也不由監牧供給，前書說：「當給馬者，官予其直市之，每匹予錢二萬五千。」既然如此，徵調系統的馬匹數，可以不計算在國家的養馬總數之內，不過，問題是官府給了錢，折衝府向何處買馬？

再說駐屯系統，就是戍邊之兵，節度使出現以後，軍、城、守捉之類，就分別轄於各節度使，系統更加分明。

岑仲勉氏，曾就天寶元年（七四二）各駐軍的兵馬數加以統計，總計邊兵四十九萬，馬八萬匹❺。

岑氏的統計，兵數據《資治通鑑》（卷二一五），馬數則參考《元和郡縣志》各卷。大概是官方所定的數額，不能完全作準。舉例而言，朔方節度使，岑氏所列數字爲：兵，六萬四千七百人；馬，一萬四千三百匹。然而郭子儀說：朔方軍「開元，天寶中，戰士十萬，戰馬三萬」（〈論吐蕃書〉，《全唐文》卷三三二），就不止一萬四千三百匹馬。郭氏身爲朔方節度使，所說應屬可信。

駐屯系統的馬，確由監牧供給。開元七年（七一九）的詔文說：「廄馬略配於諸軍。」（《冊府元龜》卷二六一）所說諸軍，應指駐屯各地的部隊。

以開元時監牧養馬之數，配給諸軍，如果總數不超過天寶元年的八萬匹，自然綽綽有餘，但是諸軍增多的馬匹（如上述之朔方軍），究竟從何而來？

再說驛站。

據《唐六典》，全國有陸驛一千二百九十七，水陸相兼者八十六，共一千三百八十三。驛分六等，第一等有馬六十匹，第六等有馬八匹（卷五）。若每站平均以有馬三十匹計算，應有馬四萬一千四百九十匹。

驛站之馬也由官給，《唐六典》說：「其馬官給。」說得十分明白。以監牧養馬數，供給四萬多匹馬，那也不成問題。

以上三條大數，總共應有馬五十萬一千八百九十匹。若全由官給，則不論開元或天寶時監牧所養，皆有不足。若「官予其直市之」（如折衝府），或諸軍自行增購，則此等馬匹，必別有來源。

代宗廣德元年（七六三）以後，隴右陷於吐蕃，「苑牧畜馬皆沒」（《新唐書・兵志》），更不能不買馬了。

二、產馬地區及民間養馬情況

唐代產馬之地不多，其一在青海，《隋書‧西域傳》說：

> 吐谷渾青海，周迴千餘里，中有小山，其俗至冬放牝馬於其上，言得龍種。嘗得波斯草馬，放入海，因生驄駒，能日行千里，故時稱青海驄馬。（卷八三，頁一八四二）

青海驄馬，原來是波斯種。這種馬，到唐代仍存在，李商隱詩：「運去不逢青海馬，力窮難拔蜀山蛇。」（〈詠史〉，《全唐詩》卷五三九）所詠的就是青海驄馬。唐代吐谷渾也屢次貢馬（見下文），可見隋之驄駒，到了唐代的確還存在。

另一產馬之地，在河東之潞州，《新唐書‧劉從諫傳》說：

> 初，大將李萬江者，本退渾部，李抱玉送回紇，道太原，舉帳從至潞州，牧津梁寺，地美水草，馬如鴨而健，世所謂津梁種者，歲入馬價數百萬。（卷二一四，頁六〇一五）

退渾卽吐谷渾，如鴨者，形容馬匹之多有如鴨羣。津梁馬，雖不知其品種如何，但主牧者既是吐谷渾，或者種馬就是青海驄。

第三個產馬之地在申、蔡二州。卽淮西節度使所在，本來不產馬，其後「益畜馬」，至德宗時，居然可以獻馬了。（《新唐書‧吳少陽傳》，卷二一四）所獻的數目不詳，想來主要仍是供淮西本軍之用。

此外別有蜀馬，《唐六典》提到驛站的馬，說：「有山阪險峻之處及江南、嶺南暑濕不宜大馬處，兼置蜀馬。」（卷五）蜀馬矮小，不任戰爭❻。

如上所述，唐代產馬之地不多，也不是盡爲己有（如吐谷渾），天寶以後，方鎭自擅，除非自行貢獻（如淮西），否則，唐室也難取得其馬。

再說民間養馬。民間養馬的數目，無從知道，但一定爲數不多。天寶十一載（七五二），詔二京旁五百里內勿置私牧（《新唐書・兵志》）。是長安、洛陽五百里內雖不可置私牧，在此範圍之外，則可以經營。禁止私牧的原因，當是兩京附近，人口衆多，養馬則不免妨廢農田。

肅宗卽位靈武以前，先至平涼，「蒐監牧及私羣，得馬數萬，軍遂振」（前書）。天寶十三載（七五四）時，隴右尚有馬三十二萬匹（見前文），平涼爲主要監牧所在地之一，肅宗搜括，連私羣才得馬數萬，可見民間養馬，數目實在不多。

民間養馬，主要還在應差役。開元九年（七二一）的詔文說：

> 如聞天下有馬之家，州縣或因郵遞、軍旅，卽先差遣帖助兼定戶之次，緣被此，百姓嫌疑，多不養畜，遂令騎射之士，頓減曩時，益國富人，何繇可致。自今以後，諸州百姓，不問有廕無廕，君〔如〕能每家畜馬十匹以上，緣帖驛郵遞及征行，並不得差遣、帖助，若要須供擬，任臨時率戶出錢市買，定戶及差重色役，亦不須以馬充財數。（《册府元龜》卷六二一，頁七四七九）

唐代常指定某些人家，應差役（通常是較爲富庶者），如驛站之主持人驛將，就是這一類人。這裏的所謂定戶，就是政府指定的養馬之家，不論驛、郵或軍旅（征行），若政府需要，即須受差遣出馬，如不出馬，則出錢帖助，因此，百姓不願養馬。

此一詔文，在免除此等差遣及帖助，以鼓勵百姓養馬。百姓怕養馬，照這種情形看，民間所養的馬，不可能是唐代馬匹的主要來源。

三、絹帛與馬匹貿易

國內產馬及養馬的情形，略如上述，實不足以應當時之需要，所以，唐代所買的馬，主要來自外族。

《唐會要》諸蕃馬印一條，對外族的馬，有詳細的記錄，舉例如下：

杖〔拔〕（下文皆當改作拔字）曳固馬，與骨利幹馬相類，種多黑點驄，如豹文，在瀚海南、幽陵山東杖曳固川。

同羅馬，與杖曳固川相類，亦出驄馬種，在洪諾河東南、曲越山北、幽陵山東，印○。

延陀馬，與同羅相似，出駱馬驄馬種，今部落頗散，四出者多，今在幽州北，印○。

僕骨馬，小於杖曳固，與同羅相似，住在幽陵山南，印○。

阿跌馬，與僕骨相類，在莫賀庫寒山東南安置，今鷄田州，印木。

已上部落，馬同種類，其印各別。

迴紇馬，與僕骨相類，同在烏特勒山北安置。印𠘨。（卷七二）

馬加烙印，俗例皆是如此，《會要》不特記其印號，而且辨其種類，明其形貌，著其產地，又誌其分布（四出）情形。

其中肯定已爲中國所有者，有以下各種類：

> 斛薛馬、奴剌馬、蘇農馬、闥阿史德馬、拔延阿史德馬、熱馬。
>
> 已上定襄府所管。
>
> 舍利叱利馬、阿史那馬、葛羅枝馬、綽馬、賀魯馬。
>
> 已上雲中府管。（前書同卷）

貞觀四年（六四〇）。唐平東突厥，立定襄、雲中二都督府，阿德等諸州，此卽羈縻州府。蘇農、阿史那、阿史德、舍利叱利、綽，皆突厥部落名，也各有其羈縻州（見《新唐書·地理志》，卷四三下），斛薛爲鐵勒諸部之一。賀魯爲西突厥酋長名。奴剌，羌屬。葛羅枝，應卽《新唐書》之遏羅支，「一名駮馬」，「直突厥之北，距京師萬四千里」「以馬耕田，馬色皆駮，因以名國云」（卷二一七下）。熱馬，疑卽黠戛斯（Kirghiz）馬，亦卽堅昆，「其君曰阿熱，其姓阿熱氏」（前書同卷）。熱馬者，應卽阿熱馬之簡稱。

此外還有一種康國馬，也是唐代有的，《唐會要》說：

> 康國馬，康居國也，是大宛馬種，形容極大。武德中，康國獻四千匹，今時官馬，猶是其種。（卷七二，頁一三〇六）

大宛馬，漢代稱爲天馬（見《史記・大宛傳》），所以，唐代的官馬，不特品種優良，而且，最初的數目也不祇是牝牡三千。

康國，其地在今蘇聯之撒馬爾干（Samarkand），古代爲康居國（Sogdiana），去中國甚遠。若說不遠千里而來，一次貢馬四千匹，實爲不可想像之事。中國古代，外族之來貢獻，常爲貿易之另一種形式，今就《册府元龜》所記，唐代外族貢馬之事，作表如下（見次頁）。

表中所列，來獻馬的國族凡三十四，大多數來自葱嶺以西。馬匹有數字可計者，共一千八百十二匹。實則兩者都不祇此數，參看下文就會明白。

貢獻兩三匹馬，或者眞的是貢獻，但數目多至百匹、千匹，就難使人相信，《册府元龜》〈外臣部・褒異〉一目中，有獻馬與絹帛的記載，今錄之如下：

開元十七年（七二九），骨咄獻馬二匹，賜帛三十段。

開元十八年（七三〇），大佛湼鞢鞨獻馬四十匹，賜帛三十段。

渤海鞢鞨獻馬三十匹，賜絹三十疋。

契丹獻馬十匹，賜帛。（以上卷九七四）

貞元八年（七九二），給迴鶻市馬絹十萬匹。（卷九七六）

上引條文，除最後一條外，並不能證明賜帛與獻馬，是一種交易行爲。祇能說是唐代有

年代（附西元紀年）	獻馬國族及匹數	附註
高祖初卽位（六一八）	突厥	
武德四年（六二一）	百濟	稱爲果下馬
武德五年（六二二）	突厥	
武德九年（六二六）	突厥　二千匹	不受
貞觀二年（六二八）	康國	
	突厥	馬牛數萬許
貞觀四年（六三〇）	龜玆	
貞觀十一年（六三七）	罽賓	
貞觀二十一年（六四七）	骨利幹　百匹	其中十匹尤駿
貞觀二十三年（六四九）	吐谷渾	
永徽三年（六五二）	吐谷渾	
永徽四年（六五三）	吐谷渾	
上元二年（六七五）	龜玆	
上元三年（六七六）	堅昆	
永隆二年（六八一）	大食、吐火羅	
長安三年（七〇三）	突厥　千匹	以上卷（九七〇）
開元五年（七一七）	突騎施、突厥	
開元七年（七一九）	契丹　十匹	
開元八年（七二〇）	吐火羅	

開元九年（七二一）	悉密、龜玆
開元十年（七二二）	丹州
開元十一年（七二三）	新羅
開元十二年（七二四）	大食、識匿、堅昆、契丹。康國 二匹
開元十三年（七二五）	大食、識匿
開元十四年（七二六）	突騎施、安國
開元十五年（七二七）	史國、安國、突厥
開元十八年（七三〇）	契丹 十二匹
開元二十一年（七三三）	拔汗那
開元二十二年（七三三）	新羅 二匹
開元二十五年（七三七）	拔汗那
天寶元年（七四二）	曹國、石國
天寶三年（七四四）	新羅、大食、康國、史國、西曹、米國、謝颶、吐火羅、突騎施、石國
天寶五載（七四六）	石國、骨咄各十五匹
天寶六載（七四七）	突厥九姓（回紇） 一百五十匹
	堅昆 九十八匹
	室韋 六十匹
	石國
天寶七載（七四八）	蘇頡利發屋蘭
天寶八載（七四九）	吐火羅

天寶九載（七五〇）	骨咄 三十匹　康國 十匹	
天寶十載（七五一）	安國 一百匹 寧遠 共八十二匹	分三次來貢
	俱密 二十六匹	
天寶十二載（七五三）	黑衣（大食） 三十匹	以上卷（九七一）
貞元十一年（七九五）	南詔 六十匹	
元和十一年（八一六）	奚、廻鶻	
元和十二年（八一七）	吐蕃 十匹	以上卷（九七二）

外族之馬甚多，而唐室回贈之者，則是絹帛。但回紇的情形，則完全不同。

四、唐與回紇的馬匹貿易

回紇售馬與唐，以朔方軍所得最多，這一點，傅樂成已加論述，但在時間上須略加分辨。

《舊唐書．王忠嗣傳》說：

> 先是王忠嗣之在朔方也，每至互市時，則高估馬價以誘之，諸蕃聞之，競來求市，來輒買之。（卷一〇三，頁三二〇一）

傅氏說：「文中所說諸蕃，自應以回紇爲主，因爲它與朔方接境而又盛產馬匹。」❼回紇是否盛產馬匹，可以不論，但時間不能不明。王忠嗣任朔方節度使，時爲開元二十八年至天寶五載（七四〇—七四六）（據吳廷燮《唐方鎮年表》），回紇須至天寶三載（七四四），始代突厥興起，有其故地，而與朔方軍接境，當忠嗣始至朔方軍時，情形並非如此，傅氏所說，諸蕃以回紇爲主，稍嫌武斷。

回紇馬之大量入唐，比較明確的，自當以其助唐平安、史之亂爲始。《新唐書・兵志》說：「回紇恃功，歲入馬取繒。」已足說明。

當初中國固然需要馬匹，但其後回紇馬之來，幾於爲患，《冊府元龜》記逐年回紇來之馬匹數及馬價如下：

肅宗乾元中（七五八—七五九），迴鶻仍歲來市，以馬一匹易絹四十疋，動至數萬馬。

代宗大曆八年（七七三），迴鶻遣赤心領馬一萬疋來求市，帝以馬價出於租賦，不欲重困於民，命有司量入許市六千疋。

德宗貞元六年（七九〇）六月，迴鶻使移職加達干歸蕃，賜馬價絹三十萬疋。

貞元八年（七九二）七月，給迴鶻市馬絹七萬疋。

憲宗元和十年（八一五）八月，以絹十萬疋償迴鶻馬直。十二月，以絹九萬七千疋，償迴鶻馬直。

元和十一年（八一六）二月，以內庫絹六萬疋，償迴鶻馬直。四月，以絹二萬五千疋償迴鶻馬直。

穆宗長慶二年（八二二）二月，以絹五萬疋，賜廻鶻充馬價。十二月，以絹八萬疋，償廻鶻馬直。

文宗太和元年（八二七）三月，內出絹二十六萬疋，賜廻鶻充馬價。六月，命中使以絹二十萬疋付鴻臚寺，宣：賜廻鶻充馬價。（卷九九九）

關於馬價，有幾個記載可以參考。《唐會要》記貞觀至麟德時，「天下以一縑易一馬」（卷七二）。又記太和七年（八三三）銀川馬價：「每匹上不過二十疋，下至十五疋。」（卷六六）上馬與下馬，價錢相差五疋絹。至於前引《册府元龜》條文，說肅宗時，回紇來市，一匹馬易絹四十疋，與《唐會要》所記，有兩點不同：第一是時代不同，貞觀至麟德（六二七—六六五），在乾元之前，太和在乾元之後。第二是市場不同，《唐會要》所記是國內市場，《册府元龜》所記是對外貿易價格。不論如何說法，總之，回紇所索的馬價，確是高昂了些，不過，問題的本質，並不在此，說詳下文。

白居易的詩文，有兩處提到了馬價，第一是新樂府〈陰山道〉，說是「五十匹縑易一匹，縑去馬來無了日」（《全唐詩》卷四二七），第二是爲皇帝所作的制誥〈與廻鶻可汗書〉，文章說：

達覽將軍等至，省表，其馬數共六千五百匹，據所到印納馬都二萬匹，都計馬價五十萬匹。緣近歲以來，或有水旱，軍國之用不免闕供，今數內且方圓支二十五萬匹，分付達覽將軍，便令歸國。（《白氏長慶集》卷四〇）

陳寅恪氏以爲縑與絹不同，「或者馬一匹直絹四十匹，直縑遂五十匹歟？」又說以二十五萬匹絹充六千五百匹馬價計之，則約爲四十匹絹易一馬，若以二萬匹馬索絹五十萬匹計之，則一馬唯易二十五匹絹。陳氏之說，岑仲勉以爲不然，岑氏說縑、絹無別，以元和絹價而論，一馬給價二十五匹絹，仍較開元時價格爲高❽。

除了馬價以外，樂天〈陰山道〉還對馬與絹的情況作了描寫，他說：

陰山道，陰山道，紇邏敦肥水泉好，每至戎人送馬時，道旁千里無纖草，草盡泉枯馬病羸，飛龍但印骨與皮。

又說：

縑絲不足女工苦，疏縑短截充匹數，藕絲蛛網三丈餘，迴紇訴稱無用處。

唐絹以四丈爲匹，三丈餘是形容短截，藕絲蛛網是形容其疏漏。「飛龍但印骨與皮」是說馬之形銷骨立，董晉說：「爾之馬歲至，吾數皮而歸資。」（韓愈〈贈太傅董公行狀〉，《全唐文》卷五六七）則不止病弱，連死馬也照數給絹了。陳寅恪說：「彼此俱以貪詐行之。」大概都是事實。

唐之買回紇馬，除了酬庸以外，傅樂成還提出了「聯廻抗吐」之說，私見則以爲本質上是一種長期僱傭性質。以下略陳其線索。

五、馬價爲傭直說——回紇爲唐之僱傭兵

大曆四年（七六九），唐以僕固懷恩女爲崇徽公主，嫁回紇可汗，遣李涵爲使送之，涵以董晉爲判官，《資治通鑑》記二人既至回紇牙帳時之情形如下：

> 回紇來言曰：「唐約我為市馬，既入，而歸我賄不足，我於使人乎取之。」涵懼，不敢對，視晉，晉曰：「吾非無馬而與爾為市，為爾賜不旣多乎。爾之馬歲至，吾數皮而歸資，邊吏請致詰也，天子念爾有勞，故下詔禁侵犯，諸戎畏我大國之爾與也，莫敢校焉，爾之父子寧而畜馬蕃者，非我誰使之。」（卷二二四，頁七二〇八）

這是說，唐之買回紇馬，全是爲了酬答其助平安、史之功。

同書記至德二載（七五七），回紇葉護助唐收復長安後，說「歲給絹二萬匹」。其後會昌三年（八四三），君臣討論回紇問題時，說是：「廻鶻故事，自平祿山之後，歲賜絹三萬匹，以爲定制。」（《册府元龜》卷九九四）不論二萬匹或三萬匹，總之，酬謝勳庸，確有其事。但依前文所說，一年給絹十萬匹，與所謂賜絹二、三萬匹者，數目相差太多，這樣說來，也並非全是爲了酬庸。

建中元年（七八〇），回紇可汗告唐使者源休，說：「爲我言有司，所負馬直一百八十萬，可速償我。」（《新唐書・回紇傳》）若說爲了酬庸，而至於要欠債，且回紇公然索討，數目又如此之大，似非情理之常。

第三，從至德二載到會昌三年（七五七—八四三），前後幾及九十年，若是當初爲了酬庸，何以後來不改？

所以，酬庸祇是部分的原因，除此之外，應該別有可說。

傅樂成以爲當時的政策，在「聯廻抗吐」。就廣德以後，吐蕃不時侵犯中國的情形來看，傅氏之說甚是，但仍可再加伸說。

《資治通鑑》記至德二載（七五七）事：

> 初，上欲速得京師，與回紇約曰：「克城之日，土地、士庶歸唐，金帛、子女皆歸回紇。」至是，葉護欲如約，廣平王俶拜於葉護馬前曰：「今始得西京，若遽俘掠，則東京之人皆為賊固守，不可復取矣，願至東京乃如約。」（卷二二〇，頁七〇三四）

及至東京，「回紇大掠東都三日，姦人導之，府庫窮殫，廣平王欲止不可，而耆老以繒錦萬匹賂回紇，止不剽」（《新唐書・回紇傳》）。

照這種情形看，當初回紇兵之來，屬於傭僱性質，既非預定外交政策之運用，也與所謂天可汗制度無關，連當時參加戰役的大食兵，也可作如是觀，至於傭僱的代價，主要就是絹帛。

肅宗以後的情況如何？試舉一二例說明之。

大曆八年（七七三）十月，吐蕃十萬衆入寇涇、邠等州，郭子儀將渾瑊敗於宜祿，馬璘敗於鹽倉，再戰，始獲勝。（《册府元龜》卷二二四，九八七）

德宗即位，乃與吐蕃修好。建中元年（七八〇），遣韋倫使於吐蕃，四年（七八三），與之盟於清水，貞元三年（七八七）閏五月，再盟於清水，吐蕃刼盟（前書卷九八一）。八月，回紇遣使至，以馬價絹五萬還之（前書卷九七九）。

自刼盟之後，吐蕃連年入寇，貞元六年（七九〇）五月，回紇大相頡干迦斯與吐蕃戰於北庭，敗績（《資治通鑑》卷二三三）。六月，賜回紇馬價絹三十萬匹（已見前文）。貞元八年（七九二）正月，吐蕃爲回紇所敗（《册府元龜》卷九七三）。七月，給回紇絹七萬匹（已見前文）。

回紇與吐蕃的戰爭，或者自有其原因，然而上述兩例，戰爭與賜絹接連而至，則回紇之爲唐而戰，而唐以絹爲傭直以賜之，實有其可能性❾。

另外，自李懷光反叛以後，朔方軍既削弱又分裂，眞能作戰的部隊，一是李光顏訓練的陳、許之師（《册府元龜》卷三五九）一是李抱玉團練的昭義步兵（前書卷四一三），澤、潞（昭義）之兵既不能常駐於靈州、涇州（當時二地已與吐蕃為界），陳、許之師，去之更遠，一旦有警，救援莫及。這種客觀形勢，造成一種可能性，就是僱傭回紇爲兵，以抵禦吐蕃。

六、回紇與絲綢之路

唐武宗會昌時（八四一—八四六），李德裕奏：

> 右緣回鶻新得馬價，訪聞塞上軍人，及諸番部落，苟利貨財，不惜駝馬，必恐充為互市，招誘外番。（〈論太原及振武軍鎮及退渾黨項等部落互市牛馬駱駝等狀〉，《全唐文》卷七〇五）

這是說塞上軍人及諸番部落，以駝馬售與回紇，以得其絹匹。換句話說，就是回紇以所得絹匹，在邊界上購買駝馬。依這種情形看，充其量以賤價購入，再以高價賣給中國，目的還是想得到更多的絹。所以，以絹還購駝馬，決不是絹的主要用途，然則回紇得絹之後，大部分當別有用途，私見以爲就是轉販於西域。

當時絲綢之路的貿易情況不明，但也略有線索可尋。

線索之一是回紇與摩尼教的關係。陳援庵先生對此已有專門之研究，以下錄其若干說法：

> 天寶以前，傳摩尼教至中國者爲波斯、吐火羅。至德以後，傳摩尼教至中國者爲回鶻。
>
> 中國之有摩尼，雖不始於回鶻，然回鶻勢力入唐之際，正摩尼教得志回鶻之時。
>
> 回鶻有大事，必與摩尼俱。

無論來朝，無論去國，非摩尼不成行，其敬重等於宰相都督，其親信等於骨肉，其關係可知也。

又《新唐書·回鶻傳》載：

元和初再朝獻，始以摩尼至，其法日晏食，飲水茹葷，屏湩酪，可汗常與共國者也。摩尼至京師，歲往來西市，商賈頗與囊橐為奸。

陳氏引此條記載，說：

《新書》此條，明采自《國史補》，而稍易其詞句。元和初「始以摩尼至」，始字殊誤。曰商賈頗與囊橐為奸者，詈詞也，《國史補》無此句，歐氏特厚誣之。（〈摩尼教考〉）⑩

從陳氏之說，就本文論旨立論，可得數點：

第一，波斯與吐火羅，皆在絲綢之路上。

第二，回紇勢力入唐，在至德以後，也正是摩尼教得志回紇之時。而回鶻之大量售馬與唐，時間與此正合。

第三，摩尼雖不至與商賈爲奸，然既來之後，必至長安西市，則爲無可疑者。這樣說來，大慕闍（大摩尼），拂多誕（小摩尼），不僅爲教士，也兼爲商賈了。

線索之二是回紇與九姓胡的關係。

《新唐書・回鶻傳》說：

> 始回紇至中國，常參以九姓胡，往往留京師，至千人，居殖貲產甚厚。（卷一四二上，頁六一二一）

九姓胡，今人考定為昭武九姓，（詳見向達《唐代長安與西域文明》），卽康國、安國、石國、史國等。這些人多善於經商，唐代出名之康國商人，如康謙，安國商人如安門物，都是例子。

唐代商胡，多聚居於長安西市：（詳見前舉向達著作），因此，摩尼之至西市，多數與營商有關。

這些商業經營的貨物，雖然無法詳細考查，但其中有商胡市易中國絹匹以西去者，當屬可信。

根據以上線索，今立一假設：回紇得到中國的馬價絹匹以後，通過摩尼與九姓胡，轉販貿易，遂使絲綢之路，平添一番風光。

（附記：本文原係拙著《唐代蕃將研究續編》中之一章，故文中註解見本書者，皆係指該書。）

附註

❶尚乘局轄下閑廐，各書記載殊不一致，可參看《新唐書・百官志》殿中省及轄下尚乘局條，同書〈兵志〉，《舊唐書・職官志》尚乘局條，《唐六典》卷一一尚乘局條。

❷唐代皇帝視朝於太極殿，中書、門下兩省，皆在其南，稱爲南衙。兩省之南爲承天門，即《新唐書》所說之宮門。《兩京城坊考》說：「若元正冬至，陳樂設宴會，赦宥罪，除舊佈新，當萬國朝貢使者，四夷賓客，則御承天門以聽政。」（卷一）仗指衞士所持之兵仗。仗下，即衞士退。大陳設，當元旦，皇太子等獻壽，戶部尚書奏諸蕃貢獻等所行之禮也。見《唐會要》卷四二。

❸見宋常廉：〈唐代的馬政〉上，《大陸雜誌》卷二九，第一期。

❹《册府元龜》記萬安監，貞元二十年（八〇四）福州團練使柳冕奏置，明年四月罷。龍陂監，元和十三年（八一八），賜蔡州羣牧號龍陂監。臨海監，元和十四年（八一九）置，在揚州海陵，太和二年（八二八）罷。臨漢監，元和十四年（八一九）置，在襄州穀城。太和七年（八三三）罷。銀川監，太和七年（八三三）置。見卷六二一，參見《唐會要》卷七二。

❺岑仲勉：《隋唐史》，高等教育出版社，一九五七年，上海。岑氏列表甚詳，見原書頁二二四—二三九。

❻除正文所述諸地之外，恐河北也產馬。天寶十三載（七五四），安祿山請濟馬三千匹，見《安祿山事跡》卷中，頁二三。文宗時，成德節度使王元逵，進良馬（《新唐書》卷二一一，頁五九六一），雖非產馬之直接證據，然有此可能。

又：宋洪邁云：「國家買馬，南邊於邕管，西邊於岷、黎，皆置使提督，歲所綱發者蓋踰萬匹。」（《容齋隨筆》卷五，頁二七六）

宋之岷、黎二州，皆當唐之劍南道，所出殆卽唐之蜀馬，至於嵩管，宋代產馬，不知唐代如何。

❼傅樂成：〈廻紇馬與朔方兵〉，收入氏著：《漢唐史論集》，聯經出版公司，民國六十六年（一九七七），臺北。

❽見陳寅恪：《元白詩箋證稿》，《陳寅恪先生全集》，九思出版公司，民國六十六年（一九七七），臺北。岑仲勉：《隋唐史》，高等敎育出版社，一九五七，上海。

❾《新唐書·回鶻傳》記回紇與吐蕃戰於北庭事：「沙陀別部六千帳，與北庭相依，亦厭虜裒索，至三葛祿、白眼突厥素臣回鶻者尤怨苦，皆密附吐蕃，故吐蕃因沙陀共寇北庭，頡干迦斯與戰，不勝，北庭陷。於是都護楊襲古引兵西州，回鶻以壯卒數萬召襲古，將還取北庭，爲吐蕃所擊，大敗，士死太半，迦斯奔還。襲古挐餘衆將入西州，迦斯紿曰：『弟與我俱歸，當使公還唐。』襲古至帳，殺之。」（卷一四二上，頁六一二五）《資治通鑑》繫此事於貞元六年（七九〇）五月，以襲古爲北庭節度使，曰：「頡干迦斯竟殺之。」（卷二三三，頁七五二二）

羣案：楊襲古爲北庭節度使，是中國命官，回紇與之俱戰吐蕃，是明爲中國而戰，而《新唐書》記之若與中國無關者，恐非眞相，溫公記曰「竟殺之」，言頡干迦斯不當殺襲古也。又案：是年六月，唐給回紇馬價絹三十萬匹（見正文），是在回紇與吐蕃相戰之後一個月，而數目特多，恐正是僱傭之代價。

❿收入《陳垣史學論著選》，人民出版社，一九八一年，上海。引文見該書頁一四〇—一四三。

從史學考證論唐人「模勒」一詞絕不指印刷

翁同文

一、認識「疑似實非」惑人最多的印刷史廢料

雕板印刷術是華夏文明的獨特發明之一，但宋代以前的早期發展與起源時期，原都茫昧欠明。宋明以來學者，早據古籍中的有關文獻，覓取實例，向上推溯，現代學者，更憑所發現的古印刷品實物，結合文獻論證，除使唐五代的印刷事例增加以外，也使印刷起源時期，不斷提前。惟前人所舉印刷事例，正確性有問題的數量不少，經後來學者陸續辨證，多被公認爲與印刷無涉，所謂隋唐早期實物，也多是後世印刷品的誤鑑。若要瞭解印刷術起源及其早期發展的眞相實況，對於這種「疑似實非」的材料，必須嚴格地加以辨證，如果有確鑿證據能證明確與印刷無涉，則已從史料變成廢料，就該視作垃圾摒棄，不使再與印刷史夾纏。

宋代以前載籍中有關印刷事例的發見及其考證，原都散見於宋代以來的著作中，不易發現，但經印刷史專家的搜集，如今大致已可於近人的兩部專著中見到：一是一九五八年初版的張秀民氏《中國印刷術的發明及其影響》，一是民國五十一年初版的李書華氏《中國印刷術起源》[1]。後者因將範圍限於起源，對於早期印刷事例的介紹與辨證，比較上尤其詳盡。若捨影響而專著眼發明或起源時代，兩者雖有詳略之異，結論卻大致相同，卽對唐代以前已有

印刷術的各種說法及其例證，都採納前人判斷，概作否定，但對玄奘曾印施普賢菩薩像事，則都予肯定。亦卽兩者都認爲印刷術起於唐代。在唐代以前，只能討論導致印刷出現的印刷術史前史。

可是談到印刷起源的初唐時代，這兩書卻各保留一項令人難以同意的印刷事例。一是前者依據明朝邵經邦著《弘簡錄》的記載，堅信貞觀十年太宗曾令「梓行」長孫皇后遺著《女則》一書；一是後者因劉知幾《史通》所記，《隨書》的〈十志〉是「太宗崩，刊勒始成」，遂堅信「刊勒」就是印刷。易言之，卽兩書著者都相信在玄奘印佛像以前，唐政府就已刻印整部的書。按後書乃李書華流寓紐約時所著，民國三十七年到三十八年之間，胡適也流寓紐約，對印刷起源問題也有興趣研究，兩人常互相討論。據胡適研究，在劉知幾的時代，「刊勒」二字連用或單用，都沒有雕板印刷的意思。後來李書華的書出版，雖然也提到胡適的話，卻不同意接受，仍舊堅持己見❷。至於張秀民相信的唐太宗令「梓行」《女則》一事，胡適認爲那只是明人邵經邦的「無心之誤」，絕不是七世紀的證據，亦卽沒有史料價值。張秀民對胡適的判斷有何反應，筆者原無所知。惟近來見到去年上海人民出版社出版的張氏新著，等於其晚年定論的大著作《中國印刷史》，得知他對胡適的說法也不接受。爲助實貞觀年間已經刻印《女則》，又說當時已經刻印叫作「葉子格」的紙牌，以爲佐證，其實無稽❸。

張李兩人的書，除各保留一項上述難以令人同意的事例以外，並共同保留一項早已有人質疑的事例。那就是唐穆宗長慶四年(西元八二四年)元稹爲白居易《白氏長慶集》所作序文中的話，說那以前二十年間，揚州越州區域人士，曾經「模勒」白居易和他本人的雜詩，賣於市肆之中云云。按自明末以來，卽有人認爲元稹筆下的「模勒」一詞卽指刻印，就是印刷，民國十七年胡適撰著的《白話文學史》也已採用❹。雖然當年卽有向達提出異議，將「模勒」釋爲「從（白居易手寫詩稿）原跡摹（或作模）寫鈎勒（而成之複製本），若今之影寫本然」，且清代以來，王昶、葉昌熾等人早已如此解釋❺。惟胡適於一九四九年經過研究之後，對向達等人之說仍然反對，致使李書華氏也不再懷疑，改從其說。由於有胡適研究認可，以後的學者紛紛沿襲，主此說者，至今已達二十餘人，淺學未曾思考的人，或且認爲已是定論了。

按中唐時代上距唐初百數十年，張秀民氏之書，並已錄出文宗太和九年（八三五）馮宿奏准禁斷民間版印曆日（卽日曆）之文，明白確切可信❻。元稹筆下出現「模勒」一詞的穆宗長慶四年（八二五），相去不過十年，若據以推測當時已有小件印刷品，自有可能，惟當時元稹曾否見到任何印刷品，且其筆下的「模勒」是否卽指印刷，則是另一問題，不可輕從以習非成是。蓋若研究中晚唐時代的「勒」字用法與「模勒」意義，根據很多例證，都只能解釋爲從字跡原模鈎勒，絕無例外。胡適之誤，在以漢魏時代勒字訓刻爲據以論唐代詞彙，在方法上實犯時代錯忤之誤。何況胡適已知，在劉知幾時代，勒字單用，並無雕板印刷的意思，已見前文提及。胡適固爲大師，其釋「模勒」且有不少人附和，惟若實事求是，仍應判向達等少數幾人爲勝訴。易言之，以「模勒」爲刻印，也是「疑似實非」之事，只是影響更大罷了。

上述三項，爲與印刷史夾纏，仍未澄清摒絕的「疑似實非」史料或廢料。誤以模勒白居易詩爲印刷，就時間言，雖可能已有印刷品，與印刷起源時代相符，但嚴格而論，究非事實，且影響廣大，不斷誤導後學，尤須辨闢。關於字義訓詁方面，「模勒」應如右引向達所言，乃指從字跡原來模樣，以雙線鈎勒字跡，製成摹本，筆者已撰〈與印刷史夾纏的元稹筆下模勒一詞確詁〉一文，從模字、勒字、與模勒一詞，分別舉例論證，茲更從歷史觀點考論❼。至於唐初兩項，所謂《女則》的梓行與《隋書．十志》的刊勒，雖非本文的主要對象，因性質有類似相通之處，次節之末亦將附及。

二、與唐五代早期印刷名義不合

人類對宇宙萬彙能分析辨別，乃因事物在時空中各有特殊位置，自有語言文字以後，復可命名賦義。雖名義亦隨時代變化，但同類事物在某一時代，其名義往往接近類似，易於理解之故。以印書業已興盛的宋代而言，葉德輝《書林清話》卷一〈刊刻名義〉條，據其所見宋版書搜集刊刻名義，如雕、如新雕、如刊、如新刊等，共廿一名目，各舉其所從見之書，舉例說明。雖似名目繁多，或且加板字或梓字，如鏤板、如刻梓，總不離雕、刊、鏤、鋟、刻、鑱等字。蓋印就之書人人目見，事先必須雕刻文字於板，萬變不離其宗之故。至於北宋以前的印刷事例，葉德輝只能上溯到晚唐僖宗時期，再前則毫無所知。由於昧於早期的印刷名義，遂亦誤以「模勒」爲雕印，見其書〈書有刻板之始〉條。

經後來的學者陸續發現，唐五代早期印刷的事例已經增多。即使以最嚴格的標準，將若干仍有人相信的「疑似實非」事例摒除，從唐初算起，到五代後唐馮道令國子監雕印《九經》爲止，已近三十事。惟其中有印刷品實物證據的數件，適巧未具印刷名義。例如現藏倫敦而且舉世聞名的唐懿宗咸通九年所印《金剛經》，末有「王玠爲二親敬造普施」字樣，其中「敬造」兩字，若離印本，就無人能知乃指印刷。如果將這種未見印刷名義的印刷事例除去，只算具有印刷名義的印刷事例，由唐初到五代後唐，仍有二十三事，在唐僖宗以前，亦達十一事。茲爲便於考查唐五代早期印刷名義概況及其特徵，將這二十三事例以編年爲序，作成〈具有印刷名義的唐五代早期印刷事例簡表〉，以資說明。這一簡表，將某一印刷事例寫於從頂端開始的一行，爲醒目起見，並將其有關印刷的「印」或「雕印」字樣之旁加圈，俾易辨認，然後於次行低二字起，說明這一事例發生的年代。至於這一事例的的出處，發見的人或考定的人，以及可以徵信的理由，則不述及，容見筆者即將撰製，包括所有不具印刷名義的〈唐五代早期印刷事例編年表〉❽。其實這簡表中，除了五項事例只出於筆者本人發見或論定以外，其他悉見於前揭張李二人之書或其他印刷史專書，有興趣的讀者可以自行檢閱。

具有印刷名義的唐五代印刷事例簡表

玄奘在長安時，每年皆印普賢菩薩像，施於四眾信徒。

　　唐高宗麟德元年（六六四）玄奘卒前。

義淨在印度與三佛齊時，見當地人以「佛印」印絹紙上。

　　唐武則天天授三年（六九二）前。

頒「除陌法」於長安商人，牙郎給「印紙」，凡有買賣，各自署記，以便結算納稅數目。張秀民稱爲「稅紙」。實卽後世的「表格」，間見於宋李燾《續資治通鑑長編》。

唐德宗建中四年（七八三）

上都（長安）東市大刀家印賣一版單張的曆日。

唐文宗太和（八二七—八三五）年間

上都（長安）李家售賣《崔夫人訓女文》印本一張。由陳祚龍先生發見，後經筆者論定。

唐文宗太和二年（八二八）至三年春間

劍南、兩川、淮南道商民，每年皆以版印曆日鬻於市。

唐文宗太和九年（八三五）前

稱爲印子的印本《降三世十八會》一卷，日本僧惠運由唐土回國時帶去。

唐宣宗大中元年（八四七）前

紇干臮在江南西道時，自序《通解錄》（又名《劉弘傳》），雕印數千本，寄贈中朝及四海精心煉丹之士。

唐宣宗大中九年（八五五）

京中（長安）李家於東市印《新集備急灸經》售賣。

唐懿宗咸通二年（八六一）前

西川印子《唐韻》五卷，《玉篇》三十卷，日本僧宗叡自長安回國時帶去。

唐懿宗咸通六年（八六五）

洛陽敬愛寺僧惠確請司空徒撰勸募文，化募雕鏤律疏，註稱：印本八百紙。

唐懿宗咸通十年（八六九）司空圖進士及第後

江南東道印賣曆本，朔晦不同，引起買用者爭執。

唐僖宗中和二年到四年間（八八二—八八四）避亂駐蜀時

柳玭在成都東南書坊區閱書，見民間信仰雜書以及字書小學等類，率雕板印紙，浸染不可盡曉。

唐僖宗中和三年（八八三）

陳詠於成都自刻其本人詩卷。由筆者發現論定。

唐昭宗天祐元年（九〇四）

成都縣龍池坊卞家印賣〈陀羅尼咒〉咒本一張。民國三十三年在掘唐墓時發現。

唐末以前

某地王姓佛弟子某人發願雕印《佛頂尊勝陀羅尼》。

唐末以前

西川過家售賣眞印本《金剛經》。

唐末以前

成都道士任知玄，將其師杜光庭《道德經廣聖義》三十卷，雕刻印文。見其後序。

前蜀王建永平三年（九一三）

閩國境內書商鐫印莆田進士徐夤所作賦文售賣。

閩國王審知龍德元年（九二一）前

成都僧曇域，將其師貫休《禪月集》二十五卷，雕刻版部。見其後序。

前蜀王衍乾德五年（九二三）

前蜀官府印造咸康元年續添之十二月閏月曆日一張，使人沿街叫賣。宋人勾延慶《錦里耆舊傳》卷六所記，筆者發現。

前蜀王衍咸康元年（九二五）

吳越國杭州報恩寺僧永安，以《華嚴李論》合《華嚴經》，募人雕板，印而施行。見《宋續高僧傳》卷二十八，頁七五。由筆者發現。

吳越錢鏐寶正年間（九二六—九）

後唐宰相馮道初令國子監校定《九經》，雕印賣之。見《資治通鑑》。

後唐明宗長興三年（九三二）二月辛未

將上文印刷事例表從頭看下，很容易發現最早的印刷事例，都以「印」字表示，如印紙、印本、印賣、版印、印子等例。到後來，則出現「雕」「刻」「鐫」等同義字，如雕印、雕刻、雕板印紙、鏤板、鐫印等例，總之是不外雕（或刻或鐫）與印兩字。蓋所謂印刷，就技術要素言，主要不外雕板與印紙兩者，單舉雕字（或刻字等同義字）或印字，雖然只是二者之一，也都能使見者顧名思義，了然於心，不會引起任何問題，或者引起爭論。其中緣故，乃是早期印刷的當事人，以及記載印刷的文人，對於這出現未久的新鮮事物，都有同心反應，遂爾約定俗成，使印刷的名義與印刷的事實，如影之隨形，固然會在黑暗中消失，但絕不致於發生異象。

由於唐五代的早期印刷名義，全都不離「印」字或「雕」字，以及雕字的同義字，則將長慶四年出現的「模勒」認為刻印，在方法上實嫌單例孤證，自然很難成立。若從歷史現象的連續性通例看，這種既無先行事例，又無後繼事例的孤懸現象，尤其絕少可能。然則元稹筆下的「模勒」一詞，無疑不指印刷，只能別求解釋。

前揭李書華氏的書，有錢穆（賓四）先生的序。關於早期雕板印刷，他認爲「有明文可證，確鑿無疑者，應是馮宿〈奏准禁印曆日版〉一文」。雖然賓四先生認爲印刷起源也可能更早，但對李氏書中的兩項印刷事例，所謂「刊勒」《隋書》中的〈十志〉以及「模勒」白居易詩，則都加以否定，並且主張「模勒」是依倣白居易題字而「模勒」其字體（筆跡），乃是意見與向達相同的少數幾人之一。賓四先生曾說：

> 雕板印刷在當時，究竟是一新鮮事，元氏極意誇宣（白居易詩流傳之廣），為何不特別提及版印，而只用「模勒」兩字？

從這裏徵引的幾句話，可見不信「模勒」是印刷的賓四先生，善於切問近思，已將問題轉向元稹本人，問他何以不用世人易解的版印字樣，卻用引人疑問的「模勒」兩字，如果他心目中原指印刷的話。在這場合，或有人設想元稹是精通中國文字的詩人，必不至於不知用雕印等字以指印刷，可能是他偶然疎忽，誤用「模勒」兩字。但筆者認爲元稹必不認錯，如果他九泉有靈，必將高聲答稱：「我用模勒一詞，義爲模仿鈎勒，是我們時代早已通行的成語，你們後世的人，爭論什麼雕板印刷，非我所知，與我無涉。」或謂以中唐時代的元稹不知印刷，恐非事實。則須知卒於武宗會昌六年（八四六）的白居易，其集中仍無有關印刷的任何痕跡，其〈後序〉自記其分藏以傳後世之集五本，亦顯非印刷之本。又太和九年（八三五）前各地所印曆日，僅爲一紙單張的曆。從該時上溯唐初一百數十年，僅有玄奘印佛像一事見於記載，此外僅憑與唐土交通的印度、新羅、日本事例，據以推知唐土亦間有印像印佛咒之事，實際上頻率極稀，除信徒以外，未爲社會周知，凡此容待專文細論。

如標題所示，本文考論的對象只是「模勒」。但本節據早期印刷名義概況立論，從其既無先行事例又無後繼事例的孤懸現象，判斷「模勒」與印刷全無關涉，其實也可適用見於李書華書的「刊勒」。按這出於《史通》的「刊勒」一詞，爲「刊定勒成」之省，胡適已經考定其意義是「刪定編成」，李氏之書並已引及，但李氏仍堅持己意，不肯接受而已。後來筆者在《史通・覈才篇》發現「而況責以刊勒一家」之句，刊勒的對象，不是某一特定的著作而是一家，根本無從印刷，料想李氏九泉有靈，或會頷首。總而言之，這「刊勒」與「模勒」兩詞，從來不是印刷名義，將二者附會爲唐代的印刷事例，與當時的印刷名義相乖，絕對不能成立。又「刊勒」的刊字，單獨用時，原義爲刊削，亦卽刪削。因爲在紙未發明以前，大多在簡牘上撰文著書，寫錯了字，須用「書刀」將錯字的墨跡削去[9]。至於後來的引申義，其一爲雕刻，故到宋代印書盛行，遂有人用作刻印書籍之義。但唐代刊字與勒字連綴成「刊勒」，反倒沒有雕刻的意義。至於「模勒」的模字單用，根本無雕刻之義。勒字單用，在漢魏時代有雕刻之義，當時形成的「勒石」一詞義爲刻石，至今亦仍通用，但在中晚唐時代，勒字單用，已轉變爲雙鈎或鈎勒之義，故唐人將模字與勒字連綴成「模勒」，義爲依據字跡原模鈎勒，也無刻義，例證已見前揭拙撰舊文中〈模勒爲模刻先行程序〉一節[10]。胡適因漢魏時代勒字訓刻，遂據以解釋唐人新創的「模勒」一詞，故未免誤以「模勒」爲刻印，實乃時代錯誤。

至於由「刻梓印行」省稱的「梓行」一詞，固然是指雕板印刷，但始見於宋代。所謂唐太宗令「梓行」《女則》顯然只是明人的無心之誤。張秀民氏強認爲唐初的印刷事例，今與唐五代的印刷名義對照，也是孤懸單例，自然絕非事實。

三、可以售賣的文物並非限於印刷品

將「模勒」附會爲印刷的人，理由之一，是認爲只有印刷品才可售賣。王國維《兩浙古刊本考》自序曾說：

> 夫刻石亦可云摹（模）勒，而作書鬻賣，自非雕板不可。則唐之中葉，吾浙已有刻板矣。

按元稹爲《白氏長慶集》作序，極度誇宣白居易詩流傳之廣，末有「至於繕寫、模勒、衒賣於市井，或持之以交酒茗，處處皆是」等句，在「處處皆是」句下，元稹又自加附註「揚越間多作書模勒樂天及余雜詩，賣於市肆之中也。」王國維的話，即針對元稹之語而發。

由於模字與摹字同音通訓，自古向來混用相通，故王國維將模勒寫成摹勒。惟出現於王氏第一句中的「模勒」，乃指元氏正文中與繕寫對舉的「模勒」，而且王氏早知「模勒」也是刻石的術語。與筆者舊文考明「模勒」是模倣字跡原來模樣而加鈎勒，乃唐代創始的刻石程序先行工作之一，結論適相符合。蓋當刻字匠「模刻於石」之前，必須先有勒字人「模勒上石」，刻字匠才能依照「模勒」在石上的雙鉤字跡，奏刀而刻。字跡既然可以「模勒上石」，自然也可「模勒上紙」，然後再加「郭塡」以製摹本。適當時有工於「模勒」的人，獲得白居易手寫詩稿，除詩可吟誦以外，筆跡亦可供欣賞，遂以「模勒」法製成摹（模）本，向人衒賣。或付茶酒之資，或交市肆寄售，顯非書肆的大量生產。元稹得知，爲《白氏長慶集》作序時，遂以「模勒」與繕寫相對舉及，以助誇宣。其實乃當時人習知的成語，並非白居易自我作古，自創「模勒」一詞，以指未爲世人習知的印刷。

惟王國維言第二句「作書鬻賣」，則據元序自註文中「作書模勒」句而發，顯指「模勒」爲印刷。似乎他認爲「模勒」既爲石刻術語，又兼有印刷書籍之義。至於元序自註第一句的揚越，是揚州越州的省稱，越州卽今浙江紹興一帶。由於王氏認爲「模勒」兼有印刷之義，於是相信唐長慶四年以前，浙江已有刻板印書的事。後來有人遂據其說發揮，認爲雕板印刷術起於南方，影響之大，或非王氏夢想所及。蓋王氏只肯定當時浙江境內已有刻板印刷，卻未否定該時以前他處已有印刷。依據本文第二節〈唐五代印刷事例簡表〉，筆者認爲印刷術起於長安。惟當時印佛像乃刻印章而非刻板，亦卽所謂「佛印」，印〈陀羅尼咒〉雖已刻板，也非方板，而爲旁紹印度貝葉書形式的縱短橫長狹板，而且頻率極稀，又限於佛敎徒圈子。像這樣的雕板印刷起源實況，迄無人知，尙待專文闡論。

王國維認爲「模勒」原爲刻石術語之外，尙兼有刻板印刷之義，例證就是元稹序文自註，有「作書模勒」以及「賣於市肆」之語。由於王氏是權威性很高的大師，一般人都不加思考，認爲沒有問題，沿襲相信。可是前文第一節已經考明，元稹筆下的「模勒」，並不符合唐五代的早期印刷名義，而且此外無徵，憑孤例絕對難以成立。至於王氏說「作書鬻賣，自非雕板不可」兩語，從製售書籍的書肆，於唐代雕板印刷出現以前早已出現，甚至可上溯到造紙尚未普及以前的簡牘縑帛時代，尤其絕非歷史事實。

關於歷代書肆，葉德輝《書林清話》卷一〈書肆之緣起〉條凡舉十餘例。最早兩例，一是東漢洛陽的書肆，王充閱書其中，一是揚雄《法言·吾子篇》中用作比喻的書肆，大概以西漢末以前長安的書肆爲例。按王充卒於東漢和帝永和三年（九一），當時使紙普及的「蔡侯紙」尚未出現，然則書肆所賣的書，多抄寫於簡牘或縑帛之上。筆者歷年瀏覽所及，關於南北朝隋唐時代的書肆，尚可再添五六例，於此毋須一一列舉。唐張彥遠《歷代名畫記》卷二〈論鑒識收藏購求閱玩〉目下，縷述書儈買賣書畫之盛，可證「模勒」白居易詩製成摹（模）本售賣，是很合理的事。按葉氏《書林清話》一書，刻板於民國九年，王國維自序其《兩浙古刊本考》，則晚兩年。竊謂王氏學殖博大深厚，卽使未見葉氏之書，亦不可能不知王充、揚雄與書肆有關二例，但何以竟會說出違反常識範圍的話？世傳大科學家牛頓，爲大小兩貓設計出入口，認爲應開大小兩洞。面對淺顯問題。亦犯判斷錯誤，與王氏此例實有類似之處。因非高深複雜問題，筆者認爲不能以「智者千慮，必有一失」解釋。可能是當事者別有巨大疑難問題分心，又或適值精神懈怠之際，思慮遂難周徧，卽使日常淺近小事，也難正確處理，與其人才智其實無關。雖不能據此以論其人不智，卻應承認智者有失。由於問題原本淺近，因智者之失所形成的謬說，也不待大智才能發現，只要肯用大腦思考，常人也會發覺，愚者千慮以後，也會生疑起信，終於達到共同結論，糾正智者之失。問題的關鍵，是有無獨立思考精神，能否免於思想惰性，做到不輕信不迷信權威地步，面對有破綻可疑的問題，實事求是，不作調人。因爲好些無謂的學術爭論，都因爲有人過分迷信權威，執迷不悟，堅持己見而難有共識。

　張秀民一向相信「模勒」就是刻印。去年新出版的《中國印刷史》一書頁二六，以整頁版面介紹唐代越州的印刷，亦卽所謂「刊板印賣白居易元稹兩人的詩」。關於首先引用元稹筆下的「模勒」一詞附會爲印刷的人，張氏誤爲清人趙翼，不知明人胡震亨，無關宏旨，按下不提。後文引錢賓四先生所說「模勒」乃依照題字模勒其字體云云，張氏駁稱「案賣者旨在速售，不可能模仿元白兩人的字體。」按賓四先生以模仿字體解說「模勒」，乃是照顧其上一字模字，正是問題的關鍵所在，張氏捨去關鍵性問題，憑空冒出「賣者旨在速售」一句，作爲不可能模仿的理由，除其本人「想當然耳」以外，不知更有什麼根據。蓋當時卽使已有印刷之事，尙極稀罕，未爲世人周知，而依照字跡原來模樣以雙線鉤勒法（卽今人所謂寫空心字之法）模製摹本之法，早已流行，各地之人依照此法模勒白居易手寫詩稿出售，原是無自由選擇餘地，怎會因「旨在速售」而有採用印刷的可能。張氏既然相信王氏，並將王氏「作書鬻賣，自非雕板不可」等語引錄，並恭維他說得好。按王氏的學問，精到之處自多，但以爲非雕板印出的書，就不能鬻賣，卻絕對不是事實。這點已經前文析辨，於此不再複述。

非印刷品也可售賣，證據確鑿已如上述。由於元稹之文原作「衒賣於市井」，某先生從「衒」字着眼，仍說：「故知」模勒應指刻板印刷。按抄寫的白居易詩只可吟誦，無形象可以欣賞，而「模勒」的白居易手寫詩稿，則兼可欣賞白的書法筆跡，自然可以「衒」賣，何必限於印刷品。

某先生又說，如果模勒是經雙鉤廓填而成的摹本，只能有一份，至多兩三份。由於數量少，物主也不願賣掉，意謂既然售賣，必是大量複製的印刷品。某先生這種想法，可析爲兩個問題，一是少量是否可賣，二是模勒技法複製摹摹本，能否多產。按元稹原文只說「處處皆是」，只是表示當時藉模勒製摹本的事很是普遍，各地都有，絕無大量複製的意義。筆者認爲正因爲數量不多，才可「衒」賣，若是大量生產的印刷品，可衒度就減低了。又「處處皆是」四字，正可證明模勒指鈎勒不指印刷，因爲元稹說這話的唐穆宗長慶年四年以前，唐朝境內，除長安曾間歇地有佛教徒以非常格的版式偶印佛像與佛咒以外，任何地方都無印刷的痕跡。至於以模勒技法製摹本，能否多產問題，則視各人技巧的熟練與否而異。雖然無法實驗，若是熟練老手，每天十份二十份，自無問題。蓋唐人極重書法，爲求名跡楷模，凡石上法書遺跡，則模拓以製拓本，凡紙上法帖，則模勒以製勒本。除模勒於紙之外，更模勒上石以備鐫刻。故各地皆有精於模勒之人。元稹所謂「處處皆是」，正是反映當時實際情形，復有何疑。

四、可與繕寫對舉之詞不限於印刷名義

元稹所撰《白氏長慶集》序文，說各處人士都「繕寫模勒」白氏與元氏兩人之詩。相信「模勒」就是印刷的日本學者島田翰說：

> 夫已曰繕寫，又云模勒，模勒之爲刊刻可知矣。（古文舊書考卷二雕板源流考，一九〇四）

這樣說法，是認爲可與繕寫一詞對舉的，必定是雕板印刷術的刊刻名義。凡不是印刷名義，

就不能與繕寫對舉。元稹之文，既將「模勒」與繕寫對舉，「模勒」自然就指印刷。

島田翰曾據《顏氏家訓》立一理由，主張北齊時代已有印刷，他雖自負是先儒之所未道，其實是妄立異說。由於《顏氏家訓》中有「江南書本，穴字皆誤爲六」兩句，他認爲「書本」乃對印刷的「墨板」而言，從而斷定顏之推時代已經雕板印書。俞樾認爲「江南書本」乃對「河北書本」而言，與刻板印本根本無涉。葉德輝且謂，以本稱書，漢代早已開始。首先反對以「模勒」爲刻印的向達，則指出島田氏從「模勒與繕寫對舉」誤解「模勒」爲印刷，與其將書本強牽墨板，乃是從一個簡單頭腦發生的類似想法，其曲解情形，也可說是異曲同工。凡此皆見前揭向達〈唐代刊書考〉一文。

按元稹的序，意在強調白居易和他兩人的詩流傳之廣。當時印刷術雖或已萌芽，並未盛行，仍然絕少人知，流傳文字的方法，主要是抄寫或精抄繕寫。至於詩稿原跡被人以「模勒」方法製成摹（摸）本，除供誦讀以外，又可欣賞書法筆韻，對於元白兩人，也算是格外殊榮，故此元稹就連類舉及。這樣解釋，正符合唐代新出現的「模勒」一詞的字義，也就是元白心目中的「模勒」意義，已經否定與繕寫對舉必是刻印名義的謬說。

前文第三節之首，曾引元稹自註之文有「揚越間多作書模勒樂天及余雜詩」句。宋朝四川刻印的《元微之集》，將該句中「作書模勒」的勒字改作寫字，遂成「作書模寫」。若將正文中的「繕寫模勒」依此例而改，則成「繕寫模寫」。張秀民氏認爲將含有寫字的兩詞對舉，「便不成辭」，似乎「模寫」不可與繕家對舉。按繕寫是修整的抄寫，只要合原來的文字次序就可以。模寫則是認眞的臨寫，除要合於原來的文字次序以外，尚要求合於原來字跡的模樣。所以兩者是性質迥異的兩種寫法。除非是作律詩或作聯語，要嚴格地講究對仗，將意義不同的兩個詞彙對舉，又有何不可。

模寫一詞的上一字是模字，下一字是動詞，在結構上與模勒完全相同，而且都是模仿字跡原來模樣複製字跡行爲的術語；惟因下一動詞不同而技法有異，使模勒較之模寫，更能符合原來字跡的原模。因爲模寫只是面對原跡臨寫，全憑各人得心應手之巧，而模勒則可如影寫方式鋪紙於原跡之上，以雙線鉤勒，自然更爲精確而接近原跡。

模寫早於東漢時代卽已出現，模勒則遲到唐代。像這樣前冠模字而且結構相同的字跡複製術語，此外尙有四個。卽東晉南朝時代出現的模搨與模拓，在唐代繼續模勒而見的模刻，以及遲到五代時才出現的模印。在這六詞之中，倒有一詞既可與繕寫對舉而又兼有印刷的意，那就是出現最晚而且下有「印」字的模印。由於前冠模字，又兼是字跡複製的術語。但因在元稹以後才出現，也爲元稹所不及知而無法使用。

五、模勒未刻未印由其先於模刻模印而知

模寫、模搨、模拓、模勒、模刻、模印，這六個詞彙，都是前冠模字，結構相同的字跡複製術語。其下一字所綴動詞，卽表示各不相同的技法，乃隨字跡複製術的發展，從東漢到五代間陸續出現。如後文所示，其中除模刻一法，因只施於碑石或木板，並不直接產生製於紙上的字跡複製本以外，其餘五法都可直接得到紙上的模本或摹本。卽使如此，模刻於石與模刻於板兩者，在進行以前，也必經過須利用紙的先行程序，將原來字跡「模勒上石」。所以這一系列的字跡複製技法的發展，實乃華夏文明自發明造紙以來的特殊文化。由於過去並無

字跡複製術的系統化研究，不少學者，遂因漢魏時代的「勒」字訓刻，就食古不化，誤解唐代出現的「模勒」之勒字，也有刻義，等於模刻，而且又進一步，等於模印，從而認為「模勒」就是制板印刷。前揭拙撰舊文〈與印刷史夾纏的元稹筆下模勒一詞確詁〉一文的第貳節，第一次將字跡複製發展史作一全面前後的概括性說明，後文又分節從唐代文獻舉出：㈠與刻字對舉的勒字例證。㈡模刻與模勒對舉例證。㈢因模勒與模刻之異，引出後代「模勒上石」與「模刻於石」之異例證。藉此種種例證，糾正這一從明末以來的傳統錯誤。由於歷史發展有脈絡可見，文字意義的演變有軌跡可尋，曾讀拙文的學者，包括訓詁學專家在內，對拙文結論表示同意的，已過十人。但雖讀拙文，事後仍無後見之明，依舊迷信的人，顯然也有。為助這些人增加瞭解，走出迷途，達到同一認識，茲更立此一節，繼續闡發。

本節標題謂「模勒」先於模刻與模印，其中「先於」兩字兼有兩義，一為出現時間先於模刻與模印二者，一為當模刻之前，不論模刻於石或模刻於板，必須先行「模勒上石」或「模勒上板」，是不可省略的先行程序。後文即分小節解釋，到時自然明白。

㈠因意義異於模勒才出現模刻與模印

複製字跡的事，乃因文人欣賞書法藝術，形成傳統，自從紙的使用普及以後，對於法書名跡，都欲獲得複製本而起。東漢靈帝熹平四年（一七五），將《六經》文字刻成「石經」立於洛陽太學門前，乃由當時著名書法家蔡邕「書丹」上石。然後照刻而成。當時學者重蔡邕手筆，遂各面對石經「摹（模）寫」字跡攜去。惟模寫只憑各人得心應手之巧，無法做到正確逼眞地步。東晉南朝的人則有「模搨」之法，主要是將紙「冐」於名跡原紙之上，起初或者只是影寫，略似後世學童的描紅，後來則有所謂「廓塡」，後世學者釋為以雙線鈎勒字跡，然後以墨填雙線輪廓內空間而成，可以做到與原跡逼眞地步。但當時尙無鈎勒或雙鈎名稱。至於碑石上所刻古人名跡，須到蕭梁時代，始有「模拓」之法以製拓本，又稱拓片。

由於有「模拓」以製拓片之法，唐初人爲永保兼行傳布古人名跡法帖，遂有將名跡法帖刻石，藉「模拓」以製拓片之事。世傳唐太宗命將〈蘭亭序〉刻石，其拓本稱爲〈石本蘭亭〉。到北宋末，其石爲金人北運，棄於定武軍，世稱〈定武蘭亭〉。又如傳出自李斯手筆的人〈嶧山碑〉被野火焚毀，有人遂據拓本再行刻石或刻板，故杜甫有「棗木傳刻肥失眞」之句。此外尙有唐高宗咸亨三年（六七二）所刻〈大唐三藏聖教序〉碑，乃集王羲之字而成。

按古代刻石只刻當世人的字，可以請寫字的人親手以紅硃筆「書丹」上石，使刻字匠奏刀於「丹」而刻。如今唐人進一步要刻古代人的字。既無法使古人再生來「書丹」上石，此外尙有何法使古人的字在石上與原跡一樣逼眞？由於南朝以來藉「廓填」製搨本的人，向以雙線鈎勒爲先行程序，如果有人將原施於紙上的雙線鈎勒法改施於石上，就可取代書丹上石而解決這一問題，但究竟有沒有呢？雖然在載籍上尙未找到明文證據，在初唐碑石上倒有跡象可據以推證：當時早有人以鈎勒上石之法，作爲先行程序刻石。筆者在前揭拙文頁四八已舉三例，茲只舉高宗咸亨三年所刻〈大唐三藏聖教序〉碑爲例；因爲該碑今有臺北故宮博物院影印的〈宋搨聖教序〉本，最易目驗。按該碑所刻的字，是沙門懷仁所集的王羲之字，末尾有「文林郎諸葛神力勒石，武騎尉朱靜藏鐫字」等十七字。這裏的「鐫」就是刻，若將「勒石」的勒字，依照漢魏時代訓刻，從而解釋文義，就成爲諸葛神力先刻，朱靜藏又刻。由兩人分刻原無不可，但沒有雙線鈎勒上石的先行程序，他兩人奏刀而刻時，有無客觀標準可以依循呢？由此可以推知，諸葛神力勒石，就是將王羲之的字鈎勒上石，然後再由朱於靜藏於其所勒雙線內奏刀而刻。易言之，當時人所用勒字已不再訓刻，而轉變成後來鈎勒上石或模勒上石之義了。由於當時未見「模勒」或「模勒上石」詞彙，這種轉變可以說是這些新詞彙出現的前奏。

模勒一詞究竟何時出現？筆者檢閱毛漢光先生主編的《唐代墓誌銘彙編》已出唐初諸册，尚無發現。前揭拙文頁四六只舉中唐之碑三例，年代在德宗貞元三年（七八七）到穆宗長慶二年（八二四）之間。待毛先生主編的書繼續出版，出現「模勒」的時間必定提前，而且例證也必大大增加。長慶四年筆下出現「模勒」一詞的元稹，正生存於這個時代。他用的「模勒」一詞，與碑石上出現的「模勒」一詞，雖有紙上作業與石上作業之異，意義畢竟相同。當時人尚罕知印刷是何事物，絕對沒有人附會到印刷上去的。

拙撰舊文頁四六所舉見於元稹時代碑石的「模勒」三例，都與「刻字」對舉。由於以「模勒」爲先行程序的「刻字」必須依照「模勒」所成的字跡原來模樣鐫刻，後來逐漸以「模刻」取代「刻字」，成爲「模勒」與「模刻」對舉，以至於「模勒上石」與「模刻於石」對舉。由此似可推知「模勒」一詞先行出現，後來續出「模刻」一詞。

元稹白居易生存的中唐時代，先出現「模勒」一詞，後來出現「模刻」一詞，如上文所述，乃因隨石刻技法的演進，爲表示先後不同的手續程序，有此必要。若以「模勒」的「勒」字有鐫刻之義，則「模勒」遂與「模刻」同義，在「模勒」與「模刻」對舉的場合，遂成「模刻與模刻」，唐人會荒謬愚笨到這樣程度嗎？

其實「模勒」即使變成「模勒」，完成的只是石上作業，不經模拓方法製成拓片，也仍無法售賣。而且卽使因「模刻」可製拓片，仍非印刷。

從唐文宗太和年間（八二七—八三五）開始，雕板印刷確已常常出現，爲世人之所習知。惟因技術拙劣，如前文第一節附表所示，直到唐末僖宗年間，仍有「浸染不可綃曉」現象，是夠不上以印刷術複製字跡的。再經幾十年，到了五代時期，和凝利用印刷術刻印他自已的詩文集，乃由其本人手寫上板。爲強調字跡出自著者本人手筆，始出現兼指複製字跡的「模印」一詞。蓋據《舊五代史・和凝傳》，他是「有集百卷，自篆于板，模印數百帙，分惠於人」的。「模勒」則既無鐫刻意義，自然更無印刷意義。

本節文字，乃籍字跡複製術的發展，從先後陸續出現的不同技法，比較研究，界定「模勒」的確切意義。按歐洲人發明攝影機，能複製一切形象，如今又有影印機複製文件，複製字跡早已不成問題。惟另一方面，歐洲從第十三世紀已能造紙，但遲到十九世紀，尙無模拓以製拓片之事，根本不會發生爲保存古人墨跡而刻石以製拓片，以及「模勒上石」等等，牽涉中國藝術史的特殊現象與問題。如今歐美的博物院藝術館，除收藏敦煌發現的唐初拓片以外，並有大量搜羅歷代碑石拓片，以及各種摹本的。從這等等看來，則中國文化史上，除印刷術以外，字跡複製術也是重要項目。前揭拙撰舊文，曾對字跡複製術發展史作一全部的初步審察，本節據以扼要敍述，以見綱領。至於窮源竟委的詳盡之論，則尙有待。

(二) 模勒爲模刻模印程序的先行手續

南北朝人藉「模搨」以製搨本，有所謂「廓塡」法。當時尙無雙線鈎勒、雙鈎、或模勒等類名目，惟後代學者都認爲早已實行。如明人楊愼曾云：「其曰廓塡法，卽今之雙鈎。」蓋所謂廓塡法，乃將字跡原來模樣以雙線鈎勒，如今人之寫空心字，然後將雙線「輪廓」內的空白部分，以筆蘸墨「塡充」。由此可知，在模搨的程序上，廓塡是最後階段的工作，其先行手續，實卽後世的雙鉤或模勒，並知名目的出現可以晚於事實。且從而知將字跡「模勒於紙」的事早已存在，將白居易手寫詩稿模勒，乃是沿用成法，而且當時模勒的名目也早已出現。

由於唐人要傳刻古人墨跡於石，藉製拓片，因無法使古人親手書丹上石，就採原來只施於紙的模勒改施於石，將古人墨跡模勒上石，以便鐫刻。亦卽是模刻程序的先行手續，如省稱先行程序也無不可。模勒上石以後，會留下雙線形字跡，刻字匠遂依照字形鐫刻，刻過後字跡依舊，而雙鉤痕跡已經消滅無存。故此用文字來表示，就避免「於」字，只稱「模勒上石」，而將「於」字用於「模刻於石」。經過模勒與鐫刻兩種手續，模刻工作已經完成。所以凡稱模刻，是既未模拓以製拓片，又非模印以成印本，與雕板印刷是全無關涉的。但既已模刻，總可模拓，所以模刻也可以說是模拓的先行程序。

在這個意義上，模勒與模印兩者，都是藉模拓法複製拓本的先行程序。至於將原施於紙的模勒改施於板，唐人也早已實行。〈嶧山碑〉焚燬以後，先有人轉刻於石，後又有人轉刻於板，由杜甫詩「棗木傳刻肥失眞」句可知。其目的也在複製拓本，其全程須經模勒、模刻、模拓，情形也與刻石完全相同。

最後談到五代和凝詩文的模印。其與普通印刷不同的，是強調印出的書，不僅是和凝的著作，而且字跡也依據他「自篆于板」而刻，非只合於文字次序的其他印本可比。按雕板印刷的刻字工人，原也依照文人寫好的字樣雕刻，但書板的面積小於碑石，字形也小得多，自較難以雙鉤模勒。故和凝雖稱「模印」，是否經過模勒，則不可知。但他既然自寫字樣，自必特別注意鐫刻符合原模，也可稱爲模刻；就全程言，也有自寫字模、模刻、模印三種手續。寫到這裏，想起碑石上所刻的字，是正字陰文，書板上的字，則是反字陽文，要寫反字然後模勒上板，想無可能。故雖云「自篆於板」，想來他也只寫在紙上，反貼上板，使刻工依字樣照刻而已。這叫貼樣法，詳情可參閱錢存訓先生〈中國雕板印刷技術雜談〉一文第二節⑪。

「模印」雖經和凝創始，但葉德輝《書林清話》卷一〈刊刻之名義〉條，未見「模印」名義，倒有「模刻」名義，所舉之例，爲南宋建安余氏刻印的《繪圖列女傳》，末有木記，文爲「建安余氏模刻」。按若離開所印的書而言「模刻」，則是雖已刻板，尚未印刷；今書已印出，則可依和凝例，稱爲模印。所以仍稱模刻者，大概是畫家繪圖以後，須將所有揷圖逐一模勒上板，較之專印文字的書工程遠爲艱巨，遂特稱模刻，以廣宣傳之故。

將繪畫刻印於紙，稱爲板畫，除非畫家能兼刻工，必須先行模勒上板。由於中國發明雕板印刷術，故世界史上最早的板畫，先在中國出現。敦煌發現，現藏倫敦的唐咸通九年王玠印造普施的《金剛經》，就是證據。該印本《金剛經》扉頁，繪有給孤獨園正中蓮花座上的釋迦牟尼佛，正向老徒弟須菩提講話之狀，妙相莊嚴，線條精細，若非先經模勒，任何刻工都不能刻得這樣好。按此經在敦煌發現，刻印地未詳，筆者有理由據以論定必在中原地區，尤其洛陽及其附近，但說來話長，須待另文。

六、結語

模勒一詞，總共兩字。若析爲模與勒兩字，再與由兩字綴成的模勒一詞合計，也只有三個單元。雖然以往也曾引起意義上的爭執，在理論上，應該不至於複雜到難以清理，到所謂治絲益棼地步。在拙撰舊文之中，對於「模」字，筆者曾以歷代相繼出現，前冠模字的同類詞彙作比較研究，得其通解，斷爲都是字跡複製術語對。對於「模」字，筆者以模勒一詞出現的中晚唐時代所見勒字的意義，作爲例證，而得合於當時的時代性特解，卽當時勒字，具有雙線鈎勒之義；並與其前其後，上有模字的同類詞彙下一字，作技法比較，再加界定。既已獲得模字的通義，與唐代勒字的時代性意義，筆者遂進而結合二者，解釋中晚唐時代的「模勒」一詞，斷爲乃唐人所創表示字跡複製技法的新詞彙。既可施於紙上，也可施於石上，出於元稹筆下，則表示模勒於紙，將白居易手寫詩稿原跡，製成摹本。

筆者舊文這一結論，乃二十餘年以來，以實事求是精神，注意研究的成果，自信萬無一失，可成定論。由於誤認以模勒爲刻印的人中，以胡適議論最多，未免引其前後不當之說，針對辨駁，實亦事非得已，勢所必至。若從胡適畢生提倡科學，著重證據的精神而論，則拙撰舊文，正是補充胡適未了願望，完成胡適未竟之功，且信其具有與「大師」相副的寬宏之量，能够承認接受。此意已見於舊文末尾〈附表胡適的求眞好學精神〉一節之末。竊謂該節引述之胡適精神，足爲學者楷模，對獻身學術工作人士，亦有參考價值。

筆者既然自信舊文能使胡適承認接受，或者有人要問，何以又寫此文。關於這一問題，曾讀舊文之人，自知舊文主要從訓詁學觀點析論，而此文則著眼於相關事項，主要從歷史觀點考論，第五節雖亦辨析意義，但從前後對照入手，亦有較扼要顯豁之效。但除此以外，亦因筆者曾聞，有一位「以印刷史專家自負」的教授，曾向人表示異議。同時又有人說，元稹說到模勒後十年，就確已有印刷，此文對印刷起源時期，並無重大影響，藉示邈視。像這一類人，就是胡適說的差不多先生，最是違反科學。故此筆者此文，也有對這一類人回敬的成分，藉以表示實事求是精神。

附註

❶ 張秀民《中國印刷術的發明及影響》，一九五八年初版，民國六十九年臺北文史哲出版社初版。李書華《中國印刷術起源》，民國五十一年初版，香港新亞研究所。

❷ 前揭李書華書，頁七六—七九。

❸ 張秀民《中國印刷史》，頁一三—一五，頁三五，一九八九年初版，上海人民出版社。

❹ 胡適《白話文學史》上卷，頁三八九，民國十七年初版；頁四五六，民國十八年三版；頁三八九，民國五十八年臺北南港胡適紀念館出版。

❺ 向達《唐代刊書考》，《中央大學國學圖書館一年刊》，頁一—一九。後收入向達《唐代長安與西域文明》，頁一一七—一三五，臺北文明書局出版，民國七十年版。至於葉昌熾對「模勒」的解釋，前揭李書華書頁九三雖引錄而未領悟。拙撰〈與印刷史夾纏的元稹筆下模勒一詞確詁〉一文，對葉之說有較鮮明的闡發，並徵引王昶《金石萃編》所收中唐時代碑版文字四件後王昶所加按語為證，參閱《東吳文史學報》第七號，頁四五—四九。

❻ 前揭張秀民氏在一九五八年出版之書，頁三一。

❼ 見註❺之末。

❽ 張秀民《中國印刷史》書末附錄〈中國印刷史大事年表〉，自唐初至五代後唐長興三年開始雕

印《九經》止，共廿三事，惟從嚴格觀點審核，其中五事，實皆所謂「疑似實非」之件，若行摒除，只餘十九事。此十九項早期印刷事例中，有五件爲不具任何印刷名義之歷刼倖存印刷品實物。故在張氏表中，後唐長興三年以前，具有印刷名義的印刷事例，實只十四事。今筆者所作簡表共廿三事，較張表多出九事，惟其中三事乃張表遺漏未收，故筆者本人所添列或論定者，實際上僅七事。筆者卽將撰製之〈唐五代早期印刷事例年表〉，包含簡表中廿三事外，亦將不具印刷名義的倖存印刷品實物收入，並有較詳說明。由於這一新的年表，已將所有「疑似實非」事例摒去不留，遂使印刷起源以及早期發展呈露，發生新的重要意義。卽印刷術的試驗，始於佛教徒印施佛像佛咒的宗教願望，歷一百數十年後，始有書商印賣小件印刷品，在五代以前，絕無官府印書的事。

⑨ 可參閱錢存訓先生〈漢代書刀考〉，見《中央研究院歷史語言研究所集刊》外編第四種（一九六一），頁九九七—一〇〇八。

⑩ 可閱《東吳文史學報》第七號，頁四六—四八。

⑪ 見《蔣慰堂先生九秩榮慶論文集》，頁三一，民國七十六年，商務印書館。

論林慎思對儒學的改造

程方平

林愼思是唐末發展儒學的重要人物，過去總認爲晚唐是儒學的衰落時期，沒有什麼重要人物值得分析，因此，有關的研究也非常淺近和輕率，偶然有人接觸一下，涉及的內容也很有限，對於林愼思儒學思想的分析，主要材料見諸其作《續孟子》和《伸蒙子》，二文雖然不長，但內容確頗有新義，在唐末五代向宋朝過渡的時期，對儒學的發展有一定的影響。因此，可以說過去認爲林愼思在晚唐對儒學發展沒有什麼貢獻，屬於「守舊派」的說法是不確切和草率的，從下面的分析中我們可以看得很清楚。

一、試圖振興儒學的志向

林愼思，字虔中，自稱伸蒙子，生卒年不詳，主要生活在唐朝晚期的唐懿宗時代，咸通年間中進士，官至水部郎中，主張用儒家思想和嚴刑峻法統治人民，推行教化，最後當農民起義軍攻入長安時，他「罵巢而死」，在立場上和皮日休形成鮮明對照。林愼思入仕之初。朝廷「方奉佛氏，寵樂工、耽遊宴，怠政事，侈費無度，兵禍未已，而堂老楊收陸嚴輩，皆以賄敗溫璋，至有生不逢時之嘆❶。生活在唐末混亂動蕩之時的儒家知識分子，首先考慮的就是如何運用儒家的治國安邦經略，起衰救壞。在與異教（主要指佛老）的抗爭中光大儒家的思想。首先，林慎思撰《續孟子》二卷，共十四篇。想利用歷來被忽視的儒家亞聖的思想和地位來改變當時儒家不興的局面。他在書前作簡單的序曰：「孟子書先自其徒記言而著，予所以複著者，益以孟子久行教化，言不在其徒盡矣，故演作續孟。」可見，「久行教化」是林慎思所重，「演作續孟」卽其借先賢之口，宣傳其思想的教育手法，他要在發揮發展孟子思想的同時，加入合乎時代的思想內容。懿宗咸通六年（公元八六五年），林慎思針對時弊又作《伸蒙子》三卷。因其常著書於槐里，故該書又將全文的三部分稱爲「槐里辨」、「澤國紀」和「時喻」。元朝惠宗至正十四年（一三五三）學者陳留孫在〈伸蒙子原序〉中曾寫道：「《伸蒙子》著書於槐里，其自序曰：『如有用我，吾言其施，我學其行。』其自負之重乃如此，設使終身不達，抱空言而死於槐里。《伸蒙子》不終於蒙也哉。及其出萬年爲宰，其言亦既施矣，然而終不能救唐之亡者，所施不遐也。設使以壽終於其邑，則其所施止於是。所施止於是，所言過於是，《伸蒙子》將不近於誣也哉。惟其罵巢而死，是以平昔之言皆足以取信於天下，後世而其重若泰山，《伸蒙子》猶不死矣。雖然，士有不幸，不得行其志以實其言者，古今何限，惟眞有所見者，其平昔之言自□則伸蒙。雖終身不達，雖不罵賊而死，余以爲奇士。然則言以見志，亦士之所不能無也哉。」[2]稱林慎思爲唐末「奇士」，充分肯定了林氏振興與改造儒學，試圖拯救衰敗唐王朝的志向，只因林慎思生活於亂世，文稿主要流傳於民間，直到宋元之際才由孫元復等人發現、推崇並付梓刊印，廣爲流傳[3]。

在《續孟子》中，林慎思重申孟子強調的義利問題，他在該書卷首〈梁大夫一〉中就指出：「梁大夫見孟子，問曰：『吾聞夫子教王遠利而易以仁義，有諸？』孟子曰：『然。』大夫曰：『吾家有民，見凍餓於路者，非其親而救之，脫衣以衣之，輟食以食之，及已凍餓幾死，是其親而不救之而何？』孟子曰：『噫！是大夫從王厚利而薄仁義故也。厚利率民，民爭貪欲，苟有獨持仁義者，宜乎不得全其身矣。昔楚有靳氏。父子相傳，以酒鴆醉人者，客過其門則飲之，未嘗不斃於路矣。卒有孺子能哀客而告之，然後鴆十九不行焉？洎靳氏怒，反鴆孺子矣。然而，靳氏家習不仁也，孺子身盜爲仁矣。一身盜爲仁，而罪一家習不仁，其家孰容乎。今大夫有仁，能救民之凍餓也，是謂身盜爲仁矣。及已之凍餓不得人之救者，豈非其家不容乎？大夫苟能與王移厚利之心而在仁義，移薄仁義之心而在利，則上下移矣。然後仁義非盜而有也，欲人不容，其可得乎？故《易》曰：立人之道曰仁與義。』」林愼思借孟子之口作這一番議論，是對唐末社會動亂，官吏橫征暴斂，百姓民不聊生，唐王朝危機四伏現狀的一種抗議。認爲在當時宣傳儒家思想已不爲世人所重，更不爲世人所容。究其原因，是貪官污吏薄仁義而厚利，倫理被顚倒了。爲此欲端正倫理，挽救時弊，必須利用教育的手段傳播儒家思想，而且首先要說服最高統治者。要使帝王能「移厚利之心而在仁義，移薄仁義之心而在利」，則儒學頹敗之風可以重振。在此，林愼思雖沒直接談到理欲問題，但強調義利的衝突，無疑對宋元理學家是有直接影響的。

唐朝懿宗時，儒學在官學和科舉中仍有地位，林愼思本人也是由此出身，但他深感作爲儒家教育的經學已經沒有什麼生命力了。對此，林愼思在《續孟子上．高子五》中有些表露，他仍借孟子之口說：「……持雅樂之器者，王雖未棄，王終不能用矣。」慨嘆唐末雖有傳統經書禮樂存在，但已不復重用，徒有其名而已。若想重振儒家，不能單靠朝廷的命令，還要靠帝王自身的道德完善。他說：「孟子曰：王苟能恩信來其民，必先以容儀正其身。……不遑以容儀爲務，使上下無儀矣。君臣父子何以則乎。」❹帝王若能以「與民同之」的思想統治天下則可國泰民安。他借孟子之口說：「吾所謂與民同者，均役于民，使民力不乏，均賦於民，使民用常足，然後，君有餘而宴樂，民有餘而歌咏。夫若此，豈不謂與民同耶。《詩》云：假樂君子，顯顯令德，宜民宜人，受祿於天。」❺要像唐堯等聖賢一樣，不以小廢大，忘記天下國家的根本利益，「化天下皆如堯之仁」❻，則興儒有望。

在他看來，王道興衰的原因「非天也，人也」❼。興王道爲國之大要，非天神主宰，而在實際人爲。他否定了「王道興衰由天之歷數」的說法，批駁了漢魏以來，讖諱神學和魏晉玄學的某些影響。如果帝王眞能懂得孔孟等先聖先賢的教誨，行仁政於天下，設禮以待士，使天下歸心❽，則不會像強秦那樣短命。林愼思說：「秦以山西之習起而馳驅中原，惟知干戈弓矢之爲利也，惡識仁義哉。天厭六國之亂，而使秦並之。天又厭秦之亂，而漢得之。」❾特別是秦朝「焚書坑儒，以愚黔首（百姓）」，雖想「帝萬世」，而「亡不旋踵」。其原因林愼思概括爲：「天亡之也。吾聞順天者昌，逆天者亡。天生羲農黃帝堯舜爲道之宗，又生禹湯文武周公孔子爲道之主，其言式萬代，其政訓百王，譬日月不可揜，山川不可遷也，秦人姍笑，先王絕棄禮法，悉舉而燔之，使天下之人橫目蚩蚩。無知識，無防節，是日月晦蝕，山川崩裂，天怒人怨，有滅亡之形，而人不知也，一夫呼，七廟墮，秦焚書，是自焚矣，秦坑儒是自坑矣。……」❿在此，林愼思把伏羲、神農、黃帝、堯舜稱爲儒道之宗，以禹、湯、文、武、周公、孔子爲儒道之主，意在抬高儒學道統的地位，將當代儒學的發展和振興與中國悠久的歷史傳統聯繫起來，借以攻擊那些與儒學相悖的學派、宗教和政治勢力，最終鞏固儒學的傳統地位。他明確強調儒學可以統治萬世而不衰，「其言式萬代，其政訓百王」違此卽違天，就要滅亡，故儒學的發展和黎民百姓的利益是聯繫在一起的，必須說服統治者給予高度地重視。在唐末思想混亂、社會動蕩的情況下，林愼思試圖振興儒學的志向是有一定的積極意義的。在亂世之中，爲適應社會的變化，林愼思提出了某些改造儒學的思想和主張，這不但在一定程度上影響了當時的社會，也對後世儒學的發展和變化作了積極地努力。

應該指出，所有這些，主要是因爲林愼思非常重視對精神領域的控制，他要以孔孟爲榜樣，在思想領域中找到自己及其所代表的儒學的正統地位，他曾說：「仲尼得於楚不爲有土，一失於楚不爲無土。何則？鰌居之水，鯤不可止也；鷃巢之樹，鵬不可棲也。故仲尼無土於一時，有土於萬代也。且生遇無道，則天下猶小，不容仲尼也，矧一楚國何益乎。苟生遇有道，則陋巷非隘，可封仲尼也，雖百楚國何及乎。所以，仲尼之道，高大無窮焉，亘萬代而乃容，非一時之能容矣。苟一時封楚，是鯤止鰌水，鵬棲鷃巢，卽莫能容也，孰爲有土乎？所以亘萬代而乃容。果遇有道而封也，孰爲無土乎？故〈儒行〉曰，儒有不祈土地，立禮義以爲土地。則知仲尼不得封楚，不患無土明矣。」⑪孔子雖無封地，但影響後世萬代，占據主要思想精神領域，成爲思想界的偉大人物。效法聖賢是林愼思的夙願和志向，在他的遺文中多處可見，正因爲如此，他要求振興儒學的思想才特別堅決。

二、強調禮法並重，以刑輔教

林愼思在唐末，看到的是新歷史時期的「禮崩樂壞」，有一種挽救危亡、拯救民心的使命感。他在《續孟子》中就借孟子之口用顏回比禹稷，從中抒發和表明了自己的志向：「萬章問曰：『夫子所謂禹稷顏回同道，使易地則皆然。然則禹以治水之功著，使回易禹，其能治水乎？稷以播種之功著，使回易稷，其能播種乎？』孟子曰：『惡，是何言歟！夫山者狩，水者漁，皆捕於物也，善捕於物，使狩反於水，必能爲漁焉，漁反於山必能爲狩焉。禹稷居乎世而顯其功，非山者狩乎？顏回居亂世而狩其道。非水者漁乎？苟禹稷游於孔門，名不後於四科必矣，其與狩者反於水，漁者反於山，何以異乎？』」[12]顯示了他平世顯功、亂世守道的傳統儒家精神。與尼子「憂道不憂貧」[13]及「窮則獨善其身，達則兼善天下」的精神是頗爲相同的。

在他看來，從古至今教育民衆主要有兩條路，一是用禮，一是用法。有人說古人純樸，今人狡詐，因此，在當代推行教化有許多困難，民衆的條件是今不如昔。林愼思對此不這樣看，他認爲：「今人易化。」有人問：「古民性朴，今民性詐，安得詐易於樸邪？」答曰：「朴，止也；詐，流也。止猶土也，流猶水也。水可決使東西乎？且嬰兒未有知也，性無朴乎？丱兒已有知也，性無詐乎？聖人養天下之民，猶養兒也，則古民嬰，然未有知也，今民丱，然已有知也。化已有知，熟與化未有知之難乎。」[14]這一段話的進步意義有三方面：首先，該論與厚古薄今的傳統儒學有所區別；其二，強調了化民（主要是道德教育）與民衆思想文化素質的關係，揭示了道德思想教育的某些規律；其三，對「朴」和「詐」沒有受傳統觀念的影響，而且以流水釋「詐」，認爲可以「決」使東西，強調了教育對民衆的引導和影響作用。這就爲他強調儒學教育的重要意義創造了新的理論依據。

以傳統的儒家倫理教育百姓，林愼思認爲是儒家統治理論的首要方面。但是，當禮制教育不很有效時，就要輔之以刑或法。他利用自己的善辨口才，說出了一套「有道之君刑峻」的理論：「宏文先生（本作「彇敗」）曰：『有道之君，刑孰峻於無道之君乎？』仲蒙子曰：『有道之君刑峻。』曰：『何不聞堯舜暴虐，桀紂寬仁乎？』曰：『水火不暴於虎狼也，然水火之爲峻也，必能滔湧天地、焚燎山川，而人不蹈也。虎狼之爲峻也，止於呀風吼霧，噬獸啗人矣，豈及水火之大歟，所以水火仁於人，而人賴之，不見其峻也。狼虎害於人，而人畏之，故見其峻也。有道之君猶水火然，無道之君如虎狼然，狼虎不及水火之大，豈不明乎？』」⑮他運用了孟子常用的「無類比附」⑯的邏輯比喻方法，說明了寬仁與暴虐的聯繫與衝突，改變了傳統儒學偏重說教不言刑罰的特點，是個有新意的說法。這是因爲，林愼思認爲世上的人並非都善或都惡，故此單靠仁義禮智信等儒家傳統的說教是遠遠不夠的。他說：「日月之照，孰曰偏邪？而瞽者不被日月矣。雷霆之震，孰曰隱邪？而聵者不戴雷霆矣。聖人以恩信臨人，豈得昧於天下乎？蓋習叛者瞽於恩信也。刑法示人，豈得默於天下乎？蓋習盜者聵於刑法也。嗚呼！恩信非不博，刑法非不大，而叛民盜吏瞽聵於下，豈恩信刑法能化乎？」⑰又《仲蒙子上·利用》記載：「求已先生曰：『治民之用恩刑，恩刑之利孰最？』仲蒙子曰：『刑最。』曰：『刑施而民怨，其利邪？恩施而民悅，其不利邪？』曰：『恩施於民，民既民矣，刑施於民，民不民矣。且民既民，恩不加，民自化也，民不民，刑不加，民誰御哉。譬處家而治羣下焉，下之良者，雖恩賞不至，且未失於良矣。下之惡者，苟刑責不及，孰可制其惡哉。是知治民用刑爲最。』」進一步深入地看到了教育本身的作用和局限性，他站在統治者的立場上，痛恨農民起軍，以至最後與黃巢對抗身亡，但他對教育局限性的揭示卻有助於儒家教育思想的發展。和過去某些學者的分析不同，林愼思並非一味地主張鎭壓百姓，視唐末黎民痛苦如無睹，他在《續孟子》和《伸蒙子》中曾提倡愼刑，並在〈審類〉中批評「處上位者不見下民之艱」，了解百姓下民「終日勞心而無告於上」⑱，努力緩合激烈的階級矛盾。

林愼思認爲，統治者除了在生活上要爲臣民著想外，還要提倡禮義，特別要實行教育。他在《續孟子下．宋臣十一》中說：「孟子問宋臣曰：『子之王於民何如？』曰：『撫之。』曰：『何以撫邪？』曰：『民未及歉，則開廩以賑之，不使民歉也。民未及寒，則散帛以給之，不使民寒也。』孟子曰：『吁，子之王曾不若魯民也，子知魯民善教子取薪乎？南山百里有薪也，北園百步有薪也。命子曰，汝採薪，欲山乎？園乎？其子曰：園近，願採諸園。魯民曰：汝勿以近爲易而採也，勿以遠爲難而不採也，且近是我家之薪，遠是天下之薪也，我家之薪，人不敢採之，以天下之薪盡，則我家之薪存焉。天下之薪，汝胡不先採之，以我家之薪盡，則天下之薪何有哉？子之王於民猶此也，民有耕織，猶南山有薪，不待取其耕織而賑之給之，是知魯民教子乎？以恩樂於民，不知民樂爲惰，民惰則何取乎？』」強調了教育與提高民眾素質的重要性。認爲恩撫賑給都要恰到好處，因時因地制宜，切不可盲從。因此，林愼思在強調儒學的過程中，也注意吸收其他各家的思想，尤其對道家、法家和魏晉清談的思想注意吸收，借以豐富自己的教育思想。他說：「設穽於路，用去害焉，害未及去而人過之，反爲害矣。稅金於市，用化利焉，利未及化而人叛之，反失利矣。且養其卒非捕民之寇盜邪，寇盜未必由卒捕也，而先盡民之父子焉。條其吏非勸民之農桑邪，農桑未必由吏勸也，而先奪民之粟帛焉。斯不亦用去害而爲害，化利而失利歟。嗚呼！韓非說難，嵇康養生，亦幾於是矣。」⑲對法家代表人物韓非，魏晉清淡領袖人物嵇康及其思想都表示了贊同，雖然在林愼思留下的文字中對佛教沒有明確的肯定或否定，但有些討論的內容也是受佛教影響的，這在後面還要談到。這裏所要強調的是，林愼思在宣揚儒禮之時，明確吸收法家及其他古代思想家及其流派的思想以輔之，突出表現了動蕩時代思想家們的一個特點，他們對許多理論都要重新思考，以其自身爲主，從他人的思想資料中吸取有益成份以自圓其說。因爲此時任何思想都會暴露出其缺陷和不足，必然像先秦百家爭鳴時那樣，「皆起於王道既微，諸侯力政，時君世主，好惡殊方，是以九家之術蜂起並作。並引一端，崇其所善，以此馳說，取合諸侯。其言雖殊，辟猶水火，相滅亦相生也。仁之與義，敬之與和，相反而相成也」[20]。雖然唐末之時，主要的思想只有三家，卽儒、佛、道，但法家、墨家、雜家、小說家[21]、玄學家仍然保留著影響，儒家以及佛、道三家中各自的流派也較多，都有矛盾和交觸之處。所以，本節題爲「禮法並重，以刑輔教」只是概而言之，輔教者尚有佛、道、墨、雜、玄、小說各家。盡管論及禮法關係已是一個比較古老的論題，前人作了不少研究，但在唐末這一特定的歷史條件下提出，又必然有許多新意。比如，秦漢以來，我國法制刑律逐步健全，至唐有前代各朝律令、《唐律疏議》、《唐六典》等問世，總結了以前各朝的政治鬭爭和法制鎭壓的經驗，吸取了長期分裂割據之後如何加強中央集權的教訓。因此對於動蕩時代的君主和統治階級利用的知識分子來說，都必然看重刑法的作用。這時的禮法並重，以刑輔教，當然與以前各朝不同，起碼是高一個層次的。然而，卽便如此，林愼思還是沒涉及唐王朝最後衰敗的根本原因，這當然是受他的階級局限性和歷史局限性所限定的，他最後的殉道而死，只能是封建社會知識分子可憐可悲的結局。

三、改造儒學教育的主張

既然要振興儒學，便要選擇首要的方面。在林愼思看來，進行儒家教化，首先要抓住「孝」的教育。他在《續孟子》卷下〈咸丘蒙八〉中寫道：「咸丘蒙問曰：『吾聞諸仲尼，立身揚名，以顯父母，孝之終也。舜瞽叟有不父之名，何也？』孟子曰：『瞽叟不父，天顯之也，天生大孝於舜，使化天下之人也。故不生於帝裔，而生於庶人，不事於常父，而事於瞽叟。生帝裔則先貴也，身先貴，則何以育兆人乎？事常父則心先安也，心先安焉，能成大化之節乎？是以取庶。人之窮以處舜，則使舜無怠矣。……』」[22]強調了孝敬父母，立身揚名首先要心不能安，身不能貴，這與孟子所提倡的「天將降大任於斯人也，必先苦其心志，勞其筋骨，餓其膚體，空乏其身，行弗亂其所爲，所以動心忍性，曾（增）益其所不能」[23]的「動心忍性」思想是一致的。雖然，林愼思的這一主張有一定的道理，即在艱苦的環境和條件下可以培養人的意志和善性，啟示了品格教育的一些規律，但畢竟對勞動人民和勞苦大眾有一定的欺騙和蒙蔽作用。讓下層民眾主動盡孝道，進而忠君，便可使孔孟儒學重新恢復。正所謂「孝在乎天下，不在乎一家也」[24]。重視孝道是歷代統治者的慣用手法，唐朝使用得尤爲嫻熟，唐玄宗御注《孝經》，不只對正統的經學教育起了重大影響，也使民間盡孝思想更爲深入。因此，唐末林愼思提出重視孝道在社會上已有廣泛基礎，這一主張在宋元及後世更爲擴大和膨脹，成爲束縛民眾的沉重枷鎖。

其次，林愼思認爲，重視教化的作用，弄淸儒家教育的性質和特點是避免片面性和盲目性的重要方面。自古以來教化常行，但收效卻大不相同，這是爲什麼呢？林愼思認爲，行教化首先要分析對象，看清受教育者的本質特點，特點不明、對象不清，教化的作用就會減少或者相反。他曾經說：「知道先生曰：『吾聞伊尹放太甲於梧官，有諸？』仲蒙子曰：『於書有之。』曰：『臣放君，忠乎？』曰：『太申始立不肖，伊尹放之可也。』曰：『桀紂不肖，龍逢、比干戀不放歟？』曰：『桀紂大不肖也，安能放哉？』曰：『吾聞狸能捕鼠，不能捕狗，則伊尹其捕鼠邪？』仲蒙子莞爾而笑曰：『先生聞良馬有害人者乎？良御必能維繫以馴伏其性也。聞猛虎有噉人者乎？武士安能因拘以馴伏其性邪？太甲不肖，猶良馬也，伊尹則可維繫以遷善也。桀紂不苟，猶猛虎也。龍逢比干豈可囚拘以遷於善乎？』知道先生釋然曰：『誠哉！吾子可謂知言矣！』」㉕在此，林愼思指出，遷善、訓導、教育都是外界的一種作用，能否在受教育者身上發揮作用，還要看其內因或本質，這就涉及到了教育哲學的基本問題，這個問題弄淸楚，教育的實施才能行之有效。在另一處，林愼思進一步談到了教育的作用的問題，他說：「求已先生（本作硺忋）問：『人之善惡，能化而遷乎？』仲蒙子曰：『遷矣。』曰：『性有剛柔，天然也，猶火可遷於水邪？』曰：『善不在柔，惡不在剛也。火能炮燔，亦能爲災，水能潤澤，亦能爲沴。及其遷也，化災爲炮燔，化沴爲潤澤，豈在化火爲水乎？人之善惡，隨化而遷也，必能反善而爲惡，反惡爲善矣。孟母正已以化於孟軻，及其遷也，非反惡爲善邪。齊桓大功而化於豎習，及其遷也，非友善爲惡邪。所謂人善惡隨化而遷，不亦明乎？』」㉖在此，林愼思肯定了教育對改變人善惡的作用，即能「隨化而遷」。說明和強調了教育對象的本性問題。認爲性有不同，皆出天然，應「隨其才性而化」，即效法孔孟等儒學祖師實行「因材施教」的教學方法。而且，還進一步指出，教育的作用是一種轉化，有可能由惡遷善，亦可能由善遷惡，所以對教育要有全面地估計，教育內容的錯誤和教學的不得法均可能引出不良後果。到此，林愼思對教育的論述還沒有完結，他還提出了教育應隨時間、地點、具體人性的變化而變化，不能默守成規。在這方面他不僅與道家的思想不同，也與傳統儒學的某些觀點產生紛歧，有一定的進步意義：「干祿先生曰：『子謂今民易化，何唐堯獨彰於古邪？』伸蒙子曰：『吾所謂古民難化，性猶土也，土不移，移則墝埆生矣。今民易化，性猶水也。水可導，導則源淸矣。是以古之民雖唐堯在上，終不能化頑嚚使有知。今之民有堯之化，孰有頑嚚之難化乎？故曰今民易化也。』」㉗只有了解民性、時代，才有可能掌握好教育這一重要的統治工具。在此，値得注意的是，林愼思強調了人性的兩個特點：第一，人性古今不同，可以變化（盡管他作的比喩不妥）；第二，人性可以通過教育有所變化，將人性的思想引入他的教育思想，雖然在某些方面，林愼思表現出一種保守的傾向，而且閉口不談佛教的思想，但在行文中已接受了某些佛教的內容，爲後世宋明理學探討人性的教育問題作了一定的探討，這是非常可貴的。

第三，林愼思認爲儒學改造的一個重要方面就是要加強儒家知識分子自身的修養。在他看來「治外物易、治己身難」，而後者是非常重要的。他說：「習幻惑之徒，書其異求，每一呼吸，皆能變寒爲暑，變正爲非矣。習焚煉之徒，蓄其神方，每一施用，皆能變石爲金，變土爲銀也。然外物榮枯貴賤猶能變之，而己身榮枯貴賤不能變之，何邪？信知治外物之易，而治己身之難也，今有人行文行忠信之道，能言於人而不能行於己，與夫習幻惑焚煉之徒何如，是知巧婦之手，不能飾醜爲容，壯夫之力，不能撥賤爲貴。」㉘嚴厲批評了言忠信之道不能行於己的儒者。根據他的主張，儒家學者應該「愼名」，應該終身爲善，不行一惡。他指出：「終身爲善，而善未必聞。卒有一惡歸之，則爲善之名敗矣。終身爲惡，而惡不可揜，卒有一善歸之，則爲惡之名弭矣。緜之職非不專也，一旦功不至，反戾其職矣；管仲之謀非不僭也，一旦功既霸，反高其謀也。嗚呼！服玩之器，重於千金也，忽壞則棄糞壤焉，稗草之叢，蔓於萑蘭，忽食則同谷粟焉。」㉙教導人們終日爲善或改惡從善，加強自身的修養，爲儒家倫理的振興打下社會基礎。在〈仲蒙子下・刺奢〉一節中林慎思講了一個自身修養的道理，他說：「一樹之花，人爭盼焉；一株之棘，人爭忌焉。且人皆愛花之鮮妍，不知鮮妍能誘人爲驕奢之患矣。人皆忌棘之傷害，不知傷害能誡人行正直之路矣。嗚呼！驕奢事極，則花爲禍人之根者也。正直路存，則棘爲利人之本者也。而人不知忌於花，而忌於棘，噫！惑人也久矣。」在此，林慎思論述了美醜善惡的特點和其轉化關係，指出道德倫理的修養不是在舒服的環境中可以完成的，必須經過艱難與困苦，而悠閑的環境只能使人懈怠惰落。「韶夏之聲，人非不知可敬，而不能嗜也。鄭衛之聲，人非不知可去，而不能舍也。何哉？可敬者禮節也，禮則難行，故人不能嗜矣。可嗜者非禮也，非禮易惑，或人不能舍矣。是以演先王之教，不得人之樂者，教難行也。吐倡優之辭，皆得人之喜者，辭易惑也，惡有聖徒能乘其心者，後易惑而難行哉。」㉚這後一段議論，林慎思冠之以「明性」，以「明性」爲題，大概是從禮、非禮、敬、嗜、難、易等角度分析人性在修養中的表現。雖然，在此林慎思並沒有講性之善惡，但隱指性的這一表現爲社會的普遍現象，可以說這便是宋代理學家所謂的「氣質之性」㉛。林慎思的這些思想無疑對後世思想家有重要的啟發和影響。

四、進行對儒學教育的估價

對儒家教育的估價，主要是從林愼思的教育思想和尙賢思想出發的。既然教育的主要內容是儒家教育，那麼，首先要看受教育者對儒家經典思想的掌握如何，要看仁、義、禮等儒學基本思想在亂世是否還能被繼承下來，流傳下去。林愼思在《續孟子》和《伸蒙子》中多次強調了這一思想，可見這是最主要和最關鍵的。尙賢是儒家教育思想的主要內容，也是林愼思評價儒家教育的重要方面。首先，林愼思提倡周公廣爲納賢的作法，如《伸蒙子上·廣賢》記載：「求己先生曰：『周公吐哺以急賢，然未聞賢肖，周公何爲急邪？』伸蒙子曰：『周公以急賢之心要四方之心，不在肖周公而急之也。若必肖周公而方急之，則無賢可急，何以要四方之心乎？夫賈者積金市物，聞鬻者之聲，則必躍然而近之，雖物不合賈者，亦償金而取焉，所以不阻四方之物也。不阻四方之物，則四方之心嚮焉。周公設禮以待士，聞有士之名，則必欣然而迎之，雖士不及周公，亦下禮而接焉，所以不阻四方之士也，不阻四方之士，則四方之心歸焉，則知急賢之心，要四方之心也。豈有肖周公而後急之邪？』」在此，林愼思明確回答了求己先生的問題，指出「急賢」乃是一種統治手段，以此要「四方之心歸焉」，使天下英才盡爲所用，即把握住天下所有已成之才。這裏應該注意的是求己先生的問題（即林愼思自己的設問）也是很有意思的，即用賢應該要「聞賢肖」，要掌握用賢和考察賢人的標準。那麼，哪類人是賢者呢？林愼思認爲應從實踐中考察。對聖賢的檢驗和評價不能只看說的和寫的，主要應觀其本質，尤在其行用。在《續孟子卷下·齊宣王九》中，林愼思寫道：「齊宣王問孟子曰：『吾欲任忠去邪，用得其當，唯左右前後，賢不肖孰辨邪？』孟子曰：『用之而已矣。』王曰：『惡知可用而用乎？』曰：『王誠不見所以用也，夫材既伐矣，離於山谷，處於庭廡，久則於圩墁以封，苔蘚以周，目之於外，誠不分其松櫟也。在斧以削之，斤以斲之，索其內然後辨矣。賢不肖在王之左右誠久矣，進退以恭，言容以莊，目之於外，誠不分其賢不肖也。在祿以誘之，勞以處之，索其內然後辨矣，王苟不用，則賢不肖何以辨乎？』」當然，只從一時一地的實踐中考察還不够，還要分析其自身的發展全過程及可變因素。他說：「鑿井於路旁，用濟路人之渴，一有墮之者，則罪鑿井焉。立署於河側，用榷商賈之利，一有危之者，則反德立署焉。然鑿井至仁而反不仁，立署至不仁而反仁邪，所反者皆誤而然也。」[32]又說：「君子行其道，則先防惡人，伺其善則交之，豈知有行善而蓄惡者，……」[33]作為賢才分析，就要能看到某些「行善而蓄惡」的成分，不被一時的假象所迷惑。

在林慎思看來，最高尚的賢者卽是「喜公而嫉私」的人，這也是很難得的理想人物。他說：「郡起虎狼之暴，雖隔他郡聞之，亦咸有懼心也。地產珠玉之珍，雖隔異地聞之，亦咸有嗜心也。一有能殺狼虎者，眾聞之莫不喜，一有能得珠玉者，眾聞之莫不嫉，蓋殺者去眾害，公其利也。得者奪眾好，私其利也，且人心皆知喜公而嫉私也，使能得是公去是私，而與眾人喜而不嫉者，幾人乎？」[34]的確，能如此而行，在古代稱為「克己復禮」，在宋儒叫做「存天理，滅人欲」，是傳統儒學教育的理想目標，當然也就是儒學教育評價的最高標準。

林慎思還認為，在儒家教育過程中，子不必與父同，學生不必與教師同。一方面可以像荀子在〈勸學篇〉中所言「青出於藍而勝於藍」，另一方面也可像韓愈在〈師說〉中所言「師不必賢於弟子，弟子必不如師」，甚至可以與老師分庭抗禮或另闢蹊徑，儒家教育可以教人勝過別人，也可以教人自勝，在自身本性的基礎上通過教學獲得自身的發展。他說：「趙女有巧飾容者，越女見之，謂傾國之態難移矣，豈知習之而反自勝邪。郢人有善調歌者，巴人聞之，謂貫珠之音可奪矣，豈知習之而反不及邪。且顏容喉舌，天然也，妍醜清濁，豈有同乎？蓋以齊莊運動，不得無師矣，仲尼昔師於老氏也，後設其教，則大於老氏焉，是師其齊莊也，妍醜豈由於老氏乎？韓非、李斯昔師於荀卿也，後行其道則反於荀卿焉，是師其運動也，清濁豈由於荀卿乎。若使人有能否，可褒責其師也，則妍醜清濁亦可移於人，不由天矣。」㉟在教育過程中，學生的本性和教師的教導同樣是起重要作用的。因此，受教育者的好壞或成功與否，不能只看成是教師的作用，還要注意和考察其他因素。可以說，像林愼思這樣考察教育的結果是比較科學和符合實際的，可以避免片面性和主觀臆斷。由此可見，林愼思的儒家教育思想是比較開明靈活，比較進步的。過去評論他，總以爲他提倡刑法，是主張鎭壓民眾的劊子手，對其思想中某些合理的部分和內容缺乏深入地分析和研究，研究隋唐思想史和教育史者多未能涉及其思想，因此也難深入。

附註

❶ 見南宋劉希仁〈伸蒙子跋〉。

❷ 見鮑廷博《知不足齋叢書》、李調元《涵海》及掃葉山房《百子全書》。

⑬ 孫元復〈伸蒙子原序〉中提到：「予未冠時，嘗見林東一先生寶其上世《伸蒙子》書，同先君乞言於三山諸先輩。至正癸卯，予館於林氏，與其第行一君及其子仲連詳閱其書，其間敍跋，若林、若吳、若黃、若陳，皆先君友，執予所嘗師事者也。即言而求人，已不可得於今日，況伸蒙於生數百載之上哉。慨然退思，不覺涕下，主人因集而出之，以附於後……。」

④ 《續孟子上·梁襄王二》。

⑤ 《續孟子上·樂正子三》。

⑥ 《續孟子上·陳臻十四》。

⑦ 《伸蒙子》卷上〈槐里辨上篇·章變〉。

⑧ 《伸蒙子上·廣賢》。

⑨ 《伸蒙子中·去亂》。

⑩ 《伸蒙子中·合天》。

⑪ 《伸蒙子上·演聖》。

⑫ 《續孟子》卷下〈萬章十〉。

⑬ 《論語·衞靈公》。

⑭ 《伸蒙子上·喻民（古今化民難易）》。

⑮ 《伸蒙子中·辨刑》。

⑯ 侯外廬主編《中國思想通史》，及拙文〈孟子教育思想述評〉（《青海師範大學學報》一九八六年四期）。

⑰ 《伸蒙子下·遠化》。

⑱ 《伸蒙子下》。

⑲ 《伸蒙子下·諷失》。

⑳ 《漢書．藝文志》。

㉑ 墨子自先秦後顯學地位一落而不爲人知。至唐，曾一度受到重視，《墨子》一書也沒有失傳，而且墨子提倡「以孝示天下」、「兼愛」等，在林愼思和一些思想家的著作中均有表現。雜家在先秦「兼儒墨，合名法」，是出了議官的思想，在唐代雜揉三教，論及治國安邦的大有人在。魏徵的《羣書治要》，唐高祖的《麟閣詞英》等均是雜家類著作。小說家是「街談巷議、道聽塗說之所造也」。唐代的傳奇類此，其中一些神怪的思想雖與道家的仙怪清虛之說有聯繫，也受墨家「右（猶尊尚也）鬼」、「順天」思想的影響。唐傳奇是中國小說之濫觴，對中國思想界有不可估量的影響（以上引文均出自《漢書．藝文志》）。

㉒ 《續孟子》卷下。

㉓ 《孟子．告子下》。

㉔ 《續孟子》卷下〈莊暴十二〉。

㉕ 《伸蒙子上．遷善》。

㉖ 《伸蒙子上．明化（隨其才性而化）》。

㉗ 《伸蒙子上．演喩》。

㉘ 《伸蒙子下．治難》。

㉙ 《伸蒙子下．愼名》。

㉚ 《伸蒙子下．明性》。

㉛ 在《伸蒙子下．分賢》中，林愼思曾兩次提到「性勇怯，非教導能移也」，「棄財之性不可移也」，均認爲人性中有本然或不可改變的東西，是性格、性情或本性的體現，大概也屬於「氣質之性」一類，與宋儒所謂的「本然之性」，即仁義禮智信等是相對而言的。

㉜ 《伸蒙子下．書誤》。

㉝《伸蒙子下・伺難》。

㉞《伸蒙子下・指公》。

㉟《伸蒙子下・由天》。

王真《道德經論兵要義述》發微

周益忠

一、前言

對於《老子》的研究，自戰國時代韓非的〈解老〉、〈喻老〉篇以下，以迄於今，無論學者、民間，作者輩出，其數量直可謂遽數之不能終物。就中不乏成績斐然，流傳至今者，如河上公、王弼、傅奕等人；但也有一得之見，而後人亦不廢者，如顏師古之《玄言新記明老部》，嚴靈峯以其於三十一章「夫佳兵者」之言，可證王弼之注文於唐代尚未脫落①。當然以平庸無奇、或不幸遭遇兵燹等書厄而湮沒不彰者，更所在多有。唯王眞的《道德經論兵要義述》一書，用心堪稱苦卓，立論異於眾家，生當唐季，遭逢亂世，所言雖能感動人主，卻無以救唐室的傾頹，更無以使後之人曉諭其意。其端皆在於「論兵」一詞的誤人所致。且王眞嘗有：「五千之言……未嘗有一章不屬意于兵也」的話。更以其出身行伍，官拜將軍，世人乃謂其不知老聃的玄恉，評價遂在視五千言爲權謀者之下了，如明代焦竑曾參考六十四家等注說，而成《老子翼》，於序中嘗評王眞此篇而道：

> 《老子》，明道之書也。而唐王眞也者，至以爲譚兵而作。豈其佳兵善戰之言，亦有

以啟之歟。余曰：《老子》非言兵也，明致柔也，天下之喜強者，莫逾於兵，而猶然以柔詘也，即無之即不柔，可知已。柔也者，剛之對也。道無不在，而獨主柔而賓剛，何居？余曰：《老子》非言柔也，明無爲也。柔非即爲道，而去無爲也近，剛非外於道，而去無爲也遠，故自柔以求之，而無爲可幾也。

由這段話，可見焦竑認爲王眞不知《老子》。焦竑以爲《老子》之言柔，明無爲也，卻不知王眞此書正扣緊無爲、不爭來立論。其論點應與焦竑所言之老子，並無二致（詳下文）。然而可見王眞之書，人但惑於其名，遂生誤解，以爲不足觀，如所謂名不正、則言不順者。然而王眞之書乃「論兵」，非「用兵」或「兵法」者，正如今之言戰者，非僅言「戰術」「戰法」，亦可言「戰略」或「整體戰力」、「政治作戰」、「戰爭思想」等等不一而足。「論兵」之意，可以包含用兵、超越用兵，甚至反對用兵，或者如何避免用兵等。當然王氏若以武人的身分，遽爾提出此等駭俗之論，未必服人，遑論諫君？是以假《老子》之言，雖非託古改制，亦可收重言以信人之效。所以他藉五千之言以論兵，而充滿著反戰思想（其實是超越戰爭），也就不足爲奇了❷。當然他「掌握了《老子》無爲和不爭這兩個中心觀念」頗爲今人所重視。然而王氏何以論兵而及「無爲」、「不爭」？而且他出身軍戎，緣何而有此見解？且此見解立論的依據何在？當時有無實現之可能？亦或只是書生迂腐之策等等，實應加以討論。今因就此而探索，求能發王氏此書的旨意所在。

二、王眞及其時代背景

王眞其人，本非儒生、亦非文士，也不是《老子》的硏究者，而是不折不扣的行伍出身。軍銜爲「朝議郎使持節漢州諸事守漢州刺史充威勝將軍」❸漢州，地在劍南，卽今四川廣漢縣，位近當時強鄰吐蕃。安史亂後河湟失陷、西川告急。歷時數朝，威脅之嚴重，不下藩鎭。而王眞以將軍之職責，於論兵之中，竟然充滿無爲、不爭等反戰思想於此，除非就其時代而探索，實難有功。

有唐一代，以皇室姓李，特尊老子，曲爲攀附，以之爲眞君，加封爲太上玄元皇帝。然李唐於北朝本爲胡化之漢人，以漢胡一家❹，因而於佛道一體並尊，胡化亦深，於四夷既不加猜防，且重用胡人以守邊，但也因如此，而有安史亂事，兵連禍結，唐室以衰❺，進而又有其餘孽趁機割據河北、山東等地，吐蕃、南詔更不時入寇，河湟以削，凡此莫非胡人故，而漢胡之分以深。以此，解決之道，自乞靈於固有文化，中唐哲學之突破，因而於此展開❻。此時文人以科舉而進者，固不庸多論，而武人亦多措意於此，好文亦成武人之尚❼。

然而，武人好文，亦不得謂爲王眞以老子論兵的依據，猶須看憲宗時的天下大勢。藩鎭割據，歷時久而難定，然而憲宗元和年間，因緣際會，竟得以削平諸蕃，如收魏博、平淮西、定淄青等，一時海內歸順，號稱中興❽。雖猶有不馴者，然大抵唐室之威勢以振，確有「遠人不服則修文德以來之」的大好時機與信心。與代宗、德宗時，自眞是大有不同。安史亂後，唐人雖於胡將頗多微詞，然猶寄望於武人以平亂。如杜甫雖有《留花門》詩等刺回紇借兵，卻又有《諸將五首》之「獨使至尊憂社稷，諸君何以答升平」「西蜀地形天下險，安危須仗出羣材」等詩句，寄望諸將可謂既深且切。及至憲宗之後情況改觀，武人的地位已大不如前。如穆宗之時張弘靖鎭盧龍，卑視武夫，部下韋雍，嘗謂軍士道：「今天下無事，汝輩挽得兩石力弓，不如識一字丁。」穆宗繼憲宗而立，以新復盧龍，張弘靖、韋雍之言，雖種下日後失敗的近因，然而亦可見當時重文之風❾。

再者，憲宗的個性亦有可道者，《新唐書．食貨志》所載，憲宗因德宗府庫之積，頗約費用，身服澣濯❿。可見王眞之屢以無爲、儉嗇等說憲宗，實有其契機，準此，擴而充之，欲致君堯舜，偃兵息武，以保四海、安天下，可說是王眞的用心所在。

三、王眞論兵要義述剖析

至於王眞之以《老子》論兵，所拈出要旨「無爲」「不爭」，本合於《老子》的原意，然而無爲、不爭，如何而可以折服藩鎭，安定四夷？其奧妙何在？且王眞如何打動皇上的心，使得憲宗能接受此種無爲、不爭的戰爭思想？於此，實頗有探究的必要。

(一) 爲人君而寫

王眞此文，是寫給皇上看的，因而文中句句皆爲皇上設想，且將老子之書視同爲帝王而寫的⓫，進而以聖人指爲皇上。王眞於首章卽云：

臣眞述曰：夫稟二氣而生，居三才之際，靈於萬物者，謂之最靈、靈於最靈者，謂之聖人，聖人代天而理萬物者也。

《老子》首章，未有言及聖人一詞，而王眞竟於開宗明義卽提到。且篇首前四字「臣眞述曰」卽可見本文是寫給皇上看的。而王眞更將此五千言都解成老子爲人主而寫。雖不免有曲加附會處，更可見其用意之專⑫。如同章釋「玄之又玄、眾妙之門」爲：

蓋天地之道，四時行焉，百物生焉，是爲一玄也；聖人之道，代天理物，各正性命，復爲一玄也，故曰玄之又玄。是以道君將明王者治天下、安萬國、正師旅，孰不由此戶者也？故曰眾妙之門。

(二) 人君之修爲

聖人既以代天理物爲職責，因而須具備各種修爲，亦卽內聖之道能德合天地。因而二章以下卽隨《老子》之文而立說，如第四章釋「道沖而用之或不盈」云云卽道：

此章言人君體道用心，無有滿溢之志，長使淵然澄靜，如萬物之祖宗。則自然挫折鋒銳之銛銳，解釋紛擾之云爲。

可知主上之修爲如此，乃戢兵止戰的妙方。於五章亦伸言此說：

言天道與王道者同施仁恩，能以美利利天下，不言所利。且不責生成之報焉。王者既不責於人，則刑罰自然不用矣，刑罰不用則兵革自然不興矣。兵革不興則天下自然無事矣。

欲止兵革、首在王者能不責於人，而王者的修爲何在？此章曾藉「天地之間、其猶槖籥乎」加以解說：

言國君能調和元氣、應理萬機，如槖籥之用焉，終無屈撓之蔽也。又夫人不言，言必有中，是以聖人處無之事，行不言之教，故曰：多言數窮，不如守中。

(1) 清寧之道

欲應理萬機，乃須調和元氣，進而處無爲之事、行不言之教。六章復藉「緜緜若存、用之不勤」而言：

人君長能固守清寧之道、以理其天下國家，則自然無動用勤勞之事，故曰用之不勤。

以「自然無動用勤勞之事」解「用之不勤」，雖爲別解，然可見他用心乃在皇上果能守清寧之道、則可以垂衣拱手以治天下。四十五章有云：

詳其大歸終本於清靜之德。

(2) 克己復禮

唯若所言僅在於此，恐將使皇上陷於丹藥符錄之事而已，前所說「同施仁恩」已有儒家之意，七章更藉「非以其無私邪，故能成其私」，而引孔子之言：

> 若夫人君克己復禮，使天下歸仁，既得億兆歡心，蠻夷稽顙，自然干戈止息，宗廟安寧。

用兵的目的，每有異同，唐室自安史亂後，爭戰連連，民不聊生，自然以止戰而獲安寧爲是。想得如此，則唯有克已復禮，以使天下歸仁，此爲周公孔子之道，爲邊境所未嘗聞者⑬，而爲我族文化之要所在。王眞以一介武夫，欲論兵，雖以《老子》爲說，然不採援佛入道，以求釋道合流，而以孔孟之道爲說，用儒道會通的方式，且不採道家權謀，但言儒家德化⑭。實可見其用心，不愧儒將之稱。於五十七章又引孔子之言：

> 治國者以政，政者正也，君率以正，孰敢不正。

(3) 用德行仁

其意仍在國君當爲天下之表率。且更引儒家之仁愛以言《老子》之嗇。五十九章：

> 嗇猶愛也，言王者治人事天，必當以仁愛爲宗。故曰莫若嗇，夫仁愛之道行焉，則天下早服，天下早服，故謂之重積德，重積德者，以戰則勝，以守則固。

以仁愛釋嗇，而爲重積德，則可勝可固。五十四章釋「善建者不拔」下也說：

> 此一章蓋明其全用德行仁，以傳萬祀之福。

以上所言，皆有本於儒家，用來說老子，以曉喻國君，亦可見其頗有儒道會通的思想在⑮。

(4)謙柔卑巽

當然欲以德化人。要在主上之心能淸虛自持，所謂「謙柔卑巽之極」（六十六章）云云，除上所列舉外，又如四十五章之：

> 夫聖人雖處萬全之地，亦不矜其成，常若虧缺，故其用也，終無弊敗之憂，雖居至滿之勢，亦不驕其盈，常自謙虛，故其用也，永無窮困之厄。

以謙虛、虧缺爲用，則不憂弊敗、窮困。

四十章也說「歸根守靜」，五十章則言「和光同塵，調和元氣」，更以老子所云柔弱如水、卑下如谷而云：「故雖上德之君，必如溪谷之卑下，虛受納汚也，雖大潔自之君，亦常如自居穢辱也。」（四十一章）「此章又特引水柔弱能攻堅強者也，……道君深歎天下之人，不能知此之妙用，勤而行之。」皆討論謙柔卑巽的妙處。

(5)自愛不自貴

然而謙卑、淸虛，爲主君者其要仍在愛其身。十二章卽引老氏之言「奈何萬乘之主，而以身輕天下？」以證。十三章又云：「是以貴其身者、適可以暫寄於天下，愛其身者，可以永託於天下也。故經曰：「聖人自知不自見，自愛不自貴。」亦可見理天下之道，端在其能自愛。至於「自愛而不自貴」一語，則恐其自我膨脹，而遭忌以僨事。三十九章云：「侯王無用其貴高以自強大、常恐有顚蹶之禍也。」又云：「故曰以賤爲本也。非乎？夫不自強大則不爭，不爭則兵戰自息、兵戰自息則長保天祿矣。」等可知此理。

(6) 自居於小

以謙虛則自爲卑下，欲不自貴、不自強大以遭忌，則當自居於小。爲天下國家之君者，更宜如此。是以《老子》八十章「小國寡民」乃老子之理想國，而王眞則以爲：

言爲君之道，雖大國之強，亦常須自爲卑小；雖有眾庶之力、亦常須自示寡弱。夫自爲卑小者，且無矜大之過，不失謙柔之道，自示寡弱者，且無恃賴之尤，不失限防之備，設使國中有什人之豪，百人之長者，亦不任用，以生其必。夫如是，則人各懷戀其生，畏重其死，旣安鄉土，寧遠遷移？……

雖爲別解，然亦知居天下之大，而應自爲卑小、自示寡弱。此眞孟子言唯文王能以大事小者。

(7) 慈儉之德

且旣自居於小，自當有慈儉之德。如六十七章云：「此欲人君深詳三寶之義，保而持之，故先開用捨之端，以明慈儉之德也。」，六十八章更言：「夫王者節用而愛人，使民以時。」，四十八章亦有「聖人少私寡欲，偃武修文，自然無所云爲也」之語。四十四章猶勸道：「唯聖人能知戰鬭之可息，不爭其名，知財貨之可足，不害其身，不多藏、不厚亡。」若有不然，則：「是以人君恣可欲之心，則天下之人皆得罪矣！」（四十六章）同章又云：

> 人君所欲盡得，則天下之人悉罹於殃咎矣！必也上之人能知足之爲足，則天下之人孰不常足矣。

五十三章更剴切地呼籲：

> 專取不足之人，奉有餘之室，此誠所謂盜賊之矜誇，豈可謂大道也哉？此蓋道君深歎衰困之時，天下若此之過，故立此章，以切戒之也。

眞是用心良苦，足爲在上者戒。

(8) 隱其聰明

唯此不足，更欲其民能樸素，先當自隱其聰明：

> 爲君之道、以當隱其聰明，寬其教命，常悶悶然，則民自樸素矣。（五十八章）

六十五章更逕言：「以智治國，國之賊。」其意卽在：「欲使天下之人皆能守其愚直樸素者，乃所以爲國之福祿也。」當然亦不可就此而言爲愚民政策，以其猶有愛撫之意在。五十一章云：「王者當宜生畜養育，成熟覆養萬物，而不失其時，仍有其功、不恃其力、絕其宰割、息其鬪爭。」四十九章亦言：「旣孩撫天下之人，則爲人之父母明矣，豈有人之父母肯以干戈刑罰而欲害其子乎，必不然矣。」實爲如保赤子、保民而王的思想。六十二章所言又可爲證：

聖人所以寶此道者以其可保養天下之人也。夫天下之人，善者少、不善者多，其可盡棄之耶？

(9) 反省、鑑戒

以上所列淸虛、謙柔、自居於小、儉嗇、隱其聰明、孩撫天下等，皆欲其人君能執此古道，以御天下之目，然而言之不足，故須引重言，以竦動人主，更須徵古事，以爲鑑戒。如六十七章、三十八章，皆引三皇五帝之事，以見其效。七十六章，則引夏商之衰，始皇之末等亡國之事以證兵強之患，他處所引、也在曉喻此理。又如三十章之「借秦事以言之」，三十三章之「失嬴不及霸，始僭稱皇，項未及強，而先稱霸，……夫有力而勝人者，未嘗不終爲人所勝。」云云，皆可見其欲藉史實以證此天道人事之理，誠史遷所引夫子之言：「我欲載之空言，不如見之行事之深切著明也。」史實斑斑、如在眼前、足爲後人之鑑戒。王眞於老子所云或引證史實，或曲加解說，皆欲人主之能省悟。以三十六章爲例，此章他人每以爲陰謀之論，而王氏則言：

此一章正言其天地鬼神害盈福謙之義也。言治國治軍者，必須仰思天道，俯察人事。常宜深自儆戒，曰：夫天時人事乃今固開張我者，莫將欲歙斂我乎？乃今固強大我者，莫將欲弱小我乎？乃今固興盛我者，莫將欲廢黜我乎？乃今固饒與我者，莫將欲刼奪我乎？……

貞如魏徵上太宗之疏⑯，欲其居高思危、臨淵履薄、隨時反省，而特爲別解。於六十三章亦重申此理：「言人君若有所慢易，則必有禍難之事，生於其間也。」可見他時時不忘警戒人主。

(三) 論用兵之道

人君若能守此道，自然無爲、不爭，而無有兵戰之事。當然若仍有冥頑不靈之輩，則王者可行征伐之事。七十四章卽云：

若人君以道德化之，則人必懷生而畏死，自然有恥且格，而復有兇惡之徒，忽爲奇者，卽吾得執而殺之，此謂用兵之徒，作奇巧詐僞，而亂人惑眾者也，則吾得執持而誅殺之。

(1) 主將之修爲

欲誅殺兇惡之徒，則當用兵。然此文論及兵法之處甚少，且頗疏略，蓋其措意不在於此。唯八章、六十九章稍有涉及。六十九章云：

故雖有敵至，我則善師而不陣，善師而不陣，卽自無征伐矣。故曰行無行也。旣無征行，卽我之師徒，抱義以行，何攘臂之有哉！夫有道之君，縱有凶暴之寇，妄動而來，我師告之以文詞，舞之以干羽，彼必聞義而退，自然無敵，故曰仍無敵，敵旣退卻，干戈戢藏，故曰執無兵。……

能如此，則必無爭，也將不敗。至於第八章所論則更爲詳盡，如言及主將之修爲，正可與前所詳言人主之道德，所謂「主執有道」相呼應。頗能暗合《孫子兵法》，王眞道：

主將之心，必在清澄深淨。故曰心善淵也。

以釋心善淵而涉及，稍嫌簡略。然由前述人主之修爲處，已有討論，他章未再論此，亦彌足珍貴。王氏更於此章，大談理兵之道。藉首句「上善若水」而云：

此一章特論理兵之要深至矣。

(2) 用兵當法水

河上公注此曰：「上善之人，如水之性。」而王眞以之理兵，而申論爲：

夫上善之兵，方之於水，然水之溢也，有昏墊之災，兵之亂也，有塗炭之害，故水治則潤澤萬物，通濟舟檝，兵理則鎮安兆庶，保衛邦家，若理兵能象水之不爭，又能居所惡之地，不侵害者，則近道矣。

以水溢喻兵亂，水居人惡之地，理兵當法此，王眞亦頗得孔、老觀水之術⑰。

(3) 選擇善地

再則釋居善地等爲：

是以兵之動息，必當擇利而處之，故曰居善地也。

此句可與《孫子軍形篇》：「善守者，藏於九地之下，善攻者，動於九天之上，故能自保而全勝也。」相發明，唯王眞但略及原則，未若《孫子》之有〈地形篇〉、及〈九地篇〉等詳論。

(4) 知用兵之害

兵者類多凶害，故戒之曰與善仁也。

此言謂用兵之道，當先知用兵之害。《孫子．作戰篇》有云：「不盡知用兵之害者，則不能盡知用兵之利也。」王眞則由「與善仁」而發，可見其念念不忘於仁者之師。

(5) 軍政勿亂

夫軍旅之政，失則爲亂，故曰政善治也。

以軍旅之政當整齊，上下一心，不然將爲亂。如燭之武退秦師後，子犯請擊之，晉文公以爲「以亂易整，不武」（見左傳僖公三十年）。《孫子．謀攻篇》所云：「不同三軍之事，而同三軍之政，則軍士惑矣。不同三軍之權，而同三軍之任，則軍士疑矣。三軍既惑且疑。則諸侯之難至矣，是謂亂引軍勝。」卽爲此意，蓋已亂之師，將予敵人可乘之機，王眞此言亦合兵家之旨。

(6) 謀慮精微

兵者所尚、謀慮精微，故曰事善能。

何以兵者所尚，謀慮精微？實因其關乎國家之存亡不得不如此。《孫子．始計篇》云：「兵者國之大事，死生之地，存亡之道，不可不察也。」可知廟算謀慮爲兵家首要，疏忽不得。《孫子．始計篇》又云：「夫未戰而廟算勝者，得算多也；未戰而廟算不勝者，得算少也；多算勝，少算不勝，而況無算乎？」因此謀略當精微以求勝算多，而有必勝的把握。

(7) 當期爲尚

凡與兵整衆，應敵救災，必當其期，故曰動善時也。

兵者，不得已而用之。《孫子．火攻篇》：「主不可以怒而興師，將不可以慍而致戰，合于利而動，不合于利而止。」正見選擇時機之重要⑱。

(8) 不爭之用

上述老子七善，王眞以之論兵。且又以此章末句「夫唯不爭故無尤」推論不爭之用：「臣伏以道君之意，深切誨諭者，正欲勸其人君無爲於上，不爭於下爾，夫無爲者，戢兵之源，不爭者，息戰之本。」無爲、不爭，王眞屢次言及，此章於論兵之後，猶不忘此四字眞言，可知其欲息戰之心。唯此不足，更以之勵主上：

凡人之情，不能無爭，唯聖人乃能無爭。語曰：君子無所爭，又曰：在醜不爭，爭則兵，矧乎王者豈固有爭也哉。

王者高人一等，因能無爭。王眞眞懂得善用心理，以盡規勸之道。宜憲宗讀後之嘉勉頗親切⑲。

(9) 論兵重敵

然王眞雖屢言無爲、不爭，亦非腐儒之廢兵不觀。於六十九章又以「禍莫大於輕敵，輕敵幾喪吾寶」而道：

輕敵者謂好戰於外、無備於內，與其無備於內，寧好戰於外，好戰於外，猶有勝負，無備於內，必至滅亡。

此語實兩害相權，取其輕之意。觀其言，爲補救誤解不爭，無爲之眞義，流爲輕敵而無備於內者。是以四十二章所云，即戒恃衆好兵者：

若不知損益之道，但恃衆好兵，暴強輕敵，必當摧辱破敗，覆軍屠城，卽是失其所明矣，故曰強梁者不得其死，夫治天下國家，禍之大者，莫過於此。

既不可輕敵，亦不可好兵，那麼用兵之道究竟該如何？或可於五十六章所言「以道用兵」中得到答案：

⑽以道用兵

夫以道用兵，則知者必不言其機也，言者必不知其要也，故曰知者不言，言者不知，塞其兌，閉其門者兵之深機也。挫銳解紛，和光同塵者，兵之至要也。並不可得而言也，是以謂之玄同，故聖人之師，以戰則勝，以守則固，非天下之所敵也，然而不敢輕天下之敵，是以遠近者，不可得而親疏，惠怨者不可得而利害，等夷者不可得而貴賤，故爲天下之所貴重也。

以道用兵，則爲聖人之師，可無敵於天下，其所言較諸孟子之「仁者無敵」實可相發明。亦結合「以正治國、以奇用兵」而爲言。於《孫子·始計篇》「主孰有道」更有一扼要之闡發。準此，亦見王眞之念茲在茲者，仍在主上之修爲，此實「內聖外王」之道也。因而五十七章，敍「以政治國、以奇用兵」，而先引孔子「政者正也，君率以正，孰敢不正」，繼而又言：「用兵者以奇，奇者權也。權與道合，庸何傷乎？」以權釋奇，而與道合，眞能發老君之旨，且可一掃「兵者，詭道也」等以奇詭言兵之末流。用兵之道，唯聖人乃能知此，頗有《論語·子罕篇》孔子所言：「可與適道，未可與立，可與立，未可與權」之深意，實因王眞深諳孔、老二氏乃能權衡於此。

四、結　語

王眞以《老子》而論兵，雖拈出無爲、不爭，而其用意實有超乎此者，蓋頗能以儒家之德化、王者之師等要求其上，是以暗合孔孟之道處所在皆有，眞所謂「內聖外王」之道。昔孫子言兵法，分判勝負之關鍵，首要在「主孰有道」，可見主君之居於關鍵地位。王眞論兵，因而連篇累牘，盡在說此，冀其主上之澈悟，故不惜曲加解說，以勸其上，所要求於其上者頗多。無爲，絕非欲其上無所作爲，他所說的無爲，但言「無爲兵戰之事」，然其餘則可說無所不爲，眞是所謂的「無爲而無不爲」，亦能綰結五千言之末句「聖人之道，爲而不爭」的眞精神。王弼《老子微旨例略》言老子之書：「其幾乎可一言而蔽之。噫！崇本息末而已矣。」崇本息末，爲老氏之精要。今看王眞所述，實頗能合於其本家所言老子之道，既不偏於當時道教之習，更能以此「內聖外王」之道，抉出老子論兵之要蘊，以說服人主⑳。且唐代老子之說，有偏於道教之末流，丹藥、符錄橫行，主上每迷惑於此㉑。故王眞於老子論兵述中，極力擺脫此道，而以儒入道，欲主上儒道兼修以此內聖外王之道，德化天下。惜憲宗於平定蕃鎮，稍有成績後，竟信道士柳泌等所言，而迷於服丹藥、求神仙之事、且迎佛骨而貶諫臣韓愈等，終而身死宦豎之手，實於此內聖外王之道不能眞有了悟，即知卽行，而惑於神仙之說所致㉒。然終不能磨滅王眞此篇的價值。

附註

❶ 陳鼓應：〈老子注解書目評介〉，收在《老子今註今譯》書後。

❷ 同註❶。

❸ 見其《道德經論兵要義述》末之〈進道德經論兵要義述狀〉。（於此用老古出版社《正統謀略學彙編初輯》本）。

❹ 《資治通鑑》卷一九八，貞觀二十一年，太宗曰：「自古皆貴中華、賤夷狄、朕獨愛之如一。」

❺ 可參呂思勉：《隋唐五代史》。

❻ 傅樂成《漢唐史論集·唐型文化與宋型文化》於此有述，龔鵬程亦依此而言：「安史之亂以後，貴族地位，逐漸分化，文化上的中堅勢力轉移到新興的知識階層，社會上則都市和市民階層興起，構成一大變動。……他們對整個歷史、文化和哲學思想、透過反省和選擇，來安頓自我的生命、來引導社會與文化的走向。」（《知性的反省——宋詩的基本風貌》，收在《中國文化新論》一書。）

❼ 如杜詩之〈韋諷錄事宅觀曹將軍畫馬圖〉、〈丹青引贈曹將軍霸〉亟言其善畫及文采風流。而〈遊何將軍山林〉言「將軍不好武，稚子總能文」，何為彍騎十二衞將軍，而好文輕武可以知。另詳註❻。

❽ 李樹桐有〈元和中興之研究〉，於其時代背景、經過等有詳細的剖析。見《食貨》七十三年一月號。

❾ 見《舊唐書》卷一二九〈張弘靖傳〉，觀其「天下無事」一語，亦可知其以此時此地宜偃武修文，這也是當時好文之風的最佳例子。

⑩ 另外《舊唐書·憲宗本紀》有載：「憲宗嗣位之初，讀列聖實錄，見貞觀開元故事，竦慕不能釋卷。……自是延英議政，晝漏率下五六刻方退。」又說：「戊戌謂宰臣曰：『前代帝王怠於聽政，或躬決繁務，其道如何？』杜黃裳對曰：『帝王之務在修己簡易，擇賢委任，宵旰以求民瘼，捨己從人以厚下。固不宜怠肆安逸，然事有綱領小大，當務知其遠者大者。』……上稱善久之。」由此知當時宰臣已有以道治國之議，是以王眞之此書，當有爲憲宗所接納的可能。

⑪《漢書·藝文志》言：「道」家者流，……君人南面之術也。」王眞此篇亦可說能不悖於此。

⑫ 如二十六章之釋君子而言「通言天下與諸侯也」。然君子應指卿大夫士也，以對下文之萬乘之主，可參奚侗、蔣錫昌之說（引見註❶書）至於他章亦所在多有，見諸下文，茲不遍舉。

⑬ 杜牧〈范陽盧秀才墓誌〉：「自天寶後三代，或仕燕或仕趙，兩地皆良田畜地，生年二十，未知古有人曰周公孔子者。」見《全唐文》卷七五〇。是以《新唐書》卷一四八〈史孝章傳〉稱大河之北，「天下指河朔若夷狄然」。

⑭《四庫提要》於《太白陰經》下云：「兵家者流，大抵以權謀相尚，儒家者流又往往持論迂闊，諱言軍旅，蓋兩失之。」今南懷瑾亦云：「謀略之學，道家所長，儒者所忌，道家喜談兵而言謀略，儒者揭仁義而力治平。」（《正統謀略學彙編初輯·序》）可由此以知王眞雖以老子論兵，而多言德化，實與一般談兵者不同。

⑮ 儒道思想會通，自魏晉何晏、王弼、向郭等已然。詳顏國明：《魏晉儒道思想會通之研究》，師大國研所集刊三十二期。

⑯《舊唐書·魏徵傳》載有魏徵上太宗奏疏五篇，其中第二篇，即世所謂〈諫太宗十思疏〉，有言「君人者，誠能見可欲，則思知足以自戒；將有作，則思知止以安人；念高危，則思謙沖而自牧；懼滿盈，則思江海下百川……」云云，史臣贊爲「可爲萬代王者法。」

⑰ 論語子罕：「子在川上曰：逝者如斯夫，不舍晝夜。」孟子離婁篇於此而言「有本者如是」，參

此，可得孔子觀水之術。

⑱《火攻》篇又云：「夫戰勝攻取，而不修其功者凶，命曰費留，故曰明主慮之，良將修之，非利不動，非得不用，非危不戰。」皆知審時慮勢的必要。

⑲王眞此篇後附有皇上手詔嘉勉之語云：「本乎道德之旨，參以理化之源，用究玄微，有玆述作，省閱之際，嘉歎良深。秋涼，卿比平安。」大概讀後很受用，因有此語。

⑳牟宗三也曾說王弼：「雖言理以道爲宗，而於人品則崇儒聖。儒道同言，而期有所會通。此亦大家之識，故《三國志．鍾會傳》末稱其『好論儒道』。非如後來之名士全倒向老莊也。」（《才性與玄理》，頁七九）又會通儒道，郭象《莊子》序文中稱「內聖外王之道」，顏國明於《魏晉儒道會通思想之研究》有云：「內聖在老、莊之道體，德充於內也；外王在儒家德業之迹用，物應於外也。外內玄合，道體儒用，迹冥圓融爲一。……經由此步隱解，道家義理，不應再被誤解爲衰世逃避之枯禪，而實有應迹成化，入羣合俗之積極功能。」（第三章）王眞之欲會通儒道，則有以儒釋道之意，與魏晉人用心有別。

㉑唐代皇帝與道教之關係，可參傅樂成〈李唐皇室與道教〉一文，見《食貨月刊》六十九年一月號。

㉒《通鑑》卷二百四十元和十三年十一月載：「柳泌言於上曰：『天台山神仙所聚，多靈草，臣雖知之，力不能致，誠得爲彼長吏，庶幾可求。』上信之。丁亥，以泌權知臺州刺史，仍賜服金紫。諫官爭論奏，以爲人主喜方士，未有使之臨民賦政者。上曰：『煩一州之力而能爲人主致長生，臣子亦何愛焉。』由是羣臣莫敢言。」可知憲宗已信神仙之說。而《舊唐書》卷十四〈憲宗本紀〉元和五年，憲宗已問宰臣神仙之事，元和十四年，又迎鳳翔法門寺佛骨至京師，而有韓愈之上疏及貶斥事。此爲元和中興，終歸沉寂的主因。另詳註⑧。

晚唐濃麗深婉詩風的形成

簡恩定

一、前言

唐德宗貞元十九年（西元八〇三年），元稹與白居易同中拔萃甲科，並同授秘書省校書郎之職，由於兩人對文學的看法及主張相似，從此「爲君爲臣爲民爲物爲事而作」的元、白新樂府運動，便在當時的詩壇捲起一陣飆風。但是在這股盛行的飆風中，即使是元稹和白居易也感受到一些隱憂。元稹在〈上令狐相公詩啟〉中說：

> 某始自御史府謫官於外，今十餘年矣。閒誕無事，遂用力於詩章，日益月滋，有詩向千餘首。其間感物寓意，可備矇瞽之諷達者有之，詞直氣麤，罪戾是懼，固不敢陳露於人。唯盃酒光景間，屢爲小碎篇章，以自吟暢。然以爲律體卑痺，格力不揚，苟無姿態，則陷流俗。常欲得思深語近，韻律調新，屬對無差而風情自遠，然而病未能也，江湘間多有新進小生，不知天下文有宗主，妄相倣傚，而又從而失之，遂至於支離褊淺之詞，皆目爲元和詩體。某又與同門生白居易友善，居易雅能爲詩，就中愛驅駕文字，窮極聲韻，或爲千言，或爲五百言律詩，以相投寄。小生自審不能有以過

之，往往戲排舊韻，別創新詞，名爲次韻相酬，蓋欲以難相挑耳。江湘間爲詩者，復相倣傚，力或不足，則至於顚倒語言，重複首尾，韻同意等，不異前篇，亦目爲元和詩體。而司文者考變雅之由，往往歸咎於稹。嘗以爲雕蟲小事，不足以自明。（《全唐文》卷六五三）

在這段文字中，元稹已然指出時人倣傚者，乃是他杯酒光景間的小碎篇章及與白居易次韻相酬的長篇律詩，而且還「從而失之」，變成支離褊淺之詞。這些作品，原非元稹所自重，衍爲流弊，亦非元稹所預料。至於白居易在〈與元九書〉中亦言：

今僕之詩，人所愛者，悉不過雜律詩與長恨歌已下耳。時之所重，僕之所輕。（《全唐文》卷六七五）

白居易所輕的「雜律詩」就是「或誘於一時一物，發於一笑一吟，率然成章，非平生所尙。」（〈與元九書〉）的作品。雖然白居易強調這種率然成章的作品，並非平生所尙，但是由於這些作品淺易通俗，反而廣爲流傳，似致於「禁省觀寺郵堠墻壁之上無不書，王公妾婦牛童馬走之口無不道。」（元稹〈白氏長慶集序〉，《全唐文》卷六五三）這類作品的流傳衆口，雖然使白居易欣慰地說「竊時之名已多」（〈與元九書〉），但也廣開鄙俚浮艷的詩風。元、白雖知此種流弊，卻沒有具體解決辦法。於是這股鄙俚浮艷的詩風一直延伸，進入晚唐。但是，晚唐詩人會全盤接受這種鄙俚浮艷的詩風嗎？

二、杜牧對元、白詩流弊的修正

杜牧在〈獻詩啟〉中說明自己作詩的標準：「某苦心爲詩，惟求高絕，不務奇麗，不涉習俗，不今不古，處於中間。既無其才，徒有其意，篇成在紙，多自焚之。」（《全唐文》卷七五二）杜牧詩風，人皆知其爲輕倩秀艷，此處卻自我表白「不務奇麗」，而且與「不涉習俗」同時出現，其中必然另有他意。「不涉習俗」顯然指的是不感染當時流行的元、白淺易通俗詩風，至於「不務奇麗」一語，歷來莫得正解。案元稹於〈敍詩寄樂天書〉中自言：

> 不幸少有伉儷之悲，撫存感往，成數十詩，取潘子悼亡爲題。又有以干教化者，近世婦人，暈淡眉目，綰約頭鬟，衣服修廣之度，及匹配色澤，尤劇怪艷，因爲艷詩百餘首。（《全唐文》卷六五二）

這些艷詩內容爲何？舉〈夢遊春〉詩中一段爲例：「叢梳百葉髻，金蹙重臺履。紕軟鈿頭裙，玲瓏合歡袴。鮮妍脂粉薄，暗淡衣裳故。」（錄自韋縠《才調集》卷五）同題白居易亦有和詩云：「風流薄梳洗，時世寬妝束。袖軟異文綾，裾輕單絲縠。裙腰銀線壓，梳掌金筐蹙。帶纈紫葡萄，袴花紅石竹。」（《全唐詩》卷四三七）這些艷詩的內容，雖「乃有時代性及寫實性者」，「亦可作社會風俗史料讀也。」（陳寅恪《元白詩箋證稿》之語）但是內容純是雕琢過甚的奇麗艷語，以元、白當時的身分而言，對詩歌的取向實在不是好的典範。

杜牧所謂「不務奇麗」，想必是針對此種現象有感而發。明瞭以上問題之後，對杜牧盛稱李戡欲用法治元、白詩一事，便能有更進一步的體會。杜牧〈唐故平盧軍節度巡官隴西李府君墓誌銘〉中引李戡痛責元、白詩之言謂：

嘗痛自元和以來，有元、白詩者，纖艷不逞，非莊人雅士，多爲其所破壞。流於民間，疏於屛壁，子父女母，交口教授，淫言媟語，冬寒夏熱，入人肌骨不可除去。吾無位，不得用法以治之。（《全唐文》卷七五五）

原本白居易引以欣慰「竊時之名已多」的現象，卻轉爲遭人指斥的口實。緣此可見，晚唐文人對元、白詩的流弊是頗有微辭[31]。元、白詩鄙俚浮艷的流弊既爲晚唐人所斥，晚唐人又將提出何種創作風格來補正抗衡？杜牧在〈答莊充書〉中說：

凡爲文以意爲主，以氣爲輔，以辭采章句爲之兵衛。未有主強盛而輔不飄逸者，兵衛不華赫而莊整者，……。苟意不先立，止以文彩辭句，繞前捧後，是言愈多而理愈亂，如入闤闠，紛然莫知其誰，暮散而已。是以意全勝者，辭愈朴而文愈高；意不勝者，辭愈華而文愈鄙。是意能遣辭，辭不能成意。（《全唐文》卷七五一）

杜牧此處所謂的「意」，就是爲文須有內容、中心思想，譬如他在〈上知己文章啟〉中說：

伏以元和功德，凡人盡當詠歌紀敍之，故作〈燕將錄〉。往年弔伐之道，未甚得所，故作〈罪言〉。自艱難來。以卒伍傭役輩，多據兵爲天子諸侯，故作〈原十六衞〉。諸侯或恃功不識古道，以至於反側叛亂，故作〈與劉司徒書〉。處士之名，卽古之巢由伊呂輩，近者往往自名之，故作〈送薛處士序〉。寶曆大起宮室，廣聲色，故作〈阿房宮賦〉。有盧終南山下，嘗有耕田著書志，故作〈望故園賦〉。（《全唐文》卷七五二）

在這段文字中說明了杜牧所寫的七篇文章，都是有內容、中心思想的作品，也就是有「意」之作。這種主張，顯然是針對影響當時文壇最鉅的元、白盃酒光景小碎篇章，以及次韵相酬的長篇而發。除了強調「意」之外，杜牧又說「以辭采章句爲之兵衞，未有主強盛而輔不飄逸者，兵衞不華赫而莊整者。」也就是說文欲求莊整，辭采章句必須華赫。換言之，杜牧認爲好的作品必須要有濃麗的辭采和帶有中心思想；倡導濃麗辭采是爲了修正元、白詩鄙俗的流弊，強調「意」是針對元、白窮極聲韵的應酬詩及專事雕琢的艷詩流弊。至於元、白詩強調的是「言直而切」，杜牧便力求深婉。〈阿房宮賦〉借古諷，委婉深刻自不待言。他如〈登樂游原〉：「長空澹澹孤鳥沒，萬古銷沉向此中。看取漢家何似業，五陵無樹起秋風。」（《樊川詩集》卷二）再如《出宮人》二首之一：「聞吹玉殿昭華管，醉折梨園縹蒂花。十年一夢歸人世，絳縷猶封繫臂紗。」（《樊川詩集》卷二）諸如此類作品，詩意含蓄深婉，內含無限深意。杜牧由於才大思精，頗負時望，連李商隱都有「刻意傷春復傷別，人間唯有杜司勳。」（〈杜司勳〉）的贊嘆。所以杜牧所倡導的濃麗深婉詩風，逐漸變成晚唐詩的主流。

三、杜詩的影響

杜詩對唐人的影響，中唐以後，逐漸顯著。韓愈學杜詩奇險處，開山闢道，自成一家。孟郊、賈島則受杜甫「語不驚人死不休」的啟示，注重苦吟鍛鍊。元稹、白居易取法杜甫〈悲陳陶〉、〈哀江頭〉、〈兵車行〉、〈麗人行〉等因事立題的作品而開展了新樂府運動。至於杜甫「不薄今人愛古人，清詞麗句必爲鄰。」（《戲爲六絕句》之五）的主張，則直接影響晚唐濃麗深婉詩風的形成。清詞麗句，濃麗深婉原本卽是六朝詩的特色。杜甫不僅經常推贊六朝詩人庾信、陰鏗、何遜、鮑照等，還「熟精文選理」（〈宗武生日〉）。在這種情形下，杜詩中便也經常出現濃麗深婉之美，例如〈絕句二首〉之一：「遲日江山麗，春風花草香。泥融飛燕子，沙暖睡鴛鴦。」再如〈水檻遣心〉二首之一：「細雨魚兒出，微風燕子斜。城中十萬戶，此地兩三家。」又如〈春夜喜雨〉：「好雨知時節，當春乃發生。隨風潛入夜，潤物細無聲。野徑雲俱黑，江船火獨明。曉看紅濕處，花重錦官城。」以上所舉詩作的特色，就是使用清詞麗句和頓挫的節奏，加上自然而流暢的章法，在濃麗形象中烘托出深婉的意象。杜甫這種詩作是否影響晚唐詩風呢？且看下列諸例，便可瞭解：

千里鶯啼綠映紅，水村山郭酒旗風。南朝四百八十寺，多少樓臺煙雨中。（杜牧〈江南春絕句〉，《樊川詩集》卷三）

初隨林靄動，稍共夜涼分。窗迴侵燈冷，庭虛近水聞。（李商隱〈微雨〉，馮浩《玉谿生

詩集箋注》卷三）

風荷珠露傾，驚起睡鵁鶄。月落池塘靜，金刀剪一聲。（李羣玉〈池塘晚影〉，《全唐詩》卷五七〇）

蕭灑傍迴汀，依微過短亭。氣涼先動竹，點細未開萍。稍促高高燕，微疏的的螢。故園煙草色，仍近五門青。（李商隱〈細雨〉，馮浩《玉谿生詩集箋注》卷三）

結構何峯是，喧閑此地分。石梁高瀉月，樵路細侵雲。偃臥蛟螭室，希夷鳥獸羣。近知西嶺上，玉管有時聞。（李商隱〈題鄭大有隱居〉，馮浩《玉谿生詩集箋注》卷二）

以上所舉之例，皆是使用清雅華麗的字句，在濃麗的形象中帶出一股深婉的意象，寫作技巧可說和杜甫如出一轍。除此之外，杜詩中善於融化典故的特色，也影響晚唐濃麗深婉詩風的形成，譬如李商隱善學杜詩即是。義山的〈杜工部蜀中離席〉及〈二月二日〉爲有名的學杜之作，列舉如下：

人生何處不離羣，世路干戈惜暫分。雪嶺未歸天外使，松州猶駐殿前軍。座中醉客延醒客，江上晴雲雜雨雲。美酒成都堪送老，當壚仍是卓文君。（〈杜工部蜀中離席〉，馮浩《玉谿生詩集箋注》卷三）

二月二日江上行，東風日暖聞吹笙。花鬚柳眼各無賴，紫蝶黃蜂俱有情。萬里憶歸元亮井，三年從事亞夫營。新灘莫悟遊人意，更作風簷夜雨聲。（〈二月二日〉，馮浩《玉谿生詩集箋注》卷二）

在這二首詩中，除了步學杜詩融化典故的技巧之外，無論結構、聲調，皆神似杜甫。因此，晚唐濃麗深婉詩風的形成，杜詩的影響是一大因素。

四、進士科考偏重詩賦的影響

唐初進士科考，原來只試「策」。《通典》卷十五〈選舉〉三記載進士「其初止試策」。一直到唐高宗永隆二年（六八一），才因爲「進士不尋史傳，惟誦舊策，共相模擬，本無實才。……進士文理華瞻者，竟無科甲，詮綜藝能，遂無優劣。」（〈嚴考試明經進士詔〉，《全唐文》卷十三）所以加考「雜文兩首」。雜文兩首在中唐之後，逐漸專試詩、賦，而且成爲進士科考中最重要的項目❷。這種情況，對當時的詩風有何影響呢？趙匡在〈舉選議〉中說：

> 進士者，時共貴之，主司褒貶，實在詩、賦，務求巧麗，以此爲賢。不惟無益于用，實亦妨其正習；不惟撓其淳和，實又長其佻薄。（《全唐文》卷三五五）

趙匡在這段文字中，對於進士科考偏重詩、賦而造成的巧麗文風，大肆抨責，可見當時作詩爲賦「務求巧麗」的情形已十分普遍。再看沈亞之〈與同州試官書〉中所言：

> 去年始來京師，與羣士皆求進而賦以八詠，雕琢綺言與聲病，亞之習未熟，而又以文

不合於禮部，先黜去。（《全唐文》卷七三五）

沈亞之因爲對「雕琢綺言與聲病」習之未熟，所以被黜去。沈亞之是唐憲宗元和十年的進士，時代已經接近晚唐了。到了唐文宗開成年間，進士科考的詩，明白規定爲齊梁體格。唐人范攄所撰《雲溪友議》頁二九—三〇中云：

> 開成元年秋，高鍇復司貢籍，上曰：「夫宗子維城，本枝百代，封爵使宜，無令廢絕。常年宗正寺解送人，恐有浮薄，以忝科名。在卿精揀藝能，勿妨賢路。其所試賦，則准常規，詩則依齊梁體格。」乃試〈琴瑟合奏賦〉、〈霓裳羽衣曲詩〉。

這段文字，明白宣示了唐文宗親自以齊梁體格作爲進士科考的命題。這場考試的結果如何呢？且看當時禮部侍郎高鍇所上的〈先進五人詩賦奏〉：

> 臣鍇昨日奉宣進旨，令將進士所試詩、賦進來者。伏以陛下聰明文思，天縱聖德，今年詩、賦題目，出自宸衷。……。臣日夜考較，敢不推公。進士李肱〈霓裳羽衣曲詩〉一首，最爲迥出，更無其比。詞韻旣好，人才俱美，前場吟咏近三、五十遍，雖使何遜復生，亦不能過。兼是宗枝，臣與狀頭第一人，以奬其能。次張棠詩一首，亦絕好，亞次李肱，臣與第二人。其次沈黃中〈琴瑟合奏賦〉，又似《文選》中雪、月賦體格，臣與第三人。（《全唐文》卷七二五）

錄取的前三名，詩依齊梁體格，賦似《文選》中雪、月賦體格，可見雕琢華麗的辭采不僅可以及第，而且還影響到名次。除了影響進士科考的及第與否之外，華麗的辭采也可以得到皇帝的賞識而破格任用。李羣玉在唐宣宗大中八年，詣闕進詩，經由令狐綯的推薦，唐宣宗授以弘文館校書郎之職，制詞中昭示的緣由爲：

> 李羣玉放懷邱壑，吟咏情性，孤雲無心，浮磬有韻。吐妍詞於麗則，動清律於風騷。冥鴻不歸，羽翰自逸，霧豹遠迹，文彩益奇，信不試而逾精，能久貞而獨樂。……可守弘文館校書郎。（四庫全書《李羣玉詩集》前附）

李羣玉詩如何「吐妍詞於麗則」？請看以下諸例：

> 斜雨飛絲織曉空，疏簾半捲野亭風。荷花向盡秋光晚，零落殘紅綠沼中。（〈北亭〉，《全唐詩》卷五七〇）
>
> 水蝶巖蜂俱不知，露紅凝艷數千枝。山深春晚無人賞，即是杜鵑催落時。（〈歎靈鷲寺山榴〉，《全唐詩》卷五七〇）
>
> 年年羞見菊花開，十度悲秋上楚臺。半嶺殘陽銜樹落，一行斜雁向人來。行雲永絕襄王夢，野水偏傷宋玉懷。絲管闌珊歸客盡，黃昏獨自詠詩迴。（〈九日〉，《全唐詩》卷五六九）

以上諸例，全是濃麗深婉之作。李羣玉既然以此榮獲殊遇，其他文人自會羣起倣傚而形成一股習尚。進士科考注重雕琢華麗的辭采，而且「吐妍詞於麗則，動清律於風騷。」的詩作，還可獲得破格任用的殊遇，濃麗深婉自然成爲晚唐文人競尙的詩風。

五、對時局衰亂的悲憤與無奈

唐代自安史亂後，雖然天下粗定，然而安史餘黨降將，仍以節度使任命安撫。此輩心存反覆，桀驁不馴，遂種下河北藩鎭之禍。《新唐書》卷二一〇〈藩鎭傳序〉云：「安史亂天下，至肅宗大難略平，君臣皆幸安，故瓜分河北地付授叛將，護養孽萌，以成禍根。亂人乘之，遂擅署吏，以賦稅自私，不朝獻於廷。……。一寇死，一賊生，訖唐亡百餘年，卒不爲王土。」杜牧於〈上宣州崔大夫書〉中亦云：「今藩鎭之貴，土地兵甲，及生殺與奪，在一出口。」（《全唐文》卷七四一）可見藩鎭驕橫跋扈，實爲唐季心腹之患。然而藩鎭跋扈，又不如宦官與朋黨相結專權爲禍之烈。陳寅恪先生析論唐文宗「去河北賊非難，去此朋黨實難。」之語云：

夫唐代河朔藩鎭有長久之民族社會文化背景，是以去之不易，而牛李黨之政治社會文化背景尤長久於河朔藩鎭，且此兩黨所連結之宮禁閹寺，其社會文化背景之外更有種族問題，故文宗欲去士大夫之黨誠甚難，而欲去內庭閹寺之黨則尤難。所以卒受「甘露之禍」也。況士大夫之黨乃閹寺黨之附屬品，閹寺旣不能去，士大夫之黨又何能去耶？（《唐代政治史述論稿》，里仁書局印行之《陳寅恪先生文集》第三册，頁一一一。）

不僅此也，文宗以後，唐代帝位的繼承，幾乎全操於宦官之手。面對如此不堪的時局，晚唐文人有何感觸呢？杜牧在〈感懷詩〉中描述藩鎭的跋扈說：「法制自作爲，禮文爭僭擬。壓階螭鬪角，畫屋龍交尾。署紙日替名，分財賞稱賜。刳隍歘萬尋，繚垣疊千雉。誓將付孱孫，血絕然方已。」（《樊川詩集注》卷一）這些藩鎭結連姻婭，互爲表裏，不僅僭用天子禮儀，而且還想將土地私自傳付子孫。杜牧對這種情形，雖然十分憂憤，但是由於朝庭無力可治，自身又「韜舌辱壯心，叫閽無助聲。」所以只有空留「聊書感懷韻，焚之遺賈生。」的悲憤之情。晚唐文人處於此種充滿無力感的衰亂時局間，在內心的悲憤情懷中，又添加許多無奈。這種悲憤、無奈的情懷，使晚唐文人在從事詩歌創作之時，往往展現一種深刻的思維；而此種深刻的思維，多半是源於對盛唐光輝燦爛的緬懷與眷戀，以及對唐王朝逐漸衰亡的深沉悲痛。近人陳銘在《唐詩美學論稿》中以爲晚唐詩人對晚春、深秋、黃葉、菰蒲、雁陣、夕陽特別有興趣，並解釋此種現象說：

> 這些畫面表明，當詩人們對社會思索、判斷的時候，唐王朝已走到深秋夕陽的時刻，過往的繁榮強大，反增添衰敗後回憶的辛酸。回顧使他們聯想到社會歷史的變化，改朝換代的必然，預示著唐王朝不可挽救地崩潰下去的前景。同時，在這些畫面中也表示詩人對人生的思考：人的升沈窮達，也如自然界的春風秋雨，是不斷變化的。在變化迅速的自然與社會中生活的人，應該及時發揮自己對環境的感受力和適應性，在辛

酸中尋找歡愉，在悲傷中覓取安慰，在殘破中發掘美。❸

時局衰敗的辛酸，反映在晚唐文人的作品中，出現兩種特色。一是疊用典故，運用溫婉濃麗的修辭手法來嘲諷時政。譬如李商隱的〈富平少侯〉詩云：「七國三邊未到憂，十三身襲富平侯。不收金彈抛林外，卻惜銀床在井頭。綵樹轉燈珠錯落，繡檀迴枕玉雕鎪。當關不報侵晨客，新得佳人字莫愁。」這首詩透過對西漢富平侯張安世驕奢生活的描述，來諷刺唐敬宗的奢游好獵、宴遊無度以及濫事賞賜；詩中透過比興手法及濃麗溫婉的修辭，十分技巧地托出李商隱對昏君的無奈與不滿。這種典故疊用的習尚蔚然成風之後，晚唐文人於創作之時，便趨向使用委婉曲折的濃麗修辭來表達胸中之情，例如下列所舉諸例：

柳岸風來影漸疎，使君家似野人居。雲容水態還堪賞，嘯志歌懷亦自如。雨暗殘燈棋欲散，酒醒孤枕雁來初。可憐赤壁爭雄渡，唯有蓑翁坐釣魚。（杜牧〈齊安郡晚秋〉，《樊川詩集注》卷三）

酒爲看花醞，花須趁酒紅。莫令芳樹晚，使我綠尊空。金谷園無主，桃源路不通。縱非乘露折，長短盡隨風。（李羣玉〈贈花〉，《李羣玉詩集》卷下）

孔雀眠高樹，櫻桃拂短檐。畫明金冉冉，箏語玉纖纖。細雨無妨燭，輕寒不隔簾。欲將紅錦段，因夢寄江淹。（溫庭筠〈偶題〉，《溫庭筠集》卷七）

在這些作品中所含蘊的個人升沉感喟之情，率皆透過委婉曲折的濃麗修辭來予以展現，十分具有象徵意義。

時局衰敗的辛酸反映在晚唐詩的第二個特色，就是詩人意圖透過沉浸於聲色宴飲的歡愉中來痲痺自我，覓取短暫的安慰，於是作品中也形成濃麗深婉的風格。譬如下列諸例：

閒吟芍藥詩，悵望久嚬眉。盼眄迴眸遠，纖衫整髻遲。重尋春晝夢，笑把淺花枝。小市長陵住，非郎誰得知。（杜牧〈舊游〉，《樊川詩集注》卷四）

卜夜容衰鬢，開筵屬異方。燭分歌扇淚，雨送酒船香。江海三年客，乾坤百戰場。誰能辭酩酊，淹臥劇清漳。（李商隱〈夜飲〉、馮浩《玉谿生詩集箋注》卷二）

幾年無事傍江湖，醉倒黃公舊酒壚。覺後不知明月上，滿身花影倩人扶。（陸龜蒙〈和襲美春夕酒醒〉，《全唐詩》卷六二八）

以上所舉諸例，在濃麗之外，更兼含一些深沈頹唐的情思。此種深沈頹唐的情思，如果再予以深刻化，便是晚唐詩的主要風格。綜合上文所述，可以發現，時局的衰亂所引出的悲憤與無奈，對晚唐濃麗深婉詩風的形成是頗具影響。基於對時局衰亂的悲憤，因此晚唐詩人在構思之際，傾向於多義性的託諷，深婉詩風於是形成。面對時局衰亂而又無能爲力的無奈，使晚唐人偏向聲色宴飲的追求，希望藉以暫時安慰、痲痺自我。生活素材既爲聲色宴飲，修辭自然趨向濃麗。

六、結　語

探討晚唐濃麗深婉詩風的形成原因，可以發現前人對於晚唐詩的褒貶，多少都雜有個人喜惡的偏見。譬如明朝的胡應麟以爲晚唐絕句大露筋骨，所以不如盛唐。（詳見《詩藪》內編卷六）晚唐詩固然有大露筋骨之病，然而了解晚唐詩人身受考試桎梏之苦，以及對於時局衰亂的悲憤與無奈，就能給予更爲持平之論。何況所謂「大露筋骨」云云，仍屬見仁見智，不可一概視爲晚唐詩的通病。例如李商隱的〈齊宮詞〉：「永壽兵來夜不扃，金蓮無復印中庭。梁臺歌管三更罷，猶自風搖九子鈴。」（馮浩《玉谿生詩集箋注》卷三）杜牧的〈登樂游原〉詩云：「長空澹澹孤鳥沒，萬古銷沈向此中。看取漢家何似業，五陵無樹起秋風。」（詩集卷二）趙嘏的〈婺州宴上留別〉詩云：「雙溪樓影向雲横，歌轉高臺晚更清。獨自下樓騎瘦馬，搖鞭重入亂蟬聲。」（《全唐詩》卷五五〇）以上諸例，風格含蓄溫婉，實無大露筋骨之病。至於葉燮秋花之喻❹，亦不盡然。晚唐詩固有芙蓉、叢菊之幽豔晚香，然而亦有不少桃李牡丹之穠華妍艷。例如杜牧〈漢江〉詩：「溶溶漾漾白鷗飛，綠淨春深好染衣。南去北來人自來，夕陽長送釣船歸。」（詩集卷四）李羣玉〈題王侍御宅〉詩：「門向滄江碧岫開，地多鷗鷺少塵埃。綠陰十里灘聲裏，閒去王家看竹來。」（《全唐詩》卷五七〇）以上二例，節奏流暢，言情自然，毫無衰颯之感。因此，在探究晚唐濃麗深婉詩風形成原因之後，應該對晚唐詩重作評估。

附註

❶ 杜牧對元、白詩的不滿，前人有以爲乃起於白居易薦徐凝而屈張祜一事。皮日休〈論白居易薦徐凝居張祜〉文謂：「祜元和中作宮體詩，詞曲艷發，當時輕薄之流重其才，合譟得譽。及老大，稍闕建安風格，誦樂府錄，知作者本意，講諷怨譎，時與六義相左右，此爲才之最也。祜初得名，乃作樂府艷發之詞，其不羈之狀，往往間見。凝之操履不見於史，然方干學詩於凝，贈之詩曰：『吟得新詩草裏論』，戲反其詞，謂朴裏老也。方干世所謂簡古者，且能譏凝，則凝之朴略椎魯，從可知矣。樂天方以實行求才，薦凝而抑祜，其在當時，理其然也。令狐楚以祜詩三百篇上之，元稹曰：『雕蟲小技，或獎激之，恐害風教。』祜在元、白時，其譽不甚持重；杜牧之刺池州，祜且老矣，詩益高，名益重。然牧之少年所爲，亦近於祜，爲祜恨白，理亦有之。」（《全唐文》卷七九八）唐范攄所編《雲溪友議》甚至直指杜牧：「誰人得似張公子？千首詩輕萬戶侯。」（〈登池州九峯樓寄張祜〉）及「可憐故國三千里，虛唱歌辭滿六宮。」（〈酬張祜處士見寄長句四韻〉）二詩乃專爲張祜打抱不平之作（廣文書局本，頁三八—四一）。此種說法，明代胡震亨《唐音癸籤》卷二五〈談叢〉一中亦承錄。聊記於此，以爲參考。

❷ 唐代進士科考最初以「雜文兩首」爲試，並非專指詩、賦；「雜文兩首」專試詩、賦，是在中唐以後。請參看拙作〈試論「詩賦」在唐代進士科考中的地位〉一文，載於《國文天地》五卷十期，七十九年三月。

❸ 此書爲中州古籍出版社一九八七年八月出版，本段引自該書頁一三四。

❹ 葉燮此種比喻，見於《原詩》外篇，其言爲：「論者謂晚唐之詩，其音衰颯；然衰颯之論，晚唐

不辭，若以衰颯爲貶，晚唐不受也。……。又盛唐之詩，春花也；桃李之穠華，牡丹、芍藥之妍豔，其品華美貴重，略無寒瘦儉薄之態，固足美也。晚唐之詩，秋花也；江上之芙蓉，籬邊之叢菊，極幽艷晚香之韻，可不爲美乎！」

花間十八家詞研析

陳慶煌

前言

《花間集》乃爲五代之世後蜀趙崇祚所纂輯，大約完成於西元九四〇年，歐陽炯《花間集序》署爲大蜀廣政三年夏四月。共收十八位作家的作品。作家所處的年代，上起晚唐，下迄後蜀廣政年間；前後大約不到百年。

由於五代政權多在黃河流域，地處平原，極少天然屏障，因此遂帶來不絕的戰禍。而十國則多處長江流域，據有天險，自然形成一較爲僻靜的天地，於是就成了中原文士逋逃的淵藪。其中以避在西蜀、南唐的人爲最多，而這兩個地區，也因此而獲得空前的繁榮與進步。

西蜀四面環山，其間地勢北高南低，長江蜿蜒於南緣，北部主要有泯江、沱江、涪江、嘉陵江等四大水流，構成了南北不對稱的向心狀水系，是爲四川盆地。當時爲王建所據，與世隔絕，中原奔來此地的文人，多屬唐室臣僚及官宦子弟；雖然蜀主王建係出身無賴，但能優禮詞客，一時人才濟濟，尤以韋莊更爲卓犖之士。王建之子王衍以及後蜀主孟昶咸通音律，善自製詞；又都能禮重文士，因此各國的詞人多來聚於蜀。《花間》十八作家中卽有十四位與蜀有關。纂輯《花間集》的趙崇祚也是蜀人，可見西蜀在當時，爲天下文學的重心所在。唐朝中葉所不經意播下的詞的種子，能在如此大動亂的時代，迅速成長茁壯，騰芳千載；西蜀之爲桃源，應該是主要原因。

案：歐陽烱《花間集序》說：「今衛尉少卿字弘基，以拾翠洲邊，自得羽毛之美；織綃泉底，獨殊機杼之功。廣會眾賓，時延佳論。因集近來詩客曲子詞五百首，分爲十卷。……昔郢人有歌陽春者，號爲絕唱，乃命之爲《花間集》。庶使西園英哲，用資羽蓋之歡；南國嬋娟，休唱蓮舟之引。」足見《花間集》乃趙崇祚弘基選錄當時詩客所作的五百首曲子詞；而且這些曲子詞是提供當時士大夫，於盛筵嘉會之時，用資羽蓋之歡的。集中所詠多爲兒女之情，纏綿之句。趙氏選其較爲文雅的集成一編，每五十闋爲一卷，往往一人的作品分置上下兩卷之中，因歐陽烱在序中已言明首數與卷數，則知趙氏纂輯時卽如此，並非後人所爲。至於書中作家列次的先後，似乎略依年齡的長幼爲序，每人的作品又以同調的相比而列，此卽爲《花間集》編纂的體例。

集中作家的地區分布，以蜀國詞壇爲主，十八作家中，西蜀就佔了十四位。其中有的隸籍西蜀，如歐陽烱、尹鶚、毛熙震、李珣；有的仕於前後蜀，如韋莊、薛紹蘊、牛嶠、毛文錫、牛希濟、顧敻、魏承班、鹿虔扆；集中稱爲處士的閻選，也屬於蜀中人。另有張泌，其詞頗近於《花間集》的風格，而且取材命意，也多與《花間》其他作家相類似，大概也是蜀人。西蜀作家所佔人數如此之眾，考其原因，應以偏安富庶，人文薈萃，需求較夥，所以作者輩出，此爲其一。當時羣雄割據，各自爲政，各地詞家少通聲氣，而編者身爲西蜀人，所知的詞家也自然多屬西蜀人，此爲其二。西蜀較少戰禍，作品易於保存，此爲其三。

至於西蜀以外的作家，爲何祇錄溫庭筠、皇甫松、和凝及孫光憲四個人呢？而被王國維喻爲「不失五代風格，而堂廡特大，開北宋一代之風氣」的馮延巳，以及南唐中主、後主何以反被遺漏呢？根據夏承燾的《馮正中年譜》所載，《花間》結集之年，馮延巳爲二十八歲，而李煜僅四歲；因年代不相及，故無法錄載其詞。除了時間因素外，地域上的隔離也是一大主因。蓋以兩國各處西東，相距至遠，少有接觸；而當時與蜀通好的晉，卽有和凝的作品編列。又由蜀中諸家詞大都承襲溫庭筠之風以觀，想必王建、孟知祥入蜀，其從者當攜有溫氏所作的曲子詞，因而流播於蜀中的士大夫社會裏；皇甫松的時代與溫庭筠本不相上下，以其皆處於詞的萌動發越之期——晚唐，且屬名門之後，作品必爲大眾所競傳，甚至模擬，故乃得爲《花間集》所收。孫光憲則係多產的作家，淵博的學者，其蜚聲於五代的國際，自爲必然之事；況且荆南去蜀甚近，歌詞流傳較易，那麼《花間集》錄載其詞，也是很自然的事。足證《花間集》選錄作家，本不欲分國度；倘有偏頗，應爲時間與地域的因素所致。

在《花間集》五百首作品中，十八位作家共計使用了七十六種牌調。其中以〔浣溪沙〕詞使用最多，十位作家共寫了五十七闋。其次爲「菩薩蠻」詞，九位作家共寫了四十一闋。再其次，則爲〔臨江仙〕及〔酒泉子〕詞；在集中，此兩調分別合載二十六闋作品，而寫〔臨江仙〕詞的有十一人，〔酒泉子〕詞則爲十人。此外，使用較多的詞牌則爲〔楊柳枝〕，計有二十四闋；其次爲〔女冠子〕、〔南鄉子〕、〔河傳〕等，各有十八闋作品登錄。其詳目請參閱拙著《花間詞品》所附《花間集十八作家使用詞牌統計綜表》，此不贅。

論及詞調的創作，當初出於開元教坊。此時作者多半爲曲工，其語不雅馴；試觀敦煌所出唐人曲子詞，即可見其一斑。到了文士塡詞，則在晚唐五代之時。蓋晚唐五代爲詞學的萌動發越時期，此一時期的特色爲創意、創境之詞較多，模仿造作之詞較少；若以《花間集》十八家詞的風格而論，可說是奇葩異彩，各極其妙。蓋以直率淺顯爲戒，以深邃曲折、迷離惝恍爲宗，乃是五代詞人們所同具的作風，而「花間」這一流派的勢力，長久而且偉大，幾乎成了「詞」的一體的特色。明白曉暢的「詞」，反而成了別調。故鄭振鐸《中國文學史》謂《花間》一集在中國文學史上乃是一個可怪的詩的熱力的中心。則其影響之深遠且鉅，當可想而知。

今試就《花間集》五百首的作品，擇其佳者略爲介紹並分析十八作家的生平及詞風如下：

一、溫庭筠

無論在詩史或詞史上，溫庭筠的地位均極爲重要，因他向上結束了唐詩的殘局，往下開啟了詞學的端緒。蓋溫氏之詩，屬唐詩後勁，而詞則處萌動發越之期。故其雖致力於詩，共創作了三百二十九首；以詞爲餘事，僅創作六十八闋（加上《金奩集》〔菩薩蠻〕一闋及《全唐詩》〔木蘭花〕一闋）。然而在中國文學史上，他的詩名竟爲詞名所掩，這主要是因五代之世文人作詞的風氣所以大開，完全是受到他的影響之故。

庭筠（西元八一八—八七〇年？）本名岐，字飛卿，太原（今山西陽曲附近）人。唐宰相溫彥博裔孫。但因其士行不修，喜作側豔之詞。雖曾一度爲巡官、國子助教，隨即被貶爲方城尉，遷隋縣尉，鬱鬱而卒。終其一生，既生於晚唐，也死在晚唐。《花間》結集之時，已在他死後半世紀；但作品仍然如日中天，被列之於篇首，共收錄了六十六闋十八調。審其所言，則幾乎無一非兒女之情、別離之怨。而溫詞的特色，卽在於最善用極細膩婉麗的文筆，寫出無可奈何的離情別緒來。他的詞美在於敷色，富有裝飾的效果，使得辭藻穠豔，故有「縷金錯彩，炫人眼目」之譽。他以靜態的描繪代替人物的抒情，尤其著力於細部的渲染；而且所描繪出的人物情態與自然景色，雖不言情而情已在其中，故能美而且韻，較之其他祇言陳設服飾的作家，則更具有倩盼活色之美。溫氏的詞結體嚴密，每喜用見景生情，觸景傷情或情景對照的句法。有景語在前，情語在後，如〈菩薩蠻〉第十闋：「寶函鈿雀金鸂鶒，沈香閣上吳山碧；楊柳又如絲，驛橋春雨時。畫樓音信斷，芳草江南岸；鸞鏡與花枝，此情誰得知？」予人情景交融之感；偶而也有景語置於情語之後，使情致更爲含蘊，如〈夢江南〉第一闋：「千萬恨，恨極在天涯。山月不知心裏事，水風空落眼前花，搖曳碧雲斜。」予人餘味不盡之感。然而要以情景交互應用，益覺文辭變化生動的作品爲多，如〈菩薩蠻〉第十一闋：「南園滿地堆輕絮，愁聞一霎清明雨；雨後卻斜陽，杏花零落香。無言勻睡臉，枕上屏山掩；時節欲黃昏，無憀獨倚門」等是。此外，溫氏間亦採用「正」、「又」、「還」、「猶」等虛字於上下語氣的轉折[11]。使意更爲含蘊，而不覺其空泛；使辭更爲頓挫，而不見其痕迹。葉嘉瑩《唐宋名家詞賞析》嘗謂：庭筠因有不得志的抑鬱和哀傷，所以寫作時，其內容情意在不知不覺中便與古典文學的託喩傳統暗合，不作明白的敍說，祇是標舉精美名物的物象，而留下空白，以便讓讀者從隱伏著脈絡的跳躍之意象中興起美感上的聯想：從志潔而思及物芳，由物芳而想到志潔，於是就提昇了詞的境界。祇惜當時詞體初成，風格尙未臻於完美，終不免受到以往倡妓的影響，而有題材單調之憾。

二、皇甫松

皇甫松（生卒未詳）一作嵩，字子奇，自號檀欒子，唐新安（今浙江建德附近）人，爲牛僧孺表甥，皇甫湜之子。其見於《花間集》之詞，共有十二闋六調。所寫的題材，幾乎首首與調名相合。如〔天仙子〕二闋中皆有「天仙」字樣，「夢江南」二闋則分別爲：「閒夢『江南』梅熟日」、「夢見『秣陵』惆悵事」，其餘也各如其詞調之意，不止於閨情別怨。如〔浪淘沙〕第一闋結語：「宿鷺眠鷗非舊浦，去年沙觜是江心」等，則寓滄桑之感；〔楊柳枝〕第一闋結尾：「如今空城綠」，玉笛何人更把吹」等，則與弔古之情；〔摘得新〕第一闋結尾：「繁紅一夜經風雨，是空枝」等，則爲清麗之辭，則抒達觀之見；〔採蓮子〕第二闋結尾：「無端隔水拋蓮子，遙被人知半日羞」等，則爲清麗之辭。不過他所用詞牌的譜式，大半一如七言絕詩，因此免不了以作詩的題材來作詞。在同調的詞中，或許是因爲「連章」的緣故，所以內容往往無差別，而且句意、句法也極爲近似。如〔夢江南〕：「蘭燼落，屏上暗紅蕉。閒夢江南梅熟日，夜船吹笛雨瀟瀟，人語驛邊橋。」「樓上寢，殘月下簾旌。夢見秣陵惆悵事，桃花柳絮滿江城，雙髻坐吹笙。」二闋，其實取材也多有相類之處，不過已經錯綜變化，寫景不累，寫情不露，傷逝懷舊，不落俗套，清靈深遠，淒豔爽朗，頗有餘不盡之致。厲鶚〈論詞絕句〉說：「美人香草本離騷，俎豆青蓮尚未遙；頗愛花間斷腸句，夜船吹笛雨瀟瀟。」他是否本於《離騷》，固不必論；但說他能上承太白，足見格韻的高了。陳廷焯《白雨齋詞話》說他「措詞閒雅，猶存古詩遺意。」李冰若《栩莊漫記》說他「詞淺意深」，「秀雅在骨」；鄭振鐸《中國文學史》說他：「獨具爽朗之致，不入側豔一派。」劉大杰《中國文學發展史》更因他「善用最淸麗的字句，來寫紅情綠意的場面，而其中又寄寓著哀怨的感慨。」而認爲可與溫庭筠比肩。

三、韋　莊

韋莊（西元八五一—九一〇年）字端己，杜陵（今陝西長安附近）人。爲唐詩人韋應物的四代孫，在十八作家中只有他的詞能與溫庭筠相抗衡。黃巢入長安，莊陷重圍，因作《秦婦吟》詩，遂有「秦婦吟秀才」之稱。後由洛陽流寓江南，到了五十八歲乃還京師，次年中進士第，官至左輔闕。嘗兩度入蜀，後遂留掌奏記。以尋得杜工部遺址於浣花溪，乃重作草堂而居。唐亡後，王建稱帝，以莊爲相，典章制度，多其所定。卒年七十五，諡文靖。

韋莊詞見於《花間集》的，共有四十八闋二十調，覈其內容，在《花間》中，最爲突出。如〔女冠子〕第一闋說：「四月十七，正是去年今日。」〔荷葉盃〕第二闋說：「如今俱是異鄉人，相見更無因。」其中顯然皆有事實根據，而不是泛泛之辭。這樣的詞句，自非爲「資羽蓋之歡」而寫，並且也不宜用在樽前筵上。其風格也大異於《花間》中的其他作家，所以收載如此多的原因，想必大概是韋多佳製，而且在西蜀又有很高的地位吧！

今觀其詞，多詠實事。以其言之有物，故能直抒胸臆，而不爲辭藻所使。況且自從入蜀後，舉目有山河之異。又其所詠如〔荷葉盃〕第二闋：「記得那年花下，深夜。初識謝娘時，水堂西面畫簾垂，攜手暗相期。惆悵曉鶯殘月，相別。從此隔音塵，如今俱是異鄉人，相見更無因。」〔思帝鄉〕第二闋：「春日遊，杏花吹滿頭，陌上誰家年少？足風流。妾擬將身嫁與？一生休。縱被無情棄，不能羞」等，皆情景逼眞，字字親切；其餘亦特多清疏高朗之作。楊愼《升庵外集》評他的詞：「明白如話，蘊情深至。」陳廷焯《白雨齋詞話》說他的詞：「似直而紆，似達而鬱。」況周頤《蕙風詞話》則稱他：「尤能運密入疏，寓濃於淡；花間羣賢，殆鮮其匹。」祁懷美《花間集之研究》乃綜論上列諸家的評語說：「所謂明白如話者，寫作之技巧也；蘊情深至者，內容之眞切也；疏而淡者，辭也；密而濃者，情也；紆而鬱者，意也；直而達者，達意之方式也。其與溫庭筠之差別，甚爲顯著，試取韋作〔菩薩蠻〕：『紅樓別夜堪惆悵，香鐙半掩流蘇帳；殘月出門時，美人和淚辭。琵琶金翠羽，絃上黃鶯語；勸我早歸家，綠窗人似花。』『人人盡說江南好，遊人只合江南老；春水碧於天，畫船聽雨眠。鑪邊人似月，皓腕凝霜雪，未老莫還鄉，還鄉須斷腸！』『如今卻憶江南樂，當時年少春衫薄；騎馬倚斜橋，滿樓紅袖招。翠屏金屈曲，醉入花叢宿；此度見花枝，白頭誓不歸。』觀之，則韋作語明意顯……貫徹通暢，……蓋……據事直書，……之故也。據事直書，則自然貫串，無庸堆砌。」蓋韋詞美在於能用清淡白描之筆，作主觀的抒情。而且不僅詞筆疏朗，其實作品中字字句句皆具深摯之情，有一股噴湧洋溢的力量，足以使人低迴不已。由於他一生的飄泊，幾度經歷國家的大變動；雖然晚年入蜀仕宦，終究免不了感慨平生的不遇，與回憶舊遊等等情事，所以詞中於悲歡離合之感，有很多是寄意幽微的。儘管他的詞從外表看來仍離不開《花間》的架構；但他卻能在《花間》中那極濃豔的閨閣園亭、相思離別的情景，注入新鮮的生命與個性，使詞不再是僅供歌唱的豔曲而已，而成爲確實可抒情寫意的個人創作，這就是他能在所有《花間》詞中最爲特出的原因了。

至於韋莊與溫庭筠之間的風格差異，大約有下列三點：

一、韋詞是寫境，多寫專注的個人的離合悲歡的感情事迹，係有拘限的有我之境，是屬於直接的主觀的抒寫，故「似直而紆，似達而鬱」顯；而溫詞則是造境，多寫人類對於宇宙人生所同具的感覺與印象，這種感情境界係沒有拘限的無我之境，乃屬於間接的客觀的描摹，故隱而婉。

二、韋詞以清俊疏淡，顯豁秀雅取勝；而溫詞則以濃豔富麗，含蓄深美取勝。

三、韋詞像一曲清利宛轉，充滿生命與感情的「絃上黃鶯語」——雋逸清倩，沉摯健臭，形成了飄忽淡雅的自由浪漫的詞風；而溫詞則似一隻縷金錯彩而乏明顯個性與生命的「畫屏金鷓鴣」——渾圓深婉，典麗精工，形成了綺豔高華的古典唯美的詞風。

溫、韋二家各有所長，不分軒輊。他們各以自己的創作開闢了一種詞風，在詞的發展史上都有貢獻，不過仍未達到藝術的顚峯。所以袁行霈《中國詩歌藝術研究》說：「溫詞易流於澀，韋詞易流於滑；溫詞易流於晦，韋詞易流於淺；溫詞易流於隔，韋詞易流於俗；溫詞味厚而易膩，韋詞味淡而易泛。」其實溫、韋二家正當詞的萌動發越之期，距離詞的成熟階段，還有一段漫長的路途，自然上舉些微之失，並無損於他倆的開創地位。

四、薛昭蘊

薛昭蘊（生卒未詳），號澄州，河東（今山西永濟附近）人。他是唐直臣薛存誠的後裔，仕前蜀，官至侍郎。其詞見於《花間集》的共有十九闋八調，風致高遠，色澤淡雅，李冰若《栩莊漫記》評之爲：「雅近韋相，清綺精艷，亦足出人頭地，遠在毛文錫之上。」其

〈浣溪沙〉第七闋：「傾國傾城恨有餘，幾多紅淚泣姑蘇。倚風凝睇雪肌膚，吳主山河空落日，越王宮殿半平蕪，藕花菱蔓滿重湖。」是寫西子遺恨的宮詞，上片直詠其事，下片由景透情，頗有元稹〈行宮〉詩：「寥落古行宮，宮花寂寞紅」的感慨。《栩莊漫記》評說：「伯主雄圖，美人韻事，世異時移，都成陳跡。三句寫盡無限蒼涼感喟，此種深厚之筆，非飛卿輩所企及者。」蕭繼宗《花間集校評》也推許爲：「小詞而能發千古興亡之感，掃一時輕綺之風，《花間集》中，不可多得，不獨非其餘七闋所能望塵也。」

五、牛　嶠

在西蜀作家中，頗多唐代名臣之後，牛嶠卽其中之一。唐代名相牛僧孺爲其先祖。嶠（西元八五〇？—九二〇？年）字松卿，一字延峯，隴西（今甘肅）人。博學有文，以歌詩著於世。嘗登進士第，歷官拾遺、補闕、校書郎、判官、給事中等職。其詞收於《花間集》的共有三十二闋十三調。李冰若《栩莊漫記》謂其詞：「大體皆瑩艷縟麗，近於飛卿，微不及希濟耳。」又說：「松卿善爲閨情，兒女情多，時流于蕩，下開柳屯田一派。特筆力不至沓贅爲可誦耳。」今觀其〈望江怨〉：「東風急，惜別花時手頻執。羅幃愁獨入，馬嘶殘雨春蕪濕。倚門立，寄語薄情郎，粉香和淚泣」一闋，寫閨中怨別，直抒情意，盡言無隱，是乃奔放吐露之作，較之含蓄蘊藉者自有所不同了。以其所採者係入聲韻，故許昂霄《詞綜偶評》稱此詞：「有急絃促柱之妙。」而況周頤《餐櫻廡詞話》則進一步說：「繁絃促柱間，有勁氣暗轉，愈轉愈深。此等佳處，南宋名作中，間一見之；北宋人雖緜博如柳屯田，顧未克辦。」可見佳作必然有目共賞。又其〔菩薩蠻〕第七闋：「玉樓冰簟鴛鴦枕，粉融香汗流山枕；簾外轆轤聲，斂眉含笑驚。柳陰煙漠漠，低鬢蟬釵落；須作一生拚，盡君今日歡。」前結：「斂眉含笑驚」一句，況周頤《餐櫻廡詞話》評爲：「五字三層意，別是一種神秘法眼。」「須作一生拚，盡君今日歡。」兩句，則爲南唐後主：「奴爲出來難，教君恣意憐」所本。狎昵到了極點，難怪《栩莊漫記》說：「是盡頭語，作艷詞者，無以復加。」《栩莊漫記》說：「全詞情事，冷艷極矣。《疑雨》、《疑雲》諸集，蓋導源於是；宋人如柳黃俳詞，無此古拙之筆也。」

六、張　泌

張泌的字里、生平，無從考索❷，《花間集》僅稱他爲張舍人。曾遊長安（有「長安早行」與「題華嚴寺木塔」諸作）、洞庭（有「洞庭阻風」「秋晚過洞庭」諸作）、桂州（有「春日旅泊桂州」詩）等處。餘未詳。其詞收錄在《花間集》的凡二十七闋十三調，而〔浣溪沙〕一詞就佔了十闋。李冰若《栩莊漫記》說：「張子澄詞，蓋介乎溫、韋之間，而與韋最近。」況周頤《蕙風詞話》謂其詞佳者，如〔浣溪沙〕諸闋，「能蘊藉，有韻致。」《栩莊漫記》評其第九闋：「晚逐香車入鳳城，東風斜揭繡簾輕，漫迴嬌眼笑盈盈。消息未通何計是？便須佯醉且隨行，依稀聞道『太狂生』」一詞，說其「筆下無難達之情，無不盡之境，信手描寫，情狀如生，所謂冰雪聰明者也。如此詞活畫出一個狂少年舉動來。」蕭繼宗《花間集校評》則進一步說：「狂態如畫，然不覺可憎。」又指出結句「依稀聞道太狂生」

七字，「煞住全篇，是何等功力！」誠非虛譽。

七、毛文錫

毛文錫（生卒未詳）字平珪，南陽（今河南南陽附近）人，唐太僕卿龜範之子。十四歲登進士第。入蜀後，歷官翰林學士承旨、禮部尚書、樞密內使、文思殿大學士、司徒等職，後隨王衍降於後唐。孟氏建國，他復與歐陽炯等並以詞章供奉內廷。其詞收入《花間集》的共有三十一闋二十一調。王國維《人間詞話》評其〔贊成功〕：「海棠未坼，萬點深紅，香包緘結一重重。似含羞態，邀勒春風，蜂來蝶去，任遶芳叢。昨夜微雨，飄灑庭中，忽聞聲滴井邊桐。美人驚起，坐聽晨鐘，快教折取，戴玉瓏璁」一詞為：「比牛、薛諸人殊為不及，葉夢得謂文錫詞『以質直為情致，殊不知流於率露。諸人評庸陋詞者，必曰此仿毛文錫之〔贊成功〕而不及者。』其言是也。」案：毛詞所以庸陋，詞調限制了題材，或許是一大主因；故應以蕭繼宗《花間集校評》所說：「前半言海棠未放，後半言美人聞夜半之微雨。惟恐好花之易謝，而驚起，而坐聽晨鐘，而折花簪鬢；一種惜花之心，與杜秋娘〈金縷衣〉同其機杼，亦非全無可取。惟遣辭拙率，行文冗弱，遂貽訕誚耳。使取其意而易以他調，以警鍊之筆為之，未嘗不可成一佳篇也。」較為公允。至於〔巫山一段雲〕：「雨霽巫山上，雲輕映碧天，遠風吹散又相連，十二晚峯前。暗濕啼猿樹，高籠過客船，朝朝暮暮楚江邊，幾度降神仙。」一詞，則為當時所傳詠；全闋神光離合，煙雲縹緲，頗具韻致，自是壓卷之作。葉夢得美其「細心微詣，直造蓬萊頂上。」蕭繼宗《花間集校評》說：「用本意，尤切『雲』

字。前結發人遐想，後起引入客愁，自不失爲佳作。『朝朝暮暮』四字，用於此處，信非泛文。」所言均極貼切。又其〔醉花間〕：「休相問，怕相問，相問還添恨；春水滿塘生，鸂鶒還相趁。昨夜雨霏霏，臨明寒一陣；偏憶戍樓人，久絕邊庭信。」「深相憶，莫相憶，相憶情難極；銀漢是紅牆，一帶遙相隔。金盤珠露滴，兩岸榆花白；風搖玉珮青，今夕爲何夕」二闋，掓語奇聳，情景交融，全詞無一懈筆，無一贅字，極得「溫柔敦厚」之旨，沈初所謂：「晚唐風格無逾此，莫道詩家降格還。」況周頤《餐櫻廡詞話》所謂：「語淡而眞，亦輕清，亦沈著。」皆是的評。儘管前人詆毛詞爲庸陋，但他結束了前蜀的詞壇，又開始了後蜀的文風。鄭振鐸《中國文學史》等：在他以前，蜀中文學係「移民的文學」；在他之後，方才是本土的文學。可見其地位也是頗爲重要的，而且其詞雖無一般《花間》派的蘊藉之致，卻也殊有別趣。在此一方面，他的影響確也不小。詞之所以有「別調」，毛氏已導其先路了。

八、牛希濟

牛希濟，隴西（今甘肅）人，西元九三〇年尚在世，生卒之年不詳。爲牛嶠之侄，唐亡後，隨嶠居於蜀，仕宦至御史中丞。前蜀亡於南唐時，後唐明宗命各降臣作〈蜀主降唐〉詩。數人之中，雅希濟所詠：「滿城文武欲朝天，不覺鄰師犯塞煙；唐主再懸新日月，蜀王還卻舊山川；非干將相扶持拙，自是君臣數盡年；古往今來亦如此，幾曾歡笑幾潸然！」但述數盡，不傷兩國，迴存忠孝，深受明宗稱賞，即拜雍州節度副使。其文學超於時流，筆調清峻，勝於乃叔，隸近韋莊。今收錄於《花間集》的詞僅十一闋五調，而〈臨江仙〉一調佔七闋之多，其餘則爲〈酒泉子〉、〈生查子〉、〈中興樂〉、〈謁金門〉各一闋。要以〈生查子〉：「春山煙欲收，天澹稀星小；殘月臉邊明，別淚臨清曉。語已多，情未了；廻首猶重道：『記得綠羅裙，處處憐芳草。』」一闋，最爲佳製，前半闋開頭以「春山煙欲收，天淡稀星小。」寫別時之景，一片朦朧；而以第四句的「別」字，爲之點破，堪稱妙筆。後半闋的結語：「記得綠羅裙，處處憐芳草。」一語雙關，這是希望行者因異鄉「芳草」而興起不能辜負閨中「綠羅裙」的聯想，與王維〈送別〉詩：「芳草明年綠，王孫歸不歸」同一機杼。可說是善爲移情，於輕巧中見深厚，乃其最精采得意處。因此李冰若《栩莊漫記》評說：「『記得綠羅裙，處處憐芳草。』詞旨悱惻溫厚，而造句近乎自然，豈飛卿輩所可企及？『語已多，情未了；回首猶重道。』將人人共有之情和盤托出，是爲善於言情。」

九、歐陽炯

歐陽炯（西元八九六－九七一年），益州華陽（今四川華陽附近）人。一生經歷前、後蜀，以至宋代。累官至門下侍郎，兼戶部尚書，同平章事，左散騎常侍。平生好文學，工詩詞，善吹長笛；性坦率，能篤守儉素，爲時人所推重。嘗爲《花間集》作序，每言「愁苦之音易好，歡愉之語難工。」眞乃體會韓愈〈荆潭唱和詩序〉：「和平之音淡薄，而愁思之聲要妙；讙愉之辭難工，而窮苦之言易好」有得之言。其詞載於《花間集》的共有十七闋七調，而〈南鄉子〉一調即佔有八闋之多，湯顯祖嘗總評此八闋說：「短詞之難，難於起得不自然，結得不悠遠。諸詞起句無一重複，而結語皆有餘思，允稱合作。」洵爲確論。蓋所寫炎方風土，癡兒憨女，情眞景切；非惟樸而不俚，抑且雋而有致。至於〈浣溪沙〉第三闋：「相見休言有淚珠，酒闌重得敍歡娛，鳳屏鴛枕宿金鋪。蘭麝細香聞喘息，綺羅纖縷見肌膚，此時還恨薄情無」一詞，刻畫兒女的情態——兩心的相印，兩情的交織——極香豔淫靡之能事。況周頤《蕙風詞話》評說：「自有艷詞以來，殆莫艷於此矣。半塘僧鶩曰：『奚翅艷而已，直是大且重。』苟無《花間》詞筆，孰敢爲斯語者？」李冰若《栩莊漫記》則說：「敍事層次井然，敍情淋漓盡態，而著語尚有分寸，以視柳七、黃九之粗俗不堪，自有上下床之別。」因爲祇要情眞，雖作艷語也無傷大雅；若是游辭，縱使能貞仍舊一無可取。前人欣賞此詞，自是有來由的啊！又如〈江城子〉：「晚日金陵岸草平，落霞明，水無情；六代繁華，暗逐逝波聲。空有姑蘇臺上月，如西子鏡照江城」一詞，傷今懷古，吐辭溫婉，氣象高渾。「岸草平」寓有新舊代謝之意，「落霞」雖「明」，但畢竟是短暫無常的現象罷了。更由於無情流水的滔滔不返，遂使六朝盛極一時的繁華，在日月的消長中，暗逐波聲而奔逝無踪，怎不令人興起劉禹錫〈石頭城〉詩：「山圍故國周遭在，潮打空城寂寞回；淮水東邊舊時月，夜深還過女牆來！」同樣對歷史動盪中的盛衰無常之浩歎呢？《栩莊漫記》即稱賞其結語：「如西子鏡照江城」一句，以爲「橫空牽入，遂爾推陳出新。」這就是此詞所以超妙的原因了。

十、和　凝

和凝（西元七九八—九五五年）字成績，鄆州須昌（今山東東平附近）人。他歷經南朝梁、唐、晉、漢、周五朝。九世祖爲大唐監察御史，其後世遂不復宦學。凝幼而聰敏，神形秀發，十九歲登進士第，梁朝義成軍節度史賀瓌辟爲從事，嘗不顧危難護救賀瓌，因此得到瓌的賞識，以女妻之。凝年少時，好爲曲子詞，流行於汴、洛。及入相，專託人收拾焚燬，契丹入夷門，猶稱之爲「曲子相公」。今其收入《花間集》的詞，計有二十闋十二調，皆脫不了閨情別怨之辭。〈楊柳枝〉第三闋所說：「雀橋初就咽銀河，今夜仙郎自姓和；不是昔年攀桂樹，豈能月裏索嫦娥？」誠乃夫子自道；像這樣直寫，全不借用典故，非惟《花間》作品裏未嘗或見，卽使後代詞人集中也是罕有的。如〈何滿子〉第二闋：「寫得魚牋無限，其如花鏁春輝，目斷巫山雲雨。空教殘夢依依，卻愛薰香小鴨，羨他長在屏幃。」通篇句意靈動；〈春光好〉第二闋：「蘋葉軟，杏花明，畫船輕；雙浴鴛鴦出淥汀，棹歌聲。春水無風無浪，春天半雨半晴；紅粉相隨南浦晚，幾含情。」自然輕快；〈山花子〉第二闋：「幾度試香纖手暖，一廻嘗酒絳唇光」二句，直如躬履其地，親睹伊人。又其〈臨江仙〉第二闋所說：「披袍窣地紅宮錦，鶯語時轉輕音；碧羅冠子穩犀簪，鳳凰雙颭步搖金。肌骨細勻紅玉軟，臉波微送春心；嬌羞不肯入鴛衾，蘭膏光裏兩情深。」尤爲奇艷絕倫，蕩漾有致，頗能狀難狀之景，頗具會心之美，遠較歐陽炯〈浣溪沙〉：「相見休言有淚珠」一闋含蘊得多了。《栩莊漫記》稱其詞：「有淸秀處，有富艷處，蓋介乎溫、韋之間也。」洵爲的評。

十一、顧　敻

顧敻，生卒及字里均未詳，約當西元九三三年左右尚在世，前蜀時以小臣給事內庭，後來擢升爲刺史。不久，又事孟知祥，累官至太尉。其詞收入《花間集》的共有五十五闋十六調，除了〔漁歌子〕一闋故作超脫語外，餘皆爲閨情別怨之辭。況周頤《蕙風詞話》嘗論其風格說：「濃淡疏密，一歸於艷。」又說：「多質樸語，妙在分際恰合。」「工緻麗密，時復清疏。以艷之神與骨爲清，其艷乃益入神入骨。」李冰若《栩莊漫記》則說：「顧詞濃麗，實近溫尉；其〔荷葉盃〕諸詞，以質樸之句，寫入骨之情，雖云艷詞，乃爲別調。要之，其大體固以飛卿爲宗也。」而祁懷美《花間集之研究》乃更進一步說：「觀其詞之風格，不若溫庭筠之艷麗，亦不若韋莊之秀朗，濃淡實居溫、韋之間。每首之中，雖無巧思新意，然亦鮮有敗筆，尚能通體勻稱。若與集中諸名家比較，則殊無特色。惟其能首尾均勻，而又頗爲之修整，故雖不能移神奪魄，亦可予人以雍容華貴之感覺。若謂溫爲濃妝，韋爲淡妝。則謂顧爲盛妝，似無不可也。蓋其佳處，在尚無闕失，未嘗有婀娜倩盼之姿，亦不在一花一飾之間也。」論析還算是頗爲中肯。今按顧氏所作之詞，應以〔訴衷情〕、〔醉公子〕二調最佳。蕭繼宗《花間集校評》賞其〔訴衷情〕第一闋：「香滅簾垂春漏永，整鴛衾；羅帶重，雙鳳，縷黃金。窗外月光臨，沈沈；斷腸無處尋，負春心。」謂全詞骨肉亭勻，音節閑雅；又稱第二闋：「永夜拋人何處去？絕來音；香閣掩，眉斂，月將沈。爭忍不相尋？怨孤衾；換我心爲你心，始知相憶深。」夾敍夾議，一片渾成，尤以結語：「換我心爲你心，始知相憶深」二句，實爲透骨情語，元人小曲，精采處往往類此。至於〈醉公子〉第一闋：「漠漠秋雲澹，紅藕香侵檻；枕倚小山屏，金鋪向晚扃。睡起橫波慢，獨望情何限？衰柳數聲蟬，魂銷似去年。」則《白雨齋詞話》評爲字字嗚咽，而《栩莊漫記》特賞其結語：「衰柳數聲蟬，魂銷似去年」二句，說是「語淡而味永，韻遠而神傷。」第二闋：「岸柳垂金線，雨晴鶯百囀；家住綠楊邊，往來多少年。馬嘶芳草遠，高樓簾半捲；斂袖翠娥攢，相逢爾許難。」則鄭文焯評爲：「極古拙，極高淡，非五代不能有此詞境。」蕭繼宗評爲：「兩起高華，花間本色；兩結質朴，古詩遺韻。」各家之說，可謂浸淫有得，皆係探驪之論。

十二、孫光憲

孫光憲（西元九〇〇？—九六八年）字孟文，自號葆光子，貴平人（今四川仁壽附近）他本是個農家子，但好讀書。後唐時爲陵州刺史；天成初，避地江陵。高從誨據荊南，署爲從事，遂往南平。累官荊南節度使，檢校秘書，兼御史中丞。嘗勸高氏獻三州地，宋太祖授以黃州刺史，將用爲學士，未及而卒。其載於《花間集》的詞，計有六十一闋二十五調。陳廷焯《白雨齋詞話》評其詞說：「氣骨甚遒，措辭亦多警鍊。然不及溫、韋處亦在此，坐少閒逸之致。」李冰若《栩莊漫記》則說：「婉約精麗處，神似韋莊。」而鄭振鐸以爲孫光憲「詞窈渺清雋，爲溫、韋所不能屈，在花間派」詞人中，足以和溫、韋在一條水平線上。故祁懷美《花間集之研究》更將孫氏與溫、韋二家並列，他以爲若欲於《花間集》求與溫、韋鼎足而三，則非孫光憲莫屬。又說：「論三家之佳製，則溫煙水迷離，韋嵐光蕩漾，而孫乃涼秋晴月，愈見分明者也。徵其所以，秉賦與學養，或各居其半。孫爲人篤實謹愼，不事浮誇，察勢見微，每能逆料，其詞乃亦多眞情實事，而不喜膚泛成篇，……此爲溫庭筠詞中之未嘗見者。韋莊詞中，雖不乏具體記事之作，然亦僅追憶既往而已，未能有將一霎之感情留一深刻之印象者也。」蓋孫氏善於把握片時的印象，如〔浣溪沙〕第一闋：「蓼岸風多橘柚香，江邊一望楚天長，片帆煙際閃孤光。目送征鴻飛杳杳，思隨流水去茫茫，蘭紅波碧憶瀟湘。」前結：「片帆煙際閃孤光」句，點出江邊望中所得的印象，帶有一股悵然的意緒，與畫理暗合，警絕秀鍊，境界全出，因此《白雨齋詞話》許爲絕唱，以爲「七字壓徧古今詞」。第六闋：「蘭沐初休曲檻前，暖風遲日洗頭天，濕雲新斂未疏蟬。翠袂半將遮粉臆，寶釵長欲墮香肩，此時模樣不禁憐。」陳廷焯《白雨齋詩評》說：「情態可想，風流窈窕，我視猶憐。」又說：「『不禁憐』三字眞乃嬌絕，飛燕、玉環，無此情態。」《栩莊漫記》說：「翠袂半遮，寶釵欲墜，形容蘭沐初休之嬌態。詞筆細膩，想亦忍俊不禁矣。」又〔河傳〕第一闋：「太平天子，等閑遊戲，疏河千里。柳如絲，隈倚，淥波春水，長淮風不起。如花殿腳三千女，爭雲雨，何處留人住？錦帆風，煙際紅，燒空，魂迷大業中。」寫隋煬帝開運河游江南事，蕭繼宗《花間集校評》謂起筆：「太平天子，等閑遊戲，疏河千里」三句，看似敍事，其中正有斧鉞；「長淮風不起」，大筆淋漓。又說：「後段一氣貫注，繁絃促節中，勁氣內轉。」《栩莊漫記》則以爲「妙在『燒空』二字一轉，使上文花團錦簇，頓形消滅。」要之，孫光憲詞雖不如溫、韋若即若離的有姿媚，但也因此而免於飣餖不接，藏頭露尾之譏。《白雨齋詞話》稱其措辭警鍊，或許即指其善於安排布局，喜藉不習用的字以收清新生動之效而言。而且此一切也都跟他深厚的學養有關，這是不容忽視的。

十三、魏承班

魏承班，生卒及字里均未詳。其父宏夫，蜀主王建錄爲養子，賜姓名王宗弼，封爲齊王。承班則爲前蜀駙馬都尉，官至太尉。其收錄在《花間集》的詞，共有十五闋八調，皆係閨情別怨之作。風格膩而且俗，全無含蘊之筆；偶而也有一二佳句，如〈訴衷情〉第二闋前結：「新睡覺，步香階，山枕印紅腮。」第五闋下片：「別後憶纖腰，夢魂勞；如今風葉又蕭蕭，恨迢迢。」〈漁歌子〉前結：「夢魂驚，鐘漏歇，窗外曉鶯殘月」等是。至於〈菩薩蠻〉第一闋上下兩片的開頭：「羅裙薄薄秋波染，眉間畫得山兩點。」「翠翹雲鬢動，斂態彈金鳳。」以及第二闋：「羅衣隱約金泥畫，玳筵一曲當秋夜；聲顫覷人嬌，雲鬟裊翠翹。酒醺紅玉軟，眉翠秋山遠；繡幌麝烟沉，誰人知兩心？」則豔冶明倩，頗要溫庭筠相似。沈雄、江尙質合纂的《古今詞話》引元好問對魏詞的評語說：「大旨明淨，不更苦心刻意以競勝者。」又沈雄《柳塘詞話》說：「承班詞較南唐諸公更淺而近，更寬而盡，人人喜效爲之。」雖然賞其弄姿無限，但卻責其〈菩薩蠻〉第一闋前結：「相見綺筵時，深情暗共知」〈生查子〉第一闋前結：「難話此時心，梁燕雙來去」等句，只是一腔摹出，又其〈玉樓春〉第一闋後結：「好天良月盡傷心，爲是玉郎長不見。」〈滿宮花〉後結：「少年何事負初心？淚滴縷金雙衽。」有故意求盡之病。因此況周頤《蕙風詞話》即針對此點而評說：「不妨說盡，只是少味耳。」而李冰若《栩莊漫記》則謂其：「濃艷處近飛卿，間有清朗之作，特不多耳。」要之，魏承班詞較乏清朗之作，其病在很少用景語作結，故一露無遺，多不含蘊，因此難免有語盡而少味之譏。然其篇幅尙稱完整，是亦有可取之處啊！

十四、鹿虔扆

鹿虔扆，生卒及字里均未詳，西元九六八年左右尙在世。孟蜀時，登進士第。廣政間，出爲永泰軍節度使，進檢校太尉，加太保。國亡不仕，詞多感慨，其收載於《花間集》的詞僅六闋四調，《古今詞話》所引元倪瓚評鹿詞說：「鹿公抗志高節，偶爾寄情倚聲，而曲折盡變，有無限感慨淋漓處！」蓋指其〈臨江仙〉第一闋：「金鎖重門荒苑靜，綺窗愁對秋空；翠華一去寂無蹤，玉樓歌吹，聲斷已隨風。煙月不知人事改，夜闌還照深宮；藕花相向野塘中，暗傷亡國，清露泣香紅」而言。李冰若《栩莊漫記》說：「鹿太保詞，……約有二種風格，一爲沉痛蒼涼之詞，一爲秀美疏朗之詞。不惟人品之高，其詞格亦高；由此可知雖處變亂之世，人格高尙者終有以自立。詞雖小道，亦可表現之也。」其實《花間集》中，鹿氏沉痛蒼涼，有黍離、麥秀之感的詞，也僅限〈臨江仙〉第一闋而已。此詞，上片句句形成今昔的對比，下片則以盛衰相互襯映；表面上雖無一處黏著感情，但詞人的深情卻都從景物中體現出來。許昂霄《詞綜偶評》說：「曰『不知』，曰『暗傷』，無情有恨，各極其妙。」《栩莊漫記》也說：「此闋之妙，妙在以暗傷亡國託之藕花，無知之物，尙且泣露啼紅，與上句烟月還照深宮相襯而愈覺其悲惋。」眞是在溫詞之外，別具情操，令人讀之，感嘆不盡。又其〈思越人〉：「翠屏欹，銀燭背，漏殘清夜迢迢；雙帶繡窠盤錦薦，淚侵花暗香銷。珊瑚枕膩鴉鬟亂，玉纖慵整雲散；若是適來新夢見，離腸爭不千斷？」一往情深，淒麗感人，《十國春秋》謂前結：「雙帶」二句，時人推爲絕唱。至於有關秀美疏朗之詞，則李冰若《花間集評注》引《織餘偶述》評〈臨江仙〉第二闋：「翠簾慵捲，約砌杏花零」句說：「『約』字雅鍊，殘紅受約於風，極婉款妍倩之致。」蕭繼宗《花間集校評》賞其〈女冠子〉第二闋前結：「洞裏愁空結，人間信莫尋」二句，無限淒酸；第二闋過片：「露濃霜簡濕，風緊羽衣偏」二句，語新而姿媚；〈虞美人〉次句：「綠嫩擎新雨」，鮮脆無比，前結：「象牀珍簟冷光輕，水紋平。」夏簟清瑩可見。清人陳銳在他的《袌碧齋詞話》中也說：「詞有天籟，小令是已。本朝詞人，盛稱納蘭成德，余讀之，但覺千篇一律，無所取裁。鹿虔扆，馮正中之流，不如也。」足見鹿詞所受到的推重。

十五、閻　選

閻選，生卒未詳，字里也無從考，爲後蜀處士。曾事後主，酷善小詞。其選入《花間集》的詞僅有八闋五調，《栩莊漫記》評說：「多側豔語，頗近溫尉一派，然意多平衍，蓋與毛文錫伯仲耳。」所論極是。〈虞美人〉：「粉融紅膩蓮房綻，臉動雙波慢；小魚銜玉鬢釵橫，石榴裙染象紗輕，轉娉婷。偷期錦浪荷香處，一夢雲兼雨；臂留檀印齒痕香，深秋不寐漏聲長，儘思量」等二闋，豔而不美。〈臨江仙〉：「雨停荷芰逗濃香……」第一闋雖是色澤較爲明淡，然而語多拙劣；至於「十二高峯天外寒……」第二闋，則尚具有高遠氣象。「浣溪沙」：「寂寞流蘇冷繡茵……」一闋，則係緣題而作，詠巫山神女之事，較爲清暢。〈八拍蠻〕：「雲鎖嫩黃煙柳細」等二闋，蕭繼宗《花間集校評》以爲無足取，並且說：「視毛文錫爲下矣。」〔河傳〕：「秋雨，秋雨，無晝無夜，滴滴霏霏……幾迴邀約雁來時，違期，雁歸人不歸」一闋，湯顯祖評爲：「三句皆重疊字，大奇大奇；宋李易安〔聲聲慢〕，用十疊字起，而以『點點滴滴』四字結之。蓋用此法而青出藍。」陳廷焯《白雨齋詞話》評爲：「起筆勝，結筆緩。」

十六、尹 鶚

尹鶚，生卒未詳，成都人，仕王衍爲翰林校書，累官參卿。其詞見於《花間集》者，僅六闋五調。李冰若《花間集評注》引張炎對尹詞的評語說：「以明淺動人，以簡淨成句。」而於《栩莊漫記》則謂其「在《花間集》中似韋而淺俗，似溫而繁瑣，蓋獨成一格者也。其寫冶遊，寫情思，均分明如畫，不避詳瑣，《柳塘》以爲開屯田俳詞，洵爲知言。要其清綺靈活處，實在閻選等之上，差可與牛希濟、孫光憲等齊肩也。」試觀其詞，當覺二家之評，均極中肯。如〔滿宮花〕：「月沉沉，人悄悄，一炷後庭香裊；草深輦路不歸來，滿地禁花誰掃？離恨多，相見少，何處醉迷三島？漏清宮樹子規啼，愁鎖碧窗春曉。」係緣飾題意，前後二片的結語，頗爲淒怨感人，陳廷焯《白雨齋詞話》賞爲：「綺麗風華，彷彿仲初宮詞。」〔醉公子〕：「暮煙籠蘚砌，戟門猶未閉；盡日醉尋春，歸來月滿身。離鞍偎繡袂，墜巾花亂綴；何處惱佳人？檀痕衣上新。」《栩莊漫記》評云：「似怨似憐，嗒嗔之態可想，而含意亦不輕薄。」尤其前後兩片的結語：「歸來月滿身」及「檀痕衣上新」二句，豔而能雅，蕭繼宗《花間集校評》尤以為：「『檀痕』句，『新』字最不可忽。佳人所惱，在此新痕；公子既醉，故有此破綻也。」至於〈菩薩蠻〉：「隴雲暗合秋天白，俯窗獨坐窺烟陌；樓際角重吹，黃昏方醉歸。荒唐難共語，明月還應去；上馬出門時，金鞭莫與伊！」一闋，則佳評如潮，況周頤《蕙風詞話》謂其「由未歸說到醉歸，由荒唐難共語，想到明日出門時，層層轉折，與（唐）無名氏〈醉公子〉：『門外猧兒吠，知是蕭郎至；刬步下香階，冤家今夜醉。扶得入羅幃，不肯脫羅衣；醉則從他醉，還勝獨睡時。』略同。『金鞭莫與伊』，尤有不盡之情，癡絕昵絕。」雖然此詞是從唐人的〈醉公子〉變化而來，但在結語寫出伊人的慧心密意，能如此地令人叫絕，自可想見尹氏錘鍊之工了。

十七、毛　熙　震

毛熙震，生卒未詳，蜀人。曾為後蜀秘書監。《花間集》著錄其詞者，計有二十九闋十三調。觀其取材命意，實多平泛。論其風格，則濃豔者略近於溫庭筠；而色澤較淡者，尤能婉媚有致。李冰若《栩莊漫記》謂其詞：「濃麗處似學飛卿，然亦有清淡者，要當在毛文錫上，歐陽炯、牛松卿間耳。」今讀其〈清平樂〉：「春光欲暮，寂寞閒庭戶；粉蝶雙雙穿檻舞，簾捲晚天疏雨。含愁獨倚閨幃，玉爐烟斷香微；正是銷魂時節，東風滿樹花飛」一詞，頗覺蘊藉有味，蕭繼宗《花間集校評》以為：「全詞骨肉停勻，情餘辭外，庶幾佳作。」至於〈後庭花〉第一闋：「鶯啼燕語芳菲節，後庭花發；昔時歡宴歌聲揭，管絃清越。自從陵谷追遊歇，畫樑塵黦；傷心一片如珪月，閒鎖宮闕。」，則大筆淋漓，頗饒清越之致。要之，毛熙震詞，吐屬清新，筆姿柔媚，有時或許稍濃一點，但終不致有濁重之失，宜列《花間》中諸家的中品。

十八、李　珣

李珣（西元八五五？—九三〇？），字德潤，其先世爲波斯人，家居梓州（今四川三台附近）。珣頗有詩名，以秀才豫賓貢，事蜀主王衍，國亡不仕。《花間集》收錄其詞，計有三十七闋十二調。況周頤《蕙風詞話》評其詞說：「清疏之筆，下開北宋人體格。」李冰若《栩莊漫記》說：「大氐清婉近端己，其寫南越風物，尤極眞切可愛。在《花間》詞人中自當比肩和凝而深秀處且似過之。……《花間》詞人能如李氏多面抒寫者，甚鮮。故余謂德潤詞在《花間》可成一派而可介立溫、韋之間也。」蓋李氏晚節堅貞，襟情高澹，與鹿虔扆同其感慨；鹿氏則僅以〔臨江仙〕第一闋見其故國之思，而李詞於多方面流露其感情，而且時時作曠達之辭。如〔漁歌子〕四闋緣題自抒胸臆，灑然高逸，而詞亦疏朗。〔南鄉子〕十闋描寫景物，兼紀風俗，均以明淨之句，繪影繪聲，引人入勝。蕭繼宗《花間集校評》極爲稱賞其第八闋：「漁市散，渡船稀，越南雲樹望中微；行客待潮天欲暮，送春浦，愁聽猩猩啼瘴雨。」以爲「通篇寫越中風土，無一閒筆，末句尤悍。」由於他不像當時一般士大夫的專注於聲色之場，故能使詞境更加地開拓。又以身處陵替之際，抱璞守質，眞性情自然流露，當不必過份倚賴於才思、技巧的表現。至於爲神女祠而作的〔巫山一段雲〕第二闋：「古廟依青嶂，行宮枕碧流；水聲山色鎖妝樓，往事思悠悠。雲雨朝還暮，烟花春復秋；啼猿何必近孤舟，行客自多愁！」則應屬李詞中的白眉了，蓋全詞字字精切，無懈可擊，故龍沐勛《唐宋詞定格》即選此闋爲範例。而蕭繼宗《花間集校評》更詳爲之分析說：「起筆兩句分寫實景，第三句合寫，不嫌重沓。『妝樓』與『古廟』『行宮』，用語略分今昔，故以『往事』句爲小結。『往事』謂行雲入夢事，非尋常虛設之辭，便不落空。『朝還暮』與『春復秋』，同言時間，然一繫『雲雨』，一繫『烟花』，古今虛實，故自不同。至『啼猿』兩句，歸到作者自身，而以『行客自多愁』總結，推進一層，筆飛墨舞。」蕭氏不惜以如此篇幅爲之串解，也可想見此詞的受人重視了。

結論

案：晚唐唯美詩風對《花間》詞家風格之形成，當有其密切的關係，由於詩人將興趣移轉到另一種新興的文體時，原本具有的文學素養、寫作技巧，在無形中都會有所影響。田同之《西圃詞說》即謂：「詩詞風氣正自相循，開元之詩尚淡遠，大歷、元和後，溫、李、韋、杜，漸入香奩，遂啓詞端，《金荃》、《蘭畹》之詞，概崇芳豔。」蓋唐詩到溫、李以後，已近尾聲；而在消長代興的文學變遷中，新起的詞體正好承繼了它的柔美。我們從溫庭筠以一身而跨越詩、詞二體觀之，那麼詞的發越於晚唐與詞風的趣於唯美，乃係二而爲一，應是無可置疑的了。所以，袁行霈《中國詩歌藝術研究》說：「溫庭筠把詞筆轉向內心世界，向內心的深祕之處努力挖掘，走上一條狹而細的道路，追求一種幽而微的意境，這正是得之於李賀。而溫詞的裝飾性、暗示性、跳躍性，也都帶著李賀的影響。溫庭筠的代表作

〈菩薩蠻〉其一〈小山重疊金明滅〉就近似李賀的〈美人梳頭歌〉。」

以上我們僅擇《花間》十八詞家較具代表性的詞作來評析，倘就全部五百闋作品整體而論，則大半係唐末五代亂世中一些士大夫們對宴樂的耽溺，知其因沿襲晚唐唯美的詩風，以豔麗、柔婉、細膩、深厚爲尙，故內容往往祇是一種極爲世俗與現實的情欲，不出對情人的懷念，或對美人形態、服飾與感情的刻畫，以及描狀風物以寄託情思等。歐陽炯在《花間集序》中所說：「綺筵公子，繡幌佳人。遞葉葉之花牋，文抽麗錦；舉纖纖之玉指，拍按香檀。不無清絕之辭，用助嬌嬈之態。自南朝之宮體，扇北里之娼風；何止言之不文，所謂秀而不實。」這雖然是批評南朝宮體不如唐詩之清絕，但部分《花間集》的作品仍難脫此息。其所以造成這種風氣的原因，一方面固然是由於當代宮廷與上流社會的淫靡生活所反映，一方面自然是大大的受了溫庭筠的詞風所影響。所以葉嘉瑩認爲整部《花間集》中所收錄的「麗曲情詞」，約而言之，大概可以分爲三類：一是如溫庭筠詞之不具個性的客觀純美的敍寫❸，雖缺少直接的感發力量，然而卻可以因美感的聯想而引人興起託喻之思者；一是如韋莊詞的個性鮮明，口吻勁直，其中有人，呼之欲出的眞正寫一己之愛情者；一是如歐陽炯、毛熙震、閻選諸人的一些豔詞，既無個性，更無眞情，而祇是淺陋鄙俗的寫一己之情欲等❹。嚴格地說：所有《花間》的「側詞豔曲」，除了皇甫松〈浪淘沙〉首闋、薛昭蘊〈浣溪沙〉第七闋、牛嶠〈江城子〉首闋、毛文錫〈甘州遍〉次闋、歐陽炯〈南鄉子〉八闋及〈江城子〉、孫光憲〈風流子〉首闋、〈定西番〉鹿虔扆的〈臨江仙〉首闋和李珣的〈漁歌子〉〈南鄉子〉等❺，稍能超脫藩籬別具姿質而與人另一種新的感覺外，其餘幾乎都是千篇一律的寫作。論詞體的成就，《花間集》這部書中的作者自然是卓然大家，貢獻超越；若論詞格的表現，則清人納蘭成德《淥水亭雜識》說：「《花間》之詞，如古玉器，貴重而不適用。」他所謂的不適用，卽指作品大都採間接的而不是直接的抒寫，不易爲人所了解的意思。鄭師因百對納蘭氏以貴重的古玉器評《花間》相近百餘闋的好詞，許爲確論，因而在其〈溫庭筠韋莊與詞的創始〉中加以引申說：「溫詞居《花間》之首，他也正好能代表《花間》作家的風格；韋詞在簡古方面也足以代表《花間》。後來兩宋的詞，能精麗，能淡雅，而不能簡古；如同仿古製作的銅器玉器，形狀花紋色澤都能酷肖，所作不出者，只是那種古樸的氣韻。兩宋的詞，規模濶大了，氣象開朗了，而溫韋以次《花間》各家所共具的簡古之致也就大部失掉了。『簡古』是陸游用以評《花間》詞的，不要看輕了這兩字，《國風》這一部古代民謠，所以能與漢魏六朝唐宋輝煌燦爛的詩並傳不朽，就是因爲簡古。《花間集》在詞裏的地位，正如同《國風》在詩裏的地位，惟其簡古，始能渾涵包舉，歷久長新。」而鄭振鐸《中國文學史》說：「《花間》的好處，在於不盡，在於有餘韵。」又說：「《花間》諸代表作，如絕代少女，立於絕細絕薄的紗帘之後，微露豐姿，若隱若現，可望而不可卽。」更直接地道出其「含蓄」之美的特色來。

綜而言之，《花間》十八家詞，幾乎有大半之作，全是客觀的、想像的抒寫與描敍，超妙有餘，切實不足，才無法予人酣暢生動之感；但就因爲它還有近百餘闋的上上之選的絕妙好詞——能擺脫晚唐詩風的陰影，反而趨於「簡古」，雖是近世有敦煌曲子詞的出現，仍然未能貶損《花間集》在詞壇上的地位。而且近千年來《花間集》對各代詞風影響之深遠，事實俱在，這也是無可否認的。是故鄭振鐸以爲論五代詞，當以《花間》諸作家爲主體。雖五代詞固不止是「花間派」的作家們，在江南尙有中、後二主與馮延巳等三位「大手筆」的詞人在；然南二唐主詞與《陽春集》，風格過高，難於模仿，影響究竟不若「花間派」的偉大。因爲，由十八詞家構成的「花間派」，他們不但合開出一條中國詩中的大道，更進而滋潤了後來的無數的詩人的心田，刱始了一個最具影響，且根柢最爲深固的作風啊！

（本文承張前輩以仁指正，謹此致謝）

附註

❶ 如〔更漏子〕第五闋：「『正』是芳菲欲度」句、第六闋：「不道離情『正』苦」句，「正」字下得穩切有力；〔菩薩蠻〕第八闋：「燕飛春『又』殘」句、第十闋：「楊柳『又』如絲」句，「又」字點明今昔，惆悵之情，溢於言表；又〔菩薩蠻〕第三闋：「相見牡丹時，暫來『還』別離」句、〔更漏子〕第二首：「虛閣上，倚闌望，『還』是去年惆悵」句，〔酒泉子〕第四闋：「羅帶惹香，『猶』繫別時紅豆」句，「還」、「猶」等字，皆有其重要的作用在。

❷ 案：南唐亦有張泌，一作佖，字子澄，淮南人。初官句容尉，任李煜爲中書舍人，改內史舍人。煜降宋，泌也隨侍到中原，仍入史館。按此張泌當非《花間集》中的張泌，前人已辨之甚詳。

❸ 案：由於溫庭筠所敍寫的女子往往祇是一般的泛指，因此其豔詞麗句不免僅是一種辭采的塗飾罷了。

❹ 見葉嘉瑩《唐宋詞名家論集》頁二〇〇，臺北國文天地雜誌社，一九八七年十一月初版。案：李冰若《栩莊漫記》已先葉氏分《花間》詞十八家爲三派，他主張：「縷金錯采，縟麗擅長而意在閨幃，語無（？）寄託者，飛卿一派也；清綺明秀，婉約爲高，而言情之外兼書感興者，端己一派也；抱璞守質，自然近俗，而詞亦疏朗，雜記風土者，德潤一派也。張子澄詞蓋介乎溫、韋之

間而與韋最近。」所不同者，是葉氏更於栩莊所認定的飛卿一派中，又別出以寫一己之情欲為主的歐陽炯、毛熙震、閻選等人為一派。

❺ 案：毛文錫〈甘州遍〉云：「秋風緊，平磧雁行低，陣雲齊；蕭蕭颯颯，邊聲四起，愁聞戍角與征鼙。 青塚北，黑山西，沙飛聚散無定，往往路人迷；鐵衣冷，戰馬血冷蹄；破蕃奚，鳳凰詔下，步步躡丹梯。」又孫光憲〈風流子〉云：「茅舍槿籬西曲，鷄犬自南自北；菰葉長，水葓開，門外春波漲淥，聽織聲促，軋軋鳴梭穿屋。」至於孫氏的〈定西番〉：「鷄祿山前遊騎……」「帝子枕前秋夜……」二闋與李珣〈漁歌子〉：「楚山青，湘水綠……」「荻花秋，瀟湘夜……」「柳垂絲，花滿樹……」「九疑山，三湘水」四闋，皆是緣飾題意——邊塞與漁父——而作，確實已脫《花間》藩籬，其他如皇甫松〈浪淘沙〉等詞，因大致已見前述，茲不贅。

唐代傳奇的夢

鄭志明

一、前　言

夢是人體生理活動中一種特殊的精神現象，其夢境的神秘經驗蘊涵著心靈深處的創造活動，關連著民族集體的觀念型式，有其特殊的宗教或哲學的文化特徵與象徵意義。夢也跨入了具有豐富想像力的文學情境，企圖超越人生經驗的限界，以求取情節上廣濶領域所映托出的新觀點與新感受❶。

唐代傳奇在文學的創作上有其獨特的體驗和生命情調，牽連著整個民族心靈與文化情境的認識❷，與當時的觀念型式與生命指標息息相關。本文企圖從唐傳奇與「夢」有關的案例中，探討唐傳奇的主題意識與生命型態，感知宗教形神關係的意識形態，如何結合著哲學天人合一的思想體系，進入到文學作品的意志世界裏。

二、夢與魂交

《莊子・齊物論》云：「其寐也魂交，其覺也形開。」說明人在睡眠的過程中也有著

「魂交」的精神活動，此一精神活動俗稱爲夢，不同於人在覺醒狀態下的心理意識。一般人以爲夢是不能自我控制的自行意識，如《荀子．解蔽篇》：「心臥則夢，偷則自行。」《墨子．經上》謂：「夢，臥而以爲然也。」又云：「臥，知無知也。」夢是一種不自覺的知，其意志若有若無，不同覺時之知，但是人在夢中又常自以爲覺，如《莊子》續云：「方其夢也，不知其夢也。夢之中又占其夢焉，覺而后知其夢也，且有大覺而后知此其大夢也，而愚者自以爲覺。」夢與覺的相互交錯，顯示了夢雖然不能在清醒時由心神來自作主宰，卻也是一種潛伏狀態下的精神活動，與「形」、「魂」的宗教觀念有密切的關係，一般以爲精神的「魂」必須依倚於肉體的「形」，但是在「形」停止於休息的狀態，其「魂」可以自行運作，表現其沈然潛隱的虛靈知覺。

「魂交」的夢與古代的魂魄觀有密切的關係，《左傳》魯昭公七年鄭子產曰：「人生始化曰魄，既生魄，陽曰魂。」魄卽指人的形體，魂則是人由此形體所產生而出的覺識與活動。人在睡眠中雖然暫時停知了形體的感覺和思考，但是附著於形氣的神魂仍可還在某種狀態或某種方式下變化，帶動人體特殊神經系統的感知，朱子答陳安卿書謂：「夢者，寐中之心動也。」夢中的知覺是睡眠中的心理活動，此種心動的夢象活動，又很難作客觀的解析與分辨，就顯得神秘離奇，更吸引住世人的關注與好奇。

魂能否離開魄產生自交的靈覺，仍是亘古之謎，至今未能透澈了解與把握。在唐代白行簡的〈三夢傳〉指出三種特殊的魂交現象：

人之夢，異於常者有之，或彼夢有所往而此遇之者，或此有所爲而彼夢之者，或兩相通夢者。

夢的性質隨著不同時代和不同文化而在觀念認知上有很大的差異。近代心理學家對夢的解析亦有不少的爭論，大致上有三種了解夢的不同方法。第一是佛洛伊德的觀點，認爲所有的夢都是吾人非理性及反社會性質的表現。第二種是楊格的解釋，認爲夢是潛意識智慧的啟示，它超越了個人。第三種是佛洛姆的觀點，把夢當做表現任何形式的心智活動，並且表達出我們的不合理需求，也表達出我們的理性與道德，它們表現我們自身的善良或邪惡部分❸。但是企圖從有限的心理現象對神秘事實作認知統覺的重整。難以避免在理論框架的限制下，無法隨機應變，跨入一個超越一切可理解性實在界的精神本質與義理情境。故對夢的魂交作用仍須立足於傳統的宗教信仰，探求其神秘經驗的象徵語言，經由無法理喻的宗教涵義中，企圖理解被置於人領域之外的啟示世界。

白行簡的《三夢傳》一開始卽指出夢是異於人正常的心理經驗，是心靈以外的神秘活動，有些特殊而又難以理解與探索的經驗領域，與實在界的原有範疇的意識作用與認知情境大異其趣。《三夢傳》指出夢的三種特殊現象，第一爲「彼夢有所往而此遇之者」，卽打破了夢爲幻覺之說，以爲夢的魂交亦以實體的形式出現。第二爲「此有所爲而彼夢之者」，說明夢境是眞實存在著，以爲魂可以跨越時空，察知他地的現實景況。第三「兩相通夢者」，指出夢境的精神感應與預兆現象。

《三夢傳》的劉幽求一事，與《河東記》的獨孤遐叔，《纂異記》的張生等事，雖詳略互異，其同出一源則無疑❹，正說明這個奇異的夢，在唐代頗爲流行。這個故事的夢境不再是虛空的幻覺，而是具有三度空間的實體存在，第二者可以走入其中，以行動改變其過程⑤。這個故事或許爲唐代文人相互傳說虛構而成，卻也反映出當時人們所相信的特殊體驗的宗教意識。劉幽求的故事較爲簡略，敍述朝邑丞劉幽求奉使夜歸，路經一佛寺，從牆隙窺見其妻與十數男女雜坐於殿庭，飲酒作樂。劉幽求因投擲瓦片，驚散各人，忽然不見。回到家中，其妻方醒，告以夢中與數十人同遊，會食殿庭，各不相識，忽有人自外投入瓦礫，因而遂覺。《河東記》中〈獨孤遐叔〉一則，故事情節大致相同，細節部分交代相當清楚，《纂異記》的〈張生〉一則，詳記其妻與酒客相互酬唱的情節。一再地顯示出夢境的眞實存在。

若夢境是眞實存在的，則人的神魂亦可肉眼觀之，甚至可保有眞實的形體，如陳玄祐的〈離魂記〉謂倩娘與王宙常私感於夢寐，最後倩娘的魂與王宙私奔生子。又《幽明記》〈麗阿〉一文中的石女，《靈怪錄》〈鄭生〉一文的柳氏，《獨異志》〈韋隱〉一文中的韋妻，皆是魂體出遊而又眞實存在的例子。〈麗阿〉一文對夢的魂交現象，解釋爲「夫精情所感，靈神爲之冥著滅者，蓋其魂神也。」若人的魂在某種情況下亦可眞實存有，那麼魂與魄如何區分呢？或許魂與魄各有其不同的生存時空，有時魂誤入了魄的時空，造成魂與魄面對面相處的景況。那麼魂在人的睡夢中，具有充分的自主性，與淸醒時的時空感覺不同，也不受現實時空的限制，可以上天下地，可以往古入今。故《三夢傳》二則記元稹之夢白居易之遊慈恩佛舍，卽是魂超越時空的作用，在空間上是不由乎道路的神出鬼沒，化掉了山河的阻隔，卽杜頠〈夢賦〉云：「戀于定省，忽飛魂予穹阱，撩軒幌而無隔，逾山河之徑度，常倏忽而往來，竟不由乎道路。」⑥這種超越時空的特性也正是文學作家的主要思維活動，任意壓縮或擴大時空，如陸機〈文賦〉云：「觀古今于須臾，撫四海于一瞬。」又云：「籠天地於形內，挫萬物於筆端。」因此文人的靈感，所謂「精鶩八極，心遊萬仭」〈文賦〉的「精」與「心」可視作爲魂的精神活動。

魂若跨入未來的時空，卽具有先兆的預見性，一般人常將這種先兆視爲神靈或鬼魂之所告示，實際上人自身的魂具有與未來時空相交的無隔性格，這種性格俗稱第六感，超出形體所具有的「視」、「聽」、「聞」、「食」、「觸」等五種感官知覺，亦卽第六感不是魄的作用，而是魂的特殊感覺，或稱直覺，對尙未發生的事有著預知的超感能力，世人則由於感官運動的發達而退化了魂的交感能力。在睡夢中，人由無念無想的狀態下，魂超越了自己時空，預告著未來的事實。《三夢傳》第三則竇質之夢見女巫，與女巫之夢見竇質，卽是雙方的魂在未來的時空中相會，白行簡謂之兩相通夢。若肯定魂交的精神作用，則這種先兆或先見，一點也不神秘。佛洛伊德從心理學的角度，以爲夢是無法預示未來，夢只提供過去的經驗❼，否定夢具有警告或預卜的作用。此爲立場的不同，心理學家大多反對所謂神魂的存有。但是神魂的存有，使人從物質世界的身生活，超越到心靈世界的心生活❽，有著廣大悠久而又靈活高明的心靈交感世界，卽是神交千古、心存百代的人生境界。

魂可以跨越時空外，亦可以改變其存有的形式，如《莊子·齊物篇》謂莊周夢爲蝴蝶，蝴蝶夢爲莊周，卽是突破外在形式的魂交現象。〈薛偉〉一文記載薛偉的夢遊更爲離奇。薛偉在夢中化身爲魚，魚上鈎被捕，殺後醒悟，自敍其變化經過。這個故事可以作這樣的解釋，薛偉在病中睡覺，其魂爲熱所逼，惡熱求涼，策杖而去，出城後心欣欣然。山行益悶，遂下遊於江畔羨魚逍遙，忽然間其魂進入魚體，化作成魚，直到魚被殺後，其魂又回到薛偉身上。因其魂化爲魚時仍有人的知覺，故對其經歷記憶淸晰，與事實相符合。《廣異記》的張縱一事，其故事原型大抵互相祖述，亦是人魂化爲魚，但添加了佛教輪廻報應之說。這種魂交的觀念大致上受到道家玄覽的觀念所影響，將魂交與心觀結合，擴大了人超感官的認識活動，達到「神與物遊」的精神狀態。

夢的魂交也開出人內在的創造思維活動，超出其原有的能力，如三夢傳的張女，平生不曾習琴、箏、琵琶，卻能撫之成曲。〈冥音錄〉的崔氏長女夢其姨授曲，卽是魂與魂交的創造性活動。魂與魂交非虛無的假象，亦會留下證物，如沈亞之的〈異夢錄〉記邢鳳夢見美女，示以弓彎之舞，鳳在夢中從東廡下几上取綵牋，錄春陽曲，覺醒時，果在襟袖中得其詞。又〈牛應貞〉一文記牛應貞於夢中忽誦春秋三十卷無一字遺漏，醒來亦已精熟。且在夜中眠熟時，能與古之知名文人談論文章，往來答難。或可說其魂與古代文人之魂如王弼、鄭玄、王衍、陸機等人相交，或論文章，或談名理，辯論烽起，往往數夜不巳。魂交的創造思維活動，是會侵入舊有的時空，改寫古代的歷史，沈亞之的〈秦夢記〉卽是一例。沈亞之自敍其道出長安城，客槖泉邸舍時晝夢入秦。卽其魂進入到秦穆公的時空中，試補中涓，使佐西乞伐河西有功，時公主弄玉的丈夫蕭史先死，亞之與公主弄玉結爲夫妻，後一年春，公主弄玉病死，亞之爲公主作挽歌、墓誌銘，又題詩多首後，離去。沈亞之夢中賦詩的創造性活動，卽回到了舊有的時間中，參予古人的生活運作。當魂跨入昔日的時空，比魂進入未來時空更不可思議，因爲歷史可能因魂的侵入而改寫嗎？夢中亦可魂交仙人，留下人間佳作，如樂史的《楊太眞外傳》記玄宗曾在夢中遇著仙子與龍女，傳〈紫雲廻〉與〈凌波曲〉等二首新曲。另外《楊太眞外傳》指出魂與魂交，不一定要在夢中，亦可經由修爲之術來遊神馭氣，卽道士楊通幽爲玄宗尋找楊貴妃之魂，以術離其魂出天界入地府求之，求之不得，又使其魂求四虛上下，來到蓬壺最高山始見楊貴妃之魂，並帶著金釵鈿盒及當時誓言，以證明雙方魂交的眞實性。

當人遇到他人的魂時，往往會以爲該人已死，如獨孤遐叔與張生遇見其妻夢中之魂時，當下悵然悲惋，謂其妻已卒，慟哭，連夜而歸。其實，人遇鬼魂常需在夢中，人在淸醒時無法與死去之魂相交，所謂白日遇鬼在一般情況下是不會發生的。如〈冥音錄〉崔氏長女心念其姨，希望其姨以力祐助，而而姨知其情懇，於夢相會，成其心願，但是其姨謂：「陰中法嚴，帝或聞之，當獲大譴。」即陰間亦反對亡魂與人相交。又云：「幽明路異，人鬼道殊，今者人事相接，亦萬代一時，非偶然也。」若不是特殊情況，亦無法與亡魂相交。人在夢中遇亡魂，往往不久人世，如崔氏長女尋卒。《三夢傳》中的張女在夢中曰：「且歸辭父母，異日復來。」即知殆將死，遂豔妝盛色，授衾而寢，俄爾遂卒。

三、夢與造化

信賴精神實體的宗教信仰，同時存在著認知觀念的思想意識形態，產生了當代明確的哲學概念，重思人類處境的宇宙本質，建立自然秩序及其規範經驗，來安頓自我的生命。唐代傳奇的觀念體系大致上是以儒釋道三教義理爲基礎，眞切地面對人自身的存在，思索人性與人之處境等問題。「夢」除了是魂交的宗教現象，亦同時指出了當時人們對人生本質以及存在問題已有了某種程度的認知共識，其企圖由虛幻的夢境中建立出心靈的交感世界，探觸到人生最根源的問題，關心著天與人如何在命的流衍中結合成一體，使個體不再是受制於天帝鬼神的有限存有，而是自由體受超化於無限空間的生命體，能深密地契入天人生死之出入起復的宇宙本體境地。

夢的神秘性可以內在地探索到整個人生與宇宙生命的關係，最常見的卽是夢占，或稱占夢，主要是根據夢象來預卜夢者所欲請求的事項，是人以自身的體驗來溝通神人，傳達某些特殊的訊息。唐代傳奇頗相信夢占的眞實性，以爲夢境、夢景和夢象都是宇宙超能力的顯現。如霍小玉傳的小玉夢見一個穿黃色衣衫的男子抱著其丈夫李益進來，到了席前，李益便叫他脫鞋。小玉驚醒後，自占其夢曰：「鞋者，諧也。夫妻再合。脫者，解也。既合而解，亦當永訣。由此徵之，必遂相見，相見之後，當死矣。」後果靈驗。又謝小娥傳的小娥，夢見其父曰：「殺我者，車中猴，門東草。」夢其夫曰：「殺我者，禾中走，一日夫。」後作者拆其字，以爲殺其父者爲申蘭，殺其夫者爲申春。夢占的應驗正是宇宙精神相感的現象，宋代王昭禹的《周禮詳解》云：「夢者，精神之運也。人之精神往來，常與天地流通，而禍福吉凶皆運於天地，應於物類，則由其夢以占之，固無逃矣。」這種觀念在宋代相當普遍，如朱熹《詩集傳》云：「人之精神與天地陰陽流通，故晝之所爲，夜之所夢，其善惡吉凶，各以類至。」[9]夢是一種精神活動，使人與天地陰陽之間產生一種相互作用的關係。

天地自然的變化，會影響到人的精神狀態，這種天人感應之說由來已久，中國先秦諸子關於宇宙與人生、天道與人道等課題的探討，早已提供了多樣而又豐富的理論內涵。唐代傳奇在天人關係的思考上受儒道兩家影響甚深，思考著人與天地冥合的原始生命，透過紛紜采幻的夢，溝通著人與天地神遊的精神感應。故夢是人與天地間精神融貫的媒介。唐晅的《唐晅手記》記錄唐晅在夢中與其亡妻的對談，有助於探討傳奇夢境中的思想意識。唐晅晉昌人，於開元十八年夜宿他鄉，夢其妻隔花泣，俄而窺井笑。醒後將此夢景就教於日者，日者曰：「隔花泣者顏隨風謝，窺井笑者喜於泉路也。」後果凶訊傳來。《唐晅手記》寫其與妻見面如在陽世，實爲夢中，如其賦詩云：「魂兮若有感，髣髴夢中來。」魂交實爲天地之心相感，彼此心意可以互通，如其妻張氏云：

> 聞君悲吟相念，雖處陰冥，實所惻愴！愧君誠心不以沉魂可棄，每所記念，是以此夕與君相聞。

人間雖有陰陽之隔，誠心卻可拉近二者的距離，這種距離的拉進，卽是神魂不受肉體的限制，上下與天地造化同流的神氣。但是人鬼終究有別，難以時常相交，如其妻詩云：「不分殊幽顯，那堪異古今。陰陽途自隔，聚散兩難心。」這裏牽涉到魂魄的問題，其妻云：

> 人死之後，魂魄異處，皆有所錄，杳不關形骸也。君何不驗夢中安能記其身也。兒亡之後，都不記死時，亦不知殯葬之處，錢財奴婢，君與則知，至如形骸，實總不管。

魂魄的存有雖然是宗教信仰的問題，但是由形氣的觀念推展到生命的來源與變化處，卽是哲理思辯的問題，其妻謂「杳不關形骸」，指魂可以離形而獨存，故骨肉消散，精神存留，不必知形骸所葬之處，卽是精神離形各歸其眞。同樣地夢中的魂不會掛記著作夢的身，使其精魂能參予宇宙造化的神明之德，卽《易傳》的「以體天地之撰，以通神明之德。」或《中庸》所謂：「所過者化，所存在神。」即精魂在自然大化中，是與造化天機同時變化無窮。王船山對於魂神相通的現象，曾作如此說明：「陰陽相感，聚而生人物者神。合於人物之身，用久則神隨形敝，蔽而不足以存，復散而合於絪縕者鬼。神自幽而之明，成乎人之能，而固與天相通。鬼自明而返乎幽，然歷乎人之能，抑可與人相感。就其一幽一明者而言之，則神陽也，鬼陰也。而神者陽伸而陰亦隨伸，鬼者陰屈而陽先屈，故皆為二氣之良能。良能者，無心之感，合成其往來之妙者也。」⑩與天相通的神和與人相感的鬼，即是宇宙造化自體湛寂的運行作用，展延於蒼穹與大地之間，使一切顯象流轉於源始玄化的超越奧義中。

《唐晅手記》記載了當時一些宗教現象與信仰概念，反映的是當時儒釋道三教相互混雜的宗教理念，以靈異的事蹟來揉合三教的義理系統以勘探人生的究竟，以及細膩人世的特質。如唐晅問其亡妻有關佛道是非時，其妻云：

> 同源異派耳，別有太極仙品總靈之司，出有入無之化，其道大哉。其餘悉如人間所說，今不合具言，彼此為累。

佛教思想的傳入，與傳統儒道思想產生了互動的關係，逐漸形成兼括三教的同源觀念，「同源異派」的提出，已化掉二教在同一生態環境的競爭心態，有著相互調和紛爭進而揉合內外的傾向，故謂「其道大哉」，肯定二教皆有其博大精深的一面，不要拘泥於其外在的表現形式，而在同源的認同中，彼此能相互借用且揉合通貫。這種以三教思想為基礎而又能個別選用自成系統，即是唐代傳奇的思想模式，是中國傳統社會文明活動的容受性格，落實為一種生活的態度與方針，形成了一種新的本土化信仰模式，給予其新的詮釋與新的功能⓫。

牛應貞在夢中能「學窮三教，博涉多能」，又能夢製書而食之，每夢食數十卷，則文體一變。〈牛應貞〉一文選錄了其「魍魎問影賦」，從此賦中或可參透人在夢中的思想活動以及其義理架構。牛應貞在罹患重病羸悴形體時，有感莊子魍魎責影之義，作賦以求解疾。首先是魍魎問牛應貞之影曰：

> 君英達之人，聰明之子，學包六藝，文兼百氏。蹟道家之秘言，探釋部之幽旨。既虔恭於中饋，又希慕於前史，不矯枉以干名，不毀物而成己，伊淑德之如此，卽精神之足恃。何故羸厥姿貌，沮其精神，煩寃枕席，憔悴衣巾？子惟形兮是寄，形與子兮相親。何不誨之以崇德，而教之以自倫？異萊妻之樂道，殊鴻婦之安貧？豈痼疾而無生賴，將微賤而欲忘身？今節變歲移，臘終春首，照晴光於郊甸，動暄氣於梅柳，水解凍而繞軒，風扇和而入牖。固可觸憂釋疾，怡神養壽。何默爾無營，自貽伊咎？

人生修養所追尋的是自我的眞實，既然有著「伊淑德之如此」的生命人格，就應該展現「精神之足恃」的自然理序，達到天道自然同體流行的境界，故人的精神不要受到外在形軀的限制、束縛或桎梏。應從狹隘有限的觀點中超脫解放，契合於天地萬物的精神境界。故魍魎批評牛應貞之影「子惟形兮是寄，形與子兮相親」的人生態度。「形」限制了精神的發揮，若人比形於天地，則能如《莊子．逍遙遊》所謂：「乘天地之正，而御六氣之辯，以遊無窮。」或〈大宗師〉所謂：「與造物者爲人而遊乎天地之一氣。」與神俱化順物自然，是人從有限的形軀中開出了無限的向上精神。「羸厥姿貌」的槁木形體，窒息了人無限的生機靈感。正如形體中的神魂，要有參予冥漠太空的交感作用，不要被肉體所羈絆。

人有形體是天生的限制，形軀束縛的解開，並非一定要離開形體，反而是要面對自己的形軀，使生命的感受與四時同運，與萬物相處合宜，故牛應貞之影勃然而應曰：

子居於無人之域，遊乎魍魎之鄉。形旣圖於夏鼎，名又著於蒙莊，何所見之不博？何所談之不長？夫影依日而生，像因人而見，豈言談之能曉？何節物之能辨？隨晦明以興滅，逐形骸以遷變。以愚夫畏影，而蒙鄙之性以彰；智者視陰，而遲暮之心可見。伊美惡兮由己，影何辜而譴。且予聞至道之精窈兮冥，至道之極昏兮默。達人委性命之修短，君子任時運之通塞，悔吝不能纏，榮耀不能惑，喪之不以爲喪，得之不以爲得。君子何乃怒予之不賞芳春，責予之不貴華飾？且吾之秉操，奚子智之能測？

身體之影就如熟睡之夢，雖非眞實存有，卻能安於自然中所遭遇到一些已然的事實，從不幸的遭遇和生死的大限中超拔出來。亦即正視人生的陰暗，了然其遲暮就斃，在已然的事實中，激發起守宗貴德的自我覺醒。所謂「伊美惡兮由己，影何辜而遇譴」美惡的產生在於心的虛靜以觀照萬物而實現萬物，與外在的影子無關，影子不喪不得，故可在眞空中見其妙有，同樣地夢魂不纏不惑，可以無往而不存，虛而待物，獲得整體的和諧。所謂「至道之精窈兮冥，至道之極昏兮默」，以爲至道即在於窈冥昏默，化掉人爲造作，不必在意性命之修短與時運之通塞，使生命能上合於宇宙大化的解脫大自在。這種自在無累的安時處順，可以解情識之結，破死生之惑，開顯了天人合一的終極理想的境界。

唐代傳奇的夢，就是要人意識人自身和社會的虛幻有限，進而超越此一虛幻有限之自我與社會，完成了一種縱浪大化的生命情調⑫。沈既濟的〈枕中記〉與李公佐的〈南柯太守傳〉，卽是以大夢的形式來暗示現實的虛幻，進而在「人生若夢」的證悟下，放棄了毀譽得失生死富貴的計較，解開是非的桎梏與死生的枷鎖，回歸到生命自然本眞處。〈如枕中記〉的盧生，其原本的人生價值觀，以爲現實的功名富貴是讀書人最圓滿的願望，如云：「士之生世，當建功樹名，出將入相，列鼎而食，選聲而聽，使族益昌而家益肥，然後可以言適乎。」隨後做了一個夢，體會了人生百態，醒來發覺是一場空，撫然良久，感歎云：「夫寵辱之道，窮達之運，得喪之理，死生之情，盡知之矣。此先生所以窒吾欲也，敢不受教。」〈南柯太守傳〉的淳于棼夢中魂遊槐下穴之蟻國，在「夢中倏忽，若度一世」中感覺人生如蟻，於是「生感南柯之浮虛，悟人世之倏忽，遂棲心道門，絕棄酒色」。李肇贊曰：「貴極祿位，權傾國都，達人視此，蟻聚何殊。」

〈枕中記〉與〈南柯太守傳〉，實本六朝劉義慶《幽明錄》的楊林故事⑬。楊林至廟祈求，請問婚事，後在枕中夢其與趙太尉之女結婚，生六子，皆爲秘書郎。後來「忽如夢覺，猶在枕旁，林愴然久之」，楊林僅愴然而已，並沒有唐代傳奇那種體悟人生的大道理。由此可知，唐代傳奇是以夢來暗示人生的有限，透過對宇宙人生深沉焦慮的反覆思考，最後以知命安命來排解人世的挫折與困躓。《太平廣記》二百八十一卷中〈櫻桃青衣〉亦有類似的故事情節與生命情調。天寶初年有范陽盧子屢次應舉不第，一日乘驢來到精舍倦寢，夢到精舍門，遇携一籃櫻桃青衣介紹婚事，後官運如意，做到宰相，又回到原來精舍門，忽然夢覺，見白衫服飾如故，惘然歎曰：「人世榮華窮達富貴貧賤，亦當然也。而今而後，不更求官達矣。」遂尋仙訪道，絕跡人世。這一類的故事，雖受佛道二家出世思想的影響⑭，卻也是多數士子在官場失意後的共同心聲，有了富貴如浮雲、人生如夢幻的覺悟。

四、夢與寄託

傳奇夢的主題研究頗受學者的重視⑮，主要是因爲唐代小說的創作卽牽涉到實事與幻設之間的抉擇問題。或許可以說每部傳奇小說都是作者心理世界的投射，將意識中的夢幻經驗，表現在具體存在的時空中。如此虛幻與眞實之間充滿了象徵的符號與意象，正是人生命意識心靈的參予，在生動與逼眞之中，以類似夢的語言，作創造性的詮釋，補償人在現世中的某些不足，藉以平衡其存在的遺憾。類似眞實的虛幻小說，很可能是人類內在心靈的共通象徵。充滿了象徵意義的傳奇小說，可以挖掘出唐人無限豐盈的心靈世界。

夢是睡眠狀態下的心智活動，是一種內在經驗的象徵語言，唐代傳奇大多用夢來表達自我實現的生命特質，強烈地面對著絕望空虛的生活情境，投射出人們渴望自我實現的價值覺知，勇敢地面對虛幻的有限人生。因此，傳奇的夢主要在突顯人間的虛幻性格，以象徵形式的語言表露出現實社會的限制與生活處境的無奈。如〈秦夢記〉沈亞之晝夢入秦，表面上封官賜婚，實際上含藏著人世間過多的無奈。首先固辭婚而不可得，婚後馬上又面對著生死離別。時時以哭聲淚水來彰顯出這種無奈，如謂「聲調遠逸能悲人，聞者莫不自廢」、「泣葬一枝紅，生同死不同」、「時宮中有出聲若不忍者，公隨泣下」、「白楊風哭兮石甃髯莎」、

「淚如雨，欲擬著辭不成語」、「雜其聲而道之，四座皆泣」、「宮人泣對亞之，亞之感咽良久」、「落花如雨淚燕脂」等句，使得幽渺頑豔的夢，另存在一種人生悲情之寄託。

〈冥音錄〉的崔氏長女則藉由特殊的夢境來消解現實的不如意。其夢的產生導因於「其母輒加鞭箠」之苦，而夢中授曲則是願望的達成。〈枕中記〉與〈南柯太守傳〉也同樣是在夢中達成願望，可是願望的達成反而是對現實人生的一種反諷，藉類似眞實的夢來凸顯出自我流失與虛幻人生。如〈枕中記〉的盧生在夢中達成了其「青紫可拾」的願望，卻也同時眞實般面對著官僚們爭權奪利的黑暗面，此卽夢中隱含衝突的兩個象徵，一爲官場的舒適與快活，一爲人生的流離與混亂，雖然後者的表達不夠明顯，但是象徵的意義卻相當的濃厚，若再結合現實生活的相關經驗，就會降低了作者對原有願望的追尋。〈南柯太守傳〉的淳于棼原爲吳楚游俠之士，在失業無依時夢見與公主結婚，從此榮華富貴功高震主，被遣回家，一句「卿本人間，家非在此」，使得夢境的衝突，達到高潮，淳于棼的「忽若惛睡，瞢然久之，方乃發悟前事」卽是睡夢中內在意識的覺醒，然後作出正確的判斷，離開夢境。這兩篇傳奇的作者爲中唐時人，其夢境的敍述又與當時藩鎭割據的政治局勢頗爲接近，使得整篇文章另有寄託的情意，以爲達官重臣只是蟻聚而已，人所欲追尋的榮華富貴，原也是一種難圓的夢。了解到這一層，也就可以理解到原來夢境卽是現實情境的另一種投射罷了，至於如劉瑛詳考史實，作爲夢境的對照可以是不必要的[16]。

另有些傳奇未標舉爲夢，但是情節結構傳達出來的氣氛與夢頗爲接近，藉助神仙、卜人、異士等媒介，具有和夢一樣的作用與功能。如段成式的〈守宮〉一文，寫作技巧與〈南柯太守傳〉類似，不言夢實爲夢，但是情節上稍爲簡單，描寫士人讀書時遇見半寸小人，以筆擊之，後被一羣小人纏著，拉進小門遭受審判。這個玄怪的故事，其所象徵的意義也含有著存在的荒謬與人生的悲苦。從小人的試探到眾多小人的包圍，以及接受小人的審判，這種影像實與日常生活人際間互相計算與衝突的情節相類似，只是經由扭曲變形及僞裝，以另一種形式在夢中出現。唐代傳奇其故事的虛幻雖然近似於六朝的志怪小說，但是在意象的轉移作用上，是以現實的生活爲基礎，其表面背後潛藏著十分吸引人的思維運作，意識到生命存在的價值，積極勘探人生的究竟，勇敢面對生活的悲苦。

〈杜子春〉一文中修道時所見的種種幻象也類似夢境，人在夢境中的無法自拔，正是自我流失的最佳寫照，人的意志是無法從虛幻中完全超脫出來，最後也只好歎恨而歸。人的自我流失在於無法控制人的七情，受到情慾的支配而迷失了本性。杜子春雖然看開了喜怒哀懼惡慾，仍裁在親情之愛，這正是人生的有形限制，人企圖從有限伸向無限的世界時，最大的敵人仍是自己，而自己的有限則又是人生最大的命限。人明明白白地知道眼前所見都是假的，卻依舊無法看破假象，這正是人的最大無奈，但也正是這種無奈，人仍渴望能夠安心莫懼，達到終無所苦的境地。

在〈定婚店〉一文中韋固就企圖想要打破命定的限制，不相信婚姻天定之說，但是最後還是宿契於命運，夫妻相欽愈極，知陰隲之定，不可變也。這種知命安命更是夢境所欲傳達的天啟概念，使得個體的生命意志在夢中能自我實現。故在夢中雖然赤裸裸地呈現種種虛妄的假象以及人生的悲情，但是假象與悲情中寄託著衝破苦難的原始生命。盧生與淳于棼就是在這樣的情況下認清楚功名富貴，希望能找到一個新的歸宿，獲得生命的眞正解脫。杜子春雖然愧其忘誓，卻也能自效以謝其過，擺脫世俗慾望的牽累，找到存在的積極意義。韋固則相信因緣相繫的道理，一念解脫，安然自在。

傳奇夢境與當時社會生活有著密切的關係，寄託著一般民眾的思想形態，其中最核心的概念是天命與人的結合，了解人自身的有限性，而在天啟的護佑下舒釋人間的憤懣。所謂天命在人民的意識中具有絕對的支配力量，能完全地掌握到人世間紛紜複雜的事象，且規劃出先驗效用的一定秩序。傳奇即藉助夢來勾劃這種特定意義的秩序，烘託出生命存有的總括性原則，而傳奇的所有幻設的故事，都可以視爲夢的變形，在其侈衍奇詭的背後，實寄託著約定俗成的共有性格。

當將傳奇視爲夢的變形時，即指出小說的寫作方式，即是自然秩序與人文創設的橋梁⑰。由神話經志怪到傳奇，小說的文學內涵，經由原始矇昧的宗教情懷跨入了豐富多樣的意識宇宙之中，不僅包涵著神奇鬼怪的幻想世界，也蘊藏著人類生命內在意義的價值世界。唐代傳奇雖然傳承著不少神話幻想的成份，但是其背後根源於人類心靈的巧思，可追探到宇宙與人類生命存在的價值意義。至於描述愛情、劍俠的寫實小說，寫的雖然是人世間的愛恨情仇，但是對人生世相的自我抒解，存有著人文世界的象徵意義，揭示著傳統社會文化模式，掛抅住生命自我實現的宇宙大情。

傳奇的豐沛生命與唐代健旺的文化氛圍有密切的關係，個體生命的起伏升沉，牽動著文化心靈的躍起隕落。當激情的現實生活揚起了生命的熱力時，隨之而來的遲暮悲情，又不得不投向另一種宗教形式的皈依。因此，人文與宗教相互撞擊，擴大了文化生命的縱浪大化，提供了安頓悲情的超越力量來觀照自省。唐代豐富的三教思想，實際上環繞在宇宙建構秩序的天命問題上。人在宇宙時空的流轉中，需要有一套價值觀念，來重歸原始本狀的秩序，點染在充滿著愛恨情仇的原始與人文之世域中。

唐代傳奇所描述的事物與現象，大多可透過人文精神的檢驗，反映當代民眾共有的生命形態，環繞在道德、政治、社會、愛情、宗教等問題上，似乎有意地展現出集體共有的思想形態，重新思考著人類的處境，以及宇宙的本質。傳奇有關夢的主題，即是這種意識形態的突顯，溝通著自然與人文的宇宙秩序，以夢境的象徵，刻劃出人間微妙複雜的存在現象。夢境的象徵，不單是潛意識浮現在意識層面上的媒介，也反映出在同一個思潮集體感通下的文化情懷。在唐代傳奇這種文化情懷是無所不在的，比如夢境可以化成仙境的形式存在。如張文成的〈遊仙窟〉，繼承著〈桃花源記〉、〈劉晨阮肇〉等仙鄉故事，偏寫人仙間纏綿悱惻的愛情。這是仙鄉故事的另一種形態，已無追尋樂土的精神嚮往，增加的是神仙豔遇的非分貪想。此時的仙鄉世界，即是人夢境的無理性慾望，明目張膽地寄託著某種壓抑已久的潛在意識。日本西行法師傳鈔之《唐物話》即以為〈遊仙窟〉，是張文成愛慕武則天的移情作用。其實潛藏的慾望，是世人共有的愛欲，自慰式的夢境，洩露了久被壓抑的情思。韋瓘的〈周秦行紀〉寫牛僧儒跨越時空的豔遇，實亦為夢境，或者為誤入仙夢，似實而虛的古今美女大會串，雖然不合邏輯，卻也渲染著一親芳澤的遐思。又裴鉶的〈韋煒〉，其遭遇更為離奇，出入古今，除了豔遇外，時空的相互交接，亦如夢境，點出了有限世界的虛幻無常，以及無限世界的奇妙神能。夢境不單是欲望的滿足，有時象徵著新秩序的建立，在新的時空中重建了存在原理。此即新的天命，護持著人的心性，有助於人間秩序的完成。李朝威的〈柳毅傳〉，在豔遇外，還有人性的參予，重獲得新的天命秩序。這或許可視為夢境的再創造，其奇詭的事實上有著人性的聰慧與理性，且以人的毅力，參予天地的造化。

唐代傳奇不僅以神怪靈異的幻設故事，來建構天人間相互完成的象徵作用，其他愛情、俠義等現實故事，經過藝術處理與思想的比附，也具有著天人交感的象徵意義，在人間現象中安立了形而上的天命觀念。如唐傳奇的愛情作品，雖然大多描寫士人與妓女或閨女之間的愛情，在才子佳人的離合中，凸顯出當時舊社會的某些陰暗面。但是傳奇的女主角儘管出身卑賤如妓女、家妾或沒落貴族等，卻多有過人的膽識與勇氣，熱烈地爲愛情奉獻與犧牲，這種敢於抗爭的生命形態，是另一種實踐理想的心靈意志。如〈鶯鶯傳〉中鶯鶯的主動夜奔正對照出張生的自私卑鄙，雖然鶯鶯最後被冠上「尤物」、「妖孽」的罪名被遺棄，但是其無怨無悔的心，卻是挺立於天地之間，如鶯鶯書謂：「但恨僻陋之人，永以遐棄，命也如此，知復何言！……豈期既見君子，而不能定情，致有自獻之羞，不復明侍巾幘。沒身永恨，含嘆何言！」這種自我認命的眞情，是內在心靈具有實感的安頓，撼動出天人相盪的深悲隱痛。〈李娃傳〉的李娃，更以其忠貞的愛情洗脫了妓女的卑微形象，其純潔的心地與自我犧牲的精神，正是人類理性內在而不可割捨的創造精神。〈霍小玉傳〉中能愛能恨的霍小玉，其堅貞誠摯的愛情悲劇，正是對現實社會的抗議，逼顯出情愛的永恒價值。傳奇不是只宣洩荒誕的快感，而是寄託著對世相不滿的自我寬慰。這種寬慰之情，可以當作是一種夢境，亦可視爲集體共有的潛在情操。

五、結論

本文雖從宗教、哲理與心理等三方面來說明夢在唐代傳奇中的特殊意義，實際上這三個角度存在互通的迴旋現象。宗教的形神關係必然牽涉到宇宙造化的生命之源，最後會落實到自己生命的眞切體驗上。故夢不單是虛幻的寄託，而是全幅價值的肯定，參予宇宙造化而獲得眞實的個體性，而此個體性透過文學的表現方式，展現出靈臺獨運的豐富性，在特殊多樣的體裁中開啟了普遍性的文化心靈。這種具有文化心靈的創作小說正是傳奇的特色，透過特意故事情節的安排，觸及與探索整個人生與宇宙生命的關係，形成其安身立命的處世智慧。若以這樣的立場看待傳奇，傳奇的生命是多采多姿的。

附註

❶ 馬幼垣，〈唐人小說中的實事與幻設〉（收入《國外學者看中國文學》，中華文化復興運動推行委員會，民國七十一年）。

❷ 有關唐代傳奇文化心靈的討論，請參閱樂蘅軍的〈唐傳奇中所表現的意志〉（第二屆古典文學會議）、龔鵬程的〈唐傳奇的性情與結構〉（第三屆古典文學會議）。

❸ 佛洛姆（Erich Fromm）原著《被遺忘的語言——對夢、童話、神話之初步瞭解》，葉頌壽譯爲《夢的精神分析》（志文出版社，民國六十年），第一〇五頁。

❹ 朱沛蓮，《唐人小說》（遠東圖書公司，民國七十二年），第九三頁。

❺ 同註❶。

❻ 見《文苑英華》第九五卷。

❼ 佛洛伊德著，賴其萬、符傳孝譯，《夢的解析》（志文出版社，民國六十二年），第五一九頁、

❽ 錢穆，《靈魂與心》（聯經出版公司，民國六十五年），第一二〇頁。

❾ 以上二則引文，請參閱劉文英的《夢的迷信與夢的探索》（中國社會科學出版社，民國七十八年），第三五—三六頁。

❿ 參閱註❽，第一〇六頁。

⓫ 鄭志明，《明代三一教主研究》（臺灣學生書局，民國七十七年），第三四二頁。

⓬ 龔鵬程，〈唐傳奇的性情與結構〉（《古典文學》第三集，學生書局，民國七十年），第二〇八頁。

⓭ 參閱張漢良的〈楊林故事系列的原型結構〉，《中外文學》第三十五期，又見《中國古典論叢》第三册（中外文學月刊社，民國六十五年）。

⓮ 劉瑛，《唐代傳奇研究》（正中書局，民國七十一年），第二五三頁。

⓯ 相關的論文有：內山知也，〈唐代小說の夢について〉（《中國文化研究會會報》十一期，一九五五）；清水榮吉，〈中國の說話と小說における夢〉（《天理大學學報》二十期，一九五六）；日道夫，〈唐代小說にすける夢と幻設〉（《集刊東洋學》一期，一九五九）。

⓰ 同註⓮，第二五六—二七五頁。

⓱ 龔鵬程，〈幻想與神話的世界——人文創設與自然秩序〉（《中國文化新論文學篇一》），聯經出版公司，民國七十一年），第三三七頁。

中晚唐的草書僧

黃緯中

一

如衆所知，草書發展到盛唐時，出現了張旭（字伯高，江蘇吳郡人）的「狂草」（或稱「顛草」），這種草書不論在形式上或精神上都遠比在前的草書和今草更加無羈無束，並且可說完全脫離了表意的實用意義，而成爲純藝術的表現❶。然而，它更重要的特色還在於作草的方式，據說張旭嗜酒，每大醉則呼叫狂走，索筆作草，或以頭搵水墨中而書之，醒後自視，以爲神異不可復得❷。顯然地，這種草書方式否定了「理智」的重要，它和前人「凝神靜慮」、「心正氣和」❸的要求正好相背，但卻因而增強了戲劇性的趣味，是以在張旭的時候就已經常地用來當做一種表演了❹。事實上我們可以如此認爲：與其把「狂草」當做新的書體，還不如說它是新的書法創作方式更恰當些。因爲它之所以引人，原在那不可思議的醉草過程，是表演的氣氛動人心弦，至於線條的虯結、點畫之雄壯還在其次。

我們不難想像，這樣的草書當很容易引起流行的風潮。事實也的確好此，從張旭之後一直到五代，狂草書家接踵而起，先後輝映，蔚爲大觀，是草書史上的高峯期之一。只是感到意外地，中晚唐的幾個最顯赫的狂草書家竟然清一色是出家的僧侶。根據記載，這些僧侶不僅狂熱地學習草書，並且仗著草書的絕藝，在社會上揚名立萬，與公卿貴族、名儒文士交遊往來，甚至蒙受皇帝的獎賜，一時以爲榮，因而產生了「草書僧」的特別名稱❺。

有趣的是，中唐的大文豪韓愈曾在一篇〈送高閑上人序〉的文章中大發議論，堅信出家的高閑不能學得張旭草書之奧秘，除非他使用幻術❻。因爲張旭的草書所以能「變動猶鬼神，不可端倪」，全在於他把喜怒窘窮、憂悲愉佚等等心中感受到的不平發洩在草書中，又能把眼中所見天地萬物之變寓諸草書。而高閑既師浮屠，一死生、解外膠，其爲心必泊然無所起，其於世必淡然無所嗜，因此他無法有張旭那樣的感受，自然不能得其草書之道。韓愈的這個說法顯然與稍後的歷史事實不合，我想他是過於把張旭和僧侶概化成兩種迥不相侔的生命型態，因此才認定僧侶無法學張旭的草書。

究竟，中晚唐何以會出現這麼多的「草書僧」呢？這眞是個值得探討的問題。可惜前人於此殊少留意，而中唐草書僧的作品又絕少流傳，我們只好透過一些片段的記載來討論。本文的重點除了在介紹幾個代表性的草書僧外，還要試著分析形成此一事實的各種可能，冀能得到深一層的了解。

二

《宣和書譜》（以下簡稱《書譜》）所載中晚唐草書僧共有八位，依序爲懷素、亞栖、高閑、䛒光、景雲、貫休、夢龜和文楚，就中文惟文楚學智永一路，其他都學張旭的狂草。除此之外，散見於唐人詩歌中的獻上人❼、廣利大師❽，以及《宋高僧傳》裏的懷濬❾，也都熱衷於張旭的狂草，足見其風氣之盛。

在這些草書僧中，今人最熟悉的應該是懷素和高閑，而也只有他們兩人幸運地傳下了草書的作品，懷素字藏眞，俗姓錢，長沙人，生於開元二十五年（七三七），卒年在貞元十五年（七九九）之後⑩。幼年家貧，可能因此而出家爲僧，經禪之暇，頗好華翰，尤其精於草書，聲名早著。後來西上長安，先後得到吏部侍郎韋陟、禮部侍郎張謂的賞識，得與士夫名流交遊往來，許多人作歌序以贈之，眞可謂聳動京華，名蓋輩流的。

懷素作草也和張旭一樣須待醉後爲之，但是他似乎比張旭更進一步地強化了狂草的表演性質。有一段時間，他像個表演工作者那樣，到處應邀作秀。在任華的〈懷素上人草書歌〉中有如下的描述：

> 狂僧前日動京華，朝騎王公大人馬，暮宿王公大人家。誰不造素屏，誰不塗粉壁，粉壁摇晴光，素屏凝曉霜，待君揮灑兮不可彌忘。駿馬迎來坐堂中，金盆盛酒竹葉香，十杯五杯不解意，百杯已後始顚狂，一顚一狂多意氣，大叫一聲起攘臂，揮毫倏忽千萬字，有時一字兩字長丈二。……

由詩人的描述看來，懷素的草書秀相當受到歡迎，這很可能正是他得享大名的關鍵所在。

懷素的書蹟今存者尙多，其中尤以臺北故宮博物院收藏的〈自敍帖〉和《小草千字文》最爲有名。前者成於大曆十二年（七七七），後者成於貞元十五年（七九九），時間相差既久，風格也迥然有別。〈自敍帖〉氣滿力實，勢如狂風，極盡雄壯之美，與當時文人所作的幾篇〈懷素上人草書歌〉⑪之描述若合符節。而《小草千字文》則捨實用處，以柔代剛，蕭散簡測，已完全脫離了張旭的影響範圍。

高閑是湖州烏程（江蘇吳興）人，出身不詳。幼年出家，後入長安。《宋高僧傳》說「宣宗重興佛法，召（閑）入對御前草聖，遂賜紫衣，仍預臨洗懺戒壇，號十望大德。性情節操，靄然難屈，老思歸鄉，終于本寺（湖州開元寺）」（卷三十）。宣宗在位的時間爲八四七至八五九年，據此可知高閑的卒年應在八五〇年以後。而我們若再參考韓愈曾爲他作了一篇贈序的事實，則對高閑的時代便不難掌握了。韓愈死於穆宗長慶四年（八二四），因此作序的時間最遲不得超過此年，今依文中的語氣推斷，高閑當時或許已有書名，但功力尚不甚深，故可假訴其年齡爲三十歲。因而他的時代約可訂在七九〇至八六〇年之間，上距懷素大概有半世紀之久。

高閑的書蹟今傳者不多，刻本有〈正嘉〉、〈此齋〉二帖，墨蹟只有上海博物館收藏一件《殘本千字文》。此件作品僅保存了千字文後段的二百多字，末署「吳興高閑書」，應該是眞蹟，但卻不是很好的作品。它的筆畫大多較肥，氣力不似懷素〈自敍帖〉那麼飽實，有許多轉折處因爲收拾不及而出現敗筆。不過它畢竟是僅存的高閑眞蹟，所以仍然相當珍貴。

懷素和高閑之外，以貫休、亞栖和䛒光三人的聲名較顯。

貫休字德隱，俗姓姜，是婺州蘭谿（今浙江金華）人，生於唐文宗太和六年（八三二），卒於後梁乾化二年（九一二），上距高閑也約有半世紀之久。他可能是晚唐最多才多藝的僧人，除了書法有名外，更是當時最重要的詩僧與畫僧，並且他在後世的聲名也大半來自詩、畫，書名反而不顯了。

雖然貫休是浙江人，而且他的一生也大半活動在吳越一帶，但他最風光的卻是晚年入蜀後的一段時間。據傳錢鏐自稱吳越國王之初，貫休曾投詩求見，詩中有句是「一劍霜寒十四州」，錢鏐希望他把「十四州」改爲「四十州」，乃允相見。可是貫休卻不願意，他說：「州亦難添，詩亦難改，然閑雲孤鶴，何天而不可飛。」於是乃入蜀投王建[12]。王建對他非常禮遇，留他住持東禪院，賜號禪月大師，曲加存恤，優異殊常，後來死於成都[13]。

貫休善書，時人或比之懷素[14]，或謂之「姜體」[15]，然而作品絕少流傳，今日所能見到的僅有〈十六羅漢像〉上的一些模糊的篆字，並不足以顯示他的書法成就。不過他的詩集中保存了兩首〈草書歌〉[16]，卻多少可以說明他對狂草契悟極深。如〈懷素草書歌〉中有段云：

> 我恐山爲墨兮磨海水，天爲筆兮書大地，乃能略展狂僧意，長恨與師不相識，一見此書空嘆息。伊昔張謂任華葉季良，數子贈歌豈虛飾，所不足者渾未道著其神力。……

他用山、海、天、地來顯出狂草那種空濶自由、無邊無際的精神境界，確實是很精當的，設非本身也精於此道，恐怕不容易形容得如此貼切。而我們若再細細品味後面批評張謂等人「渾未道著其神力」之語，必也能感受到其中實夾著些許自謂過之的驕傲。

亞棲是洛陽的僧人，出身不詳。《書譜》說他曾於昭宗光化中（八九八—九〇〇）對殿廷草書，兩賜紫袍，可知他的時代大抵與貫休相近。

亞棲的書蹟今日似已無傳，惟若依宋人的批評，他的書法要比懷素、高閑粗俗無韻。如蘇東坡說：「唐末五代，文物衰盡，詩有貫休，書有亞棲，村俗之氣大率相似。」[17]又《書譜》卷十八的「李霄遠」條也說：「字法之壞則實由亞栖，而霄遠亦亞栖之流，宜其專務縱逸，如風如雲，任其所之，略無滯留。此俗子之所深喜，而未免夫知書者之所病也。」很顯然地，在宋人的眼中，亞栖的草書是俗惡的典型，只有狂草的皮相，而缺乏深層的意韻，用現在的話來說卽是「非常的江湖氣」。

《書譜》中記載了一段亞栖論張旭的文字，說：「世徒知張旭之顚，而不知實非顚也。觀其自謂『吾書不大不小，得其中道，若飛鳥出林，驚蛇入草』，則果顚也耶？」從這段文字看來，亞栖似乎不太肯定「顚」對張旭的狂草有正面的、積極的價值，他像一個理性主義者企圖戳破某些神秘理論的謊言。可能因爲如此，他的狂草便只能在易知易感的形式變化上用心，終而淪爲技巧的搬弄，爲宋人所詬病。

䛒光字登封，俗姓吳，浙江永嘉人，是史官吳兢（六七〇—七四九）的裔孫。幼捨家於陶山寺剃度，好自標遇，不與常人交雜。多作古調詩，長於草隸，受五指撥鐙訣於陸希聲，書乃大進，遂西上長安，昭宗（八八九—九〇四在位）詔對御榻前書，賜紫方袍。卒於後唐長興中（九三〇—九三四）[18]。

相傳䛒光入長安，不僅以草書與公卿文士往來相酬，並且還受命任翰林供奉，當時的一些顯要、學士贈以詩序者不下數十人[19]，聲譽之隆可以槪見。又傳，當䛒光飛黃騰達時，陸希聲猶只是僻地的一名官吏，後來全賴䛒光爲他引薦於貴倖，聲名日顯，竟做到了宰相[20]。此一事更說明了䛒光雖然是個僧徒，卻和世俗的人一樣嫻熟於名位之經營。

然而，儘管䛒光在世時書名極盛，但他的作品卻絕少流傳，是以後代的人也愈來愈不知道他的存在。早在北宋時蘇頌對他便有「當時名稱如此，而獨不聞於後世」的感嘆[21]，可知他的湮沒由來已久。

有個說法以爲南唐後主李煜的書法得自䛒光的親傳㉒，這當然是不合事實的附會之辭，因爲李煜生於南唐昇元元年（九三七，合後晉天福二年），根本來不及見到䛒光。倒是吳越錢氏諸王皆好草書可能和䛒光有些關係，《宋史・吳越錢氏世家》記載：「（太宗）嘗謂近臣曰：『錢俶兒姪多工草書。』因命翰林書學賀丕顯詣其弟，徧取視之，曰：『諸錢皆效浙僧亞栖之迹，故筆力輭弱，獨惟治爲工耳。』」今按，亞栖是洛陽的僧人，依理不應稱爲「浙僧」，而䛒光卻是道地的浙江人，並且他的後半生大多活動於吳越㉓，因此諸錢所效自以䛒光較爲合理。

三

上述五人可說是中晚唐最具代表性的草書僧，據說當時有個名叫劉涇的人作了一篇《書詁》，把懷素比做玉，䛒光比做珠，高閑比做金，貫休比做玻璃，而亞栖則比做水晶㉔。玉、珠、金、玻璃和水晶都是些耀眼炫目的珍寶，劉涇用它們比況這些草書僧，正足以反應出他們在當時受人景慕的情形。只是，我們更想知道爲什麼中晚唐有這麼多僧徒醉心於狂草，而一般的士夫書家卻反而較少擅長此道？

《書譜》卷十九「釋䕫龜」條有個說法如下：

> 唐興，士夫習尚字學，此外惟釋子多喜之。而釋子者又往往嘉作草字，其故何耶？以

智永、懷素前爲之倡，名蓋輩流，聳動當世，則後生晚學瞠若光塵者，不啻羶蟻之慕。於是，其徒亦有駸駸欲度不可得而掩者如夢龜其人也。

從這段文字看來，《書譜》的作者早已敏銳地注意到中晚唐的僧徒有特別喜歡草書的現象，而且他也試著提出他的解釋，認爲這股風氣源自僧徒們對智永、懷素的成就之欣羨。這樣的看法顯然比較偏重強調草書僧們身分上的相同，而不曾涉及草書與僧人之間的感通，因此它的說服力相當有限。實則，我們若考慮到：包括懷素在內的中晚唐草書僧大多追習張旭的狂草，那麼，《書譜》的說法便顯得十分牽強了，因爲張旭既不是僧徒，身分之同自然就不能對此一風氣之起有太大的關聯。

我覺得要探討這個問題，首先不能忽略中晚唐的僧徒特別衷情於文學和藝術的事實。在這段時間內，除了草書僧，還出現了許多詩僧、畫僧和琴僧之類的人物，因此它們可以說是一種共同風氣下的產物，只不過是憑藉不同罷了。

研究詩僧的學者認爲詩僧興起主要的原因是僧侶階層政治、經濟勢力的擴大，使它本身得以培養出一批文化人；以及因爲仕途遏塞，有些知識分子或投身佛門求出路，或遁迹佛寺以避世㉕。這種看法當然有其根據，然而我更相信這股愛好文藝的風氣是隨繼譯經事業的衰歇而起的。無可否認地，佛教界原本就有許多的文化人，不必待中晚唐而後才有。但是，在前的這些多半把他們的精力、智慧貢獻在譯經事業上，政府也幾次舉辦大規模的譯經，因之僧徒極少用心於文藝。至盛唐以後，譯經事業漸次衰歇㉖，僧徒的文化生命頓時少了一個重要的寄託之所，乃有轉向文學、藝術安放的必要，如此遂產生了大批的文藝僧人。正因爲這種內在的驅迫力量使然，中晚唐的僧徒才得以成就最繁茂的文藝之花。

從這樣的角度再來看中晚唐僧人愛好狂草之事，就不會覺得那麼難以理解了。由於僧徒們大多出身非高，而且日常所接觸的又以平民爲主，因此他們的審美趣味較諸出身高貴的士夫名流實有不同。他們所表現的往往相當通俗，此表現於詩便是寬於用律、疏於事典，好以俗語入詩，力求口語化㉗。同理之下，他們於書法也不甚愛重上流人士尊崇的王羲之，而傾心於有點江湖氣的張旭。此可從李白〈草書歌行〉的「王逸少、張伯英，古來幾許浪得名」及任華〈懷素上人草書歌〉的「豈不知右軍與獻之，雖有壯麗之骨，恨無狂逸之姿」等語中得其消息。

當然，我們也不能否認，草書僧不學二王今草有其客觀的限制在。蓋因自唐初以來，皇室極力蒐求二王的書蹟，留存在士夫貴族手中的已經不多，民間更是無緣一見。因此，即使草書僧有心想學也不容易如其所願。反之，張旭的狂草正盛行一時，又往往喜歡在大牆壁之上揮灑㉘，書僧們見到的機會較多，自然也易於濡染其風。

其次，中晚唐的僧徒所以熱愛狂草亦自有其精神相契之處。如前所言，狂草在形式上和精神上都遠比在前的章草、今草更加無羈無束，是故它比其它書體更能夠表現自己的個別性，僧皎然〈張伯高草書歌〉中說「伯英死後生伯高，朝看手把山中毫，先賢草律我草狂，風雲陣發愁鍾王，須臾變態皆自我，象形類物無不可」，很充分地說明了張旭狂草的此一特性。

而也正由於狂草具備了這種無羈無束的特性，書者相對地難以援附他法達到最高的境界，因此他們強調自得、強調了悟，相信可以在剎那之間轉識成智，悟盡草法之妙。如張旭見公主擔夫爭路而得筆法之意，又見公孫氏舞劍器而得其神㉙即著例。又如懷素觀夏雲多奇峯，頓悟筆意㉚也是。

這樣的見解和盛唐以後大行其道的南宗禪隱然相應，是以它之受到喜愛，可以說亦是時代的趨勢使然。前面談過的草書僧䛒光曾論「書法猶釋氏心印，發於心源，成於了悟，非口手可傳」㉛，多少可以做爲此說的旁證。

不過，我覺得更重要的實是盛唐以後僧徒人格的世俗化，使他們益加的傾好狂草。研究佛教史的學者早已指出，自武則天朝以後，僧徒接受帝室贈典者日漸增多，甚至於封爵、拜官，於是僧徒的人格遂與世俗之人泯然無別㉜。他們也積極地在俗世社會求取聲名，藉以提昇自己的地位，《唐語林》卷七記載了一則故事，說：「僧從誨住安國寺，道行高潔，兼工詩，以文章應制。宣宗每擇劇韻令賦，誨亦多稱旨。累年供奉，望方袍之賜，以耀法門。上兩召至殿上，謂之曰：『朕不惜一副紫袈裟，但師頭耳稍薄，恐不勝耳！』竟不賜，悒悒而卒。」一道行高潔的大師猶且爲了皇帝不肯賜紫悒悒而卒，則一般之僧徒更不用論。

正由於中晚唐僧徒熱衷世譽，他們對特別容易獲致聲名的狂草自然更加喜歡，因爲狂草既然是一種草書表演，它之比其它書體利於成名實不待多言。以是之故，草書僧一旦自覺技藝已高，便汲汲於前往京都大邑去建立聲名，而不甘於老死僻地㉝。因此當他們獲得了衆人的讚揚時，免不了以此沾沾自喜，這點我們可以從懷素的〈自敘帖〉中很清楚地體會到。而若是像亞栖那樣得到皇帝兩賜紫袍，就更不用說了，宋朝陳思的《書小史》中錄了亞栖的一首詩云：「通神筆法得玄門，親入長安謁至尊，莫怪出來多意氣，草書曾悅聖明君。」短短二十八字，寫盡了應制作草後的驕矜自得，把草書僧追逐聲譽的心理表露無遺。

上面大略地談及中晚唐僧徒特別傾心於狂草的幾個原因，但是仍未能說明何以一般士夫反較少學習此道者，此處將分兩點論之。

其一是有些人主觀地反對顛狂狀態下的創作，認爲那並非正常的方式。封演《封氏聞見記》卷五圖畫有如下的一段記載：

> 大曆中，吳士姓顧，以畫山水歷抵諸侯之門，每畫，先帖絹數十幅於地，乃研墨汁及調諸采色各貯一器，使數十人吹角擊鼓，百人齊聲嚱叫。顧子著錦襖錦纏頭，飲酒半酣，遶絹帖走十餘帀，取墨汁攤寫於絹上，次寫諸色，乃以長巾一，一頭覆于所寫之處，使人坐壓，己執巾角而曳之，回環旣遍，然後以筆墨隨勢開決爲峯巒島嶼之狀。夫畫者，澹雅之事，今顧子瞋目鼓譟，有戰之象，其畫之妙者乎！

雖然這裏描述的是作畫的過程，但是顧子「飲酒半酣，遶絹帖走十餘帀」的情形實與張旭作草全然相同。今封演既然認爲畫是澹雅之事，而批評顧子，則我們有理由相信，他對狂草也不能不有微詞。同樣的情形在張彥遠的《歷代名畫記》卷十「王默」條也可發現，其中說「王默師項容，風顚酒狂，畫松石、山水，雖乏高奇，流俗亦好。醉後以頭髻取墨，抵於絹畫」。由此可見，雖然中晚唐出現了不少醉中草書、作畫的人，但是在部分人士的眼中，這種創作方式實在不合常規，不堪倣效㉞。

另外則是不少傳統的讀書人視表演爲倡優之事，因而難以坦然地嘗試這種帶著深度表演性質的草書。儘管他們喜歡欣賞狂草，甚且興致勃勃地爲書者作草書歌序，但是他們仍難以鼓起勇氣爲之。這種心理多少阻遏了士夫書家學習狂草的熱忱，因而無法像僧徒的反應那麼熱烈。更有進者，僧徒們之於表演非但少有類此之心理扞格，甚且他們還有利用表演傳播教義的情形，此可從韓愈〈送高閑上人序〉中的「吾聞浮屠人善幻多技能」一語證之。職是之故，僧徒們對於表演草書便較一般人遠爲輕易自然了。

以上是對中晚唐僧人特別傾好於狂草之事所做的幾點原因分析，由其中我們可以看出，中晚唐草書僧的出現絕非單純地起於對智永和懷素的追摹倣效，它事實上和當時社會的許多現象息息相關，不僅涉及了內在精神的需要（文化生命之安放）、也涉及了現實利益的考慮（成就世譽），並且還關係到觀念上的問題，種種原因湊泊起來，遂產生了中晚唐的草書僧。它當然可以說是書法史上的一個問題，但更應該放在社會史來討論。

附帶一提地，宋人對中晚唐草書僧的評價多不甚高，他們有的從人格上批評，有的則從書格上批評，前者如歐陽修評懷素云：

> 予嘗謂法帖者，乃魏晉時人施於家人朋友，其逸筆餘興，初非用意，而自然可喜。後人乃棄百事，而以學書爲事業，至終老而窮年，疲弊精神而不以爲苦者，是眞可笑也，懷素之徒是已。㉟

後者則如米元章〈論書帖〉云㊱：

> 草書若不入晉人格轍，徒成下品。張顚俗子，變亂古法，驚諸凡夫，自有識者；懷素

少加平淡，稍到天成，而時代壓之，不能高古；高閑而下，但可懸之酒肆，䛒光尤可憎惡也。

由於這些批評流傳極廣，它們對後世的影響至爲鉅大，近代的研究者往往逕採他們的言語來批評中晚唐的草書僧，或者根本不去談論此類人物。事實上，這是很不恰當的態度，如眾所知，宋代是個重文輕武的時代，文人在社會上佔了絕對的優勢，因之他們的審美完全以文人的趣味爲皈依，對於帶有江湖氣的草書僧不能產生同情的瞭解，目之爲俗、爲可笑原是必然的結果。而今，我們既然強調要尊重藝術創作的自由，自不需再拘泥於宋人的這些說法。

更何況，宋人的書法也很難說沒有從中晚唐的狂草風氣得到半絲好處。許多人早已指出，影響宋人最大的書家之一是五代的楊凝式，宋人從他的書法中體會到天眞縱逸的價值，是以能在唐代之後再創書史的另一高潮。而楊凝式卻正好是個狂草書家，他的別號叫「楊風子」，平日多遊於僧寺道觀，每看到光潔可愛的牆壁，「卽箕踞顧視，似若發狂，引筆揮灑，且吟且書，筆與神會，書其壁盡方罷，略無倦怠之色」㊲。楊凝式生於唐僖宗咸通十四年（八七三），朱溫篡位前大抵在長安任官，入五代後則多生活在洛陽一地，是故對䛒光、亞栖等人的書風當不陌生，我們甚至還可把它當做中晚唐狂草書風的最後一位代表書家。因此，從這點來說，宋人的書法能於前人之外別開新貌，草書僧未嘗沒有一些間接的功勞呢！

附註

❶唐蘭《中國文字學》說：「草書到了唐以後，又出新體，那是張旭的狂草，寫出來別人多不能識，就完全變成藝術，失去草書的意義，而草書也就衰落了。」

❷參考《舊唐書·賀知章傳》、《新唐書·李白傳》以及李肇《唐國史補》卷上。

❸虞世南《筆髓論》云：「欲書之時，當收視反聽，絕慮凝神，心正氣和，則契於妙。心神不正，書則欹斜，志氣不和，字卽顚仆。」可爲此類觀點之代表。

❹李頎〈贈張旭〉詩有「諸賓且方坐」、杜甫〈飮中八仙歌〉有「張旭三杯草聖傳，脫帽落頂王公前」之語，皆可證明張旭有表演草書之事實。

❺「草書僧」一名究起於何時似已無法考證，惟司空圖有〈送草書僧歸楚越〉一文用贈晉光，又郭若虛《圖畫見聞志》卷六「應天三絕」條中有「草書僧夢歸」之稱，可知晚唐已有此法。

❻韓愈〈送高閑上人序〉全文如下：「苟可以寓其巧智，使機應於心，不挫於氣，則神完而守固，雖外物至，不膠其心。堯舜禹湯治天下，養叔治射，庖丁治牛，師曠治音聲，扁鵲治病，僚之於丸，秋之於奕，伯倫之於酒，樂之終身不厭，奚暇外慕？夫外慕徙業者，皆不造其堂，不嚌其胾者也。往時張旭善草書，不治他伎，喜怒窘窮，憂悲愉佚，怨恨思慕，酣醉無聊，不平有動於心，必於草書焉發之；觀於物，見山水崖谷、鳥獸蟲魚、草木之花實、日月列星、風雨水火、雷霆霹靂、歌舞戰鬪、天地事物之變，可喜可愕，一寓於書。故旭之書，變動猶鬼神，不可端倪，以此終其身而名後世。今閑之於草書，有旭之心哉？不得其心而逐其跡，未見其能旭也。爲旭有道，利害必明，無遺錙銖，情炎於中，利欲鬪進，有得有喪，勃然不釋，然後一決於書，而後旭可幾也。今閑師浮屠氏，一死生，解外膠，是其爲心，必泊然無所起；其於世，必淡然無所嗜。泊與淡相遭，頹墮委靡，潰敗不可收拾，則其於書，得無象之然乎；然吾聞浮屠人善幻，多技能，閑如通其術，則吾不能知矣！」韓愈的這篇文字，《宣和書譜》的作者以爲旨在稱讚高閑的草書，然依其語氣，和推算當時高閑年紀尙輕（見後）之事實，可知此說實未可信。

⑦ 孟郊有〈送草書獻上人歸廬山〉詩，其中云：「狂僧不愛酒，狂筆自通天，將書雲霞片，直至清明顛。手中飛黑電，象外瀉玄泉，萬物隨指顧，三光爲廻旋，聚書雲霮䨴，洗硯山晴鮮，忽怒畫蛇虺，噴然生風煙，江人願停筆，驚浪恐傾船。」可知獻上人爲一狂草書僧。

⑧ 吳融〈贈廣利大師歌〉中有「三十年前識師初，正見把筆學草書，崩雲落日千萬狀，隨手變化生空虛」等語。吳又有〈送廣利大師東歸〉詩。

⑨ 贊寧《宋高僧傳》卷二二〈懷濬傳〉中云：「濬且能草聖、筆法天成，或於寺觀店肆壁書佛經道法。」

⑩ 關於懷素生年又有開元十三年之說，然以二十五年較合理，可參考陳垣《釋氏疑年錄》。又《書譜》稱懷素是玄奘三藏之門人，實誤。蓋其人俗姓范，卽《宋高僧傳》中之懷素，與藏眞上下相距約一百年。

⑪ 《全唐詩》所錄此類作品計有李白、王顗、竇冀、魯收、朱逵、許瑤、錢起諸人，可併參看。

⑫ 參見《唐詩紀事》卷七五。

⑬ 見曇域〈禪月集序〉。

⑭ 見黃休復《益州名畫錄》卷下。

⑮ 見郭若虛《圖畫見聞誌》卷二。

⑯ 兩首分別爲〈懷素草書歌〉和〈贈䛒光上人草書歌〉。然《書譜》卷十九「䛒光」條中所引司空圖贈詩語乃出於後詩，未知究竟何者爲是。

⑰ 《東坡題跋》卷二，「書諸集僞謬」條。

⑱ 見《宋高僧傳》卷三十。

⑲ 見《書譜》卷四，「楊鉅」條。

⑳ 見《唐詩紀事》卷四八，「陸希聲」條。

21. 見蘇頌《魏公題跋》「題䛒光序」條。
22. 見明馮武《書法正傳‧纂言上》。
23. 司空圖曾爲䛒光作〈送草書僧歸楚越〉一文，時間當在光化三年（九〇〇）年底前。此因是年十一月，劉季述等人發動政變，逼昭宗退居東宮，奉太子卽位。凡宮人、左右、方士、僧道爲上所寵信者，皆榜殺之（《通鑑》二六二）。故若當時䛒光未離開長安，恐難倖免。
24. 《書譜》卷十九，「釋文楚」條。
25. 參考孫昌武〈唐五代的詩僧〉一文，收於所著《唐代文學與佛教》。
26. 參考梁啟超〈佛典之翻譯〉（收於《梁啟超學術論叢》）和湯用彤《隋唐佛教史稿》。
27. 同註25。
28. 李頎〈贈張旭〉詩描述說「興來灑素壁，揮筆如流星」。
29. 李肇《唐國史補》卷上。
30. 《書譜》卷十九，「懷素」條。
31. 同註21。
32. 見湯用彤前揭書。
33. 曇域〈禪月集序〉中提到唐末時，貫休「年齒漸高，屬天下喪亂。時處默和尚謂師曰：『吾師抱不羈之才，懷自然之道，時不我與，能無傷哉？』」頗能說明此種心理。
34. 張彥遠《歷代名畫記》卷二「論畫體工用搨寫」段中有云：「有好手畫人，自言能畫雲氣。余謂曰：古人畫雲未爲臻妙，若能沾溼綃素，點綴輕粉，縱口吹之，謂之吹雲。此得天理，雖曰妙解，不見筆蹤，故不謂之畫。如山水家有潑墨，亦不謂之畫，不堪倣效。」同樣可爲佐證。
35. 歐陽修《集古錄跋尾》卷八，「唐僧懷素法帖」條。
36. 見《故宮書畫錄》卷三。又，釋文中「輙」作「卻」，今按原蹟改。
37. 張齊賢《洛陽搢紳舊聞記》卷一，「少師佯狂」條。

國立中央圖書館出版品預行編目資料

晚唐的社會與文化／淡江大學中文系主編--
初版.--：臺灣學生，民79
8,508面；21公分
ISBN 957-15-0132-(精裝)：新臺幣430元.
--ISBN 957-15-0133(平裝)：新臺幣380元
1.社會-中國-唐(618-907) 2.中國-文化-唐(618-907)
540.9204　　79000119

晚唐的社會與文化（全一冊）

主編者：淡江大學中文系
出版：臺灣學生書局
發行人：丁文治
發行所：臺灣學生書局
臺北市和平東路一段一九八號
郵政劃撥帳號〇〇〇二四六六八號
電話：三六三四一五六
FAX：三六三六三三四
本書局登記證字號：行政院新聞局局版臺業字第一一〇〇號
印刷所：永裕印刷廠
地址：臺北市西昌街一六八號
電話：三〇六八〇六四
香港總經銷：藝文圖書公司
地址：九龍偉業街九十九號連順大厦五字樓及七字樓
電話：七九五九五九五

定價 精裝新臺幣四三〇元 平裝新臺幣三八〇元

中華民國七十九年九月初版

03802

ISBN 957-15-0132-8（精裝）
ISBN 957-15-0133-6（平裝）